U0918879

云南跨境民族文化初探

YUNNAN KUAJINGMINZU WENHUA CHUTAN

和少英等 著

云南民族大学学术文库

中国社会科学出版社

图书在版编目(CIP)数据

云南跨境民族文化初探/和少英等著.—北京：中国社会科学出版社，2011.5

ISBN 978-7-5004-9238-2

Ⅰ.①云… Ⅱ.①和… Ⅲ.①少数民族—民族文化—研究—云南省 Ⅳ.①K280.74

中国版本图书馆CIP数据核字(2010)第207046号

策划编辑 郭沂纹
责任编辑 段启增
责任校对 王兰馨
封面设计 四色土图文设计工作室
技术编辑 张汉林

出版发行 中国社会科学出版社
社 址 北京鼓楼西大街甲158号 邮 编 100720
电 话 010—84029450(邮购)
网 址 http://www.csspw.cn
经 销 新华书店
印 刷 北京新魏印刷厂 装 订 广增装订厂
版 次 2011年5月第1版 印 次 2011年5月第1次印刷
开 本 710×1000 1/16
印 张 24 插 页 2
字 数 399千字
定 价 52.00元

云南民族大学学术文库委员会

本书系国家哲学社会科学基金项目
《西部大开发与云南跨境民族文化多元发展研究》
（项目编号:02BMZ006）的最终成果

课题主持人　和少英

主要参与者　吴兴帜　黄彩文　方　铁　刀　洁
刘　江　何　林　张　实　王正华

《云南民族大学学术文库》总序

云南民族大学党委书记、教授、博导　甄朝党
云南民族大学校长、教授、博导　张英杰

云南民族大学是一所培养包括汉族在内的各民族高级专门人才的综合性大学，是云南省省属重点大学，是国家民委和云南省人民政府共建的全国重点民族院校。学校始建于1951年8月，受到毛泽东、周恩来、邓小平、江泽民、胡锦涛等几代党和国家领导人的亲切关怀而创立和不断发展，被党和国家特别是云南省委、省政府以及全省各族人民寄予厚望。几代民族大学师生不负重托，励精图治，经过近60年的建设尤其是最近几年的创新发展，云南民族大学已经成为我国重要的民族高层次人才培养基地、民族问题研究基地、民族文化传承基地和国家对外开放与交流的重要窗口，在国家高等教育体系中占有重要地位，并享有较高的国际声誉。

云南民族大学是一所学科门类较为齐全、办学层次较为丰富、办学形式多样、师资力量雄厚、学校规模较大、特色鲜明、优势突出的综合性大学。目前拥有1个联合培养博士点，50个一级、二级学科硕士学位点和专业硕士学位点，60个本科专业，涵盖哲学、经济学、法学、教育学、文学、历史学、理学、工学和管理学9大学科门类。学校1979年开始招收培养研究生，2003年被教育部批准与中国人民大学联合招收培养社会学博士研究生，2009年被确定为国家立项建设的新增博士学位授予单位。国家级、省部级特色专业、重点学科、重点实验室、研究基地，国家级和省部级科研项目立项数、获奖数等衡量高校办学质量和水平的重要指标持续增长。民族学、社会学、经济学、管理学、民族语言文化、民族药资源化学、东南亚南亚语言文化等特色学科实力显著增强，在国内外的影响力不断扩大。学校科学合理的人才培养体系和科学研究体系得到较好形成和健全完善，特色得以不断彰显，优势得以不断突出，影响力得以不断扩大，地位与水平得以不断提升，学校改革、建设、发展不断取得重大突破，学

科建设、师资队伍建设、校区建设、党的建设等工作不断取得标志性成就，通过人才培养、科学研究、服务社会、传承文明，为国家特别是西南边境民族地区发挥作用、做出贡献的力度越来越大。

云南民族大学高度重视科学研究，形成了深厚的学术积淀和优良的学术传统。长期以来，学校围绕经济社会发展和学科建设需要，大力开展科学研究，产出大量学术创新成果，提出一些原创性理论和观点，受到党和政府的肯定，以及学术界的好评。早在20世纪50年代，以著名民族学家马曜教授为代表的一批学者就从云南边疆民族地区实际出发，提出“直接过渡民族”理论，得到党和国家领导人刘少奇、周恩来、李维汉等的充分肯定并被采纳，直接转化为指导民族工作的方针政策，为顺利完成边疆民族地区社会主义改造、维护边疆民族地区团结稳定和持续发展发挥了重要作用，做出了突出贡献。汪宁生教授是我国解放后较早从事民族考古学研究并取得突出成就的专家，为民族考古学中国化做出重要贡献，他的研究成果被国内外学术界广泛引用。最近几年，我校专家主持完成的国家社会科学基金项目数量多，成果质量高，结项成果中有3项由全国哲学社会科学规划办公室刊发《成果要报》报送党和国家高层领导，发挥了咨政作用。主要由我校专家完成的国家民委《民族问题五种丛书》云南部分、云南民族文化史丛书等都是民族研究中的基本文献，为解决民族问题和深化学术研究提供了有力支持。此外，还有不少论著成为我国现代学术中具有代表性的成果。

改革开放30多年来，我国迅速崛起，成为国际影响力越来越大的国家。国家的崛起为高等教育发展创造了机遇，也对高等教育提出了更高的要求。2009年，胡锦涛总书记考察云南，提出要把云南建成我国面向西南开放的重要桥头堡的指导思想。云南省委、省政府作出把云南建成绿色经济强省、民族文化强省和我国面向西南开放重要桥头堡的战略部署。作为负有特殊责任和使命的高校，云南民族大学将根据国家和区域发展战略，进一步强化人才培养、科学研究、社会服务和文化传承的功能，围绕把学校建成“国内一流、国际知名的高水平民族大学”的战略目标，进一步加大学科建设力度，培育和建设一批国内省内领先的学科；进一步加强人才队伍建设，全面提高教师队伍整体水平；进一步深化教育教学改革，提高教育国际化水平和人才培养质量；进一步抓好科技创新，提高学术水平和学术地位，把云南民族大学建设成为立足云南、面向全国、辐射东南亚南亚的高水平民族大学，为我国经济社会发展特别是云南边疆民族地区经济社会发展做出更大贡献。

学科建设是高等学校龙头性、核心性、基础性的建设工程，科学研究是高等学校的基本职能与重要任务。为更好地促进学校科学研究工作、加强学科建设、推进学术创新，学校党委和行政决定编辑出版《云南民族大学学术文库》。

这套文库将体现科学研究为经济社会发展服务的特点。经济社会的需要是学术研究的动力，也是科研成果的价值得以实现的途径。当前，我国和我省处于快速发展时期，经济社会发展中有许多问题需要高校研究，提出解决思路和办法，供党和政府及社会各界参考和采择，为发展提供智力支持。我们必须增强科学研究的现实性、针对性，加强学术研究与经济社会发展的联系，才能充分发挥科学研究的社会作用，提高高校对经济社会发展的影响力和贡献度，并在这一过程中实现自己的价值，提升高校的学术地位和社会地位。云南民族大学过去有这方面的成功经验，我们相信，随着文库的陆续出版，学校致力于为边疆民族地区经济社会发展服务、促进民族团结进步、社会和谐稳定的优良传统将进一步得到弘扬，学校作为社会思想库与政府智库的作用将进一步得到巩固和增强。

这套文库将与我校学科建设紧密结合，体现学术积累和文化创造的特点，突出我校学科特色和优势，为进一步增强学科实力服务。我校 2009 年被确定为国家立项建设的新增博士学位授予单位，这是对我校办学实力和水平的肯定，也为学校发展提供了重要机遇，同时还对学校建设发展提出了更高要求。博士生教育是高校人才培养的最高层次，它要求有高水平的师资和高水平的科学研究能力和研究成果支持。学科建设是培养高层次人才的重要基础，我们将按照国家和云南省关于新增博士学位授予单位立项建设的要求，遵循“以学科建设为龙头，人才队伍建设为关键，以创新打造特色，以特色强化优势，以优势谋求发展”的思路，大力促进民族学、社会学、应用经济学、中国语言文学、公共管理学等博士授权与支撑学科的建设与发展，并将这些学科产出的优秀成果体现在这套学术文库中，并用这些重点与特色优势学科的建设发展更好地带动全校各类学科的建设与发展，努力使全校学科建设体现出战略规划、立体布局、突出重点、统筹兼顾、全面发展、产出成果的态势与格局，用高水平的学科促进高水平的大学建设。

这套文库将体现良好的学术品格和学术规范。科学研究的目的是探寻真理，创新知识，完善社会，促进人类进步。这就要求研究者必需有健全的主体精神和科学的研究方法。我们倡导实事求是的研究态度，文库作者要以为国家负责、为社会负责、为公众负责、为学术负责的高度责任感，严谨治学，追求真理，保证科研成果的精神品质。要谨守学术道德，加强学术自律，按照学术界公认的学术规范开展研究，撰写著作，提高学术质量，为学术研究的实质性进步做出不懈努力。只有这样，才能做出有思想深度、学术创见和社会影响的成果，也才能让科学研究真正发挥作用。

我们相信，在社会各界和专家学者们的关心支持及全校教学科研人员的共同努力下，《云南民族大学学术文库》一定能成为反映我校学科建设成果的重要平台和展示我校科学研究成果的精品库，一定能成为我校知识创新、文明创造、服务社会宝贵的精神财富。我们的文库建设肯定会存在一些问题或不足，恳请各位领导、各位专家和广大读者不吝批评指正，以帮助我们将文库编辑出版工作做得更好。

二〇〇九年国庆于春城昆明

前　　言

云南省与越南、老挝、缅甸三国接壤，边境线长达4061公里，有16个民族以及一些尚待识别的族群（Ethnic group）跨境而居，使得云南成为中国西部民族成分众多、跨境民族或族群最多、民族文化最富集的省份。这个省份由于胡锦涛总书记近期提出了建设成为面向西南开放的“桥头堡”构想而倍加引人注目！云南的跨境民族或族群都有共同的历史文化渊源，但由于生存空间的历史演变以及社会制度、文化交往等因素，云南跨境民族或族群的文化异彩纷呈，并长期成为民族学/人类学重点关注的区域。云南民族地区特殊的自然景观、人文景观和复杂的民族关系，历来受到各级政府和民族学家的重视。中华人民共和国成立后开展的民族识别、民族社会历史调查以及民族研究所取得的一系列成果，为云南各民族的社会、经济、文化的发展，巩固和发展社会主义民族关系，稳定云南民族社会和促进云南与周边国家经济、文化的交流与合作，为云南民族地区的改革开放创造良好的国内国外环境等方面发挥了重要作用。随着我国西部大开发战略的实施，以及云南建设民族文化强省、绿色经济强省和中国连接南亚、东南亚大通道战略向纵深推进，云南各民族的社会发展、传统文化与现代化、民族文化多元化、跨境民族关系等一系列民族问题将日益成为人们关注的话题。从世界民族文化角度看，云南跨境民族文化多元化是世界文化多元化的组成部分，在人类文化多元化的研究中具有多方面的价值。从中国文化的角度看，云南跨境民族文化是中华民族文化不可或缺的重要组成部分。

本书是国家哲学社会科学基金课题“西部大开发与文化多元化研究——西部大开发与云南跨境民族文化多元发展研究”（项目编号：02BMZ006）的重要成果。主要运用民族学、社会文化人类学的基本理论和方法，在充分借鉴前人研究成果的基础上，通过对云南边境一线的文山壮族自治州、红河哈尼族彝族自治州、西双版纳傣族自治州、德宏傣族景颇族自治州、怒江傈僳族自治州以及普洱市、临沧市等15个县（市）的傣族、苗族、布朗族、德昂族、怒族以及莽人、克木人、老缅人等跨境民族或族群的社会文化、民族关系、民族文化多元发展状况的调查研究，进一步论证中国西部跨境民族文化多元发展的原因及多元文化发展的特点，探索在新形势下如何更好地发挥云南这个通向南亚、东南亚重要地区的区位优势以及民族文化、生态环境、社会经济协调发展的道路。本著作不但为西部少数民族文化多元发展研究提供典型的个案，而且也将为云南民族文化强省建设提供和补充理论依据。

本书主要有以下三个方面的特点：一是较为全面系统，客观翔实，从全球化与现代化的视角对云南跨境民族的社会文化进行了初步的审视和研究；二是宏观研究与微观研究相结合，民族文化多元发展的共性与跨境民族文化多元发展的个性相结合；三是立足基础研究与应用性研究相结合，关注旅游、经贸与文化发展相关的内容，为西部大开发与少数民族文化多元发展研究提供理论依据和实践范例。作者认为：第一，云南跨境民族的多元文化是中华民族“多元一体”文化的有机组成部分，在西部大开发进程中保持民族文化多元发展的路径具有重要意义；第二，正确认识和进一步发挥云南在中国西部大开发中的区位优势和重要作用。随着西部大开发战略的稳步推进，民族文化将在经贸、旅游等方面发挥更加重要的作用；第三，云南跨境民族的社会文化发展对中国与南亚、东南亚国家的经济交往和文化交流合作具有巨大的潜能和优势；第四，民族文化多元发展是人类社会的必然结果。面对全球化与现代化的冲击和影响，不断借鉴和吸收世界各民族的优秀文化，不仅是云南各民族人民的必然选择，也是中华民族的必然选择。

作者认为，云南跨境民族社会文化具有四个突出的特色：

其一是具有丰富多样的特色。云南是一个拥有16个跨境民族以及一些尚未识别族群的边疆省份，仅5000人以上的少数民族就有25个，是全国少数民族种类最多、跨境民族和族群的种类也最多的省份；傣族、哈尼族、白族、傈僳族、拉祜族、佤族、纳西族、景颇族、布朗族、普米族、阿昌族、怒族、基诺族、德昂族以及独龙族等15个少数民族为云南所独有。这从全世界范围内比较也是十分罕见的！众多的民族成分、特殊的生存环境及丰富的生物资源，造就了云南各民族独具特色的传统文化。云南各民族在“大杂居、小聚居”的分布格局下长期保持着多元文化和谐共存的良好态势，使得云南一直成为民族学/人类学研究的重要基地之一。

其二是具有开放兼容的特色。在漫长的历史进程中，云南各民族相互交流、相互渗透、相互影响，在保持自身文化特色的同时，兼容并蓄，博采众长，吸收融合和借鉴了其他民族文化中的精华来丰富和发展自己的民族文化，形成了“你中有我、我中有你”的开放兼容特色。众多的民族文献古籍和历史文物，给我们留下了各民族文化互相渗透和影响的大量例证；在各民族日常生活中的民俗礼仪、民族风情、民族服饰、节日庆典、工艺美术、民间乐舞、建筑艺术、神话传说以及宗教信仰等方面，更是处处体现出开放兼容的特色。

其三是具有跨国跨境的特色。在长达 4061 公里的陆地边境线上，云南有壮、傣、布依、苗、瑶、彝、哈尼、景颇、傈僳、拉祜、怒、阿昌、独龙、佤、布朗、德昂 16 个少数民族以及一些尚未识别的族群跨境而居，人口近 200 万。澜沧江、湄公河、怒江、萨尔温江、独龙江、梅恩开江以及红河等闻名遐迩的国际河流，将居住在云南边境或腹地的各族人民同东南亚各国人民更加紧密地联系在一起。在长期的历史发展进程中，云南跨境民族与邻国边民长期保持着通婚互市、探亲访友等友好往来，对边境沿线地区的经济发展及与毗邻国家的睦邻友好作出了重要贡献。此外，云南还在很早以前就同地处南亚的印度、斯里兰卡等诸国开展了茶叶、丝绸贸易以及宗教、文化交流，因而被著名的英国地理学家与铁路工程师戴维斯（H. R. Davis）称作“联结印度与扬子江的链环”。

其四是具有和谐共存的特色。这一方面体现在各个民族之间以及各种文化之间的和谐共存，在许多民族的文献记载及民间传说中普遍流传着同其他民族互为兄弟的神话；各个民族的文化既表现出充分的自信，也能够保持彼此间的互相尊重，和谐共存。另一方面，各民族文化都突出地表现了人与自然和谐共存这一永恒的命题，人们对自然界万事万物的崇拜以及为保护大自然而设置的各类禁忌，真真切切地融入各民族的日常生活当中。自然界万事万物不是被看作人们征服的对象，而是被看作与人类有亲缘关系、与人像兄弟姐妹那样和谐共处的有生命的实体。因此，每当人们为了生存的需要而不得不对自然界有所冒犯时，一定要想方设法举行隆重的祭祀仪式祈求大自然的宽宥。

总之，作为中华文化的重要组成部分，云南丰富多彩的民族文化长期保持着多元与和谐共存的格局，这在中国乃至世界上都是少见的。云南多元民族文化不但为维护世界文化多样性作出了重要贡献，也为和谐文化的建设提供了典型而生动的素材。

本书共十三章：

第一、二章主要对云南民族概况、云南多元民族文化、云南主要跨境民族的分布、源流与特点、跨境民族文化价值等方面进行了概括总结。

第三章至第十一章，主要对文山州、红河州、西双版纳州、普洱市、临沧市、德宏州、怒江州等地的苗族、傣族、布朗族、怒族等民族以及莽人、克木人、老缅人等云南特有族群的历史源流、语言文字、生计方式、节庆礼俗、婚姻家庭、丧葬礼仪、宗教信仰、民族关系、文化变迁及多元发展趋势等进行了论述。同时，通过对云南跨境民族的深入调查研究，探讨了在西部大开发和云南省民族文化强省建设的新形势下，云南跨境民族地区面临的发展机遇和选择。

第十二章则以红河州金平县傣族为例证，阐述了跨境民族的文化生态观对民族地区生态储备与生态环境建设的重要意义。生态文明是人类文明的一种形态，只有实现了生态良好，小康社会才有其坚实的基础；只有实现了人与自然的和谐，构建和谐社会的目标才能得以实现。

第十三章全球化与云南跨境民族文化建设前瞻，认为在当今全球化与现代化大趋势下的和谐社会构建进程中，云南以及西部边疆民族地区在经济社会获得较快发展的同时，却也面临着民族文化单一化、趋同化的危险。只有以“本体论”与“文化自觉”的理念指导民族文化建设，才能使云南跨境民族地区的经济社会文化发展呈现出“各美其美，美人之美，美美与共，天下大同”的境界。

目　　录

第一章　云南主要跨境民族概况

云南省地处中国西南边陲，位于北纬 21°8′32″—29°15′8″和东经 97°31′39″—106°11′47″之间。全境东西最大横距 864. 9 公里，南北最大纵距 990 公里，总面积 39. 4 万平方公里，占全国陆地总面积的 4. 1%。全省土地面积中，山地约占 84%，高原、丘陵约占 10%，盆地、河谷仅占 6%。平均海拔 2000 米左右，最高海拔 6740 米，最低海拔 76. 4 米。云南省与越南、老挝、缅甸等邻国的边境线总长为 4061 公里，自古就是中国连接东南亚、南亚各国的陆路通道，与泰国、柬埔寨、孟加拉、印度等国相距不远；16 个民族与境外相同民族在国境线两侧居住。云南全省共有 16 个州、市，127 个县（市），其中有 8 个州、市的 25 个边境县与外国接壤①。

云南是我国少数民族最多的省份，人口在 5000 人以上的有 26 个民族，分别是汉、彝、白、哈尼、壮、傣、苗、傈僳、回、拉祜、佤、纳西、瑶、藏、景颇、布依、普米、怒、阿昌、德昂、基诺、水、蒙古、布朗、独龙、满。2005 年末，全省总人口 4450. 4 万人，少数民族人口有 1490. 83 万人，占总人口数的 33. 50%②。早在氏族社会时期，云南就生活着“羌、濮、越”三大族群，他们是云南最早的先民，秦汉时期总称为“西南夷”。后经历代的不断迁徙、分化、演变、融合，到了明清时期，各族的分布和特点才趋于稳定。彝族主要分布在滇东北、滇中和滇北广大地区；白族主要分布在洱海周围及邻近地区；壮族、苗族主要分布在滇东和滇东南地区；傈僳、怒、独龙、哈尼、傣、拉祜、佤、景颇、布朗、纳西、藏、阿昌和德昂等族主要分布在滇西、滇南、滇西北的广大地区。另外，各民族立体分布也较明显。白、壮、回、纳西等族多居于平坝；傣、

---

① 《云南年鉴》，云南年鉴社 2005 年版，第 43 页。

② 《云南统计年鉴》，中国统计出版社 2006 年版，第 60 页。

阿昌等族居于低热河谷；彝、哈尼、拉祜、佤、景颇、布朗、瑶、德昂等族多居于半山区；苗族多居于高寒山区；藏和普米等族居于滇西北高原；傈僳、怒和独龙族则分布在怒江、独龙江两侧的山区。

一 跨境民族理论与我国的跨境民族

何为跨境民族？目前学术界的看法尚不一致。中国的跨境民族，大致可分为跨境民族（狭义）与亲缘民族两种基本类型。所谓“跨境民族（狭义）”，指居住在中国和邻国的同一民族，最早居住在同一地区，后来由于迁徙和国界变动等原因分别居住在两个或两个以上的国家，但主要分布区域仍然相连或相邻，语言和文化基本相同，是为中国及其邻国的“跨境民族（狭义）”。跨境民族（狭义）是分布在中国及其邻国的同一民族，其成员以及相关研究者对此并无异议，此类民族有景颇族、彝族、哈尼族、傈僳族、拉祜族、苗族、瑶族、佤族等。

亲缘民族，则指在我国及邻国的一些具有共同族源关系，但目前对其是否为同一民族尚有异议的民族群体。这些民族有共同的族源关系，后因迁徙或国界变动等原因，其中的主要部分逐渐向不同的方向发展，并产生了明显的差异，其整体目前是否为同一民族，其成员以及相关研究者持有不同看法者，可称为“中国与邻国的亲缘民族”。这一类民族有中国的傣族、布依族、侗族、壮族，以及中南半岛北部的泰族、佬族、掸族、岱族等。

我国少数民族中有相当一部分是跨境民族。如地处西南的云南、广西和西藏3省区，与缅甸、老挝、越南、印度、尼泊尔等国相连，与泰国、孟加拉等国相邻；在这3个省区和相邻境外的地区，居住着20余个跨境民族（狭义），至于中国与上述邻国的亲缘民族，影响最大、人数最多的是属于汉藏语系壮侗语族的傣族、壮族和泰族、佬族、掸族、岱族，中国西南地区的藏族，在境外也有一些联系密切的亲缘民族。

汉族与少数民族在长期的经济社会文化发展中，形成了“三个离不开”局面，即“少数民族离不开汉族，汉族离不开少数民族以及少数民族相互离不开”。以民族文化为民族认同基础，寻求民族认同和情感归属；以经济互补为基础，在日常生活中相互交流。从而使目前我国跨境民族呈现出以下特点：

热爱社会主义祖国，并与汉族和其他兄弟民族有千丝万缕的联系。中国境内的跨境民族，绝大部分是热爱社会主义祖国的。在祖国的根本利益受到威胁的时候，绝大部分跨境民族同胞坚定地站在祖国一边，以鲜血乃至生命捍卫祖国的威严。从20世纪上半叶云南佤族自发抵御英国殖民者侵略的班洪事件，到20世纪中叶云南、广西跨境民族踊跃参加中越自卫反击战，都有力地证明了这一点。中国跨境民族与汉族和其他少数民族，由于历史形成的原因，有极其密切的天然联系；她们是中华民族大家庭的重要组成部分；她们与祖国其他民族一样，享有同等的政治地位和政治权利；同时，通过民族区域自治的方式，有自主处理内部事务和保持本民族传统文化的权利。

跨国境而居，中国跨境民族在境外普遍有亲戚和朋友。在我国边疆各地的跨境民族中，这一情形十分常见。自实行改革开放以来，随着政治氛围渐趋宽松和边疆地区经济文化的发展，我国跨境民族与境外亲戚、朋友的联系更为密切，这种联系通过境内外边民联姻、参加境内外节庆活动和宗教活动、边民互市和其他经济交往而得到明显增强。

中国及其邻国的跨境民族有十分复杂的历史渊源关系。这种历史渊源关系，又与历史上边疆广大地区各民族的迁徙、融合活动，乃至宗教信仰、战争、民族压迫等历史现象联系在一起。总体来看，在我国边疆及其毗邻地区的民族关系中，同一跨境民族中的凝聚力和认同感较强，超过与边疆其他民族的友好关系；在某些情况下，跨境民族自身的认同感，会影响乃至削弱该民族—国家观念。跨境民族文化认同方面的复杂性，导致在处理跨境民族与其他民族的关系以及自身利益与国家利益发生冲突时，跨境民族边民的态度可能会出现某种不确定性。

跨境民族问题与边疆稳定紧密相连。国家安全、社会稳定与经济发展，是我国政府极为重视的大局。近十余年来，由于受经济发展、信息传播全球一体化趋势的推动，中国的边疆问题、民族问题更为紧密地与国际社会联系在一起。跨境民族分布境内外的部分，信仰同一宗教并有一定的共同文化内涵。境外跨境民族的宗教和文化，甚至相关国家的政策若发生变化，必然对我国的跨境民族产生复杂的影响，这种情况应引起我们的重视。

云南跨境民族的宗教多元化。西南跨境民族的宗教，包括佛教、伊斯兰教、基督教等世界性宗教，以及祖先崇拜、自然崇拜、神灵崇拜等带原始宗教色彩的两大部分。一般来说，白族信仰受藏传佛教和大乘佛教禅宗教派影响的白族密宗佛教，信仰基督教的有彝族、苗族以及云南西部的一些少数民族。另外，有相当一部分跨境民族，仍信仰或部分信仰祖先崇拜、神灵崇拜等早期宗教。在同一民族中，不同的支系或部分分别信仰不同宗教，以及所信仰宗教混合其他宗教成分的情况十分普遍。

由于跨境民族的多种宗教信仰，使跨境民族的文化构成具有多元性特征，尤其是云南境内外民族整体上有不同的宗教信仰，虽然它们能够产生同宗民族的认同感，但很难产生具有强大内聚力的民族情感的相互交融。如果没有基于通婚而一直保持的血缘关系，境内外跨境民族的民族认同感并不强烈。另一方面，居住云南境内外地区的同一跨境民族，信仰同一宗教的情况是比较普遍的，从而使该跨境民族内部，具有一定的向心力和接近的倾向，这种情形同样反映在文化方面。

二　云南境内跨境民族

云南的跨境民族（狭义），内部通常有较一致的自称，居住在不同国家的部分，则可能有不同的他称。跨境民族的各部分虽居住在不同的国家，但居住区域大都相连或相近。以上述标准来衡量，居住在云南省与邻国5000人以上的跨境少数民族共有16个，即壮族、傣族、布依族、苗族、瑶族、彝族、哈尼族、景颇族、傈僳族、拉祜族、怒族、阿昌族、独龙族、佤族、布朗族、德昂族。此外，还有莽人、克木人等未识别族群。这16个跨境少数民族在云南省的情况大致如下：

壮族　在族称未统一之前，自称和他称种类繁多，主要有“侬人”，自称“布依”、“濮侬”、“濮龙”或者“龙人”；“沙人”自称“布依”；“土僚”自称“雅侬”，他称“土佬”。2000年全省壮族人口为11.4万（云南跨境民族人口数据出处相同）①，主要分布在文山壮族苗族自治州，另外在红河、昭通、曲靖、大理、楚雄也有部分壮族居住。壮语属于汉藏语系壮侗语族壮傣语支，没有自己的文字，有“侬人语”和“土僚语”两种方言。壮族的家庭结构是以男子为中心，实行一夫一妻的氏族外婚，在新中国成立之前盛行“包办婚”，新中国成立后，多数青年男女实行的是

---

① 《云南统计年鉴》，中国统计出版社2006年版，第60页。

自由恋爱，自由恋爱的方式有抛绣球、对歌、打木槽等。民族传统节日主要有春节、蚂拐（青蛙）节、三月三歌节、牛魂节、莫一大王节、中元节和中秋节等。壮族没有形成统一的宗教，其先民由自然崇拜发展到祖先崇拜、多神崇拜，另外道教在壮族地区也广为流传①。

傣族　自称“傣”，西方写作“Dai”或“Thai”，也称为“Shan”，他称主要有“水傣”、“旱傣”、“花腰傣”、“掸姆”、“拉掸姆”和“阿掸姆”等。2005年全省傣族人口为123.21万人。主要分布在云南西部、南部和西南地区的西双版纳、普洱、红河、临沧、德宏等地区的边境沿线。傣族为古越人的后代，傣语属于汉藏语系壮侗语族壮傣语支，有自己的文字，傣族家庭多为父系制小家庭，实行严格的等级内婚制。未婚男女青少年的社交活动傣语称“要布少”或“要少”，即找未婚女子谈情说爱，这种串姑娘习俗，在婚前相当自由。傣族的节日主要有与汉族相同的春节、端午节和中秋节，最有傣族民族特色的节日是“泼水节”，即傣历新年，傣语称为“桑干比迈”、“楞火桑干”，即六月新年。傣族既信仰原始宗教又信仰南传佛教，傣族认为日、月、天、地、山、水、鱼塘和树木等自然万物都有灵魂，为祈求丰收，保佑平安，必须祭祀它们②。

布依族　主要分布在云南省曲靖市的罗平县、文山州马关县、红河州河口县等地。2005年全省布依族人口有4.84万人。布依族是“百越”系统的民族，其先民自古以来就居住在南盘江、北盘江、红水流域及其以北地带。布依语属于汉藏语系壮侗语族傣语支，没有自己的文字，长期以来，都以汉字作为文化交流的工具。布依族实行一夫一妻制的小家庭，过去有少数一夫多妻现象，婚前自由恋爱，严禁同宗同姓通婚，过去限于本民族内婚，存在姑舅表和姨表优先婚。信仰多神，崇拜祖先和自然物，以敬奉山神、寨神、水神、石神、树神最为普遍，对门神、灶神、土地神、雷神等也很崇拜，要定期进行祭祀，祈求消灾免难，保佑全寨人畜平安，风调雨顺，五谷丰登。随着佛教、道教的传入，一些布依族受汉族影响，亦敬奉佛、道诸神。民族传统节日为“三月三”，原为祭祀水神、山神的宗教活动③。

---

① 参阅《云南省志·民族志》，云南人民出版社2002年版，第232页。

② 参阅黄惠焜主编，赵世林、武琼花著：《傣族文化志》，云南民族出版社1997年版。

③ 参阅《云南省志·民族志》，云南人民出版社2002年版，第709页。

苗族 是云南少数民族中人口较多，分布面最广的民族之一，自称“蒙碑”、“蒙楼”、“蒙施”、“蒙抓”、“蒙剧”等，他称“花苗”、“白苗”、“青苗”、“绿苗”、“汉苗”等。2005年全省苗族人口有106.80万人，主要分布在云南滇南、滇东北的文山州、屏边县、金平县、禄劝县等地的山区和半山区，另外，昭通、楚雄、昆明市也有部分苗族居住。苗族先民大约在秦汉时期居住在今洞庭湖和元江一带，古代称元江流域为五溪，称居住在这里包括苗族先民在内的少数民族为“五溪蛮”或“五陵蛮”。苗族没有自己的文字，苗语属于汉藏语系苗瑶语族苗语支。一夫一妻制是苗族主要的婚姻制度，遵循同姓不婚、不同辈分不婚的原则，姑舅表有优先通婚的权利，具有抢婚、领婚、跑婚的习俗。苗族实行木棺土葬，难产而死的妇女或凶死者实行火葬，相信万物有灵，认为大山、巨石、大树都有精灵，人有魂，魂魄附体则人的身体健康，魂魄离体，则人面黄肌瘦，要举行叫魂仪式。崇拜多神，如天神、雷神、水神、山神、祖先神、灶神、门神等，认为人的一言一行都受这些神灵支配。另外基督教、天主教在苗族地区也有部分信徒。“花山节”是苗族主要传统节日，苗语称“奥道”，春节苗语称“脑斋”，是除了花山节外苗族较为隆重的节日①。

瑶族 是我国一个古老而又分布很广的民族，自称“优勉”、“金门”、“秀门”和“别亚”等，“优勉”汉称“大板瑶”、“红头瑶”、“角瑶”、“沙瑶”和“靛瑶”；“金门”汉称“小板瑶”、“蓝靛瑶”和“红头瑶”等；“秀门”汉称“蓝靛瑶”、“平顶瑶”和“白线瑶”等；“别亚”汉称“山瑶”、“山头瑶”和“背箩瑶”等。2005年全省瑶族人口为22.20万人，主要分布在文山、红河、西双版纳、普洱和曲靖等地。瑶族有自己的语言，分别属于汉藏语系苗瑶语族瑶语支的勉方言和金门方言，以及汉藏语系苗语族苗语支的布努语布瑙方言。苗族实行一夫一妻制的婚姻制度，缔结婚姻有男子娶妻和女子招赘两种形式，婚前社交自由，可以通过“赛歌堂”、“抛花包”等活动寻求伴侣。同姓可以结婚，严禁同宗内婚。瑶族重大的民族节日是“盘王节”和“达努节”，“盘王节”是瑶族祭献祖先盘王的节日，时间为农历十月十六日；“达努节”是瑶族纪念祖先布托西的妻子密洛陀的活动，时间是农历五月二十九日。瑶族信仰道教，同时又

---

① 参阅《云南省志·民族志》，云南人民出版社2002年版，第263页。

保留部分原始宗教信仰，主要表现在对自然、图腾、祖先等的崇拜方面[①]。

彝族　自称主要是“诺苏泼”、“纳苏泼”、“聂苏泼”等，他称有“黑彝”、“白彝”、“红彝”等。2005 年全省共有彝族 493.58 万人，主要分布在楚雄、红河等地；昆明市的路南、禄劝；曲靖的寻甸；玉溪市的峨山、新平、元江；普洱市的江城、宁洱、景谷、景东、镇沅；丽江市的宁蒗；大理市的巍山、南涧、漾濞等县的 103 个彝族乡。我国学术界居主导地位的观点认为彝族是古氐羌人南下后，融合了当地的土著部落、部族，随着经济社会的发展而形成的。彝族有自己的语言文化，属于汉藏语系藏缅语族彝语支，彝族普遍信仰原始宗教，有自然崇拜、鬼魂崇拜、祖先崇拜等，巫师有“毕摩”和“苏尼”两种。彝族普遍实行一夫一妻制，子女成家后自立门户与父母分居组成小家庭，小凉山彝族传统婚姻习俗是同族内婚制、等级内婚制和家支外婚制，在婚姻的选择上实行姨表不婚和姑舅表优先婚。火把节是彝族地区普遍而又最隆重的传统节日。彝族在历史上实行火葬，明清以后，受到汉族文化的影响，逐渐改为棺木土葬，只有小凉山彝族仍实行火葬[②]。

哈尼族　自称主要是“哈尼”，由于居住地域的差异，又有“卡多”、“雅尼”、“豪尼”、“碧约”、“布都”等自称和他称。2005 年全省哈尼族人口为 147.83 万人，除少数跨境而居外，主要居住在云南南部红河下游和澜沧江之间即哀牢山和无量山之间的广阔地区，哀牢山地区的元江、墨江、江城、红河、元阳、绿春、金平等县是哈尼族最集中的地区。哈尼族属于古代羌族后裔，哈尼语属于汉藏语系藏缅语族彝语支，没有自己的文字。哈尼族社会基本单位是父权制的个体家庭，婚姻实行一夫一妻制，未婚男女享有充分的社交自由，俗称“串姑娘”。相信原始的万物有灵、多神崇拜和祖先崇拜是哈尼族宗教信仰的主要内容，实行棺木土葬，主要传统节日有“十月年”、“六月年”（苦扎扎）和“吃新米节”[③]。

傈僳族　自称“傈僳”，傈为傈僳族的基本族名，“僳”意为人或族，直译为傈人或傈族，意译为傈僳族。2005 年全省傈僳族人口为 65.24 万人。主要居住在怒江州的泸水、福贡、贡山、兰坪县，丽江、保山、迪

① 参阅徐祖祥《瑶族文化史》，云南民族出版社 2001 年版。

② 参阅张建华《彝族文化大观》，云南民族出版社 1999 年版。

③ 参阅雷兵《哈尼族文化史》，云南民族出版社 2002 年版。

庆、楚雄、大理也有少数傈僳族居住，多与汉、白、彝、纳西、怒等民族交错杂居，小块聚居。傈僳族是古代“乌蛮”的一支，“乌”有黑的意思，彝语称黑为“诺”，“诺水”就是黑水。傈僳语属于汉藏语系藏缅语族彝语支，怒江傈僳族自治州内各族人们通用傈僳语，散居在内地的傈僳族除了使用傈僳语外，也能讲汉语或一些其他民族的语言。一夫一妻制的个体家庭是傈僳族社会的基本构成单位，青年男女婚姻多由父母包办，婚前享受较多的社交自由，人口较多的村寨，习惯上都要利用新建的空房或者修盖窝棚，为青年男女的社交提供方便。盛行姑舅表婚配优先权，存在转房的习俗，即兄死弟娶寡嫂、弟死兄娶弟妇。傈僳族传统的民族节日是“收获节”即“尝新节”，各地没有统一的日期，按照海拔的高低和农作物成熟的快慢来确定。人死后实行土葬，死于非命的实行火葬。傈僳族流行万物有灵的自然崇拜，认为山川、河流、日月、星辰、动植物都由神灵或鬼魂所支配，几乎一切自然现象都成了他们信奉和崇拜的对象。另外从清乾隆年间，藏传佛教开始传入傈僳族地区，随后天主教、基督教相继传入，使傈僳族人们处于传统原始宗教和现代主流宗教多重信仰的状态①。

拉祜族　自称“拉祜”，他称“倮黑”、“苦聪”、“缅”等，拉祜语的“拉”为虎的意思，“祜”是没有意义的语尾词，可以看出拉祜族是用虎来命名的族称。2005 年全省拉祜族人口为 45.35 万人，主要分布在云南澜沧江东西两岸的普洱和临沧市，北起临沧、耿马、南至澜沧、孟连，均有拉祜族大片居住区，大多数以村落为单位，与哈尼族、傣族、佤族和汉族交错聚居，少数杂居。拉祜族先民属于古代羌人族系，拉祜语属于汉藏语系藏缅语族彝语支，分拉祜纳和拉祜西两个方言，没有自己的文字。近代拉祜族家庭可分为父系大家庭和父系小家庭两种。父系大家庭的成员为一对夫妇的三代或四代后裔，不仅包括儿子、儿媳、孙子、孙媳等父系成员，而且包括女儿、女婿、外甥女和外甥女婿等母系成员；近代拉祜族占主导地位的是一夫一妻制的父系小家庭，包括父母和子女两代，家庭成员主要有父母、女儿、女婿、次子或者幼子及其媳妇，以及未婚的内孙和外孙。除次子或幼子外，男子大多从妻方居住，时间一般为 3 年。主要的民族传统节日有大年、小年、火把节和尝新节。宗教信仰中原始宗教占主导

① 参阅《云南省志 · 民族志》，云南人民出版社 2002 年版，第 289 页。

地位，同时汉传佛教、基督教、天主教也在拉祜族中广为流传[①]。

佤族　自称有“布热”、“布饶”或“巴饶”、“阿佤”、“阿卧”、“阿来菜”等，他称有“拉”、“本人”、“阿佤”或“佧佤”等。2005年全省佤族人口为39.98万人。佤族为先秦时期的濮人后裔，佤语属于南亚语系孟高棉语族佤德昂语支，分为巴饶、阿佤和佤三大方言区，没有自己的文字。佤族的家庭基本上都是以夫妇为主的，包括未婚子女的核心家庭，普遍实行一夫一妻制，严格的氏族外婚，盛行姑舅表婚和转房制，男女婚姻自由，谈恋爱的方式是“串姑娘”。主要民族传统节日有“新米节”、“新水节”、“新火节”等。佤族广泛信仰万物有灵的原始宗教，在人们的观念中，山川河流以及任何有生命的东西、难以理解的自然现象，都有灵魂和鬼魂。佤族最崇拜的神是“木依节”，它是创造万物的神灵，是世界上最高主宰，重大的宗教活动主要有“拉木鼓”、“砍牛尾巴”和“猎头祭谷”。另外，在佤族居住的地区，南传佛教和基督教也有很多信徒[②]。

景颇族　自称景颇，他称主要有“亢”、“阿普巴”和“山头”等，有“景颇”、“载瓦”、“茶山”、“浪速”几个支系。2005年全省景颇族人口为14.10万人，主要分布在德宏州的陇川、盈江、潞西、瑞丽、梁河等县，在保山、临沧和怒江有部分居住。景颇族是古代居住在中国青、藏、川、滇高原广阔区域的氐羌后裔的一部分。使用两种语言和两种文字，景颇支系的语言属于藏缅语族景颇语支，载瓦、茶山、浪速、波拉支系四种方言属于藏缅语族的缅语支。景颇族历史上曾有一夫多妻制，自清代以来，以父权为中心的一夫一妻制是他们的基本婚姻形式，但存在转房制。新中国成立前，景颇族青年男女自由恋爱，私生子在社会上不受歧视，女青年未婚怀孕后，可以指腹认父，被指认的父亲必须杀牛祭鬼。婚姻中存在着等级内婚制，结婚有讨婚、偷婚、抢婚等形式。景颇族信仰万物有灵的原始宗教，在他们的观念里，日月星辰，山川河流，飞禽走兽，花木鱼虫都有鬼魂，一般把自然的精灵称为鬼，活人的“精神”称为魂，死后则称为鬼，但在许多场合鬼神不分。景颇族除了搬新房、结婚场合进行歌舞娱乐外，还过春节，但他们最隆重的民族节日是传统的“目脑纵歌”节。随着景颇社会里世袭贵族的出现，贵族们也用这个节日祭祀只有世袭当权

---

① 参阅王正华、和少英《拉祜族文化史》，云南民族出版社1999年版。

② 参阅魏德明《佤族文化史》，云南民族出版社2001年版。

贵族才能供奉的天鬼和地鬼，以示他们的特权和地位。现在德宏州已经把“目脑纵歌”节定位为景颇族的法定节日①。

怒族 自称“怒苏”、“阿怒”、“柔若”和“怒”、“阿龙”等，他称有“怒人”、“怒子”、“怒帕”或“阿般”等。2005年全省怒族人口为2.95万人，主要分布在怒江傈僳族自治州的贡山、碧江、福贡以及兰坪县的菟峨乡等地，大多数村落与傈僳族交错杂居。分布在怒江北部地区、贡山一带的自称“阿龙”或“龙”的怒族应是历史古老的土著民族，其语言、习俗、传说都与独龙族有着极为密切的关系。而碧江一带自称“怒苏”的怒族，则与福贡、贡山一带的怒族在语言、族称以及社会习俗等方面都有较明显的差异。传统的怒族大家庭早已解体，现在一般都是规模不大的个体小家庭，家庭中男子为家长，处于支配地位，儿子成婚后，除了极少数与父母同住一至两年外，绝大多数与父母分居单住。新中国成立前，怒族婚姻制度已进入一夫一妻制为主的历史阶段，但配偶大都在同一氏族甚至同一家族内部缔结，普遍存在“妻兄弟妇”的转房制，男女婚前社交自由，但婚事由父母做主。取名的方式有“父子连名制”、“按性别区分命名”和“汉姓或信教命名”。怒族信仰原始宗教，崇拜自然和各种神灵，从事原始宗教活动的巫师，在碧江称为“米亚楼”、“米苏”或“禹古苏”；福贡怒族称为“尼玛”或“达施”；贡山北部则称为“纳木沙”。同时藏传佛教、天主教、基督教在怒族地区广为流传，多种宗教并存，对当地人们的传统观念、生产生活、社会习俗产生了很大影响。怒族传统民族节日是“鲜花节”（朝山节），是一个融民情风俗与宗教祭祀仪式的节庆，也是一个惩恶扬善进行群众性自我教育的活动②。

德昂族 自称“德昂”、“尼昂”、“纳昂”等，他称“崩龙”。2000年全省德昂族人口为1.79万人，主要分布在德宏州的潞西、梁河、盈江、瑞丽、陇川县等地，以潞西三台山较为集中。另外，临沧的镇康、耿马、永德县和保山市有部分居民，缅甸有较多的德昂人分布。德昂族是云南及中南半岛上的古老居民，与布朗族、佤族同是濮人的后裔。德昂语属于南亚语系孟高棉语族佤德昂语支，和佤族、布朗族以及柬埔寨的高棉、缅甸的德楞为同语系民族。中国境内的德昂族分别操“别列”、“梁”和“汝

① 参阅刘刚、石锐等《景颇族文化史》，云南民族出版社2002年版。

② 参阅陶天麟《怒族文化史》，云南民族出版社1997年版。

买”三种方言，由于杂居和交往，德昂族多能使用汉语、傣语和景颇语。德昂族家庭为父系小家庭，父亲是一家之主，主持全家事务，实行一夫一妻制婚姻，男女青年各有自己的组织，在缔结婚姻时有一定的自主权，遵守同姓不婚的原则，没有严格的等级婚，个别地方保留姑舅表优先婚。德昂族信仰南传佛教，每个村寨都有佛寺，宗教节日有“进洼”（关门节）、“出洼”（开门节）和“做贡”，宗教祭祀以“做大贡”（傣称赶摆）最为隆重，其目的是祈求一个村寨或一个地区的平安。南传佛教信徒的传统节日为“泼水节”①。

阿昌族　自称“阿昌”，他称“掸”、“蒙撒掸”等。2005 年全省阿昌族人口为 3.58 万人，主要分布在德宏州陇川县的户撒和梁河县的囊宋、九保三个民族乡，属于古代的氐羌后裔，阿昌语属于藏缅语族缅语支，无本民族文字。阿昌族历史上盛行转房制，形成多妻现象，史书称之为“五妻十妻共一丈夫”。近代则多为以父权为中心的一夫一妻制。婚前男女恋爱自由，遵循同姓不婚的原则，通过“作业勤”（串姑娘）建立感情。梁河语陇川户撒、腊撒的阿昌人在宗教信仰上存在不同，梁河地区以祖先崇拜为主，户撒、腊撒则信奉南传佛教和祭寨神。梁河地区的家族组织比较盛行，家族会组织是以同姓为前提，虽然不是同一民族，只要同姓，都可以纳入同一家族会组织内。阿昌族的主要节日有“过年”、“窝罗节”、“火把节”、“泼水节”等②。

独龙族　自称“迪就”、“迈哇”、“打斜”等，他称有“曲子”、“俅人”、“俅子”、“俅帕”、“曲洛”等。2005 年全省独龙族人口为 0.63 万人。主要分布在缅甸、中国、印度之间的重要要道，世代跨境而居，云南贡山独龙族怒族自治县是独龙族的主要居住地。独龙族语言与怒族、景颇族较为接近，源于古代氐羌族群。一夫一妻制是独龙族的主要婚姻形式，为了使家中财产不外流，转房制普遍存在，20 世纪 50 年代后，这种婚姻形式逐渐消失。独龙族实行氏族外婚，不同氏族之间有比较固定的婚姻集团，婚姻多由父母做主，父亲为儿子讨媳妇，独龙语称为“仆玛连”。信仰万物有灵的原始宗教，由鬼魂观念、鬼观念以及天的观念等构成，认为世间万物都有灵魂，人和动物有两个灵魂“仆拉”和“阿细”，前者是个

① 参阅《云南省志·民族志》，云南人民出版社 2002 年版，第 685 页。
② 参阅刘江《阿昌族文化史》，云南民族出版社 2001 年版。

体赖以生存的灵魂，后者是人和动物死亡后出现的亡灵。独龙族主要实行土葬，只有麻风病、霍乱病、肺病等传染性病人死亡后实行火葬或者水葬。独龙族唯一的节日是过年，称为“卡锵瓦”或者“古奚”①。

布朗族 自称有“布朗”、“波朗”、“翁拱”、“蒲满”、“乌”、“阿娃”及“木人”等，他称有“拿娃”、“阿别”、“卡坡”及“乌”等。2005 年全省布朗族人口近 10 万人，主要集中居住在西双版纳勐海县的布朗山、西定、巴达、打洛、勐满、勐岗等山区，此外还散居在保山、施甸、昌宁、双江、云县、镇康、永德、耿马、澜沧、墨江等县市。布朗族的先民在先秦时期为百濮的一支，汉晋时称濮，唐宋时称朴子蛮，元明清时称蒲蛮。布朗族有自己的语言，属于南亚语系孟高棉语族布朗语支，使用朗和阿尔佤两个方言。没有自己的文字，使用傣文和汉文。布朗族传统婚姻模式实行严格的氏族外婚和一夫一妻制，子女成婚后要与父母分居，只留下一个儿子与父母同住，继承土地和财产，赡养父母。布朗族氏族外婚的特点是本氏族的姑娘可以嫁给除舅家以外的氏族，本氏族的男子可以娶除舅家以外的其他氏族的姑娘为妻。传统民族节日有“景比迈”（过新年）、“奥瓦沙”（关门节）、“考佤沙”（开门节）。布朗族一般实行土葬，80 岁以上的老人则实行火葬。主要信仰原始宗教和南传佛教，原始宗教的核心是“万物有灵”，主要内容有自然崇拜、图腾崇拜、鬼神崇拜和祖先崇拜②。

三 云南跨境民族境外分布

（一）云南与越南主要跨境民族

越族是越南的主体民族，主要分布在经济文化较发达的平原和沿海地区，少数民族主要居住在北部和西部靠近越中、越老、越柬边境的高原山区和河谷盆地。少数民族的分布特点是：在北方多交错杂居，有的山区一个乡就有六七个民族；在南方，多形成单一的小块民族聚居区。许多少数民族与我国少数民族是同源民族，跨国境而居。

1979 年，越南政府正式划分并公布了《越南各民族成分名称》，确定全国共有 54 个民族。按人口多少为序排列如下：越（京族）族、岱依族、

① 参阅张桥贵《独龙族文化史》，云南民族出版社 2000 年版。

② 参阅赵瑛《布朗族文化史》，云南民族出版社 2000 年版。

泰族、华族、高棉族、芒族、侬族、赫蒙族、瑶族、嘉莱族、艾族、埃地族、巴拿族、山泽族、色当族、格贺族、占族、赫耶族、山由族、拉格莱族、墨侬族、斯丁族、布鲁—云乔族、土族、热依族、戈都族、叶坚族、麻族、克木族、戈族、达渥族、遮罗族、抗族、欣门族、哈尼族、朱鲁族、佬族、拉基族、拉哈族、夫拉族、拉祜族、卢族、倮倮族、哲族、莽族、巴天族、仡佬族、贡族、布依族、西拉族、布标族、布娄族、俄都族和勒曼族。以上民族分属三个语系，即南亚语系、汉藏语系和南岛语系，各语系又包括不同的语族。

岱侬族和侬族　越南的岱侬族和侬族与中国的壮族有着密切的亲缘关系，虽然现在已逐渐分化并有了不同的族称，但他们在语言、风俗习惯、文化传统等方面仍保持着共同的特征，总的来说共同性多于差异性，可以视为一个跨境民族。岱侬族和侬族约有189.5万人（以下越南跨境民族人口数据出处相同）①，主要居住在与中国交界的高平、谅山、广宁、河江、宣光、老街等省的平坝丘陵地带，主要种植稻谷和玉米，家庭手工业和饲养业较发达。岱侬族迁入越南的时间较早，受越族的影响较深；侬族迁入越南的时间较晚，有的至今不过八九代人，约二三百年的历史，与中国壮族的共同性更多一些。

泰族　越南泰族有104万人，是越南第二大少数民族，主要分布在莱州、山罗、河山平等省，内部又分为黑泰、白泰、红泰三大支系。越南泰族系从中国云南迁来，与中国傣族同源并有着相近的民族特征。其中白泰人迁入越南的历史最早，黑泰人则是在10世纪后从云南西双版纳迁入红河三角洲，红泰人是后来黑泰人和白泰人中的一部分融合而成的。泰族多居住在肥沃的河谷平坝，以种植水稻为生。

苗族　越南苗族有55.8万人，又称赫蒙族，分布在河江、宣光、高平、老街、莱州、山罗、北太等省的山区。越南苗族系从中国的云南、广西迁来，时间距今仅二三百年。内部分为白苗、黑苗、红苗、花苗和汉苗等支系。主要以耕种山地为生，其中刀耕火种的轮荒地占大部分。其语言和风俗习惯与中国苗族基本相同，系跨境而居的同一民族。

瑶族　越南瑶族有47.4万人，分布地域较广，沿越中、越老边界一直延伸到北部沿海的一些省份。他们系明代以来从中国两广和贵州、云南

① 周建新：《中越中老跨国民族及民族关系》，民族出版社2006年版，第74页。

迁入，至今还流传着许多关于这一迁徙过程的传说和民间文献记载。内部根据服饰特点又分为红瑶、白裤瑶、蓝靛瑶等支系，其语言、风俗习惯与中国瑶族大体相同。以山地农业为生，大部分仍处于游耕游居状态。

倮倮族 越南倮倮族有3200人，居住在河江省的同文县和高平省的保乐县。他们系16世纪后从中国云南迁来，与中国彝族有亲缘关系。倮倮族从事山地农业，但已定耕定居，其语言和习俗与中国彝族大体相同。

哈尼族 越南哈尼族有12500人，主要聚居于莱州省孟碟县和老街省的巴沙县，莱州省的封土县也有少量分布。他们系300多年前从中国云南省金平、绿春两县迁入，语言和风俗习惯与中国哈尼族相同。其耕地分为山地和梯田两种，以善筑梯田而著称。

拉祜族 越南拉祜族有5400人，聚居于莱州省孟碟县的巴维苏、巴乌、哥朗、布得等乡。其祖先系从中国云南省的金平、绿春两县迁来，距今不过二三百年。内部分为黄拉祜、黑拉祜、白拉祜三个支系，主要从事山地农业，并辅以采集和狩猎。

布依族 越南布依族有1450人，分为布依、都依两个支系，居住在河江省官坝县和老街省的孟康县。其祖先系19世纪从中国贵州经云南迁来，由于人数较少和居住分散，越南布依族已逐渐融合于其他民族，并成为新的民族。如越南热依族就是从布依族中分化出来，融合其他民族而形成的。

（二）云南与老挝主要跨境民族

中老两国边界线长710公里，我国一侧是云南省勐腊县，有汉、傣、哈尼、彝、瑶、壮、苗、佤、拉祜、基诺、布朗、克木等民族或族群；江城哈尼族彝族自治县，有哈尼、汉、彝、傣、瑶、拉祜、回、布朗、白等民族。老挝一侧是琅南塔省、乌都姆塞省和丰沙里省。按照老挝政府公布的47个民族来看，属于老挝和云南跨国民族或族群有：傣—普泰、泐，哈尼—哈尼、西拉、戈，汉—贺，布朗—三岛，拉祜—归、木舍，瑶—瑶，壮—央，苗—赫蒙，彝—倮倮，克木—克木、拉勉特等①。

① 《1995年老挝人口普查结果》，老挝国家计划委员会民族统计中心发布，英文、老文对照，1997年4月万象出版；转引周建新、范宏贵《中老跨国民族及其族群关系》，《民族研究》2000年第5期。

普泰、泐民族　在老挝与西双版纳傣族相对应的族群为普泰、泐民族（族群），人口为591649人（以下跨境民族数据出处相同）。[①] 云南省勐腊县的部分傣人，在宋末元初期间，从现在的文山州广南、邱北等县，打仗出来，道经越南奠边府、勐莱（莱州）至老挝的勐乌、乌得后流入此地。傣人来此之前，原住民为克木人、布角人（布朗族），而勐乌、乌得原是十二版纳（西双版纳）中的一个版纳。[②] 西双版纳傣族用傣文写的《泐史》中说，1180年，叭真入主勐泐后，将四个儿子分封到各地，三子叫陶伊钪冷，食采于勐老，即老挝。普泰人分布在老挝的丰沙里、琅南塔、乌都姆塞、波乔、琅勃拉邦、华潘、川圹、万象、塞雅普里、波里坎赛、甘蒙、沙弯拿吉、沙拉弯、占巴色等省和万象市，有白泰、黑泰、红泰等很多支系。老挝把泰与泐分为两个民族。

哈尼族　老挝的哈尼族有1122人，自称"尼"、"拉尼"或"阿卡"，主要居住在丰沙里省约乌县和乌都姆塞省勐拉、那模二县。哈尼族大约在300年前分成多批次从中国南方转移到老挝[③]。西拉族有1772人，分布在丰沙里和琅南塔省，自称"西拉"或"克"。西拉人与哈尼人的语言相同，但他们认为是两个民族，而不是一个民族；戈族有66108人（1995年），分布在丰沙里、琅南塔、波乔、乌都姆塞等省。有戈偏、戈基昨、布里、巴那、布夸、楼玛、歪巴、基标、谋基、谋叠、比索、比楼、窝玛、玛蒙、功刹等很多称谓，但他们都共同认为是阿卡（akha）人，即我国所说的哈尼族。

三岛族　老挝的三岛族即我国的布朗族。三岛族有2213人（1995年），分布在琅南塔省和波乔省。语言属孟—高棉语族。老挝的三岛族又称40万马鞍部落的人，西双版纳也有这个古怪的名字，叫"卡细先玛麻"。西双版纳的原住民是布朗族、哈尼族的先民，统称"卡细先玛麻"，其中布朗族先民居多数[④]。后来傣人进入西双版纳，布朗族、克木人有一部分南迁老挝境内。

归族和木舍族　老挝1995年人口统计表中改称拉祜族为归族和木舍族。自称有"拉祜达"、"拉祜纳"、"归松"、"归琅"，他们都自认为是拉

---

① 参见周建新《中越中老跨国民族及民族关系》，民族出版社2006年版。
② 参见《西双版纳傣族社会综合调查》，云南民族出版社1983年版，第91页。
③ ［越］阮维绍：《老挝各族结构》，河内社会科学出版社1996年越文版，第52页。
④ 参见《傣族社会历史调查（西双版纳之三）》，云南民族出版社1983年版，第24页。

祜人。归族有 6268 人（1995 年），分布在琅南塔省和波乔省；木舍族有 8702 人，分布在琅南塔、丰沙里和波乔等省。中国勐腊县有磨憨、会勇、南城、巴连四个苦聪人寨子，大约是 1948—1949 年间从老挝迁来的，现在与老挝同族边民往来密切。1987 年，我国政府把苦聪人划入拉祜族。

瑶族 老挝瑶族的总人口数是 22655 人（1995 年），其中包括勉瑶（自称 mien 或 ju mien）18155 人，蓝靛瑶（自称 kim mun）4500 人（1995 年）两个支系。两个支系的人可以随意地用本支系的语言同对方交流，互相都能听得懂。瑶族来到老挝的时间晚于其他民族，只能居住在山上比较高的地方，老挝人习惯称他们为"佬松族"，意思为高处的老挝人。主要分布在万象、琅勃拉邦、沙耶武里、乌都姆塞、琅南塔、波乔、丰沙里、华潘等省。据西双版纳的瑶族传说，他们是盘王的子孙，祖先住在湖南洞庭湖畔，后来分散迁往广东和广西。在前 7 代，又迁徙到云南。来时是 3 个兄弟，大哥（顶板瑶）在前面走得快，就走到了寮国（即老挝）、泰国去了；二弟（蓝靛瑶）走在后面，于是到了江城、二唐等地就住了下来；三弟跟随在最后，事先约定好，二哥以砍倒芭蕉树为路标记号，三弟沿路标赶上。但砍倒的芭蕉树已经长出了新叶，他以为二哥已走远，便停留在开化（文山）、蒙自（红河）的坝区和河谷地带，因此称他们为坝子瑶①。瑶文手写的《赵胜贤造信》（瑶族称写信为造信）和《盘经何言》瑶书的记载，印证上述传说的时间和迁徙路线是一致的。他们的祖先曾共同生活在一起，是明朝崇祯七年（1634）分多次、多路、不同时间向南迁移。其中有 4 条线路比较明确：（1）广西—越南—老挝的勐乌、乌得—云南的勐腊；（2）广西—云南的勐腊—老挝—云南的勐腊；（3）广西—云南的广南—开化—屏边—建水—元江—新平—景东—大理—临沧—普洱—江城—景洪—勐腊—老挝—勐腊；（4）广西—云南的开化—越南—老挝—云南的勐腊②。瑶族的白话歌信《尼兄信》中写道："尼兄"是老挝的瑶人，居住在勐岩下。老挝学者认为，瑶人是 18—19 世纪入居老挝的，有一部分是从中国直接进入老挝的，有一部分是经过越南进入老挝的。云南省勐腊县勐满镇大广村国境线上的曼叭三勐寨的瑶族头人自称是从广西迁来的，1958 年大跃进时又迁居老挝。距老挝琅南塔省省会 8 公里的南尼寨，有

① 邓福昌：《西双版纳瑶族》，云南民族出版社 1994 年版，第 7 页。
② 同上书，第 12 页。

46户462人，自称mun，是俗称的山子瑶（即蓝靛瑶）。

央族 老挝的央族（即中国的壮族）有4630人（1995年），分布在丰沙里、乌都姆塞、琅南塔省，自称pujai。居住在乌都姆塞省勐缅县的有2000多人，他们是从丰沙里省和琅南塔省迁来的，语言与泐族相同。1988年西双版纳州勐腊县有壮族700多人。瑶区沙人寨有250多人，自称pujai，当地傣人称他们为puja（布央）。他们的祖先是从老挝迁到勐腊县的，到勐腊后，搬迁、建立过5个寨子，现在的居住地是第6个寨子，取名为新寨（曼迈），其他民族则叫他们为沙人，故称沙人寨。他们说他们的同族人留在老挝的比迁到勐腊的人数还多。现在，他们与老挝的同族人还有交往。

清朝于乾隆三十一年（1766）设云南勐龙土指挥同知一人。“勐龙土司之地，包括今老挝会晒省的芒能以东、朗（琅）勃拉邦的西北部，往北连接今丰沙里省除勐乌、乌得以外的其余地方。”①《东华录》载：“勐龙沙人头目叭护猛呈称：‘我所管地方约二千余里，并所管沙人暨卡高共七十余寨……概请内附’。……查，叭护猛等原籍内地广南夷民，流落外地居住，现闻大兵攻克整欠，慕化来归。”② 可见，布央人流落到老挝，至今至少已有200多年。老挝学者认为，央人是从中国迁出，经过越南，进入老挝丰沙里等省。

苗族 老挝苗族有人口315465人（1995年），次于佬族、克木族，是老挝第三大民族。老挝的苗族分为五个支系：白苗（白赫蒙）、花苗（花赫蒙）、黑苗（黑赫蒙）、红苗（红赫蒙）和条纹苗（青赫蒙）。原来所称的苗族，现在按自称改为“hmo”，译为“赫蒙”，是人的意思。分布在丰沙里、琅南塔、波乔、乌都姆塞、琅勃拉邦、川圹、华潘、赛雅布里、万象、波里坎塞等省和万象市。他们的来历可分为两条路线：一条是从中国迁出后，经过越南奠边府一带，进入老挝的桑怒—川圹。抗美战争结束后，从川圹再迁到其他地方。走这条线路的人数较多，先是白赫蒙走这条路线，然后花赫蒙跟着这条路线迁移。另一条路线是从中国南方，经云南江城县，进入老挝乌都姆塞省、琅勃拉邦省—万象。这是另一批黑赫蒙、花赫蒙走的路线。西双版纳勐腊县尚勇乡靠近国境线的磨憨镇有两个苗族

① 尤中：《中国西南边疆变迁史》，云南教育出版社1987年版，第242页。
② 同上书，第243页。

寨子，约600人，是从老挝搬迁过来的白苗。双方交往密切，甚至通婚，但多是老挝赫蒙姑娘嫁给中国的苗族男子。

倮倮族　老挝的倮倮族是在中国境内的彝族的一个支系，1995年的人口数是1407人，主要分布在老挝的丰沙里省靠近中国边境的地区，南塔省的勐醒县、乌都木塞省的北部也有少数分布，自称阿露（alu）。在我国也有自称“阿露”（有人译为阿鲁anu）的，他称为“香堂”或“乡谈”，分布在云南省的云县、普洱、新平、墨江、华坪、勐腊、江城等县。清朝初期出现“阿倮”的族称，倮与露的语音极相近。民国时期编纂的《江城县志稿》载：“江城县昔称猛烈，元明以前为摆夷、罗罗、苗、瑶诸夷族……”。

克木人　“克木（khmu）”是克木人的自称，意思是“人”、“人民”。历史上克木人有多种他称，目前，老挝和越南称之为“克木族”或“高目族”，泰国、柬埔寨、缅甸均称之为“克木人”。克木人主要分布在老挝、泰国、越南、缅甸等中南半岛国家，53万余人，其中老挝最多，约500957人（1995），主要分布在丰沙里、琅南塔、乌都姆塞、波乔、琅勃拉邦、赛雅布里、川圹、华潘、万象、波里坎赛、甘蒙等省和万象市①。

（三）云南与缅甸主要跨境民族

缅甸是一个由多民族组成的国家。1983年，缅甸政府宣布，缅甸境内共有135个民族，主要有8大支系，即缅族支系、克伦族支系、掸族支系、若开族支系、孟族支系、克钦族支系、钦族支系和克耶族支系。但按照目前我国学者和世界上大多数学者的意见，缅甸民族大约有50个。缅甸政府实际上是把上述8大民族支系内的所有民族全部按照独立的民族来计算的。按照大多数学者的意见，缅甸境内的土著人种是散居在缅甸南端的人数不多的属于澳大利亚人种的尼格利多人。其余缅甸境内的种族均是从中国内地迁徙到缅甸境内的，属于黄皮肤的蒙古人种。按照语言谱系分类法，可分成三大语族，即属于南亚语系的孟高棉语族、属于汉藏语系的藏缅语族和汉泰语族。属于孟高棉语族的民族有孟族、佤族、布朗族、德昂族等。属于藏缅语族的民族有缅族、若开族、克钦族、钦族、克伦族、

① 中越、中老跨境民族资料，部分参阅了周建新、范宏贵《中老跨国民族及其族群关系》，《民族研究》2000年第5期；周建新：《中越中老跨国民族及民族关系》，民族出版社2006年版。

克耶族、那加族、傈僳族等，占全国总人口的90%。属于汉泰语族的民族有掸族、布朗族、勃欧族等。

孟高棉语族人是最早进入缅甸境内定居的人群。他们的先民是定居于我国华南和滇西一带的百濮族群。大约公元前2000年，孟人进入缅甸境内，在红河、湄公河、湄南河、锡当河、萨尔温江河口一带向西逐步扩展，一直到孟加拉和印度南部定居。定居在缅甸的孟族人主要集中在下缅甸一带。藏缅语族人是我国古代氐羌部落的一支。公元前4世纪，秦朝征服了中国的西部，迫使大批羌人远离故土，从中国的西北陆续南迁。公元1世纪前后进入我国云南和缅甸境内，定居在缅甸中部和伊落瓦底江三角洲一带。也有一说缅族人是9世纪进入缅甸的。汉泰语族人源自我国百越族系，进入缅甸的时间要晚于孟高棉语族系和藏缅语族系。大约在公元之初或公元1世纪以后进入缅甸境内，定居在缅甸东部和东南部。

缅甸的主要民族共有8个，即缅族、克伦族、掸族、若开族、孟族、克钦族、钦族和克耶族。缅族是缅甸的主体民族，其他为缅甸的少数民族。

掸族　缅甸的掸族和我国的傣族本是同一个民族，语言文字相同，文化相同，风俗相同，跨境而居。掸族是缅甸的第二大少数民族，人口420万人（缅甸跨境人口数据均来自同一出处）①，占缅甸全国总人口的8.5%，主要居住区是缅甸东部的掸邦。“傣族”是该民族的自称，“掸族”是缅族对该民族的称谓。掸族大约95%的人信奉佛教，其余的人信奉原始宗教。信奉佛教的人绝大多数信奉小乘佛教，也有极少数人信奉大乘佛教。掸邦境内，寺庙很多，还建有很多与缅族佛塔风格相似的佛塔。

掸族人的风俗习惯大多与缅族相同，但也受到我国文化的影响。自古以来，掸族人民就勤劳善良，具有团结互助精神。掸族人以农耕为主，种植水稻和旱田作物，如玉米、豆类等。此外掸族人还种植茶叶、各种蔬菜、各种水果和破布木树，用破布树叶卷制缅甸土制雪茄烟。掸族茶叶是缅甸最好的茶叶。掸族种植的蔬菜是缅甸质量最好的蔬菜。掸族人民能歌善舞，喜欢跳孔雀舞。孔雀舞是掸族人民世代相传的民族艺术，每逢节日庆典，掸族人必跳孔雀舞。

---

① 参见贺圣达等《列国志·缅甸》，社会科学文献出版社2006年版。

高族　缅甸称哈尼族为高族，约有5万人，主要居住在掸邦东部景栋一带山区，他称“高族”或“依高族”，自称“阿卡”。缅甸的哈尼族（高族）传说他们的祖先很早以前就居住在中国，后因生活所迫才迁到缅甸。从他们自称“阿卡”来看，很可能是从今天普洱、景谷、墨江、西双版纳一带迁徙过去的，至今这些地方的哈尼族仍被当地人称为“阿卡”。

高族大都信仰山神、土地神、寨神和祖先神。每家都有一个祭台，每个寨子的入口都立有竹木牌楼。牌楼顶上装饰着木雕或竹编的鸡、鸟、人像等，其用意是阻止野兽和凶神闯入寨子。高族婚礼仪式为三天，第一天迎新娘到男方家，一进门两人便吃鸡肉米饭，并用猪肉招待客人，接受村寨父老的训话。第二天所有的亲戚都不下地干活，痛痛快快地吃喝一天。第三天招待寨子里的父老，他们再次向新郎新娘训话。高族没有给新娘礼物和收受彩礼的习惯。夫妻任何一方提出离婚都必须付给对方一定的赔偿金，离婚后，子女归父亲。妻子离婚后，分不到任何财产，也不能回娘家，未改嫁前不能住在寨子里，只能住寨子外。高族除凶死者就地埋葬外，正常死亡者的葬仪按地位和财产分三种：一种是买不起棺材的用树皮包尸，杀一头猪、一只鸡待客；一种是用树皮做棺，但丧家要宰杀一至几头母猪和一头牛待客，请巫师念三天经超度亡灵；三是德高望重者，尸体放入上等棺木中，必须停放一年后才能下葬，要宰杀公母牛各一头祭奠死者，一年后，请巫师念经超度亡灵，宰杀两头公水牛和一头母水牛招待参加葬礼的人。高族男子衣服上饰有花纹或缀有银币和银泡，穿长裤，挂挎包，佩匕首或短刀。妇女上穿对襟衣，下着及膝短裙，裹绑腿，戴耳坠、手镯、念珠等首饰。

克钦族　景颇族在缅甸称为克钦族，是缅甸的第五大少数民族，人口为130万人，占缅甸总人口的1.4%。克钦族属于汉藏语系藏缅语族，源自中国青藏高原东部，克钦族大批移居缅甸境内的时间要比缅族稍晚一些，大约在1500年以前。最后定居在缅甸北部与我国接壤的克钦邦。据缅甸史籍记载，古代缅王阿隆悉都出巡时，受到景颇族的热烈欢迎，缅王当即赐名为“克钦”，意为“想跳舞”的民族。克钦族的支系有12个，即克钦（Kachin）、克尤（Kayo）、德朗（Dalaung）、景颇（Gye inphaw）、高意（Gawyi）、克库（Kakhu）、杜茵（Duyin）、玛育（Mayu）、耶湾（Yawan）、拉希（Lashi）、阿济（Azi）和傈僳（Lihsu）。

克钦族最早信奉鬼神，后来不少人改信佛教。1824 年第一次英缅战争以后，西方传教士到缅甸内地和山区传教，不少克钦族人改信了基督教。现在，居住在山区的克钦族人仍然信奉鬼神，而居住在平原的克钦族人大多改信佛教或基督教。克钦族至今仍然刀耕火种，从事近乎原始的生产方式，生产玉米、大麦、豆类以及稻谷等农作物。他们善于捕鱼、打猎。编制竹器是他们的主要手工业。竹器在克钦族人的生活中被广泛应用，甚至连煮饭都用竹器。

克钦族有自己的语言，但直到 20 世纪初才由英国传教士用罗马字母创造了克钦族文字，并编写了一部克钦族语词典。克钦族有一些人会说汉语，一些上层人士还会讲英语。最大的民族节日即是“玛瑙会”，这是克钦族的一种盛大的祭祀天神的仪式。玛瑙会有多种，有将士出征前祝捷的“不丹玛瑙会”；有发家后谢神的“宿玛瑙会”；有驱病劫灾的“求玛瑙会”；有乔迁求神的“光仰玛瑙会”等。玛瑙会多以山寨为单位，每年举行一次，会期为 8 天，4 天祭神，4 天娱乐。届时，人们备足美酒佳肴，穿上节日盛装，一起唱歌跳舞，欢度佳节。克钦族的婚姻实行一夫一妻制，实行一种单向的通婚关系，即姑母的儿子必须娶舅父的女儿，而姑家的女儿却不能嫁给舅家的儿子。在这种通婚关系中，景颇族称姑家为姑爷种（达麻 Danla），称舅家为丈人种（木育 Mayu）。按克钦族的婚俗，要严格遵守同祖同姓、姨表不婚的原则。服饰方面，男子一般身着黑布对襟短衣，裤腿短而宽，喜裹白布包头，以长刀和肩包为饰物；妇女一般身着黑色对襟式左襟短上衣，下着编织艳丽的红毛线围裙，裹毛织裤腿，喜佩戴银饰物。

拉祜族　缅甸的拉祜族自称“拉祜纳”、“拉祜西”（与云南拉祜族自称相同）和“拉祜尼”（红拉祜），总人口约 5 万余人，他们分布在掸邦东部的孟东、孟萨、孟布枝、孟平、孟北、孟保、孟加、孟翁、孟延、孟弄、孟林、北登、腊戍、果敢和佤区。缅甸拉祜族称缅甸为［ma^{33}］，与云南澜沧江西岸拉祜族对缅甸的称谓相同。

阿昌族　缅甸的阿昌族称为达迈族，人口约 4 万多人，主要分布在克钦邦的密支那、掸邦的南欧、景栋等地。阿昌族是古代氐羌部落的一部分成员南迁后形成的一个跨境民族。普遍信奉小乘佛教，有朵列、润、曼三种教派，教规、宗教仪式、宗教节日等都与傣族相同，经文也是用傣文书写。称佛寺为“奘”，佛塔为“广母”，奘房的式样与傣族相同，近年来，德宏户撒阿昌族的奘房中已没有精通佛教玄机的“萨拉朵”，遇到一些重大的宗教活动，都到缅甸去请傣族或德昂族和尚来主持。户撒阿昌族除信奉小乘佛教外，还供奉“色勐”（地方神）、“色芒”（寨神）、“折滴”（又称寨打，意为寨子心），同时也供奉祖先①。

傈僳族 缅甸的傈僳族自称均为“傈僳”，傈为傈僳族的基本族名，“僳”意为人或族，直译为傈人或傈族，意译为傈僳族。在缅甸有5万人，主要分布于克钦、葡萄、八莫和掸邦，多数居住在山区，讲傈僳语，使用傈僳文。云南傈僳族的婚姻，基本属于一夫一妻制，但缅甸和泰国的傈僳族是一夫多妻制。

德昂族 缅甸的德昂族称崩龙族，约有13万人，主要分布在毗邻德宏的密支那、昔董、八莫、抹谷、孟密，瑞丽江左岸的果塘、当拜、西保、腊戍、南登尼等地，讲德昂语，借用缅文和傣绷文字拼音。德昂族和缅甸的崩龙族与孟高棉语族的佤族、布朗族是同源于古代百濮的族群，是滇西南和中缅交界地区的原住民族。中缅两国的德昂族住房多为竹木结构的干栏式，楼上住人，楼下养牲畜。青年男女恋爱自由，实行一夫一妻制，实行姑舅表婚，同姓不婚，很少与外族联姻。由于中缅两国德昂族、崩龙族居住地山水相连，平时交往密切，互相通婚较多。德昂族、崩龙族共同信仰巴利语系佛教（南传上座部佛教），并同时信奉原始宗教，缅甸的一部分崩龙族还信仰基督教。主要节日是泼水节、关门节、开门节，这些节日都与小乘佛教有关。

佤（拉佤）族 缅甸有佤族约10万人，聚居在佤联邦地区，散居于掸邦，操佤语，用佤文，信奉原始宗教、佛教和基督教。有苗族（蒙族）约1万人，居住在果敢区，操苗语川黔滇方言、阁斯莫莱苗文，信奉鬼神、祖先，少数信仰基督教、佛教。

布朗族 有数万人（列入佤族支系）居住在佤联邦地区，操布朗语，用佤文，信奉原始宗教和佛教。

独龙族 约0.5万人，居住克钦邦独龙江下游，操独龙语，无自己的文字，信奉原始宗教、基督教。

此外，从狭义跨境民族和亲缘民族的角度看，云南与泰国的跨境民族有傣（泰、掸、泐）族、苗（蒙）族、瑶族、傈僳族、拉祜（么舍、么

---

① 德宏州史志编委办公室编：《德宏史志资料》第十九集，1984年12月版，第209页。

瑟）族、佤（拉佤）族等民族，大体情况如下：泰国拉祜族约3万人，主要分布在清莱府、清迈府、南邦府、达府和夜丰颂府，英籍美国人类学家安东尼·R. 沃克博士的著述中说："泰国典型的拉祜人称拉祜纳或黑拉祜，拉祜尼或红拉祜，拉祜西或黄拉祜（又分为邦考、邦兰两个分支），拉祜普或白拉祜，拉祜先勒及拉祜拉巴。"[①] 安东尼·R. 沃克认为，有的拉祜族支系的起源与他们的救世首领有关，有的支系则因服饰的颜色而得名，例如红拉祜和白拉祜，但黑拉祜和黄拉祜则不能这样解释[②]。"黑"与"黄"的文化内涵有待于考证。操拉祜语，用拉祜文，信奉原始宗教和佛教。苗（蒙）族约7万人，80%的人口分布在清迈、清莱、达、黎、碧差汶等5个府。操苗语川黔滇方言、阁斯莫莱苗文，信奉鬼神、祖先，少数信仰基督教、佛教。傈僳族约1.5万人，主要居住在清迈、清莱、夜丰颂等3府。操傈僳语，用傈僳文，信奉基督教，少数信佛教。泰族是泰国的主体民族，约有2400万人。居住在泰国北部的兰那泰人有800余万人，其中泐人约8万人，主要居住在南奔、南邦、清莱和难府等，操西傣语，用傣泐文，信仰小乘佛教。瑶族约6万人，主要居住在清莱、帕尧、难府、南奔、清迈、彭世洛、甘烹碧等府，多用瑶语中的勉语，少数讲布怒语和拉珈语，尚无文字，信奉多神和道教。哈尼族（阿卡族）约3.5万人，主要居住在清莱、清迈等府，多神崇拜，部分信仰佛教。佤（拉佤）族约12万人，主要居住在清迈、夜丰颂、清莱、帕尧、南奔、南邦等地，操佤语，用佤文，信奉原始宗教、佛教。

四　云南跨境民族的族源

云南境内外的跨境少数民族，语言大致分属汉藏语系和南亚语系，分别源自古代活动在中国西部、西南部及其毗邻地区的氐羌、南蛮、百濮、百越4大族群。

云南汉藏语系藏缅语族的各跨境民族，源自古代分布在中国西北部的氐羌族群。从考古材料来看，新石器时代氐羌分布区的西南面，已达今云

---

① 安东尼·R. 沃克：《泰国拉祜人研究文集》，许洁明等译，云南人民出版社1998年版，第5页。

② 同上。

南省的西北部，新石器时代或稍后的时期，今缅甸东北地区亦可能已居有羌人。公元前4世纪以后，今青海东部的一些氐部落开始南下，汉代见于《史记》记载，活动在今滇西一带的“昆明”和“嶲”，就是南迁羌人部落的一部分。南迁羌人与当地土著羌人逐渐融合，成为近代藏缅语族各民族的先民。以后羌人及其后裔，又向云南的南部与东部进一步扩散，并进入贵州和广西。在藏缅语族诸族中，一般认为彝族形成于7世纪，分布于四川省西南部、贵州省和云南省①。云南的彝族主要居住在北部和中部，一些部分后来逐渐向南部和西南部扩散，约在17世纪进入普洱市南部和西双版纳，其中一些人口又迁入老挝和越南。8世纪前后，一些羌人迁入云南的澜沧江和元江下游地区并形成哈尼族②。中南半岛地区的哈尼族是从云南迁去的。住在澜沧江下游西面的羌人，在14世纪时形成了拉祜族。缅甸、泰国、老挝和越南的哈尼族，也是由云南普洱市迁去的，泰国北部的拉祜族，从中国迁入的时间还不到100年。据唐代史书记载，在云南澜沧江上游以西至缅甸克钦邦甘高山以东的地区，居住着“寻传蛮”。在甘高山以西的地带居有“裸形蛮”。“寻传蛮”和“裸形蛮”是有亲缘关系的两个羌人部落，“寻传蛮”以后形成了云南德宏地区的景颇族，“裸形蛮”则形成今缅甸克钦邦的景颇（又称克钦）族③。史籍中关于独龙族最早的记载见于《元一统志》，最早记录怒族情况的是明初的《百夷传》。可知这两个民族在元明以前已居住在梅恩开江与怒江的上游，即今云南省西北部和缅甸东北部山区。

佤族、布朗族、德昂族和克木族源自古代的百濮族群。百濮后来分化为孟、高棉两个部分。我国学者认为，孟人和高棉人最初居住在中国的西南部，即今云南省南部与中南半岛相邻的地区。以后孟人和高棉人逐渐南移，孟人在今缅甸、泰国一带建立林阳、哈利班超等古国，高棉则迁至今柬埔寨和越南南部建立了扶南国。以后居于缅甸的孟人大部分被缅族所征服，今泰国地区的孟人则降服于泰族，这两个地区的孟人大部分被征服者所同化。未曾南下一直居住在云南省南部和缅甸、老挝、泰国、越南北部山区的孟人和高棉人，则长期保留着自己的特点，繁衍为今天的佤族、布

① 尤中：《云南民族史》，云南大学出版社2004年版，第113—117页。
② 同上书，第118页。
③ 同上书，第179—183页。

朗族、德昂族与克木人。据唐代记载："望苴子蛮，在兰沧江以西。""朴子蛮，……开南、银生、永昌、寻传四处皆有，铁桥西北边延兰沧江亦有部落。"[①]"望苴子蛮"即今佤族，唐代居住在澜沧江以西的今云南省临沧市南部和相毗连的缅甸掸邦地区。"朴子蛮"为今布朗族、德昂族和克木族的先民，居今云南省怒江、保山、德宏、临沧、普洱、西双版纳诸地州和与之相邻的中南半岛北部地区。明清时期朴子蛮进一步分化，形成了今天的布朗族、德昂族和克木人[②]。

中国的壮族、傣族、布依族、侗族和水族，以及中南半岛地区的泰族、掸族、寮族、岱族和侬族，均属汉藏语系壮侗语族。据记载，先秦至汉代，在中国长江下游以南至中南半岛北部的地区，分布着一个称为百越的族群，唐人颜师古引臣瓒语说："自交趾至会稽七八千里，百越杂处，各有种姓"[③]，即为这一情形的反映。百越中有名的部落分为：西瓯，主要分布在今广西的东部和北部；骆越，大部分居今广西的西部与西南部，今海南地区和越南北部；鸠僚，分布在今云南南部和中南半岛与之相连的地区；掸，居住在今缅甸东部和泰国、老挝以及越南的北部地区。从先秦至明代中期，以上几个部分居住的地区，基本上是在中国封建王朝统治的范围。唐代前后，百越在西南方的各部落又分化组合为东西两大部分。居住西面的部分，史籍称之为"百夷"或"金齿百夷"，其居住地有今云南的西部、南部和缅甸、老挝、泰国的北部地区，"百夷"即今当地傣族、掸族、泰族和寮族等民族的先民[④]。居住在东面的群体，记载称之为"僚"。"僚"由今壮、布依、侗、水、岱、侬诸民族的先民组成，分布在今中国的广西、广东、贵州、云南东部、四川西南部以及越南、老挝东北部等地。明代中期，中国在西南部的边界明显内收，变动以后的边界，大致维持至19世纪鸦片战争以前。由于居住地区国家隶属关系的变更等原因，"百夷"、"僚"内部的差异进一步扩大，最终形成了壮、傣、布依、侗、水和泰、掸、岱、依等几个民族。

苗、瑶民族出自南蛮。秦汉时期，居今湖南省沅江上游的五溪蛮，是南蛮中的一部分。公元3世纪以后，五溪蛮中的苗人部落向西南移动，于

---

① （唐）《蛮书》卷4《名类》。

② 马耀主编：《云南民族工作40年》，云南民族出版社1993年版，第24—25页。

③ （汉）《汉书》卷28下《地理志第八下》颜师古注。

④ 尤中：《云南民族史》，云南大学出版社2004年版，第183、315页。

9世纪进入云南。10世纪苗人分化为苗族和瑶族，并开始从云南迁入中南半岛。第一次较大规模的迁徙发生在17世纪末叶，清朝为平定云南镇将吴三桂的叛乱调用30万军队，战火迫使一些苗族、瑶族人口迁往邻国。第二次较大规模的迁徙是在19世纪中叶，云南回族领袖杜文秀发动的反清大起义失败，为逃避清军镇压，又有一些苗、瑶人口移居中南半岛。有关的记载亦被调查所证实。法国学者恩保羊调查后认为，中南半岛的苗族，大部分是18和19世纪从中国迁去的[①]。老挝人士富米·冯维希也认为，老挝的苗族和瑶族为18世纪初从中国南方迁来[②]。缅甸的苗族传说他们是19世纪从中国迁入的。自云南省进入中南半岛之后，苗族、瑶族人口又有过多次向南部和西部的移动。

综合上述情况可以看出，云南境内外诸跨境民族的来源和迁移，大致有两种情形：第一，一些民族及其先民自古以来（最远可追溯到新石器时代）就居住在现今的分布地，迄今并无明显的改变，其迁移活动也基本上仅限于在分布地域内的局部移动或少量人口的远徙。属于此类情况者有佤、布朗、德昂、克木、壮、傣、布依、水、泰、掸、寮、岱、侬等民族。

第二，云南境内外跨境民族来源是一些民族的人口为秦汉以后不同时期从我国内地迁入云南境内外地区的。一般说来，这一类迁徙多数带有自发的性质，迁徙活动普遍具有渐进性、扩散式移动和迁入时间较早等特征。属于这一类型的跨境民族，有苗、瑶、彝、哈尼、拉祜、景颇、傈僳、怒、独龙、回、汉等民族。苗族和瑶族的先民自唐代开始从川黔相连地带进入云南之后，继续缓慢地向南部和西部移动，并有一部分进入中南半岛。分布较分散且多居高山，是这两个民族共有的一个特点。彝、哈尼、拉祜、景颇、傈僳、怒和独龙等民族，共同源自古代的氐羌族群。自西汉初年这几个民族的祖先“昆明”和“嶲”部落在云南保山至大理一带活动，自有记载以后，其中的一些人口亦缓慢地向四周移动。他们迁到之处，坝区和大河冲积地带已早有白族、傣族等农业民族居住，兼之这些羌人部落长期保持了“夏处高山，冬居深谷”的山地游牧习惯，因此，这几

① 沈静芳：《法国学者恩保羊谈中南半岛的苗族》，载《东南亚》1985年第1期。

② ［老挝］富米·冯维希：《老挝及其胜利地反对美国新殖民主义的斗争》；［缅］《缅甸联邦民族的文化和风俗习惯》。

个民族及其先民的绝大部分人口主要居住在山区和半山区，并且单一民族相对聚居的范围亦较有限，与其他民族相杂居的情况十分普遍。

五　云南跨境民族的分布特点

云南境内外跨境民族的一个明显特点是云南省国界两侧跨境民族的类别与人口较多，这种16个以上的跨境民族或族群，在某一地区密集分布于国界两侧的情形，在中国乃至全球也不多见。除汉族、回族在中南半岛北部多数居住在城镇附近，德昂族、彝族在云南边境一侧或两侧分布较分散，致使境内外居住区不甚相连外，其余跨境民族主要的聚居区，基本上是跨越中国与邻国的边界，简言之，即大部分跨境民族，有相当多的人口在中国与邻国国界的两侧毗邻而居。上述情形的出现，有云南境内外地理气候环境复杂，易形成多元文化与多种民族方面的原因，也与在中国封建社会的前半期，中南半岛北部长期处于中国封建王朝的控制下并深受其影响，在此基础上易形成联系密切的跨境民族等因素有关。

云南境内外跨境民族的第二个特点是一些跨境民族虽有范围较大的聚居区，但各民族交错杂居与插花式分布的情形也十分普遍。云南多山，坝区仅占全省面积的6%①，中南半岛北部的地形状况与云南大体类似。云南各民族在分布上素有“立体分布”之称，即因受传统生产、生活方式的影响，云南各民族（包括跨境民族）有按特定的地形和气候条件选择居住地的习惯。坝区具有发展农业优越的自然条件，但面积狭小，不但早有白族、傣族的先民等土著民族居住，而且人口较为稠密。在这样的情况下，通过渐进和扩散方式进入云南边疆及境外地区的外地移民，除少数移民（如回族、蒙古族和一部分汉族人口）有可能定居坝区以外，其余移民通常都移居自然条件较差的山区和半山区。即便在山区和半山区，也主要是寻找人口密度较小的地区居住，由此造成人数较多且定居较早的跨境民族，除有若干范围较大的聚居地外，还表现出广泛杂居的情况，至于人口较少的跨境民族，插花式分布在多民族杂居地区的情形，就更为多见。

云南境内外跨境民族在分布与来源上的第三个特点，是各跨境民族长期友好相处，相互关系较融洽。这不仅有跨境民族在分布上形成的原因，

---

① 《云南年鉴》，云南年鉴社2005年版。

还与不少跨境民族迁入现居住地的过程呈渐进型，与其他民族经历了长期的群体接触与文化磨合有关。居住在云南境内外地区的跨境民族，有相当一部分是很早以来就居住在现今地区的土著。在漫长的发展过程中，这些民族的一部分人口虽有过某种程度的迁徙，但其主体分布的状况并无明显改变。云南境内外跨境民族中的另外一些民族，则是历史上先后从云南以北地区迁入云南，又扩散到中南半岛的。这一类民族迁至云南及其境外地区的时间，长的或达上千年，短的也有100年左右。另一方面，这些民族迁至云南境内外地区后即定居下来，若有继续迁徙，也仅限于部分人口向其他地区扩散式地移动。由于以上原因，这些迁至云南境内外的民族，历经数十年后便被视为当地的土著。据明初云南地方志记载："云南土著之民，不独僰人而已，有曰白罗罗，曰达达，曰色目，及四方之为商贾军旅移徙曰汉人者杂处焉"①。明初之云南人，把宋末元初迁入云南的"达达"（蒙古人）、"色目"（以回回人为主体）以及汉人视同土著之民，而与白族、彝族同列的看法颇具代表性。

云南境内外跨境民族长期友好相处，关系十分融洽，不仅体现在诸跨境民族相互的关系方面，也表现在居住云南境内外同一跨境民族内部。云南省的跨境民族在境外普遍有亲戚和朋友。改革开放以来，我国跨境民族与境外亲戚、朋友的联系更为密切，这种相互间的联系与交往，通过境内外边民联姻、参加境内外节庆活动与宗教活动、边民互市和其他经济交往而得以体现。

云南境内外跨境民族在来源、分布以及相互关系方面具有的特点，决定了云南境内外跨境民族的文化内涵极其相似，相互影响十分密切，在当前的形势下，云南境内外跨境民族的文化，表现出趋于接近、整合的发展趋势。

---

① （明·景泰）《云南图经志书》卷一。

第二章　云南跨境民族文化的价值

一　云南多元民族文化及其特点

文化是民族身份的标识，是族群归属的纽带，是人们生活、生产方式的综合体，同时也是民族问题的深层次因素，直接影响民族地区经济社会文化的发展。云南民族文化生态具有多元性，这与云南各民族生活的自然生态环境相适应。云南地处青藏高原向东南亚、南亚过渡的结合部，山脉和河流纵横，高原湖泊和山间盆地相互交错，构成了云南独特的地形地貌。由于地理环境不同，云南的气候类型也多种多样，有热带、温带等气候，还有典型的高山立体性气候。在适应自然环境的历史进程中，生活在不同地区的各少数民族采取多种生计方式进行生产活动，逐渐形成了各具特色的文化现象，如独特的民俗、饮食、服饰、民居、节日习俗、人生礼俗、音乐、舞蹈等。从先秦到民国时期，中央政权对云南民族聚居地区实行了羁縻政策、土司制度、土流并治、改土归流等统治方式，形成了云南民族历史上特殊的、复杂的、多样的政治文化。

云南作为本土文化、中原文化、东南亚文化、印度文化的交汇点，其独特的地域环境孕育了丰富多彩的民族文化。不同的“文化圈”（藏缅文化圈、侗傣文化圈、苗瑶文化圈和汉文化圈）、“文化丛”（藏族文化、纳西族文化、傣族文化、苗族文化、佤族文化、彝族文化、白族文化、壮族文化、景颇族文化等）在民族长期的发展进程中，形成了你中有我、我中有你而又相互保持独立的态势，文化的平衡性有利于文化的和谐发展，多元的文化格局造就了民族地区社会的和谐发展。

按照著名人类学大师格尔兹（Clifford Geertz）的分类，云南民族文化应当划入所谓的“地方性知识”（local knowledge）系统。在经济全球化正对世界各民族的文化产生强烈冲击与重大影响的今天，我们对独具特色的云南民族文化的保护、传承和发展尤其有着神圣的意义。那么，以一种整体的观点来看待云南民族文化，她究竟有着哪些突出的特点呢？

其一，云南民族文化具有丰富多样的特色。云南是整个中国民族种类最多的省份，仅5000人以上的少数民族就多达25个；其中，傣族、哈尼族、白族、傈僳族、拉祜族、佤族、纳西族、景颇族、布朗族、普米族、阿昌族、怒族、基诺族、德昂族以及独龙族15个民族为云南所独有。要是再加上克木人、莽人等尚未识别的一些族群，这种丰富多样性的特色将会愈加突出，少数民族人口仅次于广西，居全国第2位。云南各民族都有自己悠久灿烂的历史和丰富多样的文化，在一种多民族大杂居、单一民族小聚居的分布格局下长期保持着多元和谐的发展态势。各民族在长期历史中所创造的物质文化和非物质文化遗产都是十分丰富的。

其二，云南民族文化具有兼容并蓄的特色。由于各民族在长期的历史发展过程中已经形成了“你中有我、我中有你”的关系，其文化的兼容并蓄也是十分明显的。从宏观的族群划分方面看，云南的世居民族大致分属于氐羌族群（含彝、白、哈尼、傈僳、拉祜、纳西、景颇、藏、普米、阿昌、怒、基诺、独龙等民族）、百越民族（含傣、壮、布依、水等民族）、百濮族群（佤、布朗、德昂等民族）以及苗瑶族群（苗族、瑶族）；在语言系属划分方面则分属于汉藏语系藏缅语族、壮侗语族、苗瑶语族以及南亚语系孟高缅语族。为数不少的民族文献古籍和历史文物，给我们留下了各民族文化兼容并蓄的大量例证；现实生活中的民族风情、民族服饰、节日庆典、工艺美术、民间乐舞、建筑艺术、神话传说、日常礼仪以及宗教文化等方面，更是处处体现出“你中有我、我中有你”的特征。白族本主教信仰就体现了儒、释、道、本主、巫等并存而构成多元的文化组合。

其三，云南民族文化具有跨国跨境的特色。在长达4061公里的陆地边境线上，云南省近20个民族或族群同越南、老挝以及缅甸等东南亚邻国的民族或族群跨境而居。泰—傣—掸—老、哈尼—阿卡、壮—侬岱依、景颇—克钦、佤、拉祜、傈僳以及克木、莽等跨境民族或族群和睦相处，有一些地方的国境线甚至可以说只具有象征意义。澜沧江—湄公河、怒江—萨尔温江、独龙江—梅恩开江以及红河等闻名遐迩的国际河流似一条彩色的纽带，将居住在云南边境或腹地的人民同东南亚各国人民更加紧密地联系在一起。不仅如此，云南还被著名的英国学者戴维斯（H. R. Davis）

称作“联系印度与扬子江的链环”①。可见，云南确实是中国联结南亚与东南亚文化的桥头堡，相互之间进行文化交流与合作的重要纽带。

其四，云南民族文化具有和谐共处的特色。这不仅体现在各民族之间、各种文化之间和谐共处，而且还表现在人与自然之间和谐共处。在各个民族的神话传说中，普遍都有同其他民族互为兄弟的神话；各种文化之间能够彼此尊重，在“各美其美”的同时也能做到“美人之美”。对自然界万事万物的崇拜以及保护大自然方面的各类禁忌，真真切切地存在于各民族的日常生活当中。自然界根本就不是人们征服的对象，而是与人类有亲缘关系、应当与人和谐共处的有生命的实体；因此，凡人们为了生活的需要而对自然界有所冒犯时，一定要举行隆重的祭祀仪式祈求宽宥，这方面较为典型的仪式有纳西族祭自然神的“署”的仪式等。

作为博大精深的中华文化之重要组成部分的云南民族文化，是由勤劳智慧的各民族人民在长期的历史发展进程中所创造并传承的优秀文化，其特色是十分鲜明的。在全球化的时代大潮以及我们正在经历的由传统社会向现代社会转型的关键时刻，云南民族文化只要本着我国著名民族学家费孝通先生“各美其美，美人之美、美美与共，天下大同”的十六字方针，就有希望走向更加光辉灿烂的未来！

二　云南民族文化的价值

少数民族传统文化是中华民族传统文化的有机组成部分。在各个少数民族的传统文化中，均可找到受汉族文化影响的痕迹。尤其是历史积淀深厚、社会发展程度较高、与内地联系比较密切的少数民族的传统文化，在价值取向和基本内涵方面，与汉族文化大体是一致的，这也反映了中华民族的不同成员，具有共同的历史文化渊源这一事实。另一方面，作为中华民族传统文化中的亚文化，她又具有不同的层次和特色，其表现出来的个性，对主文化起到补充和完善的重要作用；中华民族传统文化，是在充分吸收众多少数民族传统文化的基础上发展起来的。可以说，没有少数民族传统文化的加入，不可能形成博大精深的中华民族伟大文明。

① 参见 H. R. 戴维斯《云南：联结印度和扬子江的链环》，李安泰、和少英等译，云南教育出版社 2001 年版。

少数民族传统文化，普遍具有明显的多样性和生动性。一般来说，少数民族的传统文化，大致包含了衣食住行方面的物质文化，婚姻家庭和社会组织、社会结构方面的制度文化，以及宗教文化、语言文字文化和文学艺术文化等几个方面。由于受不同的生产方式、社会发展程度、文化传统与地理环境等因素的影响，我国少数民族的传统文化，可说是种类繁多、多姿多彩。一个明显的事实是，不同地区、不同地形和不同气候条件，不同生产方式与不同族源的民族，在传统文化方面的差异通常是相当明显的。至于少数民族传统文化在内容方面的包罗万象，在中国各地也十分突出。

由于边疆少数民族发展速度相对缓慢，一些少数民族过去长期滞留于社会初期的某一发展阶段，其传统文化亦较多地保留了这一阶段的文化形态。受自身发展方面的原因和周围民族的影响，一些少数民族的传统文化，又残留了若干发展阶段的遗风遗俗及其异化形态。此外，一些在内地早已消失的古代习俗（其创造者有汉族，也有少数民族），有时在边疆少数民族中多少还能找到。古人早已注意到了这一现象，唐朝史学家杜佑，在谈到东夷有“冠弁衣锦，器用俎豆”习俗时说：“所谓中国失礼，求之四夷者也”①。这些“活化石”的存在，对我们研究人类社会的发展和各种观念形态的起源及演化，提供了生动而直观的例证，其重要意义是显而易见的。从某种意义上来说，少数民族传统文化不仅属于少数民族自身，而且属于全中国乃至全人类共有的文化宝藏。

少数民族传统文化是宝贵而不可多得的人文资源。它不仅有重要的研究资源价值，也具有潜在的多方面的经济开发价值，这一看法已愈来愈多地得到人们的赞同。近年云南省政府提出建设民族文化大省、绿色经济强省以及中国通往南亚、东南亚国际大通道的战略设想，表明云南省把保护、发掘和开发少数民族传统文化置于全省战略发展的位置，这一看法是颇有远见的。目前云南省少数民族地区发展速度加快，包括人文旅游在内的旅游业获得很大发展，以少数民族加工业、种植业、文化产业为基础的特色产业迅速崛起，与云南省政府提出建设“两省一通道”的战略决策是分不开的。

传统文化的某些部分，多少个世纪以来一直活在少数民族中，影响甚

① （唐）杜佑：《通典》卷一八五《边防一·东夷上》。

至在一定程度上主宰着他们的思维和行为。少数民族传统文化中积极的部分，在人们的生活中发挥着有益的作用；而糟粕部分则不断产生和传播危险的病菌，对少数民族造成了不可忽视的危害；对少数民族来说，其传统文化，是一把双向锋利且贴近胴体的“双刃剑”。以少数民族传统文化在婚姻和生育方面的影响为例。中华人民共和国成立后，少数民族的生活质量明显提高，人口数量有很大增加。同时，在一些少数民族地区，至今还不同程度地存在早婚早育、近亲结婚和生育缺少必要的限制等不利于少数民族人口素质提高的现象。这些现象的遗留，与历史传统有瓜蔓相连的关系。另一方面，少数民族生育文化中也有一些符合科学原理，有益于健康的做法。如在自由恋爱的基础上建立家庭，离婚与再婚时社会较尊重当事人的权利，生育女孩和男方到女方落户等较少受到外界的干预和歧视，较之在封建礼教压迫下，汉族妇女婚姻和生育的权利经常被剥夺的情形，少数民族的做法无疑更正常和更文明。这些做法，仍是以传统文化的某些习俗为滥觞。因此，保护、整理和研究少数民族传统文化，对继承优良传统文化及其精华，摒弃传统文化中的糟粕，剔除其产生的消极影响，推动我国现代精神文明建设，也具有重要的价值。

少数民族的传统文化，一般都经过了数百年乃至上千年的积累，其中不少部分反映了文化创造者对客观世界的认识，同时也是对生活经验的宝贵总结。一些初看起来落后或不可理喻的观念和做法，有可能有与科学原理暗合的成分，或在实践中利弊相衡，利大于弊。对这一方面的内容，切忌未经严格的科学研究，就贸然简单地否定。在某种意义上来说，对传统文化整体进行必要的抢救和保护，是区分其精华、糟粕基本的前提。对少数民族传统文化中的糟粕，我们应坚决摈弃，但在摈弃之前必须经过科学的鉴定，摈弃应由少数民族自己通过自愿改革来进行。

应该指出，作为一种复杂的社会现象，民族和少数民族传统文化将在我国长期存在。这首先是因为民族消亡是一个极其漫长的历史过程，也由于我国尚处于社会主义初级阶段，多民族共存与共同繁荣是我们努力的基本目标。从近年边疆地区一些少数民族自立意识增强、经济文化交流频繁等情况来看，我国的民族不仅近期不会消亡，在一定的时期内，一些少数民族的活动还将趋于活跃，亦有可能出现全国范围内同一民族乃至跨境民族不同部分之间联系加强的情形，这已成为不争的事实。在这样的情况下，重视对少数民族及其文化进行研究，便具有深远与战略性的意义。

可以把文化比喻为森林。它植根于经济的土壤，以茂密的枝叶庇护大地与大地上的其他生物。如果森林大量被砍伐，将导致地区性自然生态环境失调，出现频繁的干旱、洪水与水土的大面积流失，严重威胁该地区动植物的生存。植被与土地及其衍生物之间的深层关系通常被隐藏，只有在这种关系被破坏之后，其内在的紧密联系才会明显地暴露出来。

少数民族传统文化具有的重要性，除表现在以上所说的普遍价值外，还反映在影响社会发展的深层方面，而我们过去对这一点注意不多。笔者认为，少数民族传统文化的深层价值，主要表现在以下方面：

其一，传统文化的生存状态，直接影响到人类社会发展的进程；进一步来说，积极保护与弘扬少数民族传统文化，是我国实现民族平等与共同繁荣的先决条件。

人类文化具有的多样性，本质上是人类经济活动方式与人类社会多样性的反映。正是在经济活动、社会和文化的多样性的动态比较与竞争中，人类社会才找到适合自己的方向，在发展中通过吸收上述多样性所包含的营养，并借鉴其经验教训，才能有效地校正前进中的偏差，逐步走向人类的未来。可以说，一个国家或一个民族，其经济活动方式与社会的持续发展，无一不是在不同文化的互动与冲突中前进，并通过文化选择以及新文化的指引而实现的。丧失了文化的多样性，就意味着前进中失去了文化的可对比性与可选择性，也就意味着前进可能以失败或出现严重挫折为代价。

相对汉族传统文化而言，少数民族传统文化更为脆弱。传统文化与民族感情息息相关，过去出现的一些影响民族关系的纠纷，相当一部分是因为当事人不尊重少数民族的传统文化所引起的。因此，是否尊重和注意保护少数民族传统文化，是衡量民族是否平等的一个重要标尺。进一步而言，传统文化还是极其宝贵的人文资源，其开发利用可以对边疆地区和少数民族的发展作出重要贡献；同时，少数民族传统文化也是国家和中华民族的宝贵财富。

传统文化的主要部分，是文化创造者的长期实践经验与对客观世界认识的积累，有极其宝贵的借鉴价值。轻视传统文化任其轻易流失，已使我们付出了沉重代价。以少数民族传统生态文化为例，20 世纪 80 年代以前，我们片面地强调农业以粮为纲，推广大寨式的单一农业道路，导致西部地区放弃已有上千年历史、能较好处理人地关系农牧渔林采综合经营的传统方式，代之以普遍性的毁林开荒与毁牧地开荒，导致西部出现生态环境普遍恶化、当地少数民族长期贫困的严重后果。

改革开放以后，人们对少数民族传统文化的价值有了新的认识。例如我国西部地区工业基础薄弱，劳动力素质较低，若生硬地照搬东部地区通过工业化发展经济的经验，显然是不明智的，同时难以解决大规模发展工业所造成的环境污染问题。因地制宜开发资源和发挥地区优势，通过发展特色产业来发展经济，已成为西部各省区政府的共识。2000 年，云南省政府提出建设民族文化大省、绿色经济强省以及中国通往南亚、东南亚国际大通道的战略设想，体现了因地制宜加快地方经济发展的思想；同时也提出了在开发少数民族文化和动植物资源等地方特有资源的基础上，大力发展特色产业，避免走盲目发展大工业，大量耗费能源和矿产资源，并造成新的环境污染的重要命题。云南省政府的上述重要决策，便是在重视并借鉴云南少数民族文化传统的基础上作出的。

当前，人们较多地关注自然生态环境的保护，这是必要的。但也应指出，人文生态环境的保护同样重要。地球上人类与其他物种之间存在共存共荣的关系。如果其他大部分物种灭绝了，地球上仅剩下了人类等若干基本的物种，这必定是人类历史发展的巨大悲哀。打一个不太恰当的比方，在中华民族文化整体中，汉族文化与少数民族文化的关系，在某种程度上类似于若干基本物种与其他物种之间的关系。如果文化生态环境保护不好，少数民族传统文化大量减少或灭绝了，汉族传统文化乃至中华民族文化整体将会受到极大削弱，所产生的严重影响是不可想象的。

其二，人们进一步感受到文化所具有的巨大力量，认识到文化力是综合国力的重要组成部分，作为文化力重要构成部分的传统文化（包括少数民族传统文化），对其价值和极端重要性，人们有必要重新认识。

把握先进文化的前进方向，是“三个代表”重要思想的组成部分。江泽民同志在中共十六次全国代表大会上的报告中指出：“当今世界，文化与经济和政治相互交融，在综合国力竞争中的地位和作用越来越突出。文化的力量，深深熔铸在民族的生命力、创造力和凝聚力之中。”“牢牢把握先进文化的前进方向，在当代中国，发展先进文化，就是发展面向现代化、面向世界、面向未来的，民族的科学的大众的社会主义文化，以不断丰富人们的精神世界，增强人们的精神力量。”“大力发展先进文化，支持健康有益文化，努力改造落后文化，坚决抵制腐朽文化。”江泽民同志的精辟论述，对我们建设社会主义文化具有重要的指导意义。他所说的先进文化，主要是指我国的社会主义文化，从其所言先进文化的内容和特征来看，其中显然包括了对传统文化的继承与弘扬。

努力发展面向现代化、面向世界、面向未来的社会主义文化，是我国实现现代化的迫切需要。因受“十年浩劫”及其之前“左”倾思潮的破坏，我国优秀的传统文化和新中国成立以后建立起来的社会主义道德文明几乎被摧残殆尽。“十年浩劫”结束后，党中央提出发展社会主义精神文明的任务，以后江泽民同志提出“以德治国”的号召。发展社会主义文化，可以有效地提高全国人民的精神境界和道德素养，增强其政治凝聚力，进而实现社会主义两个文明建设的奋斗目标。在建设先进文化的进程中，整理与弘扬少数民族传统文化是大有可为的。

努力发展社会主义文化，还与我国所面临的国际环境有关。随着20世纪末叶以来全球经济的持续高速发展，人类世界已进入“地球村”时代。目前，人类文化出现了不同于此前时期的若干特征，这些特征主要是：其一，现实文化对人类的影响越来越大，而且都市文化与经济发达国家的文化在全球现实文化中所占比重显著增加，其导致的后果之一，是现实文化对传统文化的冲击与破坏愈来愈严重。长此以往，世界上丰富多元的传统文化将大面积流失，人类将面临前所未有的人文生态灾难。其次，当今世界已形成美国一霸与其他政治力量多元并存的政治格局。前些年发生的伊拉克战争表明，美国不仅具有强烈的称霸理念并急于将其付诸实施，而且美国在经济、文化方面拥有的雄厚实力，均使其他国家仅能望其项背。

其三，作为世界经济持续高速发展的副产品，世界政治格局嬗变以及区域性力量分化组合的产物，近年在欧洲、中东和亚洲的一些地区，出现了民族主义及民族主义思潮。民族主义与民族主义思潮本质上代表一种文化，其产生有复杂的历史根源与时代背景。民族主义和民族主义思潮将在世界历史舞台上扮演何种角色，对我国将产生何种影响，尚有待观察和研究。在这样的情况下，整理与弘扬包括少数民族文化在内的我国优秀传统文化，增强包括文化力在内的综合国力，对抵御外来强权文化和不利于我国安定团结的思潮的影响，显然是有益和必要的。

在党的十六大报告中，江泽民同志提出对文化的不同部分，应视其性质和对社会发展的不同作用，分别采取发展、支持、改造和抵制的对策，这一看法是很有见地的。对传统文化中的精华与糟粕，应分别采取弘扬或摈弃的做法，人们对此并无大的异议。值得注意的是，少数民族的传统文化，一般都经过了数百年乃至上千年的积累，其中不少部分反映了文化创造者对客观世界的认识，同时也是对生活经验的宝贵总结。一些人将尚未弄清的文化现象随意归为糟粕并进行破坏，由此造成不可挽回的损失。因此，对少数民族传统文化应持积极慎重的态度，不宜轻易摈弃其中尚未弄清的部分，以避免犯倒洗澡水连孩子一起倒掉的错误。

其四，少数民族传统文化是宝贵的、不可再生的人文资源。其具有的价值不仅表现在科学研究方面，而且蕴含着极大的开发潜力。

生活源泉与文化传统的丰富多元，以及较少受到封建观念清规戒律的束缚，为少数民族及其先民充分发挥创造力创造了有利条件，因而他们创造的文化，更生动、更真实，少雕饰且贴近自然。这是少数民族传统文化能引人入胜，成为众多艺术家、研究者锲而不舍发掘宝藏的重要原因。少数民族地区众多的历史文物和遗迹，有相当一部分是少数民族创造的。据统计，国务院确定属于国家重点文物保护单位的55处古代墓葬，属于少数民族的有17处；确定为国家重点文物保护单位的30处古代石窟，由少数民族参与修建的有16处；国务院确定的62座国家历史文化名城，至少有12座由少数民族所建造。少数民族传统文化及其相关的艺术创造，是极为宝贵、不可再生的人文资源，这一看法已得到愈来愈多有识之士的赞同。

少数民族传统文化还具有潜在的多方面的经济开发价值，这一看法已愈来愈多地得到人们的赞同。云南省政府制定了建设“两省一通道”的战略，表明云南省把保护、发掘和开发少数民族传统文化置于全省战略发展的位置，这一看法是颇有远见的。目前云南省少数民族地区发展速度加快，包括人文旅游在内的旅游业获得很大发展，以少数民族加工业、种植业、文化产业为基础的特色产业迅速崛起，与云南省政府提出正确的战略决策有关。事实证明，对少数民族传统文化进行积极的保护、整理与开发利用，有利于边疆地区脱贫，有利于加快边疆地区少数民族的发展。

三　云南民族文化面临流失蜕变的危险

根据我国民族区域自治法的规定，少数民族的传统文化受到全社会的尊重。近半个世纪以来，虽然出现过“文化大革命”对传统文化进行破坏的情况，但社会总体上对少数民族传统文化是尊重的，少数民族传统文化普遍得到正常的保护与传承。值得注意的是，近十余年来，随着我国进行的西部大开发和民族地区经济社会的发展，少数民族传统文化遭受到明显冲击，一些传统文化面临流失甚至解体的危险。造成这一状况，主要有以下原因：第一，少数民族社会发展自身的影响。近半个世纪以来，云南边疆民族地区的社会面貌发生很大改变，少数民族在经济、文化方面取得了巨大进步，这是有目共睹的事实。边疆民族地区经济文化现代化程度的提高，必然造成少数民族文化内容和形式的明显改变。第二，改革开放以来，我国东部地区获得迅速发展，其文化也发生很大变化，总的趋势是中外文化交融和以现代生活及其观念为时尚，其影响已经辐射并深刻影响了边疆地区的少数民族。第三，随着中国的对外开放，世界经济一体化的浪潮影响到我国各地。在这样的情况下，通过广播、影视和因特网等先进的途径，都市文化的影响也传播到边疆少数民族地区。第四，中国改革开放以后，有一些少数民族居民到经济发达地区打工、做生意和旅游，他们把外来文化带回家乡，对本地传统文化也产生了直接影响。第五，一些地方对少数民族传统文化有不正确的看法和做法，也是促使传统文化解体加速的一个原因。如一些人（包括少数民族中的年轻人）认为传统文化落后，或认为民族即将消亡，少数民族的传统文化不再有保存的价值等。

传统文化虽然不会轻易地解体和消失，但目前少数民族传统文化受到外来文化冲击的现象十分普遍，人们的担忧是有道理的。传统文化具有消失解体后不可再生的特点。令人担心的是，目前传统文化解体消失最快的民族群体，往往不是历史积淀较厚、经济发展水平较高、与内地文化历来接触较多的少数民族，而是历史积淀较少，原本闭塞落后，近年受到外来影响同时发展速度加快的民族群体，后者大部分是人口较少的少数民族。据专家调查，边疆地区一些少数民族的语言，有可能将在二三十年内消失，一些少数民族的基本特征亦可能不复再现。如云南省西双版纳地区的基诺族，其传统文化包括民族语言，可能在近20年内基本上消失。在我国实施西部大开发战略和加入WTO以后，西部地区将进一步对外开放，西部少数民族既获得了前所未有的发展机遇，同时也将面临严峻的挑战和竞争，这些新出现的情况，将对少数民族传统文化产生不可低估的影响。

从总体上来看，我国边疆各省区对保护、传承少数民族传统文化是比较重视的，也取得了不少成功的经验，但也有一些问题需要研究和妥善解决。例如，一些人认为中国文化的发展方向是与发达国家的文化趋于大同，少数民族文化是反映现代化以前各历史阶段的意识形态，况且少数民族将很快被汉族融合而消失，其传统文化不再有保存和整理的必要。中国文化的发展，不能走抛弃传统全盘西化的道路，对这一点人们讨论很多，此不赘述。应该指出，民族的产生和发展已有数千年的历史。随着人类社会的发展，一些较小的民族将会被大民族逐渐融合或同化，其他民族也会或多或少地发生变化。但总的来说，在未来相当长的时期，大部分民族将继续存在和发展。

目前，边疆少数民族地区经济和社会生活活跃，人口流动较过去频繁，跨界民族境内外部分的联系十分密切，在民族关系、社会治安和人们的观念等方面都发生了一些新的变化。有人把边疆地区近年出现的消极或不稳定的因素，简单地归于少数民族独立意识的发展，认为对少数民族（包括其传统文化）应进行限制并淡化宣传，似乎这样做便可以解决边疆地区和少数民族稳定的问题。这样的看法是片面的。应该指出，目前一些边疆地区出现的治安不良、影响社会稳定的情况，大多是属于法制和教育方面的问题，不能简单地视为少数民族问题。其次，对确实发生与少数民族有关的问题，应主要采取疏导而不是用禁止或塞阻的方法来解决，这已为新中国成立以来的实践所证明。处理民族地区的问题，应逐渐将之纳入法制的轨道，而不应简单地归入民族关系或求助于行政干预。其三，少数民族传统文化与少数民族独立意识并非是对等的关系，其中的复杂联系还需进一步研究。

还有一种观点，认为整理和开发传统文化，最终会导致传统文化的毁坏，主张让传统文化自生自灭，尽量保持其原生态。应该看到，文化是动态变化发展的，可将文化传承比喻为河流之川流不息。传统文化内容的发展与更新，是保证其获得长久生命力的关键；静止不变的保护或原生态的消极保护，对传统文化最终是有害的。少数民族传统文化可分为原生、次生、再生、复归和复合等多种形态，文化又分内隐性和外显性两大层次。对少数民族传统文化中表现在衣食住行等方面、具有原创性文化特色的部分可进行发掘整理，在此基础上对民族手工艺品、民族特色旅游、民族传统医药、传统歌舞艺术、传统节庆活动和传统食品等进行适当的开发，由此形成一些特色产业，为当地的经济建设服务。事实证明，这样做少数民族是乐于接受的，可视为一条加快边疆，民族地区经济发展的有效途径。另一方面，也应看到，目前一些地方也出现了炒卖少数民族传统文化，导致传统文化部分商业化的倾向。如近年云南丽江古城发展旅游过热，工艺品商店和外来旅游者过多，对原本的人文景观和人文生态环境都造成了破坏，也不利于传统文化的保护和开发，对这一类问题应进行研究，使之得到妥善解决。

关于少数民族文化生态环境的保护，一些省区也取得了成功经验。如云南省在一些少数民族地区建立民族文化生态村，在制定发展规划和进行经济建设时，充分考虑传统文化的保护问题，并通过采取有效措施，保护传统文化顺利传承的社会人文环境，帮助老人把传统艺术、传统技艺等传授给年轻人，对有保存价值濒临灭绝的传统文化，采取特殊的保护措施等。此外，还在少数民族地区命名一些特色城镇，对当地的传统建筑艺术、有价值的民风民俗和民族工艺等进行特殊保护。这些做法都取得了明显的效果。

四 文化圈与跨境民族向心力

文化是复杂多元的，但特定人群的文化有主次之分。受某一主体文化支配的空间范围，即为以该文化为核心的文化圈，或者说，受某一主体文化支配的空间范围，可以形成以该文化为核心的文化圈，文化圈的影响从中心部位向周围区域辐射。一般说来，传统文化在文化圈中起核心和长远影响的作用，尤其在中国这样有数千年历史的国家更是如此。文化（尤其是传统文化）是长期积累的结果，其形成和演变的过程极其复杂，文化通常与国家和国界的形成变迁并不同步，或者说两者有不同的内涵和发展的规律。

以汉文化为主体的中华民族文化是一个巨大的文化圈，边疆少数民族的文化是中华民族文化圈之中的亚文化部分。由于历史发展和现实形成的原因，中华民族文化圈是统一、稳定并富有极强生命力的，这是中国统一多民族国家形成和发展的基础，也是新时期我国各民族实现团结平等的重要前提。同时，我们也要看到，居住在中国及其邻国相邻地区的跨境民族，从文化和历史感情的角度来说，也有自己的文化和一定的文化圈。

就文化的同质性而言，分布在不同国家的跨境民族，一般也属于同一文化圈，此即跨境民族具深层内聚力的根本原因。跨境民族共有的文化是长期积淀形成的，同时随着时代的进步也在嬗变和发展。

地域相近的文化圈可以交叠，既相互渗透和吸收，也存在矛盾和竞争。在一定的条件下，影响强劲的文化圈可将所交叠的其他文化圈置于从属地位，但其他文化圈对前者的抵制和离心作用始终存在，在特定条件下还可能淡化或远离前者的影响。

文化圈不一定与国家的管辖范围相吻合，某些文化圈可能涵盖两个或两个以上的国家。文化的力量是内在和深刻的，它像无形的手在似有若无间发挥作用，干预人们的好恶、爱憎乃至左右着人们的社会心理。由于分布在不同国家的跨境民族一般属于同一文化圈，其内在的文化联系把他们紧密联系在一起，此即分布在国界两侧甚至多侧跨境民族的不同部分，彼此怀有深厚民族感情的内在原因。

跨境民族共有的文化是长期积淀形成的，同时随着时代的进步也在嬗变和发展。地域相近的文化圈可以交叠，相近或交叠的文化圈既相互渗透和吸收，同时也存在矛盾和竞争。在一定的条件下，影响强劲的文化圈可将所交叠的其他文化圈置于从属的地位。

西南边疆地区的跨境民族，由于历史形成的原因，其文化圈较接近我国的中原文化圈，或者说其文化与我国中原文化有较多的相似性和共同点，认识这一点，可以更深刻地理解西南边疆跨境民族与内地的政治文化联系。

中国改革开放30余年来，边疆地区和边疆少数民族取得了巨大的进步，这是世人有目共睹的。随着边疆社会经济的迅速发展，世界经济一体化的加速，以及西方文化和世界普同文化在我国的传播，我国跨境民族对外经济文化的交往将进一步扩大，跨国经济活动、跨国的婚姻和家族联系，以及跨国宗教活动和其他文化交往等会迅速升温，跨境民族的爱国主义感情和国家观念可能逐渐淡化，边疆地区区域性和狭隘民族性的文化认同，在一些跨境民族中可能逐渐占据上风。简言之，我国边疆地区的文化面临着西方文化和境外文化的挑战，跨境民族的自我文化认同可能苏醒。在现今时代，若隔绝或强制干预我国跨境民族与境外部分的联系，既不明智也不现实。

在中共第十六次全国代表大会上的报告中，江泽民同志明确指出：文化与政治、经济相互交融，是综合国力的重要组成部分，“牢牢把握先进文化的前进方向。在当代中国，发展先进文化，就是发展面向现代化、面向世界、面向未来的，民族的科学的大众的社会主义文化，以不断丰富人们的精神世界，增强人们的精神力量。”江泽民同志所说的发展面向现代化、面向世界、面向未来的，民族的科学的大众的社会主义文化，强调的是文化的现实部分，同时建设与发展有中国特色的社会主义文化，离不开继承和弘扬优秀的传统文化。

政府对人口较少民族大规模的经济援助，有积极与消极两个方面。政府对边疆民族大规模的经济援助，确实加快了边疆民族地区脱贫的速度。同时也应看到，政府对边疆少数民族采取大量“输血”及“包下来”的政策，出发点是好的，但客观上也使这些边疆少数民族滋长了浓厚的依赖思想，严重的还可能导致边疆少数民族丧失文化自我，对其传统文化的保护与发展产生消极的作用。

1949 年新中国建国以来尤其是改革开放以来，我国各级政府对贫困地区的少数民族提供大量的经济补贴与发展基金，有效地缓解了这些少数民族的生活困难，同时推动了少数民族地区经济的改善。另一方面，这种做法也培养了被资助者对政府经费的依赖性。贫困地区的少数民族拿到经费后，有相当一部分消耗于酗酒或随便花掉。云南省社会科学院的调查人员曾与基诺族村民交谈过脱贫的问题。不少基诺族村民认为，基诺族穷，政府应该多给点钱，基诺族从原始社会一步跨入社会主义社会已不容易，以后如何发展要靠政府了。基诺山出现的一些情况，也反映出基诺族中持有类似看法的较为普遍。如基诺山乡的中学生现欠政府购教科书的费用 23 万元，小学生欠 32 万元。拖欠书款学生的家庭，有一些确实是因为贫穷交不起，但有 50% 以上的家庭是以别人未交为借口而不交。在基诺山乡，几乎每天都有村民来说水管坏了或水沟漏了，要政府派人去修；村民准备修路、开田，就向政府索要炸药。为解决这一类问题，政府有关部门和专家提出“变输血为造血”的构想，引导以及组织被资助者用好这笔钱，但使大部分资金真正推动少数民族的发展，做到让他们主要通过自己的努力来摆脱贫困，还有相当长的路要走。

任何民族都经历随着时代不断演变的过程，在当前经济持续增长、中国社会发生巨变的情况下，一些民族融合甚至消失了，可能还会出现新的民族群体，这都是顺理成章的事。政府对边疆民族的经济援助大量增加并使之固定化，对边疆民族本身的发展不利。外来资金持续大量地注入，将导致这些民族自身活力与奋斗精神的丧失，部分边疆民族可能会蜕变为主要是供人参观的展品。

一些国家解决此类问题的成功经验值得借鉴。如笔者考察过的泰国，主要的做法是强调国民、边民的概念，尽量淡化民族的意识；不把各地居民经济发展与文化上的差异与政治上的平等权利扯在一起；政府援助边疆和贫困的地区，主要通过帮助其居民进行生产自救，政府加强交通、通信等基础设施的做法来实现。在政府的有效帮助下，边疆和贫困地区的村民尽快进入市场经济与社会的竞争，从而获得良性持续的发展。还有一些国家，主要做法是把深山密林以及不适宜居住地区的居民迁到其他地区，既解决了这部分居民的贫困问题，同时也有效地保护了自然生态环境。中国近年来也提出“退耕还林”、“退草还林”等口号，改变山林和纵深峡谷地区小民族随意开荒、过度放牧等不好的做法，并把一部分山林和纵深峡谷地区的居民迁出另行安置。但因中国人口多、耕地少，以及看法不一致等方面的原因，这方面仍有大量的工作要做。

五　跨境民族文化面临的主要问题

在保护和发展跨境民族文化的过程中，存在着不少问题，而且主要表现在对民族文化的误解等方面。因为对民族文化的研究不够，理解不深，一知半解而造成；牵强附会，投人所好，使民族文化庸俗化。如旅游活动中常见的为满足游客的猎奇心理而肆意曲解民族风俗习惯的做法；一些旅游场所常见的伪民俗，如所谓的“图腾柱”等；民族文化的过度商品化。由于利益的驱动，将民族文化过分商品化，与民族文化的人文精神背道而驰。在现代创意的标榜下，生拼硬造出所谓的民族文化；境外宗教对境内跨境民族的影响日益严重。如在中越边境上，近年来，越方大兴土木修建教堂和庙宇，开辟宗教活动场所，其中在河口对面的沙巴，修复天主教堂一座，每周一、三、五、七做礼拜；老街修复和尚庙及天主教堂各一座，由于我方河口县至今尚没有公开的宗教活动场所，因而吸引了许多河口边民及省内外到河口旅游和经商的人群出境到越南去参加宗教活动。在中老边境和中缅边境地区，由于我方宗教职业人员的宗教学识不高，宗教领袖人物后继乏人，宗教自养能力有限，因而双方的宗教交流是出去得少而进来得多，外来影响占据优势。还有一些境外敌对势力打着宗教交流甚至是帮助我方边民发展经济、开展扶贫工作的幌子，进行渗透活动，由此而对我边境民族地区带来的不利影响就更大了。此外，在一些边境地区，还有“门徒会”、“王主”等邪教组织，虽经多次打击至今仍在活动；境外资本主义腐朽文化对境内跨境民族的影响更为严重。如从邻国流入我国边境地区的盗版音像制品泛滥，内容良莠不齐，其中充斥着黄色和暴力内容，给当地少数民族的民风和民俗带来负面影响。目前，边境地区二三十岁以下的青年人，平时很少穿民族服装，他们与内地青年人一样看港台片、听流行歌曲，与上一代人有着明显不同的价值观念。他们更愿意讲汉语甚至学英文或其他外语。

另一方面，我国边疆地区出现的经济建设热，对传统文化产生复杂的影响。在跨境民族地区发展旅游业，对本地传统文化来说可能是一把弊大于利的“双刃剑”。借助少数民族的风俗、歌舞、饮食等发展特色旅游，确实可以带动少数民族地区经济的发展，同时也有一定的消极作用。对文化底蕴深厚、发展程度较高的少数民族（如云南省的白族、纳西族）来说，旅游业的负面影响可得到适当的控制，或者说这些少数民族通常能找到保护自己文化的办法。但边疆民族的传统文化发展程度有限，极易受到主流文化或外来文化的冲击，在旅游业不良导向的影响下，跨境民族的传统文化还可能因倾向商品化而瓦解。

例如：基诺族居住的基诺山，是云南省西双版纳重要旅游线路的必经之地，近年由外省的开发商投资，在基诺山的半坡村兴建了一个民俗村旅游景点，并修建民族歌舞表演场。景点的门票由投资者旅游公司一次性收取。半坡村 29 户基诺族家庭轮流进行歌舞表演，每天对游客演出基诺族歌舞 1 至 2 场，每场约 1 个半小时，演出者每天可以得到 10 元演出费。半坡村的基诺族家庭虽然增加了收入，但其传统歌舞已蜕化为商业性的表演，对当地基诺族民族心理、民族文化深层的消极影响，更不可低估。目前，居住偏僻地区的普米族、怒族、独龙族的传统文化尚得以保留，不难预料，这些地区若大力发展旅游业，其传统文化将会迅速流失。

旅游业在边疆民族地区的发展，还导致传统文化出现商业化的倾向。基诺族主要的传统节日是“特懋克”节，它标志着一年生产的开始。因“特懋克”过节的时间各寨不同，1988 年经西双版纳州人大会议讨论通过，将其确定为每年的 2 月 6 日至 8 日。但基诺族老人对现在的“特懋克”节不以为然，认为这完全是为官方组织的，而不是按传统习俗先后举行祭鼓、打铁和备耕等三个仪式，现在仅以祭鼓来昭示后人，减去了打铁和备耕的仪式。“特懋克”节的重要神器是牛皮大鼓。牛皮大鼓源于基诺族的创世神话，基诺族老人说，牛皮大鼓是基诺族的魂，是寨神的化身，由“卓巴”（长老）掌管。在过“特懋克”节时，“卓巴”敲响第一棒，便意味着年节的开始。牛皮大鼓过去是十分神圣的，在制作、存放等方面都有严格的规定。现在为表演的需要，各村寨纷纷制作牛皮大鼓，而且可随意敲响，已无神秘性可言。一些地方制作牛皮大鼓时，在质地、装饰花纹和大小等方面还做了改动，这样的制造品，跟传统的牛皮大鼓已有很大差异。

六 跨境民族文化保护与传承的重大意义

当前，云南跨境民族传统文化保护和传承方面的一个重要问题，就是要解决好传统文化与边疆地区社会的现代化变迁的关系，以及跨境民族境内外多元文化的共生与协调发展问题。

长期以来，边疆多民族地区都比较封闭，从而使传统社会形态保存得比较完整。但是，在我国由改革开放推动的现代化加速推进的过程中，这里的传统社会受到了巨大而深刻的冲击，其强烈的程度比内地更为突出，尤其是传统的价值观念、规范体系受到的冲击十分突出。文化之间的相互接触和彼此影响，以及文化发生的或多或少的改变，是文化发展中正常的现象。问题的关键在于，应保护和传承传统文化中有积极意义的核心部分，处理好与现实文化影响之间的关系，企望把传统文化全部封闭起来，或者彻底抛弃传统文化的合理内核代之以新的文化，这两种做法均不可取。

以上所说的特定背景下，跨境民族境内外多元文化的共生与协调问题更显突出。这些问题的存在和发展，对边疆多民族地区构建社会主义和谐社会的影响是基础性的，也是极其深远的。

在当前跨境民族境内外不同部分之间接近、影响更为明显的情况下，境内外不同部分跨境民族内部文化的整合以及文化具有共性的特征，将更趋明显。甚至存在如下可能：民族问题尤其是跨境民族关系问题可能国际化；随着边疆境内外地区的共同繁荣而更趋尖锐。还可能出现境内外跨境民族认同加强，国家意识淡化甚至企望脱离中国等严重的问题。在这一过程中，跨境民族的文化是情况改变的重要载体。因此，建设好云南跨境民族文化，不仅具有保护、传承传统文化方面的意义，而且与边疆地区的稳定、国家的长治久安相联系。云南省的“兴边富民行动计划”已实施了10年，每年投入的资金数以亿计，其中的建设民族特色文化旅游村等项目，确实在民族文化的保护与传承方面起了相当大的作用。

在跨境民族境内外不同部分日趋接近、相互影响更为明显的情况下，境内外不同部分跨境民族的文化，其发展趋势取决于谁的文化更强大，更有力，就会更深刻地影响境内外该跨境民族地区文化发展的方向，甚至主导境内外该跨境民族整体文化的发展。

另一方面，境内外不同部分跨境民族的文化，作为该国文化的亚文化部分，又受到该国主流文化的深刻影响。应该看到，中国与邻国的主流文化是完全不同的，这两种不同的文化，对云南境内外的跨境民族产生不同的影响。或者说，云南境内外的跨境民族，具有各自的文化圈，但跨境民族的境内外部分，作为相同或有亲缘关系的民族，他们又有自己特定的文化。在云南边境的跨境民族地区，由此形成了若干文化圈的重叠部分。

各国主流文化具有的力量，不仅受其文化历史渊源、内涵丰富强大程度等方面的影响，还取决于该国的综合国力、经济和社会发展的水平，以及在世界上和跨国相连地区影响大小的程度等因素。因此，我们应进一步增强综合国力，发展中国的先进文化，更好地保护和传承跨境民族的传统文化，这样才能在境内外跨境民族诸文化的竞争中占据有利地位，使该地区的文化向我们期望的方向发展。所以，对国内跨境民族的研究成为迫在眉睫的问题，而云南作为跨境民族最多的省份，对于这些民族经济、社会、文化发展的研究将有助于更好地解决边疆民族地区的社会发展与和谐社会的构建。

第三章　文山州跨境民族文化

——以苗族为例

一　文山州主要跨境民族概况

文山壮族苗族自治州，是云南省东南部的一个少数民族自治州。位于东经103°35′—106°12′，北纬22°40′—24°28′，下辖文山、砚山、西畴、麻栗坡、马关、丘北、广南、富宁8个县，115个乡镇（含17个民族乡），940个村委会。其中麻栗坡、马关、富宁等3个县与越南社会主义共和国接壤，国境线长达438千米。少数民族主要有壮族、苗族、彝族、瑶族、回族、白族、傣族等，其中壮族、苗族、瑶族、彝族、回族、傣族跨境而居。2005年末，总人口337.1万人。其中少数民族人口193.4万人，占总人口的57.4%[①]。2003年，文山州完成国内生产总值100.13亿元，全州人均生产总值3029元，较上年增长14.1%。药材三七、烟草、大牲畜、矿产为文山州的四大支柱产业，2003年共提供增加值26.67亿元，同比增长14.9%[②]。

壮族　在文山州8县均有分布，尤以广南、富宁、砚山、丘北县为多，属于古代百越族群中的骆越、西瓯人，2002年人口有986929人[③]。先秦时统称“骆越”、“百越”；汉晋时期称“僚”或“濮”。唐朝时期，“僚”人族群逐渐分化融合，宋朝时称“僮”人，有的仍称“僚”人，元、明、清称“侬人”、“沙人”、“土人”等[④]，民国时期称“布侬”、“布瑞”、“布傣”等[⑤]。文山壮族分为侬、沙、土三个支系。壮语属于汉

① 《云南统计年鉴》，中国统计出版社2006年版，第647页。

② 《文山州年鉴》，德宏民族出版社2004年版。

③ 同上书，第55页。

④ 尤中：《云南民族史》，云南大学出版社2004年版，第397页。

⑤ 《文山壮族苗族自治州志》第一卷，云南人民出版社1999年版，第346页。

藏语系壮侗语族壮傣语支，历史上曾经有过自己的文字，用各种符号以物记形，以事记样。壮族各支系服饰男女有别，均着青、蓝、黑、白4色，预示着生活中不可缺少的青山绿水、蓝天白云和肥沃的黑土地。壮族实行一夫一妻制，普遍实行氏族外婚，存在“转房婚”习俗。主要民族节日有二月节、花街节、尝新节等。壮族相信“万物有灵”，多有自然崇拜、祖先崇拜、多神崇拜。明清时期，佛教开始传入壮族地区，受汉族影响，道教在壮族地区比较盛行，少数壮族群众信仰天主教。

苗族 苗族出自南蛮，文山苗族自称“蒙”，有“蒙斗”、“蒙史”、“蒙抓”、“蒙沙”、“蒙自”等。支系众多，方言、服饰各异，根据服饰特点，他称有“白苗”、“青苗”、“花苗”、“汉苗”、“素苗”、“红苗”等。2002年底，人口有416596人①。苗族源于南方“蛮族”部落，由于战乱和逃荒等原因，唐初就有苗民从贵州迁入文山。明初，湖南城步、武冈部分苗兵征调戍守贵州西部，有2000余苗兵由贵州迁至今丘北县。清康熙初年，原住在普定、郎岱的许多苗民为避免战乱迁至文山地区，逐渐成为文山境内主要少数民族之一②。越南称苗族为赫蒙族，分布在越南北方，以封土、莫边府、高原、黄树皮、顺州等地较为集中。老挝有苗族居住在北部，以川圹、丰沙里、桑怒、会晒、琅勃拉邦等地人数最多。苗族在缅甸主要居住在萨尔温江上游两岸山区，以果敢地区最为集中。第一次较大规模的迁徙在17世纪末叶，清朝为平定云南镇将吴三桂的叛乱，调用30万军队，战火迫使一些苗族、瑶族人口迁往邻国。第二次较大规模的迁徙是在19世纪中叶，云南回族领袖杜文秀发动的反清大起义失败，为逃避清军镇压，又有一些苗、瑶人口移居中南半岛。

瑶族 文山州内瑶族先人是秦汉时期的“长沙、武陵蛮”的一部分，人口有77473人③。南北朝时称为“莫瑶”，因灾荒、战乱等各种原因，先后向南迁徙，唐朝时期，从湖南经贵州迁入滇东南今文山地区、红河境内，时称“苗众”（含瑶族先民）④。元明清时期相继迁入的瑶族较多，民国《丘北县志》称：瑶人“明初由邕黔交界迁入”。现居麻栗坡坝子村至曼文、曼棍村一带的瑶族入境较早。民国《麻栗坡地志资料》记载：瑶族

---

① 《文山州年鉴》，德宏民族出版社2003年版，第55页。

② 《文山壮族苗族自治州志》第一卷，云南人民出版社2000年版，第374页。

③ 同上书，第306页。

④ 尤中：《云南民族史》，云南大学出版社2004年版，第191页。

是明末清初之时的“土著人”。瑶族古籍《盘皇卷牒》、《开山歌》等记载，多数瑶族是明清时期屡遭封建统治阶级的残酷压迫、驱赶和围剿，先后从广东、广西交界的西江流域、镇龙山瑶区，迁入广南府、开化府的边远山区定居①。文山州内瑶族有三个支系：自称“们”或者“金门”，他称“蓝靛瑶”；自称“孟棉”或者“尤勉”，他称“大板瑶”、“角瑶”；自称“秀”或者“亚”，他称“山瑶”、“过山瑶”。主要分布在富宁、麻栗坡、广南、丘北马关等县的边远山区。

彝族　文山州境内居住彝族不同支系：倮支系，自称“阿塞”、“罗罗布”等，他称“倮族”、“白倮倮”、“黑倮倮”、“花倮倮”等。道光《广南府志》卷三记载：“白倮罗，散居四乡。”民国《麻栗坡地志资料·民族种类》记载：“境内有白倮罗，种山而食”。乾隆《开化府志》卷九记载：境内“黑罗罗，性朴，多种旱地，居茅舍，中堂作火炉，男女围绕而卧……”仆支系，自称“仆”，他称“黑仆拉”、“白仆拉”、“花仆拉”等，为土著居民，民国《马关县志》载：仆拉，滇南原有蛮族也，无地不有。红河中上游，古代称为“仆水”，因沿河而居有“仆人”而得名。这一部分“仆人”与南下的“夷”、“叟”、“昆明”等杂居，形成近代彝族的一部分。另外，彝族撒尼、阿武、格仆、阿细、腊鲁仆等支系在文山州境内均有分布②。2002 年底，人口有 321361 人，居全州少数民族人口第三位。1988 年在文山、砚山、丘北三县建立 14 个彝族乡。

布依族　文山州境内布依族源于古代百越族群，清嘉庆三年（1798）从贵州迁入。民国《马关县志》称“其种来自黔省都均”。乾隆五十八年（1793），贵州省南笼等地布依族女领袖王阿崇和韦朝元领导农民起义，嘉庆三年九月起义失败，清王朝对黔省布依族实行遣散政策，迫使部分布依族流入滇南开化府定居。嘉庆十二年（1807）又有部分布依族寻亲迁入马关县居住③。布依族人口有 5880 人④，主要居住在马关县木厂、仁和、都龙、大栗树、马白等乡镇的 30 个自然村，最大的布依族村寨是木厂镇杨茂松村。

另外，作为文山州跨境民族之一的傣族，主要分布在文山、马关、麻

① 《文山壮族苗族自治州志》第一卷，云南人民出版社 1999 年版，第 408 页。
② 详细参阅《文山壮族苗族自治州志》第一卷，云南人民出版社 1999 年版，第 389 页。
③ 《文山壮族苗族自治州志》第一卷，云南人民出版社 1999 年版，第 455 页。
④ 同上书，第 306 页。

栗坡和砚山县，2002 年底，共有人口 13696 人①，源于古代“百越”族群中的“僚”、“濮”。麻栗坡、马关县傣族有的自称从泰国经越南落籍麻栗坡，民国《马关县志》记载：“摆衣……其族来自越南。”

二　跨境苗族特点与发展取向

20 世纪 50 年代初期，分布在云南与相邻国家人口在百万以上的苗、瑶、哈尼等民族，社会总体发展水平不仅未达到半殖民地半封建社会，而且还存在着农奴制、奴隶制以至原始社会的遗迹，社会发展也极不平衡。尤其在边远苗族居住的地区，相当一部分还处于原始社会末期或原始社会向阶级社会过渡的阶段，社会经济相当封闭落后，其社会组织是原始的农村公社和部落，信仰主要是万物有灵的自然宗教。与其他民族相比较，作为重要跨境民族的苗族，具有如下的特点：

一是人口众多，分布甚广，散居状态十分突出，在族群关系方面，多与其他族群杂居共生。在云南省，苗族与壮族、哈尼族、傣族、彝族等民族杂居。他们形成了与其他族群处理关系的独特的相处之道，既保留自己的文化特征，又能够互相和谐共存；二是分布和居住具有明显的“山居性”。苗族在西南边疆所居住的地区，属于云贵高原中部山区，喀斯特地形地貌十分普遍，自然生存条件十分恶劣。当苗族迁来云南的时候，自然条件优良的平坝及坡地已被其他民族所占据，他们大部分人只能在山上求得生存。三是生存状态边缘化。他们生活与移动的地区，大致是从黔川交界地带到黔滇川三省边区，沿云南、贵州两省交界线两侧南下，然后进入黔—桂—滇三省交界处，再到云南东南部和南部地区。随后进入越南，并沿滇越边境、越南北部山区进入老挝。在一般情况下，边境地带是中心权力控制较宽松的地带，而交界地带则常是双边中心的缓冲地带与弱控地带。苗族作为后来者与弱势群体，在这些政治经济的边缘地区迁移穿插，谋求生存的机会。无论是从族群关系、行政区划、还是居住地区的地形地貌来看，苗族大都处于一种夹缝中生存的状态，其文化也带有夹缝中求得生存的特点②。中国实行改革开放以后，边疆少数民族社会发展的速度加

① 《文山壮族苗族自治州志》第一卷，云南人民出版社 1999 年版，第 306 页。

② 参见石茂明《跨国苗族研究》，民族出版社 2004 年版，第 126 页。

快，文化方面也有明显的变化，与境外同民族文化的差异逐渐扩大。但总的来看，云南与境外分布的苗族，其文化方面的共同性仍十分明显，随着近年境内外苗族不同部分联系的增多，同一民族文化方面的交流与同质性，还有进一步发展的趋势，由此体现出文化多样性发展的特点。

云南省以及境外地区的苗族，目前大致向两个方向发展，一个是接受周围汉族与其他少数民族的影响，社会与经济情况逐渐与后者接近，文化也相应发生改变。另外一个方向是一部分苗族，尤其是居住深山老林和边远地区的部分，仍较多地保留了传统的经济方式与文化，出现了逐渐边缘化、少数族群化的趋势。这里所说的边缘化，不仅是分布地域上的边缘化，还包括在国家政治生活中的边缘化，经济发展方面的滞后与弱势化，以及人口数量的逐渐减少等。这一部分苗族的边缘化，使其与其他苗族发展的走向差距逐渐拉大，也是苗族文化出现多样化的重要表现之一。

三 跨境苗族多元文化形态

（一）苗族村寨文化

在苗族最集中的云贵地区，如贵州丹江、都匀、清江、古州一带，清代数百里间山箐盘亘，密林蔽天，雾雨蒙蒙，多泥潦蛇兽。在这些地区，苗人多与汉民分寨而居，苗寨有相毗连至数十寨、上百寨不等者。一部分苗寨与汉族、侗族等民族村寨错杂分布。如台拱厅之地，九股河沿河以居者称“九股苗”，其地山峰屹立。厅南乌尧坡高数百仞，山峻溪深，寸步百险。西南部稍平衍，灯火万家。诸多苗寨形如棋布，皆黑苗种类。广顺州汉苗杂处，清嘉庆以后，官府将汉庄、苗寨编为十里、十枝，十里有汉庄60余处，苗寨160余处，十枝尽为苗寨，共计110余处。在高山深箐中，苗人辛勤劳作，开辟了水旱农田、水池鱼塘，或如沃壤。苗人各以亲疏远近及多寡，聚数十户、或百余户为一寨。一些地区的苗族聚族而居，大村三五百家，小亦百数十户。其三五零星而住者，多为耕作之便，秋收后仍回大村。上述地区的苗族，世代传承，山寨及居室均较古老。云南等地苗族的情形，与贵州大致相同，如昭通府苗族多附岩结庐，依水凿田①。

① 民国《昭通志稿》卷十《人种志》。

大姚县苗族居高山陡壁，上下如飞，带刀辟山地种干粮[①]。

过去苗族的村寨，过一段时间将集体迁徙。迁徙的原因，主要是寻找更好的土地和山林。目前这一习惯有较大的改变。在边境苗族地区，经常听说不少苗族村寨的遗址。但现在留下的仅是地名或相关的传说。过去，一个苗族村寨存在的时间通常是五到十年。1949 年后，随着苗族生活生产逐渐走向稳定，除部分因生存条件差，国家实施某项工程等而由政府组织举寨迁移或原村寨中一部分人流动到其他地方外，苗族村寨不再有大的流动。

20 世纪 90 年代以来，苗族地区出现新的人口迁移动向。一是为摆脱贫困，在政府的组织和亲属的带动下，相当一部分家庭和人口迁往外地。二是为寻求更好的生活，各村苗族姑娘们远嫁到江苏、广东、广西等省区的不少，也有一些妇女是被拐卖的。目前在边疆苗族地区，当地苗族迁出的人口较多，全家移居进来的较少。当然，越南的妇女嫁到中国边疆来的也不少，是当地人口增加的一个重要的来源。至于迁到越南苗族地区的，改革开放以前不少，现在是逐渐减少了。

（二）苗族建筑文化

在住房的建筑方面，过去住屋多为三层或两层，建造无定向，多无窗牖，屋檐低矮，必俯首乃得入。住屋上层储谷并居人，下层蓄牛羊犬鸡；或上层储谷、中层住人，下层养畜禽[②]。房屋多用土墙，完密不使透风，日夜燃火照明。苗语称瓦屋为“背瓦”，茅屋曰“补楚”。兴义府苗语有木匠、瓦匠、房、院、阶、楼、仓、梁、柱、瓦、窗、墙、壁、锁、钥等词汇，可窥见当地苗族住屋建构的情形。不少地方苗人之住屋简陋，如三江县苗族住屋以杉木建造，覆以杉木皮，富者或盖以瓦。辰州苗族地区绵亘 200 余里，中部悉为苗窟，多建宅于悬岩上，凿石窍以栖，间有编茅草架木者。其以瓦覆屋者，每屋三五间，每间五六柱，无层次定向，亦无窗牖墙垣。新贵县、广顺州之花苗，割茅草构屋，不加斧凿，架木如鸟巢。辰州（驻今沅陵）红苗，斩木结茅而宿，仅蔽风雨，亦有建瓦屋者。云南昭通苗族住“杈杈房”，修建方法是用几根树枝交叉搭棚，上铺茅草，以

① 道光《大姚县志》卷七。
② （清）《八寨县志稿·生活民俗》。

树枝或细竹编织后糊泥为墙。

苗族家不祭神，仅取所宰牛角悬诸厅壁。汉民变苗之属，家中设天地君亲师之神位。通常屋内不设厅堂及厨灶，屋中部设火塘一所，终年燃火，苗人烹饪于此，聚食、座谈亦于此。苗俗无卧具，多燃柴取暖。火塘旁置高四五尺之大榻，男女杂卧其上，虽翁姑子妇兄弟妯娌，无所忌避，唯夫妇同被。有成年未婚之女，则别设一床于右。若遇客投宿，亦与主人共处。人入室内，多感污秽不堪。楼之下屋居牲畜，中楼居人；上屋悬烟叶、杂粮。下屋牲畜粪便杂沓，臭气熏蒸。常有痨疫流行，全家全寨相继死亡之事。住宅内部常不加间隔，中置火塘，四季不息，每日用以煮饭，冬日用以取暖，夏日借以吸烟，又少窗洞，以致室内烟气弥漫。冬日夜间，则加大火势，全家睡于火旁，靠燃木柴以取暖①。

目前云南境内的苗族，住房和室内的布置，均有很大的改变。以前，苗族对于房屋位置的选址十分讲究。同时认为，开门不能朝向山垭口，否则家中人易出事；开门也不能朝向孤山，因为单独一座山头，尖尖的峰头像火苗，房屋易遭火灾。这些说法，老辈人认为有其道理，但现在年轻人不再讲究。大部分年轻人只要条件允许，便会重建房屋。选址时，如果原有房屋旁边有空地，就会就近修建；没有，就选择较靠近公路的地方。近年房屋建筑大量新旧更替，土墙石棉瓦顶房或砖瓦房大量出现，逐步取代旧的房屋建筑，但仍有大量的土墙草顶房。

在房屋建筑方面新的变化，是新建的房屋星罗棋布，各自独立，互不毗连。另外，流行另盖畜厩实行人畜分居。经济条件较好的地区，购买了电视机、洗衣机等电器，居住人员均分床睡眠，一般情况下被褥、被子等均购置齐全。堂屋中仍有火塘，但过去室内烟气弥漫的情形，目前已很少见到。

（三）传统婚姻模式

苗族传统婚姻模式主要有自主婚、媒妁婚、单向姑表婚、家族内婚与苗族内婚等形式。

1. **自主婚**。苗族盛行通过自由恋爱，双方自愿结合的自主婚。男女相识、恋爱的群体活动，主要有跳月、踩山、赴马郎房与龙舟戏。

---

① （民国）《榕江乡土教材·生活民俗》。

春月间跳舞而求偶之“跳月”，流行甚广。正月三十日（或说初三）至十三日，众择平地为月场，父母群处山坡，未婚男女于原隰下分列左右，父母烧生兽而啖，吸咂酒而饮。月场上未婚男执笙而吹，未婚女振铃而歌。且吹且歌，手翔足扬。有男近女而女去者，有女近男而男离者，有数女争近一男而男不知所择者，有数男近一女而女不知所避者，有相近复相舍，相舍仍相盼者。铃来笙往，目许心成，中意者男负女而去，选幽野合，解锦带互系。相携还于月场，各随父母而返，随后议聘。兴义府之跳月，立“鬼竿”之木于野，男女旋舞。两男对跳，四五女联臂围之，满场凡数百围。男跳乏则互换。女取绿巾结名“瓜球”或“绣龙”之小圆球，视中意者掷之。十三日跳毕，男吹笙于前，女牵带从之，绕场三匝，相携入丛箐野合，名“拉阳”。跳月时女必盛妆，敛马鬃杂人发束如斗，缀于顶前，上覆竹笠，旁以五色药珠为饰，贫者以薏苡代之。辰州苗之跳月，未婚者悉盛服往野外，环山麓踞坐，男女各成列；更番唱歌，吹笙和之。女先唱以诱“马郎”（谓未婚男子），男酬唱和。对唱既欢，男遂歌且行以就女，相距二尺许止。女曰“歹阿里人”（意为何处人），男以姓氏里居相告。女起曳其臂促膝坐。少顷歌又作，迭相唱和，往复循环，大抵异日彼此不相弃之意。抵暮男负女去，及旦偕女至舅家，之后议婚。贵阳府花苗跳月，以缀野花名“花树”之冬青树植于月场，男女皆艳服，吹芦笙踏歌跳舞，绕树三匝，名曰“跳花”。跳毕女视所欢，与男相易巾或带，谓“换带”。之后通媒妁。

踩山，亦称“花山节”。初春时，男女未婚者皆盛服，负背篼登山，以樵采为名往来林麓间，相对唱山歌，男鸣女应，每发声以一手自掩其耳，唱和协者相悦。马关县苗人之踩山，选一高而稍平之山场，竖数丈高木杆于其处，当事者先酿咂缸酒数缸。初春陈咂缸酒于场，远来男女皆着新装。自初一日起，赴者日众，至累百上千，肩摩踵接。早食后开场，众女遥立场外作羞涩不前态。男子以油脂涂于长绳，两人拉其端而围之，作欲污女衣之状。诸女被迫入场，或三或五相聚而立，任男选择，中意时撑一伞覆之。此一小群苗女为其占有，独与对唱。男若唱胜，女赠与指环，乃得意洋洋而入他群续唱。如是者数日。若两意谐和，遂论婚嫁。

苗寨多于旷野造一房，名“马郎房”。“马郎”即指未婚男子，以银环饰耳或插雄白鸡尾于首。晚间未婚男女相聚马郎房，马郎吹木叶或芦笙跳唱，未婚女子悉往和之，名曰“摇马郎”。若男女相悦，以手帕、腰带互赠，名曰“换手记”。

2. **媒妁婚**。一些苗族地区流行与恋爱有联系的媒妁婚，男女相识相悦，拐逃私奔之事常有发生。通常两意谐和者归告父母，男家始通媒妁。多以牛马布帛为聘，若以牛羊为聘，必择双数。聘礼之多寡，以地方风俗贫富为厚薄，亦视女子妍媸为盈缩。如永绥厅苗人视婚嫁如买物，不识问名纳采之礼，惟讲牛马数目，遣牙郎（中人）传话，必用牛马五六只方易一妻。聘礼择期交付，或于嫁娶之日交女方舅收。古丈坪富裕之家，见他苗有美女者，令其子牵其背，若预盟，女家亦利其富有，遂不再许人，亦通媒妁议财礼。云南马关县苗人，男子求婚时，必请善唱歌者为媒人，往女方与其父母对唱，恰则成，否则婚议绝。

3. **单向姑表婚**。即姑之女必嫁舅之子，名“还舅”或“还娘头”。泸溪、乾城、凤凰等地称“还骨种”，有“舅爷要，隔江叫”之语。若舅家无子而姑有女，姑必重献银钱于舅，谓“外甥钱”，方许别配，否则终身不敢嫁。若无钱贿赂于舅，亦终身不敢嫁。舅家若未能措聘礼，姑之女可改适；或虽嫁必由子孙还债，名曰“鬼头钱”。古州一带以同群同类分为二寨，居大寨者称“爷头苗”，称居小寨者为“洞崽苗”。洞崽苗听爷头苗使唤，婚姻各分寨类。若洞崽苗私与爷头苗结婚，谓之“犯上”，各大寨知之必聚其众，尽夺女家财产或伤人命。

4. **家族内婚与苗族内婚**。雍正方志言贵州与云南宣威、镇雄等地的苗族，婚配各以其类，不通诸夷。一些地区的苗族，与汉族通婚较普遍。铜仁府之红苗，妆饰无异于汉族，喜与汉族联姻，故汉人贫者多入赘于苗，苗人富者不惜以巨资罗致汉妇。苗人婚姻，多不拘同姓。如都匀府属花苗，约40余寨，议婚不拘同姓。松桃厅属皆红苗族类既繁，姓氏亦亲。

（四）婚姻观念的转变与婚姻媒介变异

近年来，随着苗族地区经济水平的不断提高和对外交往交流的增多，出现了两种新型的恋爱观：一是青年男女注重对方的才能，特别是女性在选择男性时，认为有才能、有知识、有文化，就有了地位、金钱和幸福。绝大多数女性喜欢读过书、有一技之长、头脑灵活的男性，如会吹芦笙，能唱山歌者等。男性也倾向于喜欢读过书、识字、心灵手巧、能说会道的女性，不再仅注重相貌；二是相当一部分女性不再仅以感情和人品为择偶标准，而是为追求舒服的生活，更看中对方的经济条件。

主要为求偶举办的花山节等节庆活动，在内容和方式等方面，也都发生了较大的变化。花山节过去一般是由未生有儿子的人家举办，其目的据说是为求子。现在，不少地方已逐步转为由当地村、社干部乃至政府举办。到过花山节这天，人们吃完早饭就精心打扮，穿着节日盛装，从四面八方纷纷走向花山场。举办或主持踩花山的花杆头将准备好的布带挂到花杆上，并燃放鞭炮，表示踩花山正式开场。接着，吹跳芦笙、表演武术等活动便先后开始。在这些活动进行的同时，年轻的姑娘小伙便在花场上寻找自己唱歌乃至恋爱的对象。姑娘们喜欢成群结队站在一起，小伙们则会四处挑选，看中了谁，就上前去用伞将其罩住，开始搭讪攀谈，请求与对方对唱山歌。有时，搭讪攀谈实际就用对唱山歌的方式进行，若女方有意，就在伞下对答，若无意，就会走开。对唱山歌既是交流思想感情，也是一种娱乐活动。为避免相关事情发生，花杆头要不时宣布有关纪律，要求心胸狭窄者不要让自己的配偶到花场上唱歌等。当然，花山场上对唱山歌，一般还是以年轻人为主，而且多数是以恋爱为目的。唱得情投意合者，最后还真能结成终身伴侣；如果只是唱唱而已，过后各走各的便是，并无妨碍。过去，在花山场上唱歌的人比较多，一眼看去，打着伞的地方多半都是。现在，由于读书的人多，会唱歌的人减少，所以花山场上很难见到唱歌的人，姑娘小伙有的逛马路，有的像赶集一样到处买东西，与过去相比，有了不少差别。

苗族踩花山，除了以上这些，有的地方还安排有斗牛、赛马活动。斗牛、赛马都有一定的奖品作为鼓励，故参加的人也不少。由于这类活动具有刺激性，每到进行时，可谓人山人海。有的花山场，一天不够，常常要几天才能结束。这些可以说是传统活动。近年来，在各地政府的关心支持下，有的花山场还开展文艺演出活动，大大丰富了花山节的内容，受到苗族群众的欢迎和拥护。

在一些地方，同一个花场由于多年举办，可谓名扬四方，地点一般也就不再变动，如屏边县白云、蒙自县芷村、蒙自县与文山县交界处的羊街子等地，基本上年年都在同一处，因此慕名前来参加的人较多，场面也较热闹。现在，每当踩花山的时候，这些地方实际已经成了远近闻名的旅游点。“花山节”期间还举行爬花杆、赛马、斗鸡、斗脚、射弩、射弹弓等娱乐活动，并设立了奖项及相应的奖金，以激发参与者的积极性。

值得注意的是，芦笙曲调及芦笙舞蹈都有简化趋势，年轻人中会吹会跳者越来越少。苗族歌曲的演唱者也极其有限，在苗族地区我们并没有见到想象中的人山歌海的热闹场面。苗族这些传统的艺术形式也毫无例外地面临着逐渐萎缩、消亡的命运。

（五）饮食文化

在饮食方面，过去苗人以耕稼为生，饮食俭朴。日食两餐，春夏始三餐，以稻米与粟米、包谷诸杂粮为饭。少用匕箸与盘盂，或以手指撮取食物，饮食或用木器、瓷器，一些地方席地而食。产稻地区喜食糯稻，间有食肉者。渴饮溪水，生啖蔬菜、石螺，得鱼为贵。得盐珍之，各以一撮置掌舐之以为美。艰于得盐，或用灰水滴卤为盐，以腌食物。清中叶以后民间贸易扩大，食盐始达于远寨。客至，或煮姜汤以示敬。山居苗民，生活甚苦，丰岁亦乏粒食，日食杂粮、甘薯、芋类，岁荒并采蕨葛为粮，充饥而已。日常食不兼二味，少有谷米，有则贵视之，珍储以待正供或飨贵宾，或留易钱以换盐，有终身不食谷者。苗人量粮，以四小碗为一升。贫困地区苗人的饮食简单且无计划，若烹一牛，开一酒瓮，一餐可尽。如累月无酒肉，无油盐，亦不以为意。

食用畜肉多用火燎去毛，烹而食之。或不待烤熟，取之啖之，津津若有余味。铜仁府苗人食牲畜，不宰杀，用棒打，以火烧去毛，仍用锅煮，带血而食。平远州苗民，食鸡鱼猪羊肉，俱切大片而啮之，一汤一肴，并无兼味。鱼肉或制腊干及生腌，客至则出之以为招待。不少地方的苗民食肉，将肉类以小刀割成若干小块，放以辣椒，然后注以牛小肠内所贮藏之绿色液体，以作调味，亦有以羊胆、猪胆之汁作调味者。

经济发达地区的苗人，饭食以黏米为主，杭米、糯米次之。米用水研磨，不致粗粝。肉食以猪牛鱼为主，鸡鸭次之，食羊肉、马肉甚少。亦有挖池养鱼者。春时水生苔，田生虫，捞而食之，以为美味。于冬季晒干豆腐，酿糟酒，购鱼肉、蔬菜，备度岁末。除夕以米粮、豆腐送岳家。是夕煮稻米为饭，暖酒设備馔，阖室啖饭尽欢。以糯米酿造之甜糟，也是苗人重要的食品。

清代中期以后，一些地方苗人的饮食习俗渐有改变，尤其受汉人的影响较大。如黔南一带的鸦雀苗、花兜苗、青头苗与红头苗，服食渐与汉民相同。清平县黑苗，食惯以手掬之，清代中后期则知使用碗箸。

最近二三十年，苗族的饮食习惯有较大的改变。例如：使用碗筷、勺盘等食器已十分常见。屠宰家畜和家禽，均以刀杀死，不再用火燎去毛，而是烧滚水烫去毛羽。食用肉类，基本上是烹熟才上桌。缺少食盐的状况也有很大改变，少见以灰水滴卤为盐的做法。同时，日食杂粮、甘薯、芋类，岁荒并采蕨葛为粮，在一些贫困地区还可见到。至于将肉类以小刀割成若干小块，放以辣椒，注以牛小肠之绿色液体以作调味，或以羊胆、猪胆之汁作调味的做法，在一些地区仍沿以为俗。

（六）丧葬文化

丧葬习俗方面。苗族丧葬多从简，葬式各地不同。贵州之花苗，葬不用棺，殓手足而瘗。掷鸡子卜地，以不破者为吉。家人亲戚携酒肉以祭，环哭尽哀。三七则携鸡一只、饭一盂、酒一瓶往祭，延巫持咒，谓之“放七”。祭毕磔鸡碎器，称“鬼散”。或择危日以竹架扛尸山中，卜地连得三胜者为佳地，掘地为坑，四围镶板、置尸其中，以木板覆之，起土堆坚筑。左右砌石堆，上部不用石，恐压其首。还有的地区花苗死亡，先于山掘坑，以空棺置坑中，之后缚架抬死者登山，入棺而葬。富者宰牲以奉亲戚，送葬时以亲兄弟二人各顶盆水而行，葬毕回至半途抛其盆不回顾，苗语称“白彭”，即破盆取吉利之意。葬不择日，逢未时即葬，过时则待次日。葬后不堆坟、不立碑、不祭扫，亦不供灵牌。独山州等地苗人，亲死不哭反笑呼歌舞，谓之“闹尸”。次年闻杜鹃啼举家号哭，曰：“鸟犹时至，亲不复来”。云南宣威等地花苗，死则毡裹，抬而焚之山野。镇雄州苗人，葬有棺无殓，祭宰羊、击鼓为之哭奠，三年内不食盐、不栽蒜。如贵州八寨、丹江楼居黑苗，人死则殓而停之，至 20 年为期，宁日以百十棺同葬，公建名“鬼堂”之祖祠。

近年来，苗族的丧葬习俗也有较大的改变，主要是仪式从简，不少地方接受了火葬。即便仍坚持土葬，通常也是择地掘坑埋葬，讲究不像过去那样多。

（七）苗族社会化途径的发展

社会化是指个人从自然人向社会人转变的过程，一般包括家庭教育、社会教育和学校教育。苗族社会的发展经历了从无文字、文字时代、科举教育到现代学校教育的发展历程。

苗族过去没有自己的文字。每有事，刻木记之，以为约信之验。如联络军事，苗酋以长约二三尺竹一段，剖分其半，加鸡毛、火炭，按寨递送，速于邮传。精干者虽不识文字，但凭胸臆屈指算甲乙丙丁，无毫发爽。清前期苗民读书者少，务农者多，亦作手艺，罕事商贾。改土归流之后，读书应试者增多，与汉民居相近者，言语皆与汉民同，见之不识为苗；俊秀者诵读诗书，讲究礼义，旧俗遂改。

1903 年，英国传教士柏格理由越南海防至云南昭通一带传教，与几个牧师创制了拼音苗文。有 66 个大小字母，大字母为声母，小字母为韵母，小字母可写在大字母的上面或右侧，以表示声调的高低。教士们以之翻译圣经。拼音苗文逐渐由宗教应用领域扩展到日常生活与通信领域。之后，云南、贵州的四五种少数民族用该苗文字母拼写自己的语言，柏格理苗文遂被称为“柏格理字母”。

清朝建立后，允许包括苗人在内的少数民族参加科举考试，并在一些地区设立官学。雍正改土归流后，有利于苗人童生的制度在南方各省推广。雍正八年十一月，张广泗建言照东川、湖南之例，于苗人就近乡村设义学，许苗人子弟入学并参加科举考试。同时，苗区置办官学与书院的步伐也明显加快。义学增加的速度也很快。雍正八年，鄂尔泰、张广泗等奏请设古州等处义学，以导化苗民子弟。乾嘉苗民起义发生后，统治者痛感教育教化作用之重要，对设立学校更为重视。凡平定之处，官府多迅速恢复或建立学校。清廷在苗区建立各类学校，鼓励苗民入学及参加科举考试，对苗区文化教育的发展与苗族人才的培养，均起到积极的作用。

光绪三十一年清朝废除科举，在各地设新学堂，学堂教育分初、中、高三级。苗区因条件简陋，以兴办小学为主，不少地方则是新学与私塾并存。至清末，苗区成立了不少官办或和民办的启蒙学堂、初等小学堂与高等小学堂。

清末，因办学有利传教，基督教的内地会与循道公会遂在贵州安顺、黔西北与滇东北苗区先后开办学校，招收苗彝子弟入学，时称“苗民学校”。在黔西北与滇东北，循道公会以石门坎为中心办学。英籍传教士柏格里开办的石门坎华光小学，是全国苗区规模最大的教会学校①。

新中国成立后，政府对发展少数民族教育给予充分重视，教育的规

① 伍新福等：《苗族史》，四川民族出版社 1992 年版，第 621 页。

模、成效和影响均非封建时代可比。政府尊重少数民族语言文字，决定苗族地区的学校可以选择教学语文或实行双语教学，为苗族学校教育的发展提供了有力的政策保障。在相关措施方面苗族地区按照有关政策，采取许多切实可行的办法发展包括苗族学校教育在内的民族教育。

目前，在苗族人口较多的文山壮族苗族自治州，距离行政村较远的苗族村，均建初级小学，村民委员会一级建有完全小学；乡镇一级有的建初级中学；县一级则建完全中学，设初中和高中各年级。有的地方在乡镇一级也建完全中学。一些地方除普通中小学外，还另外建民族小学、民族中学。但应指出，以上所说苗族地区教育获得较大发展，是相对过去的纵向比较。在横向方面，苗族地区的教育落后于其他一些民族，苗族的学生与干部数量总体偏少，比例相对较低。

四　影响文山州跨境民族和谐发展的因素

（一）社会整体发展水平不高

文山州农业基础条件差，抗御自然灾害风险能力弱，农业生产资料价格上涨过快，农民和城镇低收入群体收入增长缓慢；工业企业整体实力薄弱，能源供应紧张制约着工业经济的快速发展；就业和再就业矛盾突出；财政困难，收入增长缓慢，支出因素增多；外贸进出口形势严峻。在全省诸地州中，文山州是一个经济实力较弱，以种植业、畜牧业和矿冶业为主的边疆少数民族自治州。

以文山州麻栗坡县为例。全县总面积2334平方千米。边境线长277千米。全县辖麻栗镇、大平镇、董干镇、南温河乡、猛硐瑶族乡、下金厂乡、六河乡、八布乡、杨万乡、铁厂乡、马街乡、新寨乡9乡3镇，96个村民委员会、1920个自然村、1951个合作社。世居汉、壮、苗、瑶、彝、傣、仡佬、蒙古等民族。2003年全县总人口270677人，其中少数民族人口108663人。农业人口248959人，占总人口的92.0%。2003年全县生产总值完成80205万元，按可比价格计算比上年增长11.2%。其中第一产业增加值28992万元，比上年增长3.1%；第二产业增加值21034万元，比上年增长23.3%；第三产业增加值30179万元，比上年增长12.4%。全县人均生产总值达2973元。全县贫困人口比例大，2003年，25万农民，有12万贫困人口（标准是924元/年以下为相对贫困人口，665元/年为绝对贫困人口）。基础设施落后，交通、水利、通信落后，少部分地区还未通电。文化素质偏低，返贫率高。子女上学、自然灾害、疾病等，都可能造成贫困。2005 年全县农村收入 5.04 亿元，农民人均收入 1320 元，较 2000 年增长 15.7%。按照 665 元人均纯收入计算，全县绝对贫困人口还有 4.6 万人①。

农业推广新技术、新品种的引进缺乏经费。人才结构与分布不合理，全县有科技人才 3914 人，仅占全县人口数量的 1.43%。高级人才集中在教育部门，工业、企业的科技含量低，科技经费投入少。规定科技经费应占总经费的 0.5%，但本县仅占 0.1%。一年投入的科技经费仅 10 余万元。

2003 年全县实现了普及九年义务教育。人均受教育 5.6 年。15% 的农村学生交不起生活费，住宿费已经免除，主要负担是餐费。每月 22 元，但仍拿不出来。学生就业的导向，有“一刀切”的倾向。供一人上大学，必须付出 8000 元至 4 万元，过去考取一个中专生，脱贫一家，现在是考取一个大学生，贫困一家。学校危房改造难度人，全县已经改造 6 万平方米，有 4 万平方米危房亟待改造。教育系统有 1500 万元的历史欠债。越南靠近中国的地区，教育实行优惠政策，包括小学生减免文具费，每年发两套校服，老师的工资比内地高 20%，发放煤油灯，医药均免费。

近年文山与越南的贸易发展很快，对两边的跨境民族有很大的影响。麻栗坡县因为其口岸和通道较多，对越南贸易发展较快，主要是过境贸易，边民参加贸易的，3000 元以内的商品可免税。不少边民参加贸易，并把商品化整为零，以减少上税。但境内外作为贸易基础的道路建设却相差很大，越南的二级公路一直修到口岸。中国一方的路况较差，文山至麻栗坡县是三级路，麻栗坡县至口岸 40 公里是四级路，严重制约了麻栗坡县对越南的境外贸易，影响了当地经济的发展。

（二）宗教多元并存与境外渗透

文山州跨境民族宗教呈多元化形式存在。历史上和当前有多种宗教，主要是佛教、伊斯兰教、道教与天主教，信徒有 3 万多人。有 46 个批准的宗教场所，其中伊斯兰教 39 处，天主教两处，佛教 6 处。当地政府较

① 《文山州年鉴》，德宏民族出版社 2004 年版。

重视宗教事务的管理，有关部门经常到基层调研，帮助解决实际问题。各相关部门的配合也较好。如积极宣传宗教政策和法规，清真寺和宗教协会都组织教徒学习，在基层上办宗教知识学习班，让教徒知法懂法。近十余年来，州政府未接待过因为宗教问题而上访的群众。一些宗教组织，也做了社会公益事业，平远街回族地区贩毒问题，自从政府处理以后，目前无遗留的问题。

麻栗坡县有 8 个乡镇、24 个村委会，与越南相连。中国境内广电覆盖率为 31%，电视覆盖率 26%，而越南方面的在电视宣传的经费投入很大，麻栗坡县能收到对方的广播电视节目。越南边民若买电视，越南政府在价格上优惠 50%，并免费发给收音机。越南河江省的广电覆盖率，分别达 97% 和 87%，远远超过了中国，这样给境外宗教向境内渗透创造了有利的条件。

境外宗教向我方渗透是一个较普遍的问题，文山很多跨境民族经常到境外参加宗教集会和宗教活动，还有一些地方请外国宗教领袖来访问或做佛事。一些境外的宗教势力，向我方边民赠送收音机、电视机。边境地区我方边民，可收到境外王主教的布教宣传。问题较大的还有境外邪教在中国境内的活动。越南传来的门徒会、王主两个组织，在中国境内有所抬头，文山州苗族的信徒较多，政府发现以后严格管理，发现一批打击一批。过去较活跃的苗族中的王宝集团，目前不活跃。王宝集团宣传建立苗族国，在国内外一度产生很坏的影响。

（三）跨境婚姻与文化调适

云南境内外苗族之间联系较多、较值得注意的现象，是越南境内的妇女不少人嫁到文山州境内，出现了文化适应方面的新问题。据在文山州进行的调查，已知道由越南嫁过来的妇女有数百人，由于边民无领结婚证的习惯，娶了越南妇女、形成事实婚姻的则远不止此数。据有关调查者估计，云南、广西两省区边疆地区，娶了越南妇女、形成事实婚姻的可能有数万人之多。

跨境民族婚姻有以下一些特点：一是自由恋爱的，多是年轻人，而且多居住在紧邻边界的村寨；二是主动或被动介绍的，多是年纪较大者或有身体残疾，而且多不是紧邻边界（一般距离边界线直线距离 20 公里以外）；三是有跨国民族婚姻的村寨比较对应，往往是对方嫁过来的姑娘，把同一村寨的姑娘介绍出来或连带认识的结果等①。

跨境婚姻认同危机。自从20世纪80年代末中越关系恢复正常化以来，文山边境村民与越南村民之间的跨国民族婚姻越来越多。这类跨国民族婚姻难以有正常的婚姻登记，婚姻中的越南妇女难以取得中国国籍和当地户籍，从而产生国家认同、群体认同、自我身份认同等三重性的危机。这些危机导致其家庭功能也无法正常发挥。跨国民族婚姻家庭存在经济基础薄弱、情感基础脆弱、法律无法约束的缺陷。作为初级群体，它造成家庭成员的心理负担，不利于子女成长。家庭对其成员的心理慰藉功能、经济依赖功能、成员的教化功能衰弱，从而给社会带来较严重的隐形危害。

跨境婚姻群体生活方式单一。嫁入的越南妇女其社会交往的结构比较单一，她们的活动范围仅限于本村本地，平时交往最多的也是临近的同是越南来的媳妇，少数人在中国内地有朋友。在人口流动频繁的德天村，这种现象是不规则的，她们社会交往是疏离的。由于本地多从事旅游经济，妇女生活时间的分配基本是朝七晚六，大部分时间待在景区，几乎没有休闲活动的选择。这些家庭妇女在本村由于语言相通，又大多与其他居民有血缘关系，因此在本村少受歧视，一旦去外地她们的社会身份就会遭到质疑，她们的优势就难以发挥，因为没有护照和合法身份，她们实在寸步难行。嫁过来的越南妇女，在乡镇选举、民事知情、社会保障中，失去起码的资格，在政治上无法享有最基本的被尊重的权利，因此她们对公共事务也不关心。

跨境婚姻家庭子女社会化的困境。家庭因为具有双重文化根基，其家庭子女往往从母亲那里学到不同于中国的文化。但是，跨国婚姻家庭对于子女教育社会化的困境突出，表现为父母婚姻的合法性冲突。跨国婚姻中孩子母亲社会身份不明确，导致其自身甚至整个家庭社会地位较低的现实，这多少在孩子心目中留下了阴影。这种冲突给子女教育带来的后果是，孩子们普遍对非法与合法的概念模糊，面对非法入境、非婚生子、走私等行为，出现思想和行为上的混乱。

跨境婚姻子女身份的困境。跨国婚姻也存在文化适应方面的问题。在中越边境跨国民族婚姻子女当中，其中在中国出生的小孩具有中国国籍，而从邻国带入中国的小孩则无中国国籍；造成其子女国家认同感的残缺。

① 参见周建新《中越中老跨国民族及其族群关系研究》，民族出版社2002年版，第200页。

没有中国国籍的那部分小孩，在中国的土地上成长，因为没有中国国籍而产生国民身份认同方面的严重冲突；具有中国国籍的那部分小孩，他们普遍认同自己是中国人，并以自己是中国人而自豪，但是在其内心深处，他们为其母亲不能成为完整的中国人、其家庭不能成为完整的中国家庭而感到遗憾。

跨国婚姻还存在不少隐患，如婚姻关系不稳定。由于跨国婚姻存在经济基础薄弱，缺乏法律约束，情感基础脆弱的缺点，导致婚姻关系不稳定。跨国婚姻也不利于边境社会管理。由于嫁入中国的越南妇女没有中国国籍和户籍，流动性很大，在治安管理、婚姻管理、计划生育管理等方面都有相当的难度。这也是婚姻关系不稳定的一个重要的原因。上述情况所产生的文化冲突方面的问题，都值得注意。

第四章　红河州跨境民族文化（上）

——以金平傣族为例

一　红河州主要跨境民族概况

红河州哈尼族彝族自治州位于云南省南部，东经 101°47′—104°16′，北纬 22°26′—24°45′之间，土地面积 32153.32 平方公里，南部与越南毗邻[①]。全州辖个旧市、开远市、屏边苗族自治县、金平苗族瑶族傣族自治县、河口瑶族自治县、元阳县、红河县、绿春县、石屏县、建水县、蒙自县、弥勒县、泸西县共 13 个市县；142 个乡（镇），1176 个村民委员会，共有哈尼、彝、苗、傣、壮、瑶、回、布依、拉祜 9 个世居少数民族；2005 年末，全州总人口 406.35 万人，少数民族人口 229.92 万人，占全州总人口的 56.58%；全年生产总值 308.53 亿元，比上年增长 9%[②]。

哈尼族　哈尼族源于古代氐羌族。唐代，“昆明”部族中出现了“和蛮”及“和泥”的分支，这是历史上最早的哈尼族称。因频繁的战乱，哈尼先民被迫离开滇中腹地，南迁进居红河南岸哀牢山。据粗略统计，全州不同的自称和他称有“哈尼”、“糯比”、“糯美”、“奕车”、“腊米”、“白宏”、“阿梭”、“布都”、“期的”、“各和”、“碧约”、“卡多”、“哈欧”、“西摩洛”10 余种。自称多源于祖先名，有的则源于居地名、服饰或图腾等，解放后统称“哈尼族”。哈尼族主要分布于红河南岸哀牢山区下段东麓的元阳县、红河县、绿春县、金平县、建水县、石屏县。2005 年，红河

---

① 云南省红河哈尼族彝族自治州州志编纂委员会：《红河哈尼彝族自治州志》卷一，生活·读书·新知三联书店 1997 年版，第 116—117 页。

② 云南年鉴编辑委员会：《云南省年鉴 2006》，云南年鉴社 2006 年版，第 416 页。

州哈尼族69.51万人，占17.11%①。哈尼语属汉藏语系藏缅语族彝语支，又分为哈雅、碧卡、豪白3个方言区。哈雅方言内部又分哈尼、雅尼两个次方言。碧卡方言内部又分碧约、卡多、哦奴3个土语。豪白方言内部又分豪尼和白宏两个土语。哈尼族原来没有表达自己语言的文字。解放后，党和人民政府帮助哈尼族制造了拉丁字母的《哈尼文字方案》。哈尼族的传统节日主要有十月年和六月节，有些地区还有“黄饭节”、“仰安纳”、新米节3个小节日。哈尼族普遍信仰万物有灵的原始宗教。自然崇拜、祖先崇拜和灵魂观念构成了信仰的主要内容。

彝族 彝族的先民——昆明人，西汉时期已居住在今滇池和洱海之间。魏晋之际，朱提郡（今昭通）和建宁郡（今曲靖）已存在。隋唐称之为“东爨乌蛮”。红河州北部在“东爨乌蛮”境，南部在唐初建置的“蜀爨蛮”十七州内。经过长期与周围部族的交往融合，形成了当今红河地区的彝族。由于居住分散，受地区方言的影响，彝族有许多自称和他称，自称有：尼苏泼（他称“罗罗”、“三道红”、“花腰”、“母基”等），尼泼（他称“撒尼”、“阿哲”），葛泼（他称“白彝”），阿细泼（他称“阿细”），朴瓦泼或普勒泼（他称“朴喇”），阿鲁泼（他称“阿鲁”），勒苏泼（他称“山苏”），罗泼（他称“阿务”、“老乌”），香堂泼，等等。中华人民共和国建立后，按照广大彝族人民的共同意愿，以鼎彝的“彝”作为统一的民族名称。红河州的彝族主要分布于石屏、弥勒、建水、开远、蒙自、元阳、个旧等县。2005年，红河州彝族97.62万人，占全州总人口的24.02%②。彝族语言属汉藏语系藏缅语族彝语支。红河州境内有两个方言区：一个是以弥勒为中心的中南部方言，另一个是以石屏为代表的南部方言。彝族有自己的文字。明清称之为“爨文”、“韪书”，近人称之为“倮文”、“夷书”或“毕魔文”。彝文是一种古老的超方言的表意文字，一个字形代表一个意。彝族的主要节日有农历六月二十四日的“买遮菲托”（火把节）和冬月二十四日的“咱合枯莫”（冬月节）。彝族从明清以后融合了佛、道、儒等的教义和崇拜对象，信仰玉皇、观音、孔夫子等。帝国主义势力侵入云南后，部分彝族也有信仰天主教和基督教的。

苗族 苗族进入红河地区的时间很难详考，据口碑资料，大部分是清

---

① 红河州地方志办公室：《红河州年鉴2006》，云南大学出版社2006年版，第382页。

② 同上。

代中叶因避战乱、灾荒和寻找可开垦的处女地先后迁入的。苗族进入红河州的主要路线是由贵州到云南的罗平，再到丘北，转文山，到蒙自。然后一支进入金平山区，一支进入屏边、河口地区。红河州苗族的他称有“青苗”、“白苗”、“黑苗”、“花苗”、“青水苗”、“绿苗”、“汉苗”等。自称“蒙”。由于方言土语的差异，黑苗自称“蒙博”、“蒙把”、“蒙多”；花苗自称“蒙碑”、“蒙能”、“蒙培”；青苗自称“蒙施”、“蒙是”；绿苗自称“蒙抓”；汉苗自称“蒙刷”、“蒙刹”；白苗自称“蒙楼”、“蒙勒”、“蒙豆”；青水苗自称“蒙能”等。中华人民共和国建立以后，统称为苗族。全州除石屏、红河、绿春 3 县外，都有苗族聚居或杂居，金平、屏边、蒙自最多。2005 年，红河州苗族 25.71 万人，占全州总人口的 6.33%①。苗族语言属汉藏语系苗瑶语族苗语支。在全国的苗族四大方言中，红河州属西部方言。苗族历史上没有文字，外国传教士曾创造了一种很不完备的拼音文字。1956 年 10 月全国苗族语言文字问题科学讨论会通过苗族各方言文字（草案），新苗文借用拉丁字母。苗族节日除了与当地民族一致外，特殊的是每年正月初二至初六举行的“采花山”，又称“花山节”。多数苗族信奉原始宗教，崇拜自然、鬼神和祖先，相信万物有灵，认为天地间都由看不见的“鬼”、“神”主宰着。部分苗族信仰天主教。

壮族　壮族汉晋时为“僚”、“濮”中的一部分。全国统称为“壮族”之前，红河州壮族有“布侬”（侬人），“布雅侬”（沙人），“土僚”、“土人”等称呼。“侬人”多分布在开远、蒙自、屏边、河口等地。“沙人”有“白沙人”、“黑沙人”之分，多分布在金平、河口、泸西等县。“土僚”分别称为“花土僚”、“白土僚”、“黑土僚”。多分布在个旧、蒙自、开远、元阳等市县。州内壮族主要分布在个旧市、开远市、蒙自县、元阳县、屏边县、弥勒县、金平县、河口县、泸西县；建水、石屏、绿春、红河等县有少量居住。2005 年，红河州壮族 9.83 万人，占全州总人口的 2.42%②。壮语属汉藏语系壮侗语族壮傣语支，全国壮语分为北部和南部两个方言。红河州的“布侬”语（侬人话）属南部方言，“布雅侬”语（沙人话）属北部方言，“布傣”语（土佬话）同南部方言比较接近。壮族没有本民族的文字。1956 年国家为壮族人民创造了一种拼音文字的壮

① 红河州地方志办公室：《红河州年鉴 2006》，云南大学出版社 2006 年版，第 382 页。
② 同上。

文，但红河州至今未推广使用。春节被壮族视为一年之中的大节。壮族崇拜多神和祖先。崇拜的神灵主要是“土地公”。

傣族　傣族源于古代的“百越”。秦汉时期傣族先民就已经生息在红河地区。唐代称为“金齿”、“银齿”、“黑齿”、“白衣”等。宋代红河地区称“白衣道”，是东方三十七部的一个部分。元代称“金齿”、“白衣”或“百夷”，明代沿称“百夷”，清代后称“摆夷”，中华人民共和国成立后统称为傣族，按居住地和服饰分别称为水傣（白傣）、旱傣（包括花腰傣）等。傣族自称“傣”，不同地方自称为“傣端”、“傣尤”、“傣尤倮”、“傣倮”、“傣泐”、“傣雅”、“傣郎”、“傣亮”等。“傣端”（即白傣或水傣），主要聚居在金平县者米河、藤条江沿岸，与越南莱州的傣族有着密切的联系。其他自称的都属于旱傣，分布于红河沿岸，部分分布于弥勒、泸西、个旧、石屏、建水的平坝区或半山区。2005 年，红河州傣族 10.26 万人，占全州总人口的 2.52%①。傣族语言属汉藏语系壮侗语族壮傣语支。傣族有文字，金平傣文是我国 4 种傣文中的一种，亦称“傣端文”。金平县勐拉普洱上、中、下 3 寨有从西双版纳传入的老傣泐文。傣族节日与当地汉族或其他民族基本相同，有春节、男人节、端午节、中秋节、老人节、傣历年—泼水节。红河州傣族绝大部分崇拜鬼神和祖先，认为人世间的一切物品都有灵魂，普遍崇拜龙树、龙神、水神、天神、地神、寨神等，对诸神都要定期祭祀，祈求保佑吉泰平安。

瑶族　瑶族属于先秦和汉唐时期洞庭湖周围的“长沙蛮”、“武陵蛮”中的一部分。瑶的称呼最早见于《隋书·地理志》：“长沙郡又杂有夷蜒，名曰‘莫徭’，自云其先祖有功，长免徭役，故以为名。”因服饰、居住地区域各异，自称有“秀”、“门”、“孟”、“睦”、“勉”、“棉”、“秀门”、“吉门”等。他称亦有“蓝靛瑶”、“红头瑶”、“白线瑶”、“黑瑶”、“沙瑶”等。瑶族进入红河州的确切时间史籍无明确记载，但据《蛮书》、《元史》的记载，在今文山州、红河州一带，唐代时已有“苗众”（包括瑶族在内）居住。据现存的瑶族《漂洋过海歌》、《盘古置天地奏反歌》以及《信歌》、《祖先单》看，还有部分瑶族是明清之际才从湖广辗转迁入的。大体可以断定，至少在清朝乾隆、嘉庆年间，就有大批瑶族进入州境。州内瑶族由“秀门”和“吉门”（又称育勉）组成。“秀门”包括他

---

① 红河州地方志办公室：《红河州年鉴 2006》，云南大学出版社 2006 年版，第 382 页。

称为“蓝靛瑶”、“平顶瑶”、“白线瑶”、“沙瑶”、“黑瑶”等在内。“吉门”专指他称为“红头瑶”的。2005年，红河州瑶族7.98万人，占全州总人口的1.96%①。瑶族语言属汉藏语系苗瑶语族瑶语支，红河州内瑶族语言基本属于“勉”语。瑶族原无文字，不知何时起，以瑶音瑶意借用汉字。中共十一届三中全会后，广西民族学院、中国社会科学院共同创制了一套新瑶文方案，结合旅美的美籍瑶族华人约瑟—侯博士的研究成果，制定了适合于各支瑶族的拉丁字母瑶文。瑶族节日除和汉族节日相同的外，具有民族特色的是“盘王节”、“定歌节”。瑶族主要崇奉始祖盘瓠、各种自然精灵和祖先，又敬奉道教诸神以及佛教的如来、观音等。

拉祜族　拉祜族是战国时期的羌和氐羌，在汉、晋时为“叟”、“昆明”人中的一部分，南北朝至唐朝中期称“赛”，唐末称“锅锉蛮”。明、清时期称“倮黑”，一直沿用到解放。“苦聪”是“锅锉”的谐音，其他称呼还有“果葱”、“古宗”等。红河州境内拉祜族过去世称“苦聪”，意为“高山上的人”。进入州境内的确切年代，史籍无记载，经走访调查，大约是在公元1786年，由墨江县进入今绿春县境内，并继而深入今金平县。“拉祜”的原意是用一种特殊方法烤吃虎肉。拉祜语称“虎”为“拉”，用火烤食虎肉为“祜”，拉祜即用火烤食虎肉的意思。因此，拉祜族被称为“虎的民族”或“猎虎的民族”。拉祜族分布在金平苗族瑶族傣族自治县及绿春县南部，地处中越接壤的边境箐林地带。2005年，红河州拉祜族0.95万人，占州人口的0.23%②。拉祜族的语言属汉藏语系藏缅语族彝语支。拉祜族从来没有文字。1957年国家为拉祜族创造了一种拉丁字母的拼音文字，但红河州至今未曾试行。过年拉祜语叫“扣扎”或“扣木扎”，是一年中最大的节日。新谷成熟时过“吃新米节”，欢庆丰收。拉祜族认为自然界有一种可敬可畏的神秘力量——精灵主宰着，他们把这种精灵称为“内”，存在于天地、日月、星辰、山水和人体之内，天气好坏、谷物收成高低、人畜康宁与否都与“内”有关。

布依族　布依族系由古代百越族群中的骆越一支发展而来。据贵州《黔西州志》和《独山县志》的记载和现今七八十岁老人吟唱的古歌，都说布依族是贵州红水河和南、北盘江流域“土著之民”。布依族旧称“仲

① 红河州地方志办公室：《红河州年鉴2006》，云南大学出版社2006年版，第382页。
② 同上。

家”或“仲苗”，红河州河口县桥头地区则自称“东苗”或“都匀人”。布依族进入州境的时间，大部分是在清朝嘉庆三年（1798）的贵州王阿崇（囊仙，女）和韦朝元领导的布依族农民起义失败后入滇的，部分则是嘉庆十二年（1807）以后探亲访友而来陆续定居的。1985 年布依族总人口 1756 人，河口县 1400 人，是全州 9 种世居民族人口中最少的民族①。布依语属汉藏语系壮侗语族壮傣语支。布依族历史上没有文字。布依族除与汉族过相同的节日外，还有一些特殊节日：二月二、三月三、六月六。布依族除既有的祖先崇拜和自然崇拜以外，道教、佛教的许多神祇和菩萨亦受到敬奉。

金平傣族　金平傣族是红河州主要的跨境民族之一，以其十分独特的社会文化而闻名于世。神奇的金平傣文，古朴的民间信仰，特殊的家庭结构与社会生活，使得拥有四个不同族群的金平傣族在中华民族百花园中显得异彩夺目，成为祖国西南边陲的一朵奇葩！

金平苗族瑶族傣族自治县位于云南省红河哈尼族彝族自治州南端，东经 102°31′—103°38′，北纬 22°26′—23°04′之间。东隔红河与河口瑶族自治县和屏边苗族自治县相望，西接绿春县，北邻个旧市和元阳县，南部则与越南的莱州、黄连山省的坝洒、封土、清河、勐德四县接壤；国境线长 502 千米，居全省第二位，全县总面积 3685.69 平方千米。全县共辖 14 个乡镇，世居有苗、瑶、傣、哈尼、彝、汉、壮、拉祜 8 个民族和尚未确定族属的莽人。据 2000 年第五次人口普查资料统计，全县总人口有 316171 人，少数民族总人口占 86%。傣族主要聚居于勐拉坝和者米河谷一带，而又以勐拉坝最为集中。33 个傣族自然村共有人口 16782 人，占总人口数的 5.3%。傣族人口最多的是勐拉乡，有 7677 人；其次是者米拉祜族乡，有 3964 人；再次是金水河镇，有 2541 人；其余散居在其他乡镇②。

金平县境内的傣族，由于其社会文化的差异与历史渊源的不同等原因，又可分为四个不同的族群（ethnic group）：即自称“傣端”（tǎi^{43} dɔn^{55}）的白傣、自称“傣罗迷”（tai^{43} lɔ^{31} mɛ^{33}）的黑傣、自称“傣泐”（tǎi^{51} lɯ^{33}）的普洱傣以及自称“布芒”（bu^{24} maŋ^{24}）的曼仗傣。白傣大多

① 云南省红河哈尼族彝族自治州志编纂委员会：《红河哈尼彝族自治州志》卷一，生活·读书·新知三联书店 1997 年版，第 362 页。

② 参阅金平苗族瑶族傣族自治县第五次人口普查领导小组办公室编《金平苗族瑶族傣族自治县 2000 年人口普查资料》。

居住在勐拉、者米、老勐一带坝区，是金平傣族中人口最多的一个支系；黑傣主要居住在红河沿岸；普洱傣居住在勐拉乡的普洱上、中、下三个寨子里；曼仗傣是人口最少的一个族群，主要居住在曼仗上、下两个村子里。在这四个族群的傣族中，白傣和黑傣很早以前便居住于金平县境内，其先民据说是从广西等地迁徙而来的，而普洱傣和曼仗傣则是较晚时期才迁入的。据有关史籍文献资料记载，普洱傣是200年前为避战乱求生而逃出西双版纳东迁至此地定居的。至于“普耳”的称谓，据说最先是白傣的刀土司家叫起来的。因为清代西双版纳召片领（车里宣慰使）受普洱府节制，于是刀土司便将来自普洱府节制的傣泐人定名为“普洱人”，后不知何故均把“普洱”写为“普耳”。曼仗傣是白傣对布芒人的称呼，“曼”（ban^{25}）是村寨，“仗”（$tsaŋ^{31}$）是大象，“曼仗”（$ban^{25}tsaŋ^{31}$）意为大象村。据说布曼人一百多年前在越南勐莱地区曾为傣族土司的臣属，为土司割草养象，伐木制船等劳役。土司对他们十分苛刻，大象要割嫩草来喂，木船要砍伐每株能制两只船的巨木来做。布曼人实在无法忍受这种残酷的压迫和剥削，便逃到中国来了。当时迁来的有170户，分成两个村寨，后因患疾病等原因使得人口锐减①。

金平傣族的生态保护意识较强，有一整套约定俗成并行之有效的保护方法：森林里的大树及村寨周围的龙树被认为是水土和村寨的保护神，人们不能去随意砍伐，也不能在其附近乱扔脏物或大小便，否则会因对神灵的不敬而遭遇不测。现今看到的许多村寨保存完好的树林便是很好的例证。金平傣族多居于坝区，其居住地区山川秀丽，景色迷人，青翠葱郁的竹林、橡胶林、香蕉林及高大挺拔的槟榔树、椰子树、芒果树等构成了傣乡美丽的风景画。金平傣族是一个酷爱水的民族，常年濒水而居，其居住地区河流纵横交错，水利资源丰富，已建成了勐拉、茨通坝、老勐电站以及南班河等电站，正在修建那兰电站等大型电站。这些地区海拔多在800米以下，气候炎热，土地肥沃，尤其适宜种植水稻和各种经济作物，宜于热带作物的生长。勐拉坝、茨通坝等傣族主要集聚区素有“江外河底，平柴白米。水甜土肥，村寨如画。”的美称，稻谷可以一年两熟。

近年来，随着改革开放事业的不断深入，金平傣族地区发生了巨大的变化，人们的思想观念不断更新，生活水平有了相当大的提高。为满足市

① 参见金平县档案馆资料《曼仗人社会历史调查》（1960年）。

场的需求，原先占主导地位的水稻生产逐渐被其他经济作物种植所替代。当地群众因地制宜，先由传统单一的水稻种植逐渐向多元化的农业生产发展，大片的农田成了辣椒、豆角等蔬菜作物的生产基地；然后再由大唐公司等企业采取“公司+农户”的模式经营，又将大片菜地直接变成了香蕉园。香蕉是典型的热带果品之一，春夏秋冬均有熟果上市，故被称为“四季佳品”，成为当地傣族群众致富的主要经济收入之一。由于自然条件优越，加之有良种资源的保障，金平傣族地区生产的香蕉因具有个大、色美、皮薄、肉软、质甜、味香等品质而备受青睐，连年销往省内外各地，并跻身到一些大超市里参与竞争。

二　闻名遐迩的语言与文字

语言是一个民族所特有的文化载体。根据语言学谱系分类法，傣语属于汉藏语系壮侗语族壮傣语支。根据各地的语音、词汇的异同情况，傣语可分为西双版纳方言、德宏方言、红金方言和金平方言4种，有傣泐文、傣那文、傣绷文、傣端文以及新平傣文5种文字。

金平县境内的4个傣族族群均有自己的语言，其中白傣和普洱傣还有各自的文字。普洱傣使用的文字是与西双版纳傣族相同的“傣泐文”。因其独树一帜而为学界所称道的“金平傣语”和“金平傣文”，则是指金平白傣等族群普遍使用、在越南北部一些族群中亦较为流行的语言文字。兹简介如下：

（一）语言

金平傣语是一种较为独特的语言，由于使用该语言的白傣不信仰小乘佛教，因此这种语言很少有关于佛教方面的语词，这是金平傣语与德宏傣语、西双版纳傣语等的重要区别。从金平傣语本身来看，其语音方面，有声调，元音有长短、单双之分，韵尾有鼻音韵尾和塞音韵尾两种，塞音韵尾有不完全脱落的现象；词汇方面，主要以单音节词和双音节合成词为主，除了固有词以外，来自汉语的借词较多，少数借词来自越南傣语；语法方面，基本语序为SVO，偏正结构一般是中心语置于修饰语之前，但也有中心语后置的现象，词序和虚词是其主要的语法手段，属于分析型语言。下面就金平傣语的语音、词汇、语法三方面作简要的介绍。

1. 语音

金平傣语的语音可分为声母、韵母和声调三方面。声母有 22 个，分为高辅音和低辅音两组。高辅音又称为轻辅音，低辅音又称为重辅音。韵母由元音和元音带辅音韵尾构成。其中元音又分为单元音和复合元音两种，单元音有 9 个，复合元音有 14 个；单元音带辅音韵尾时，除个别元音分长短外，一般都不分长短音。长元音带尾音时，个别尾音有脱落的现象。有 8 个声调，其中有 6 个舒声调和 2 个促声调。

声母　金平傣语的声母有 22 个，按传统的排列顺序分别是：ʔ、k、x、ŋ、ts、s、j、t、th、n、p、ph、m、f、v、l、h、d、b、kh、tsh、ɲ。

韵母　金平傣语的韵母可分为三类：即单元音韵母、双元音韵母和带辅音韵尾的韵母。

单元音韵母　共有 9 个，单用时都不分长短，和其他元音、辅音结合时，只有 a 分长短，其余不分长短。

双元音韵母　有 14 个，分 i 尾、u 尾和 ɯ 尾三类。其中 i 尾有 7 个，u 尾有 6 个，ɯ 尾有 1 个。

带辅音韵尾的韵母　金平傣语的双元音不能带韵尾，只有单元音可以带，带韵尾时除 a 分长短外，其余均不分长短。

声调　金平傣语有 6 个舒声调和 2 个促声调。声调系统可归纳为如下 6 个调位：

	舒声调						促声调	
调类：	一	二	三	四	五	六	七	八
调值：	33	55	25	43	52	31	55	43
调位：	/33/	/55/	/25/	/43/	/52/	/31/		

第二调和第七调的调值相同；第四调和第八调的调值相同。

2. 词汇

金平傣语的词汇与同语族语言相比，有许多共同特点，如基本词汇中大部分是单音节，并且有一部分同源；词汇中有一些共同与汉语同源的词和借入时代较早的借词。但也有其自身的特点，较为明显的有如下几点：人称代词中有表示不同身份、不同阶层的称呼，有尊称、谦称、卑称、鄙称等之分；有独特的历法术语；同义词或近义词的动词较多；随着社会和科学的不断发展，词汇中增加了不少双音节和多音节词。其词汇系统，从词的构造上可分为单纯词和合成词两大类。

单纯词　在词的内部结构关系中，分不出结构项，没有联结关系的词称为单纯词。金平傣语的单纯词有单音节的，也有多音节的。其中单音节词所占比例较大，如：fa^{31}（天）、lin^{33}（地）、lum^{43}（风）、fɯn^{33}（雨）、năm^{31}（水）、făi^{43}（火）、hən^{43}（房子）、kho^{33}（桥）、tsin^{33}（吃）、nɔn^{43}（睡）、păi^{33}（去）、ma^{43}（来）、di^{33}（好）、hai^{31}（坏）、suŋ^{33}（高）、tăm^{55}（矮）、ku^{33}（我）、mɯŋ^{43}（你）、măn^{43}（他）、phu^{52}（我们）、hău^{43}（咱们）。

多音节词中以双音节词居多，如：tăk^{55}tɛn^{33}（蚱蜢）、hiŋ^{55}hɔi^{25}（萤火虫）、sɔp^{43}sɛp^{43}（耳语）、fa^{33}fɛ^{33}（连蒂）、fɔŋ^{52}fɔt^{43}（泡沫）、ʔi^{55}ʔɔ^{33}（二胡）。

合成词　由两个结构项组合而成，项与项之间有着各种各样意义联结关系的词称为合成词。金平傣语的合成词有复合式和附加式两类。

复合式　至少要由两个不相同的词根结合而成。根据结合的关系可分为以下几种：

联合型　由两个意义相同、相近或者相反的词根并列组合而成。例如：

jau^{25}hən^{43}家庭　pi^{43}nɔŋ^{31}亲戚　nok^{43}nu^{33}鸟

家　房子　　长　幼　　鸟　鼠

偏正型　一个词根限制、修饰另一个词根。例如：

xău^{33}xvai^{43}牛角　phăk^{55}hɔ^{55}卷心菜　ŋău^{43}kun^{43}人影

角　牛　　菜　卷　　影　人

补充型　以前一词根的意义为主，后一词根补充说明前一词根。例如：

phat^{43}lum^{31}摔倒　ʔiu^{55}xɯn^{25}提拔　tsɯ^{55}dăi^{25}记得

摔　倒　　提　上　　记　得

述宾型　前一词根表示动作、行为，后一词根表示动作行为所支配、涉及的事物。例如：

tsep^{55}tsăɯ^{33}伤心　ʔɔn^{33}ho^{33}带头　khɔ^{25}　tsăɯ^{33}感谢

痛　心　　领　头　　苦　心

主谓式　前一词根表示被陈述的事物，后一词根是陈述前一词根的。例如：

fa^{31}lăŋ^{33}打雷　tsăɯ^{33}săn^{25}急躁　lin^{33}năɯ^{33}地震

天 响　　心　急　　地 动

附加式 由一个表示具体意义的词根和一个表示附加意义的词冠构成。傣语的词冠有 xvam^{43}（话）、taŋ^{43}（路）、loŋ^{43}（方向）、tsaŋ^{52}（会）、tsəŋ^{52}（东西）等。这些词作词冠时，其意义就虚化了。例如：

xvam^{43}：xvam^{43}paʔ^{55}语言　　taŋ^{43}：taŋ^{43}juŋ^{55}用途
　　　　　话　　说　　　　　　　路　　用

loŋ^{43}：loŋ^{43}hi^{43}长度　　tsaŋ^{52}：tsaŋ^{52}lek^{55}铁匠
　　　　方向长　　　　　　　会　　铁

tsəŋ^{52}：tsəŋ^{52} tsin^{33}食物
　　　　东西　吃

3. 语法

主要语序是 SVO，词序和虚词是重要的语法表达手段。在偏正结构中，中心语一般位于修饰语之前，也有中心语后置的现象，有丰富的量词。分为词类、句类、句式三方面讨论。

词类 金平傣语的词可分为实词和虚词两大类。实词有名词、动词、形容词、数词、量词、副词、代词 7 类，虚词有介词、连词、助词、语气词 4 类。

名词 名词在句子中能作主语或宾语，可以受数量词的修饰，中心语有前有后。例如：

sə^{25}　phɯn^{33}nɯŋ^{52}一件衣服　　　lǎu^{25}sɔŋ^{33}tsai^{33}　两瓶酒
衣服　件　　一　　　　　　　　　　酒　两　瓶

不论采用哪一种语序，当数词是“一”时，其位置均在量词之后；数词是“二”以上时，其位置在量词之前。我们认为，金平傣语中心语后置的语序不是该语言的原始语序，可能是受汉语语序的影响后起的。

动词 动词在句子中能作谓语或谓语中心，可以受副词的修饰。多数可以带“jǎŋ^{33}（着）、lɔ^{43}（了）、ko^{55}（过）”等，表示动态。例如：

jǎŋ^{33}tsin^{33}　正在吃　　ʔɛp^{55}lɔ^{43}　读了　　jɔm^{43}ko^{55}　看过
着　吃　　　　　　　读　了　　　　　看　过

形容词 形容词大多可以受程度副词的修饰，位置有前有后。例如：

sǎɯ^{33}tɛ^{31}　真干净　　nǎk^{55}lai^{33}　太重　　ʔai^{33}hɔn^{31}有点热
干净 真　　　　　　重　太　　　　　有点热

数词 数词不能单独修饰名词，往往要通过和量词结合，构成数量结构才能修饰名词。例如：

sɔŋ^{33}to^{33}kăi^{55}两只鸡　　si^{55}lăm^{43}măi^{31}saŋ^{43}四棵竹子

两　只　鸡　　　　四　棵　竹　子

量词　量词和数词结合时，如果数词是“一”，要置于量词之后，是“二”以上，则置于量词之前。例如：

pet^{55}to^{33}nɯŋ^{52}　一只鸭　　sə^{25}sɔŋ^{33}phɯn^{33}　两件衣服

鸭子　只　一　　　　衣服　两　件

代词　代词可分为人称代词、指示代词、疑问代词三类。如：ku^{33}我、phu^{52}我们、hău^{43}咱们、mɯŋ^{43}你、măn^{43}他、ni^{25}这、năn^{25}那、tăɯ^{52}哪儿、phăɯ^{52}谁。

介词　介词能附着在名词前面并与名词共同构成介词短语，用来修饰动词或形容词。

助词　助词可分为以下几类：

结构助词　主要用来表示附加成分和中心语之间的结构关系，常用的有ʔăn^{33}（的）、jaŋ^{55}（地）、dăi^{25}（得）等。

动态助词　用于表示动作或者状态在某一过程中所处的情况，主要有jăŋ^{33}…ju^{55}（着）、lɔ^{52}（了）、ko^{55}（过）等。

比况助词　用来附着在名词性、动词性、形容词性词语后面，表示比喻。有pɛʔ^{55}（似的，一样）、pan^{33}（一般）、sɛu^{33}（比）等。

语气词　语气词可分为陈述、祈使、疑问、感叹四种。

句类　句类是根据句子的语气划分出来的句子类型。金平傣语的句类有陈述句、疑问句、祈使句、感叹句四类：

陈述句　ʔai^{43}ku^{33}pin^{33}tsaŋ^{43}ja^{33}. 我姐姐是医生。

　　　　姐姐　我　是　医生

疑问句　păp^{43}san^{33}ni^{31}ʔău^{33}ləi^{25}phăɯ^{52}ma^{52}？　这本书是跟谁要的？

　　　　本　书　这　要　跟　谁　（语气）

祈使句　hăɯ^{25}măn^{43}hăŋ^{55}het^{43}ʔău^{33}！让他自己做！

　　　　让　他　自己　做　要

感叹句　bɔ^{55}năm^{31}ni^{31}săɯ^{33}di^{33}kɯn^{52}ja^{31}！这井里的水真清啊！

句式　句式是根据句子的局部特征划分出来的句型。金平傣语的句式主要有：处置句、被动句、双宾句、连谓句、兼语句、存现句等。例如：

处置句　ʔău^{33}năm^{31}păi^{33}thɔʔ^{55}se^{33}！把水倒了！

　　　　拿　水　去　倒（助词）

被动句　phɯn^{33}sə^{25}tsɔ^{31}fɯn^{33}jăm^{43}ʔɯn^{33}mɛt^{55}lɔ^{52}. 衣服被雨全浇湿了。

件　衣服　被　雨　浇　湿　全　了

双宾句　măn^{43}ʔău^{33}　maʔ^{55}koi^{25}hɔm^{33}păi^{33}hăɯ^{25}ʔuʔ^{55}. 她给奶奶送去香蕉。

她　拿　果　香　蕉　去　给　奶奶

连谓句　phu^{52}mɯ^{31}lăɯ^{33}kɔ^{31}păi^{33}hăi^{52}het^{43}veʔ^{43}. 我们每天都下地干活。

我们　天　哪　都　去　地　干　活

兼语句　phu^{52}huŋ^{33}khău^{25}tsin^{33}. 我们闷饭吃。

我们　闷　饭　吃

存现句　mi^{43}sɔŋ^{33}xaŋ^{25}thuŋ^{33}pa^{43}hɔi^{25}ju^{55}fa^{33}hən^{52}。

有　两　个　挎包　挂　在　墙　房子

（二）文字

金平傣文又称为“傣端文”，“端”（dɔn^{55}）意为“白”，“傣端”（tăi^{43}dɔn^{55}）意为“白傣”。该文字是一种较为特殊的拼音文字，在汉藏语系中，拼音文字的拼读一般都是先声母后韵母的次序，而金平傣文却是先韵母后声母的次序。从字形上看，它与傣泐文、傣那文、傣绷文、新平傣文都有较大的差异，傣泐文和傣绷文为圆形字母；傣那文为方形字母；新平傣文据说是由法国传教士所创制，这种文字是一种受法文字母影响较深的傣文；至于金平傣文则为长形字母。这五种傣文中，傣泐文和傣那文有新、老之分，新傣文是指新中国成立后经过改进的傣文；老傣文是指改进前的傣文。其他三种傣文均未经过文字改进，所以至今仍为原有的文字。字形上的差异主要源于文字的设计来源，一般认为金平傣文受老挝文字母系统的影响较大。越南傣族历史上受老挝的文化影响较深，金平傣文最初的设计方案、设计人及设计的年代还有待于进一步查证，不过，从字母的形体分析，无论是声母还是韵母都与老挝文的字母有一些共同之处①。

金平傣文的主要典籍大都保留在越南的莱州一带，据说这种文字是从越南传入金平的，但传入的具体时间尚待考证。金平傣文在傣族土司统治时期曾被用作官方文字，无论是公文档案、诉讼契约、路条通知等都用这

① 金平傣文的文字字样可参见何炳坤《金平傣文》，载《云南少数民族文字概要》，云南民族出版社2003年版，第165—182页。

种文字书写；现在民间仍被用于通信、记事、记账和记录民间文学等方面。金平傣文对当地的民族文化传承起着重要的作用。

三 独具特色的社会文化

（一）婚姻形态与家庭结构

金平傣族的家庭结构以核心家庭以及两代或三代人共同居住的扩大家庭最为常见。在婚姻方面普遍实行的是一夫一妻制的婚姻制度，虽然在傣族土司统治时期贵族阶层曾有一夫多妻的现象，但这种现象随着土司制度的瓦解已不复存在。金平傣族的婚姻相对来说较为自由，很少有“父母之命，媒妁之言”的包办现象。男女青年的婚龄一般在18—22岁左右。婚后若双方感情不和，可以离异，离异的双方均可再娶或再嫁。若一方过世，另一方则可续弦或改嫁。金平傣族结婚一般都要举行婚礼。但由于四个族群中存在不同的宗教信仰，因而婚礼形式也有所不同。

信仰南传上座部佛教的普洱傣人，结婚前一般要先举行订婚仪式。仪式很简单，即男方亲属在女方家吃顿便饭，次日男方便可到女方家上门。上门三日后男方需带未婚妻回门看望自己的父母，满三个月后才可择日完婚。婚期由佛爷根据男女双方的生辰八字来确定，婚礼的费用主要由男方承担；婚宴则一般设于女方家，亦由佛爷主持。开宴前新郎新娘要跪在宴席中央的一张篾桌前，篾桌上放有两只煮熟的鸡（公母各一只），鸡头分别罩上用芭蕉叶裹成的圆锥形帽，宾客们所带来的白线也均放在篾桌上。主婚人念完祝词，便取白线搭在新郎新娘的肩上，然后由双方的父亲分别给自己的女婿和儿媳拴线，母亲各赠一套衣服给自己的女婿和儿媳，并带着新郎新娘到洞房去，将其肩上的白线取下搭于帐顶上。仪式结束后新郎新娘要先跪拜主婚人及父母，随后才给客人们倒酒、敬酒。接下来便是双方的宾客进行对歌助兴，整个婚礼的场面颇为隆重，气氛十分热烈。

以民间信仰为主的其余三个傣族族群，其婚礼的形式和规模大同小异。现以白傣为例略述其婚礼的情况：在结婚前的订婚仪式称之为“窝纳”（ʔɔʔ^{55}na^{25}），仪式设在女方家，届时邀请双方的亲友到女方家吃顿晚餐即可。然后，男方便可带上行李及劳动工具搬到女方家去住，成为女方家的成员之一，并接受女方家的考验。经过一段时间之后，双方父母才为之择日完婚。传统的婚礼被称之为“金老创”（tsin^{33}lǎu^{25}tshɔŋ^{25}），意为喝篮子酒，婚宴设于女方家。是日，男方在两位媒人及数位陪同人员的陪同下，挑着装有彩礼的篮子，赶着牲口前往女方家。在去女方家的途中会遇到女方家人在途中故意刁难，如向男方及其随从人员泼水、扔果子、抢彩礼及牲口等，若彩礼和牲口被抢时应去追回。到了女方家将会遇到大门紧闭的情况，紧接着是男女双方的媒人进行一场对歌较量，直到男方赢了后女方家才会把门打开，婚礼也才能进行。开宴时，新郎新娘要给自己的父母及宾客们一一敬酒，酒桌上男女双方的客人要即兴对歌，兴尽方休。订婚和结婚的一切费用均由男方承担。操办婚宴一方面是男方财力的显示，另一方面也是女方价值的体现。举行婚礼之后男方需继续留在女方家从妻居，少则两年，多则三五年不等，有的甚至要长达十几年。女方要等生了孩子并举行过“满月仪式”（$tsin^{33}$ $lǎu^{25}$ tim^{33} $vən^{33}$）之后，方可正式出嫁至夫家。嫁到夫家后的第三天要回到娘家行“回门礼”：夫妇俩大清早便要背着孩子，提上两只鸡（公母各一只）去娘家“回门”。到了娘家后，夫妇俩一起动手做饭，和娘家的成员们一起共进午餐，不请任何外人。当日下午就必须赶回夫家，不能留在娘家过夜。行了“回门”礼之后，女方才算真正成了夫家的人，从此便在夫家居住。

亲属称谓是亲属关系在语言中的表现形式，它可以反映出一定社会发展阶段的婚姻形态。金平傣族的亲属称谓也有自身的特点，即亲属中既有血亲、姻亲之分，又有直系、旁系之别，因而其亲属称谓有如下特点：

其一，亲属之间的“九族”关系。即以“己身”为中心，己身之上一般溯及四代：父母辈、祖父母辈、曾祖父母辈以及高祖父母辈，己身之下也有四代：子女辈、孙辈、曾孙辈以及玄孙辈。这种关系可以反映在直系血亲、旁系血亲及姻亲的亲属称谓之中。

其二，亲属称谓的社会化。亲属称谓中除了在亲属内部之间使用以外，其他非亲属关系的人，根据其年龄的大小也可用相应的亲属称谓称之。如对于与自己父母年龄相当的人，男性若比自己父亲大的可称之为“龙”（$luŋ^{43}$）（叔父或舅父），比自己父亲小的可称之为“熬”（$ʔau^{33}$）（叔叔）或“纳”（na^{31}）（舅舅）；女性若比自己母亲大的可称之为“坝”（pa^{25}）（伯母），比自己母亲小的可称之为“阿”（$ʔa^{33}$）（姑姑）或“纳”（na^{31}）（姨）。

其三，亲属称谓中有通名和专名之别。通名往往既可用于称呼父系亲属家庭成员，也可以用于称呼母系亲属家庭成员，专名则只能用于称呼父系或母系某一方的家庭成员。如“龙”（luŋ^{43}）（叔父或舅父）既可称呼父之兄，也可称呼母之兄；“纳”（na^{31}）（舅或姨）既可称呼母之弟，也可称呼母之妹。而“熬”（ʔau^{33}）（叔叔）则只用于称呼父之弟，“阿”（ʔa^{33}）（姑姑）只用于称呼父之妹。

其四，有对称和引称之分。有的称谓只能用于对称，有的只能用于引称，使用时一般比较严格。如“父亲”一词，对称时用“波”（pɔ^{52}）（父亲），而引称时要用“波普”（pɔ^{52} phu^{52}）（我们的父亲）或“波号”（pɔ^{52}hǎu^{43}）（咱们的父亲）；又如“弟弟”一词，对称时要直呼其名或昵称为“阿腊”（ʔa^{55}la^{25}），引称时则要用“农宰普”（nɔŋ^{31}tsai^{43}phu^{52}）（我们的弟弟）或“农宰号”（nɔŋ^{31}tsai^{43}hǎu^{52}）（咱们的弟弟）等。

其五，常用敬称和谦称。傣语的敬称和谦称使用情况较为复杂，常常要视对方的年龄和身份而变换称谓。如女性称呼自己的“婆婆”时，既可以随丈夫称为“依”（ʔi^{55}）（母亲）亦可随小孩称为“务”（ʔuʔ^{55}）（奶奶），而谦称自己为“怀”（xɔi^{25}）（我，奴婢）。

其六，用“从孩称”的方式来表示尊敬。“从孩称”是已婚者常用的一种称谓。结婚后不论有无孩子，均可用随从小孩称呼的方式来称呼对方以示尊敬。如男性可称自己的小舅子或小姨妹为“纳”（na^{31}）（舅舅或姨）；女性则称自己的小叔子为“熬”（ʔau^{33}）（叔叔）、小姑子为“阿”（ʔa^{33}）（姑姑）。

上述诸点大致可以反映出金平傣族亲属称谓的基本情况。有些亲属称谓是泾渭分明的，一听便知道是父系的亲属还是母系的亲属，如“熬”（ʔau^{33}）（父之弟）、“纳”（na^{31}）（母之弟或妹）。但有些称谓则由于可通用于指称两系的亲属成员，若不加以解释便会使听者疑惑不解，分不出称呼者与被称呼者之间的关系。亲属称谓的社会化程度的提高，称谓词的使用范围扩大，亦会导致类似情况的出现，使得局外人感到全村人都是亲戚，很难分辨究竟是否为真正的亲戚。

金平傣族子嗣传宗的观念较为浓厚。傣族人一般都有两个名字，一个是傣名，另一个则是汉名；傣名为乳名，汉名为学名。一般在每对夫妇结婚生子之后都不再称呼其乳名，而要用该夫妇第一个孩子的乳名来改称其为“某某之父”或“某某之母”。若家中无儿无女，一般要抱养一男孩来为之养老送终，被抱养者往往是直系亲属的孩子。抱养时无须举行任何仪式，双方商定时间，被收养方把孩子过继给收养方即可。但普洱傣人由于没有姓氏，故子嗣传宗的观念也就较为淡薄。有儿有女的人家可由儿子继嗣，也可由女儿招赘继嗣；无儿无女的人家，则可收养一男孩或女孩为自己送终。被收养者一般是收养者的侄儿或甥儿，也可以收养外人的子女。收养的仪式很简单，由养父养母到养子或养女家给孩子拴线，就算确立了父母与子女的关系，随后便可把孩子抱回家抚养。

（二）民居建筑及其时空观

1. 民居建筑

金平傣族的传统民居建筑形式为干栏式竹楼，傣语称“痕旱”（hən^{43} han^{31}）。“痕”（hən^{43}）是房子，“旱”（han^{31}）是“楼层”，“痕旱”（hən^{43}han^{31}）意为有楼层的房子。竹楼以竹、木、茅草为建筑材料，由一楼一底构成，房屋高出地面，建筑在桩柱之上，上层住人，下层堆放柴火、圈养家畜等。这种建筑具有防潮防蛀、通风散热、卫生舒适、冬暖夏凉等优点，还可防御蛇虫野兽的侵扰和抵御一般性水灾。

竹楼的坐向往往要视当地河流的源头而定，一般开前、后两道门，每道门前各架有一个楼梯。前门楼梯设于竹楼朝源头的方向。阳台搭建在前门的一方，正对着正房，供晒衣物等之用。正房与阳台之间对着楼梯口有一个“席海”（siʔ^{55}hǎɯ^{25}）（前走廊），作平时乘凉之用。后门楼梯设于河流的下游方向，楼梯口至前走廊之间有一个“席荒”（siʔ^{55} hɔŋ^{55}，后走廊），作后门通往前门的通道。正房大门开在正中间，进门的左边是全家人的“路”（luk^{55}，卧室），卧室之间用篱笆墙相隔，每一个卧室均有一道“度路”（tu^{33}luk^{55}，卧室门），门上均挂一块绣有龙、凤等图案的“帕摆”（pha^{25}pǎi^{25}，布门帘）；最里面正对后门楼梯口是“伙罗荒”（xɔ^{31} lɔ^{31} hɔŋ^{55}，祭祀祖先的地方）。卧室的排序为：紧接“伙罗荒”（xɔ^{31} lɔ^{31} hɔŋ^{55}）的是祖父母的卧室，依次是父母、儿子、女儿的卧室。子女卧室旁紧靠前门楼梯口的一间主要用以堆放谷杂物。进门的右边设有一“岛非笼”（tǎu^{33}fǎi^{43}loŋ^{33}，大火塘），火塘周围嵌有一圈木边，中间用泥土填平，然后安上灶或三脚架，做饭菜、煮猪食等就在此火塘上；“岛非内”（tǎu^{33} fǎi^{43}nɔi^{31}，小火塘）一般设在祖父母卧室和父母卧室之间，作平时烧开水或冬天烤火取暖之用，不能用来烧饭做菜，更不能用来煮猪食。大火塘旁边是饭桌，饭桌旁是后门，最里面紧挨后门与“伙罗荒”（xɔ^{31} lɔ^{31} hɔŋ^{55}）及祖父母卧室正对处，是用来接待客人的。

祖先崇拜在金平傣族中是极为普遍的。据当地人解释，把祭祖的“伙罗荒”（xɔ^{31}lɔ^{31}hɔŋ^{55}）设于河流的下游一方，意为祖先的神灵犹如逆水行舟中的撑船人一样，在下方支撑着，全家人会因有了祖先的支撑，而一切都平平安安，顺顺利利。当地傣族之所以如此崇拜祖先神灵，正是因为祖先的神灵有如此之神秘和超自然的力量，似乎全家人的幸福安康全是由它来操纵。家中设有“伙罗荒”（xɔ^{31}lɔ^{31}hɔŋ^{55}）的傣族，逢年过节都要在“伙罗荒”（xɔ^{31}lɔ^{31}hɔŋ^{55}）处祭祀祖先。但是，“伙罗荒”（xɔ^{31}lɔ^{31}hɔŋ^{55}）仅限于家中男方的祖先居住，至于女方祖先则只能在男方家屋周围的空地上另建盖一间房来祭祀，这一祭祀房傣语称之为“痕内”（hən^{43}nɔi^{31}），意即“小房”。

信仰南传上座部佛教的普洱傣族则祖先崇拜观念较为淡薄，逢年过节一般不拜祭祖先，故其居室自然也就未设有“伙罗荒”（xɔ^{31}lɔ^{31}hɔŋ^{55}）了，但“帕召”（phă^{33}tsău^{13}，佛祖）的观念在他们心目中却是根深蒂固的。对佛教的信仰、佛祖的崇拜不仅体现在每年的泼水节、开门节和关门节等相关节日的庆典之上，每逢这些节日都要到佛寺去“赕”（tan^{51}），以财物敬神赎罪，而且还体现在日常生活当中。无论是命名、婚嫁、丧葬还是其他社会活动，都按照佛教的礼节来进行。

金平傣族建房的用料均要提前准备，木料要在每年七八月份砍，竹子在9月份砍，茅草在10月份割，建房多在十一二月份。根据当地人的经验，选在这几个月砍伐，木料、竹子都不会生虫，但为了避免虫蛀，砍下后一般要先在池塘里浸泡一段时间。临近建房前，才从水里取出来晾干后使用。

金平傣族建房还有择地基和贺新房习俗。择地基一般采用“人择”和“神择”两种方法：“人择”法实际上就是“尝土”法，即在准备建房的地基上挖出一块土，取少许放入嘴里尝，若所尝之土带有甜味则说明该地可以建房，否则要另选。“神择”法亦即“谷粒择地”法，即在地基的四个角分别挖出碗口大小的浅坑，在每一个浅坑内放入三颗谷粒，摆放时谷粒要头并着头，然后用一只碗或一个石块分别盖上；次日清晨把碗或石块拿开，若谷粒未移动，表明该地可建房，否则要重新选地。建房时往往是“一家盖新房，全村来帮忙”。新房落成后不能直接搬进去住，要先举行撵鬼、生火为主要内容的贺新房仪式。在搬新房当日清晨天未亮时，先由一巫师手持赶鬼棒到新房撵鬼，即手持赶鬼棒往楼梯、篱笆墙、房柱、卧室门等其认为有鬼的地方敲打一通，并在新房的四个角洒上一些酒，以示撵鬼。随后，在“伙罗荒”（$xɔ^{31}lɔ^{31}hɔŋ^{55}$）里摆上四个香炉，点上香和油灯等，以示祖先神灵已被迎请进新家，子孙后代们也可以迁入新居了。于是由长子扛着农具及渔网，长女背着紫糯米饭，其他人抱着铺盖行李等开始搬新家。到新家后要先举行抢食新饭仪式：由长女把紫糯米饭倒在一大木盘上，前来帮忙搬家的大人小孩都要来抢吃，认为抢到紫糯米饭者都是运气好的人。众人抢食新饭之后，长女才正式生火煮饭；待第一甑饭蒸熟之后就开始贺新房。参加贺新房者要带上米、酒、鸡、鸭或钱等礼物，前来帮忙做饭菜的亲友们便把做好的饭菜送到新房来；酒席上要唱贺新房歌，以祝福主人家五谷丰登、六畜兴旺。

近年来，金平傣族的民居建筑样式已经发生了较大变化，经济条件好的人家大都盖起了砖瓦、钢混结构的平房或两层楼房。楼上作卧室，楼下用作客厅、饭厅、厨房及堆放谷杂物等。盖一幢两层楼房大约需要十余万元，盖房款主要是靠种橡胶或香蕉、蔬菜等所得的收入。

金平傣族历来有分家的习俗，这在一定程度上避免了人家庭中婆媳、姑嫂、妯娌、连襟等亲属关系易带来的矛盾和冲突，因而许多家庭都能和睦相处。在家庭中男女分工较为明确，上山伐木、盖房、犁田、耙田之类重活多由男人承担；家务活、织布、栽秧等便是妇女们的事。家庭的内务多由妇女主管，外面的事则多由男子出面。金平傣族一向有互相帮工还工的习俗，农忙季节和盖房子时帮工还工的现象尤为突出；被帮者家里若无人还工，也无须付给帮工者任何报酬，大都是在自愿的前提下来帮工的。

2. 时空观

时空观是指人们对于时间和空间的根本观点。时间是由过去、现在、将来构成的连续不断的系统，是物质运动、变化的持续性、顺序性的表现；空间则是由长度、宽度和高度来体现的，是物质存在的广延性和伸张性的表现，它同其他物体的位置关系都只能是上下、左右和前后的关系。每个民族由于其所处的社会历史发展阶段不同，观察问题的角度不同，从而形成了各不相同的时空观及宇宙观。

金平傣族自有其独特的时间和空间的观念。他们认为，时间总是朝着一个方向流逝着，是一去不复返的；时间还是按一定的顺序循环往复地持续着的，其季节的划分，年、月、日、时的划分，表现了时间的有序性。

金平傣族根据当地的气候冷暖、降雨多寡将一年分为三季：热季、冷季和雨季；其农事活动便是以此来作安排的。独特的傣历历法也是在人们改造自然、征服自然的实践活动中，不断积累经验的基础上逐步形成的。傣历历法借用了汉历的干支纪年和纪日法，傣语干支的读音也基本上都是古代汉语的借词。与此同时还结合了本民族的实际，形成了汉历傣历合而为一的独特历法。现行的傣历以 12 地支来纪年，一年有 360 天；可分为 12 个月，每个月最多有 30 天，最少的有 28 天或 29 天，但没有 31 天的月份；每 6 天为一周，传统的赶集日便是以此来推算的。据说在当地开街最早的是勐拉，每逢“虎日”（$\mathrm{mɯ}^{31}\mathrm{sə}^{33}$）和“猴日”（$\mathrm{mɯ}^{31}\mathrm{liŋ}^{43}$）均为赶集日。由于勐拉街喜食肉的人居多，而“虎”和“猴”也与人一样喜肉食，故勐拉街又得名为“老虎街”（$\mathrm{kai}^{33}\mathrm{sə}^{33}$）。在傣族土司统治时期，境外的越南人（尤其是越南傣族）探亲访友大都选在赶集日。近年来在全县范围内大都实行 6 日一次的赶集制，如在傣族聚居的地区就有那发街、勐拉街、者米街、顶青街等，但各地所选的日子不尽相同。因此，在金平几乎每天都有赶集日，人们可以到不同的集市去赶集。正是有了这种特殊的时间观念及其相应的历法，才使得人们对日常生活的安排显得井然有序。

金平傣族的空间观念也颇具特色。在许多民族中普遍流行的“东、西、南、北、中”的空间观念，在金平傣族看来则是难以想象的，因此在金平傣语里表示类似空间概念的词汇便显得十分匮乏。金平傣族对空间观念的表达所用的却是另外一套系统，他们表示空间观念的词有“内”（$\mathrm{nə}^{33}$，上）、“得”（$\mathrm{tǎɯ}^{25}$，下）、“获”（ho^{33}，首）、“腊”（la^{25}，尾）等。在他们的空间观念及其宇宙观里，天为上，地为下；河头为上，河尾为下；祖先为上，子孙为下。“上”与“下”是对立的二元结构，是不可逆的。这种观念反映在语言里，可以用两个不同的词来说明：“去上面”的“去”要用“么”（$\mathrm{mə}^{43}$），而“去下面”的“去”则要用“摆”（$\mathrm{pǎi}^{33}$），这两个词是不能互换的。人们往往把“天”和“上”合称为“内法”（$\mathrm{nə}^{33}\mathrm{fa}^{31}$，天上），把“地”和“下”合称为“得临”（$\mathrm{tǎɯ}^{25}\mathrm{lin}^{33}$，地下）；把源头称为“获南”（$\mathrm{ho}^{33}\mathrm{nǎm}^{31}$，河头），把下游称为“腊南”（$\mathrm{la}^{25}\mathrm{nǎm}^{31}$，河尾）。金平傣族建盖房屋便是以此为基准来确定坐向的，室内的布局也以水的源头作为参照点，源头一方为子孙居住方，下游一方为长辈或祖先居住方。就是饭桌摆放的位置和坐席的次序也是十分讲究的，若是饭桌置于“伙罗荒”（$\mathrm{xo}^{31}\mathrm{lɔ}^{31}\mathrm{hɔŋ}^{55}$）前面，则“伙罗荒”一方为“获左”（$ho^{33}ts\text{ɔ}^{31}$，头席），相对的一方为“腊左”（$la^{25}ts\text{ɔ}^{31}$，尾席）；若饭桌置于离“伙罗荒”较远的地方，则一般要在靠近饭桌的篱笆墙上开一道窗户，靠近窗户一方为头席，相对的一方为尾席。男性长辈才能坐头席，女性或晚辈只能坐尾席。近年来随着人民物质文化生活水平的提高，傣族的民居也发生了前所未有的变化，尽管传统的傣家竹楼如今已被一幢幢钢筋混凝土平房所取代，但房子的坐向及室内的布局却仍未改变。金平傣族体现在民居建筑等方面的空间观念，从一个侧面印证了法国结构人类学派大师列维—斯特劳斯（Claude Levi-Strauss）所提出的“意识模式”和“无意识模式”的观点：意识模式就是社会成员能够意识到的人类社会或文化的表层结构；无意识模式就是较深地隐藏在社会文化的表面现象背后，没有真正被该社会成员所意识到的深层结构。这种深层结构是无法直接观察到的，它深深地植根于人们的心灵之中，而且在社会文化现象背后起着决定性的作用①。

四　多姿多彩的人生礼仪

人的一生可以划分为几个不同的阶段，从一个阶段到另一个阶段，要举行庆祝仪式以标志这种转移，即通常所说的“过渡礼仪”。金平傣族和众多的民族一样，把人的一生分为婴儿、成年、老年等阶段，其中最为重要的过渡礼仪有出生礼、婚礼和丧葬礼仪等。

（一）出生与命名

金平傣族要为每个婴儿的出生举行出生与命名仪式，以表示婴儿已经脱离母体来到人间，并成为家庭和社会的一个成员。此仪式一般选在婴儿满月时举行。妇女生孩子一般都在自家中。接生者多为小孩的外婆、奶奶或村里有接生经验的妇女。接生的用具很简单，只需备好剪脐带、拴脐带用的剪刀和白棉线即可。小孩子生下后用温水洗净。他们认为婴儿出生时会有许多鬼魂来纠缠，只要在门柱上绑上一些绿色的树叶子，并插上竹编神器“达寮”（$ta^{33}l\text{ɛ}u^{33}$），就能把鬼魂挡之于门外，这样婴儿就可以避免

① 参见和少英《社会文化人类学初探》（修订本），云南民族出版社2003年版，第122—123页。

失魂。产妇在产后 15 天方可洗头洗澡，坐月子时忌食酸冷食物。胎盘或埋于很少有人走动的地方，或直接扔到河里任其流走。坐月子期间要用带刺的树叶如柚子树叶等悬挂于门外，以示辟邪和拒绝孕妇或孕妇之夫来访。若是不知情者来访，则罚其烧一壶开水让产妇喝下，便可避免不吉之事发生。产妇在月子里不能出去串门，也不能把婴儿抱出门外，更不能走出村外；最忌讳的是孕妇或孕妇之夫来访。因此傣语称坐月子为“嘎姆文”（kǎm^{43} vən^{33}，意即忌月）。婴儿满月当日要遍请亲朋好友来喝满月酒，为婴儿举行拴线命名仪式。仪式上的命名为乳名：若是男孩则在名字前加“阿”（ʔa^{55}）字，如“阿林”（ʔa^{55} lin^{33}）、“阿参”（ʔa^{55} tshan^{33}）等；若是女孩则在其名前加“木”（mə^{33}）字，如“木肯”（mə^{33} khen^{33}）、“木亲”（mə^{33} tshen^{33}）等。直至小孩上学读书时才取汉名为学名。给婴儿拴线命名者多为其祖母或外婆或村里的长者；拴线时要祝福婴儿健康成长，将来是一个孝子贤孙。前来参加出生与命名仪式者，要给婴儿送钱或衣物等。满月后就可以带婴儿出门了，但出门时要把婴儿背在背上，并用自织的黑白相间的格子床单围上，还要打一把黑伞，背带上还要挂一颗草果，据说这样就可以保全婴儿一路平安。若孩子在成长过程中多病或是夜哭不止，则认为是失魂所致，一般采取招魂或找干爹、干妈的办法为其禳除。

普洱傣人的命名仪式略有不同，婴儿满月那天要请佛爷来取名。解放前普洱傣人都有名无姓，1956 年初进行和平协商土地改革时为了填写土地证，由政府工作人员给普洱三寨傣人定了王、刘、彭、白、李诸姓。普洱傣人素来没有重男轻女的观念，故在贯彻实施计划生育政策方面可谓作出了楷模。妇女生了第二胎便自觉去做绝育手术，多年来无一例超生事发生。

（二）孩子的养育与训练

小孩断奶一般在一岁半到两岁期间，断奶的方式多为在乳头上涂些苦果汁、清凉油之类带苦辣味的东西。断奶期间小孩的饮食以大米饭为主，一般大人吃什么就跟着吃什么。小孩学走路时，大人并不采取任何特殊的方式专门训练，而是任其自然，自己学着站立，自己扶着墙走。小孩学说话主要是模仿大人，一般不刻意去教。小孩不听话多以恐吓或体罚的办法加以惩罚，但一般不打小孩头部，因为头是神圣不可侵犯的。小孩在成长过程中若病痛较多或夜啼不止，则认为是失魂使然。需由小孩的外婆或奶奶带上捞鱼的网兜、镰刀以及小孩的背带和衣服、煮鸡蛋等去河边叫魂，之后给小孩拴线。若小孩是因在某处跌倒而导致生病的，那么就要到其跌跤处去喊魂。2002 年 2 月，笔者在调查期间正好遇到新勐村刀家卫巫师为她四岁的孙女喊魂。据说刀氏之孙女跟其表姐去赶勐拉街时，在回来的路上不慎摔了一跤，其摔跤之处是较早时期的坟地。小孩回家以后就生病，久烧不退；按当地人的经验，认为小孩是因摔了那一跤之后而导致其失魂生病的，只有到其摔跤之处去喊魂病才会好。于是，刀家卫巫师便带上香、纸钱以及妇女们染齿用的植物叶、烟丝、木皮、煮鸡蛋还有小孩平常穿的衣服等，让小孩的表姐带着去跌跤之处喊魂。喊过魂之后便把纸钱烧掉，只带回鸡蛋和小孩的衣服。回家的路上还要一路喊魂，尤其是回到村口时喊魂者一定要弓着腰、双手提起裙摆边走边做出拾魂捞魂的动作，直至回到自家的竹楼上。最后还得让小孩坐到饭桌旁为其拴线，并让她把鸡蛋吃下，认为这样小孩的病很快就会好起来。

如果喊魂后小孩的病仍不见好转，则认为其魂尚未归来之因便是可能已投胎于其他动物，若不尽快把魂招回就相当危险；因为一旦等该动物生产，便会导致小孩病死！因此，要给小孩举行具有特定内容的招魂仪式—蒸衣。举行此仪式时要用病人的衣服一件、生鸡蛋三枚、小尖棍一根、斧头和刀子各一把、米一碗、盐巴一包、生姜一块、土布一节、酒两杯、钱两元、染齿的植物叶两片、牛奶果树叶三张等物品，还要把小孩的头发剪下一撮分别裹于三个稀泥团中。仪式须在夜间举行，由女巫师或懂巫术的年长妇女主持整个仪式，旁边不能有任何人。要把一枚鸡蛋裹在衣服里放入甑子中，另一枚放在衣服旁，最后一枚置于盛米的碗中，并在甑子内插上小尖棍，将稀泥团埋入火中，其余用品均摆放在篾桌上。这个仪式主要是要求助于“灶王”或“灶神”（tsău^{25} vaŋ^{31}），因为只有在其指点下才能找到魂的去向并将魂招回。蒸衣时只能使用文火，甑子不能覆盖。巫师念招魂词时双脚要踩着刀子，身旁放着斧子，蹲在灶前屏气念祷。念完一遍便用一张牛奶果树叶在甑子上方转三下，用同样的方法念祷三遍，最后对着灶磕头以示对灶王感恩。稀泥团烧红后便可从火中取出，待其冷却后用斧子剖开，傣语称“扒磨”（pha^{55} mok^{55}），意即剖胎，把魂从动物胎中取出并引入鸡蛋内，再把三枚鸡蛋分别标上不同的记号煮熟。剥开来看原先用衣服包裹的那枚鸡蛋，根据蛋白表面上出现的图纹便可知道魂投胎于什么动物。最后让病人吃下这枚鸡蛋，魂就会回到其身上，病自然会痊愈。

对小孩夜哭现象最为常用的解决方法就是为其找干爹或干妈。一般是将这位小孩的衣服挂在门头上，在此期间若有外人来访，第一个跨进门者便被认定为孩子的“波领”（$pɔ^{52}leŋ^{31}$）（干爹）或“篾领”（$mɛ^{52}leŋ^{31}$）（干妈）。干爹或干妈一般要在主人家吃一顿便饭，并给孩子拴线，以示建立起了双方的“干亲”关系。

（三）成年礼

在一个人从婴儿长成为成年人的过程中要经历各种不同的阶段，而且不同的民族对人生礼仪的理解是各不相同的。正如瑶族把男性的成年礼“度戒”视为人的一生中最为重要的礼仪一样，金平傣族则把丧葬礼仪看成是人的一生最为隆重的礼仪。金平傣族没有像瑶族那样有标志成年的礼仪，其成年礼是通过一种特殊的方式来体现的，那就是以能否参与一些青年组织为标志的。金平傣族地区每个村寨都有若干支民间文艺队，根据不同年龄层可分为青年组、中年组、老年组。青年组是文艺队中最活跃的一支，队员均为未婚的青年男女，一般到十四五岁便可参加。文艺队活动的主要内容是传习与展演傣族传统的民间歌舞。金平傣族传统的歌舞有《篾帽舞》、《摸鱼舞》、《绸子舞》、《扇子舞》以及《铜鼓舞》等，这些歌舞有的是由“贝马舞”① 演变而来的，有的则源于境外的越南。民国十一年（1922 年）越南莱州省长刁文恩来勐拉坝探亲（刁的妻子是勐拉土司刀治国的姐姐），其随行人员中有若干能歌善舞者，据说《绸子舞》等舞蹈就是那时传入金平的。民国二十九年（1940 年）刀治国的孙子刀家柱迎娶刁文恩的小女儿刁月务为妾，据说刁月务本人也是一位能歌善舞者，嫁到勐拉后传授了《篾帽舞》、《扇子舞》等舞蹈。过去，傣族土司家逢年过节或贵客临门，都要让那些能歌善舞的小姑娘、小伙子载歌载舞助兴。1940 年，勐拉的末代土司刀家柱被龙云委任为“滇越边区抗日游击大队大队长”，随滇军九十三军二十师第一团在金平勐拉驻防。刀氏将其舞女组成歌舞班到各军队驻地及县城表演傣家歌舞。土司制虽已被废除，但这种由傣族青年男女组成的歌舞表演队到各地巡回演出的传统却保留下来了。过去曾为土司跳舞的姑娘、小伙们现大多已辞世，但那些歌舞却通过青年

① “贝马”是指金平傣族的专职巫师。

组织等形式一代一代传承下来。这些歌舞已成为金平傣族既具特色又有影响的歌舞，早在20世纪50年代就已出现在昆明等大中城市的舞台上；从1986年9月至今，中央电视台以及云南电视台又对这些歌舞进行了多次录播，反响极佳。

由于金平属于边疆县份，邻近边境一线的傣族村寨还有民兵等组织。加入民兵组织实际也是一种成年的标志，一般是年满15岁即可参加。在中越关系紧张时，这些民兵白天干农活，晚上巡逻，并在自卫反击战中发挥过重要的作用。尤为值得一提的是金水河村的十姊妹民兵班，她们在担架紧缺的情况下，以筒裙作担架将伤员抬送后方医院抢救疗伤，谱写了一曲名扬全国的“筒裙之歌”，被昆明军区授予“十姊妹支前模范民兵班”称号。笔者于2005年夏天前去该村调查时惊奇地发现，这帮年过半百的民兵班的老姊妹们依然天天聚集在一块纺线织布，组织起来共同承包鱼塘和橡胶林，活跃在金水河村的田间地头，同其他组织一道在当地发挥着积极的作用。

（四）丧葬礼仪

丧葬礼仪是金平傣族最为注重的人生礼仪，无论是出生礼、成年礼抑或是婚礼均不及丧葬礼仪之隆重。金平县勐拉乡不仅是全县傣族最为聚居之乡，而且也是过去金平傣族的最高统治者刀氏土司世居之地，从而保留了较为浓厚的傣族传统文化特色。由于刀氏土司家族在旧勐村居住的时间最长，这里便成了整个勐拉坝子众多村寨中唯一有资格称之为“勐”（məŋ^{43}）的村寨。该村位于藤条江西岸、勐拉坝中部，海拔309米；全村共有96户，人口574人。1989年11月，在我们调查期间，这个村以及邻近的新勐村发生了数起类型各异的丧葬事件，使我们对当地傣族的丧葬习俗及其与之相关的灵魂观，有了较为完整的了解。

著名的英国人类学家泰勒（Edward B. Tylor）曾经指出，人类对于灵魂的观念和信仰之起源，应当从人们最初尝试去解释两个生命之谜来发现：“首先，什么是一个活人与一个死人的差异？什么引起醒来、睡眠、恍惚、疾病和死亡？其次，出现在梦幻里和幻想里的人类形体究竟是什么？”① 在

① 见泰勒：《原始文化》（英文版）第2卷，第12页。（Edward B. Tylor：*Drimitive Culture*，Volum II，p. 12，Newyork，Harper Torchbooks，1871）

思索这些现象的过程中人们逐步发现了一个较容易地对此作出解释的"原则"——人类灵魂的学说。根据这种学说，灵魂能够在睡眠过程中暂时脱离人的躯体，去遨游四方并经历梦中心上所能记得的经验；不仅如此，灵魂还可以永久地脱离人的躯体，使这个躯体丧失了生命①。通过调查发现，当地傣族所信奉的仍是一种以自然崇拜和灵魂崇拜为主的原始宗教，泰勒的上述分析可在这里得到一定程度的验证。傣族群众大都认为灵魂不仅是确实存在，而且还有许许多多，当地广泛流传着所谓"三十命、四十魂"之说，对此可见一斑。由于人在生病、做梦以及被吓着时灵魂就变成了鬼魂，而这种鬼魂会对尸体产生依恋情绪，迟迟不肯离去。所以，这就需要活着的人们举办好丧葬仪式以及献祭等活动，把死者的尸体安置妥帖，并将他们的灵位供奉好。如若不然，便会影响到生者的幸福安康、农作物收成的丰歉、乃至整个家族和整座村寨的兴衰等。

在这种涵盖面极广的灵魂观的巨大影响下，当地傣族对丧葬礼仪是绝不敢掉以轻心的，往往是整个家族、整个村寨、甚至是远在数百里之外的异地他乡的亲友都赶来合力操办，其场面颇为壮观。具有深远意味的是，对死的礼仪之重视程度，似乎已大大超过一切生命礼仪②。下面，以旧勐村的傣族丧葬情况为模本，对金平白傣族群的丧葬习俗作一个简要的记述。

1. 吊丧与停灵

家中如发生了丧事，一般用燃放鞭炮的方式告知村寨成员，全村各户均尽快前往丧家吊唁与问候。与此同时，由丧家的家族中辈分较大、威信较高的成员所组成的治丧小组，便开始安排各项工作，担负起整个丧葬仪式的组织及指挥任务。

首先要做的一件事是向村外的亲友报丧。这往往是由家族中辈分稍大者带着几位小辈，赶去亲友所在地通知。所有亲友一般需在次日内齐聚丧家，前来吊唁并协助办理丧事。

前来吊丧者若属近亲，多带一口架子猪、数只鸡以及若干斤白酒作为吊礼；远亲及朋友则背一箩谷米、携两瓶酒、或提一只鸭（鸡）作吊礼即

---

① 见埃尔温·赫齐（Elvin Hatch）《人与文化的理论》，黄应贵等译，台湾桂冠公司1984年版，第35页。

② 笔者在调查期间所见到的生育、丧嫁、寿诞之类礼仪，均不及葬仪之隆重。

可。亦有因路途遥远等多种原因，干脆直接以送现金作为吊礼的。而本村寨的成员，则除了送些吊礼之外，还须到丧家去帮忙招呼外地来客、安排丧事。凡属家族内的成员，均需按以往沿袭下来的不成文的族规，加送一定数量的现金给丧家作为帮衬。若死者是一老人，其女婿必须送一头水牛作为吊礼亦可经协商同意后几位女婿合送一头。若因家贫等原因实在送不起水牛，也可用一口百余斤的肥猪代替，不过得当众讲清原委并向亲友致歉，否则将被视为不孝而被众人瞧不起。孝子也得买一头黄牛宰杀以表孝心，并将此头牛悬挂于竹楼底层的木柱上作献祭。

每来一批吊客，丧家往往都要燃放一通鞭炮，一来表示迎亲，二来告慰于死者。吊客一般在丧家吃完晚餐后即各自归家，待次日早餐时分又来，但近亲好友则留下来伴死者家属通宵守灵。在守灵过程中，孝子与孝女等要守在灵柩的左边，孝女与孝婿等则在右边，其余守灵者均按此“男左女右”的方式分列。

尸体入殓前应擦洗干净并换上寿衣，然后在木棺底部铺上一层大米，这样做据说可保不腐烂。棺内可放入烟筒、锄头、衣物之类死者生前的日用品，但贵重的物品则一般留下不葬。灵柩须停放在灵位前一张高约30公分的竹床上，先覆以一块四围镶有白布条的红布，再罩上一顶由本村老人扎制好的状如屋顶的纸伞，据说这是供死者上路时用的。在其上方，插一面长约80公分、宽约50公分的纸旗，旗上有8个小鬼，意为替死者开道。灵柩的前后各点一盏油灯，前面的一盏给天神，后面的一盏给地神，同时也给死者的魂照明。据说这两盏灯还有另一种功用，即供鬼神来抽烟时点烟用，直至出殡时方可撤走。

停灵的时间一般为三天，基本原则为“停单不停双”；若死者落气时间已超过午夜12时，则停灵时间须从第二天算起。偶尔也出现停灵达五天或七天的情况，这大都是由于恰逢第三天是猴日或死者的属相日。当地傣族认为：猴日即人日，在这一天下葬会把死者连同活人的魂一道埋入地下；此外，若在死者的属相日里下葬，其灵魂便不能升入天堂。停灵时间若在三天以上者，还须计算出殡日是否与死者及其家人（妻或夫、长子、长女等）的属相日①。

---

① 计算方法一般以遇到第七天的属相物为相，譬如：死者为属蛇男性，则出殡日不能是属鼠日，且也不能是其妻、其长子或长女的属相之前或之后的第七个属相日。

2. 择穴与唱“送魂歌”

在出殡前一天，由死者的一位男性长辈带领几位小辈去择穴。择穴普遍采用的是“蛋卜”之法：先拿一个鸡蛋在木棺盖上滚动一遍，边滚边在口中叨念，“现在准备给你寻找个安息之所，请在你愿意住下的地方让鸡蛋破碎”。然后，带着这个据说已附上了死者之魂的鸡蛋，动身前往家族墓地或村寨公共墓地内掷蛋。若鸡蛋未破碎，便说明死者不愿住在那儿；鸡蛋在哪里摔破，哪里便被视为死者愿永久栖息之地。以蛋破处为中心点，将准备好的与灵柩长宽相等的竹竿放置好，接着就用锄头掘出一个墓穴状的浅坑，并插上作为即将举行葬礼之标志的“麻罕”（mǎi^{31} xǎm^{43}）①。那个破鸡蛋则连同土一起用芭蕉叶包好，带回去置于灵柩上。

若死者是村寨里年龄较大或家族中辈分较高之人，还必须在临出殡前一天的夜里，请人来唱“送魂歌”（xǎp^{55} suŋ^{55} xɔn^{33}）为其送魂。被请来唱歌的或是熟谙死者生平的老者，或是“魔公”、“白马”之类的业余宗教职业者。开始唱“送魂歌”（xǎp^{55} suŋ^{55} xɔn^{33}）之前，先要在灵柩前的香盒里点燃两炷香，并在灵前磕三个头。在屋子中央拴两根绳索，再把被褥搭在绳上，然后将唱歌者抬到上面或坐或卧地唱，边唱边由一人扯动绳索来回晃荡。这种方式傣语称之为“khi^{55} tsə^{43}”，意为“荡绳”。在灵柩与唱歌者之间，放着一张小竹篾桌，桌上铺以芭蕉叶，再放上几只盛着凉水、鸡蛋、银手镯以及熟鸡等东西的碗，还有一叠纸钱和几只酒杯等。

唱“送魂歌”（xǎp^{55} suŋ^{55} xɔn^{33}）的时间可长可短，一般会持续数小时，唱累了也可歇下来喝水、抽烟，尔后再接着唱。歌词的主要内容不外乎是讲述死者的生平、为人，以及在家庭中、家族中和村寨里的作用与好处，还有家里人如何为其操办丧事，亲友和村民准备怎样送他（她）上路等。总的意思是祝愿死者放心地离去、路途顺利，并请他（她）保佑家人及村民的平安。唱者往往是声情并茂、声泪俱下，听者也止不住要饮泣悲切，使人们都沉浸在对死者的怀念之中，整个气氛颇为凝重。据说以前曾有女婿跪在灵前哭唱的习俗，其大致内容即老人为他养育了一个这么好的妻子，可惜尚未容报恩便已撒手人寰……现在此习俗已不复存在。

---

① “麻罕”（mǎi^{31} xǎm^{43}）系傣语音译，实际上是一根竹棍，其顶端拴系一个小布袋，袋内装有棉籽、谷糠以及黄豆等物；其末端则往往被削成尖端状，便于插入地下。

3. 出殡与下葬

掘墓穴与抬棺主要由死者生前所住村寨的村民负责。墓穴须于出殡日的清晨掘好，大约在上午十时开始出殡。出殡之前，先由丧家的一位女眷在灵前将一只活鸡摔死，用背箩装上到墓地里祭献鬼魂。若是没有后门作出殡口的丧家，则需将供奉祖先和神灵用的“伙罗荒”（$xɔ^{31}lɔ^{31}hɔŋ^{55}$）对面的竹笆墙拆除，再斜搭一新扎的竹梯作出殡口。

出殡行列由家族中一位辈分较高者作先导，手执火把为死者之魂引路，专有一人跟在棺后沿路不断朝棺上撒米、扔纸钱以送鬼送魂；其余亲友和村民则举幡旗、抬挽幛、执纸伞、拿着牛头、活鸡以及其他献祭品紧随其后；死者家属在亲友们搀扶下，一边走一边哭。由于惧怕死者鬼魂滞留路上滋事，打扰旁人，因而一般出殡行列的行进速度极快，并要沿途燃放鞭炮。在经过其他村寨时，鞭炮会燃放得更加热烈，以驱邪并表示歉意。

抵达墓地之后，先由死者的长子进入墓穴内焚烧纸钱和遮头布等物，接着将灰烬均匀地铺在穴内，再撒上一层米方才落棺。棺头一般朝着西南方向，一方面那是传说中金平傣族的先民们迁徙来的方向，另一方面则顺山势的走向及河流的流向。诸位孝子哭泣着在棺上按从头到脚的顺序走一趟，俗称“踩棺”，金平傣语称“$ȵăm^{52}ho^{33}xău^{25}lin^{33}$”，意为告知死者儿女已来送行，让其放心离去。“踩棺”者须在腰上插一把剪刀以避邪，否则会有灵魂被留在墓穴内出不来。然后，由孝子先用手捧撒进第一把土，众人便接着用锄头与铲子往穴内填土。

填完土后便开始垒坟，由亲友和村民们从河边抬来石块，按长方状垒好，其中墓门则须由长子自己垒。出殡时拴棺用的两股粗白棉线从穴内引出头来，在墓门两侧各露出一截，以备家人来献祭和喊魂时一段一段地往外抽，最后待完全抽出来置于墓旁，据说死者的魂也就完全随之出来并上路去了。当地群众还认为，如果有谁把这白棉线带回家去，那么这家人便会因此而衰败，而丧家则会很快兴旺发达。

坟堆完全垒好之后，须在其上搭建一幢精致的小草房。先以四根竹棍作支柱，然后围上四块编好的篾笆，再覆盖两块草排做房顶，其整个形状酷似死者生前所住的竹楼。傣族老乡们的思维大致是按这样的逻辑进行的：死者之所以离开我们，是由于他不想再住原来的地方，那么就在他想来住的地方给他建一幢新房算了。此外，由于相信在下葬的这一天里，整个墓地里的鬼魂都将跑出来，同新葬者一块“打平伙”（$to^{55}xɔ^{31}$），所以还需在新建的小草屋内装入一只缚了足的活鸡，以及一些煮好的饭菜，供它们食用。最后，由孝子在坟前点燃三炷香，众人默坐数十分钟以怀念死者①。整个葬仪便告结束。

4. 喊魂与献祭

一般从下葬的次日起，死者家属每天清早都要到墓前去献祭与喊魂，此项活动须连续进行三天。第一天前去时由孝子手执火把在前引路，抬祭品时得十分小心，不可让食物泼洒出来。献祭用的牛头一般须用孝子的，没有儿子的人家方可用女婿的去祭，祭完后牛角可拿回家中悬挂。这天的献祭与喊魂仪式完毕后，丧家还得杀两只鸡祭家中的“伙罗荒”（$xɔ^{31}lɔ^{31}hɔŋ^{55}$），并合家烧香叩头，敬告神灵。此后，丧家的亲友便可各自回家了。

第三天去献祭与喊魂时，可在墓前铺放一块白布，祭完之后把那块白布捧回家中供在“伙罗荒”（$xɔ^{31}lɔ^{31}hɔŋ^{55}$）内，这就意味着已把死者的鬼魂迎接到家中，死者自此便由野鬼变成家鬼，开始同祖先们住在一起，关注并庇佑着全家人的生活。

当然，孝子和孝女每隔两三天还得去墓地献一次饭，从下葬之日算起，献饭一直要献到满一个月为止。此后，这座新坟便已归入旧坟内，平时不需要再予以理会，只需逢年过节时前去修整、献祭即可。

值得一提的是，当地傣族也同汉族及其他少数民族一样，有着“守孝”（$kăm^{43}pɔ^{52}mɛ^{52}$）的习俗。孝子必须在其父母下葬后次日剃光头发开始守孝，守父孝的时间为90天，守母孝的时间则为100天，以示不忘养育之恩。在守孝期间是不能理发洗澡的，而且家中每一餐饭都要在桌上多摆一副碗筷并盛好饭菜，还要留一个座位，以示对死者的敬重与怀念。

5. 对非正常死亡者及客死异乡者的处理

由于在当地傣族的观念中非正常死亡及客死异乡两类死者均不属于“善终”者之列，故十分惧怕其鬼魂来滋扰，从而采用了与上述丧葬礼仪完全不同的处理方法。

若有人在村外恶死或病死，其尸体一概不准进村，否则会将疾病或死亡带入村中。丧家须在村外搭建一座寮棚去守灵，亲友前去吊唁的也不

① 此项活动俗称“坐坟”。

多。停灵三日后即可出殡，一般不得多停，即使遇上属相相克等情况亦如此。妇女因难产而身亡的，则须于当日内掩埋，而且出殡时其灵柩只能用手抬，绝不可高抬过肩。未满月便夭折的婴儿，把尸首丢入河中任其漂流而去；满月后才死的则可行土葬，但不得用棺葬之。非正常死亡者均不得葬于家族墓地内。至于客死异乡者，其尸骨是不得移回本地的；丧家只能用一只鸡在楼梯口为死者喊魂，争取将魂引回到家中居住。

当地傣族对非正常死亡者、尤其是恶死者的鬼魂相当惧怕，认为他们时常会出来干扰生者的正常生活。因此，一旦家中有人生病或出现某些异常情况，都归咎于恶死者的鬼魂作祟，一般要请“魔公”和“白马”来念经驱鬼。就在笔者调查期间，发生了旧勐村一名25岁的青年上山砍木料，随所砍木料漂回时不小心溺死于藤条江中之事。更为不幸的是治丧期内其妻因过度悲伤与劳累，发生了精神错乱导致的“鬼魂附体”现象：即模仿丈夫生前的语气和举止，向人们讲述自己如何去砍木料、怎样被淹死的过程，并对家人和村里人提出种种责难和要求。在讲述和模仿完毕之后，似乎又恢复了常态，但不一会儿又开始“表演”，如此反复多次。又请医生来打针服药和“魔公”、“白马”来念经作法均无济于事，家属及村里人（包括村干部）均大惧，家中更是小孩哭、大人闹地乱作一团。此事在较长时间内仍余波未息，其家族中有许多人天天都去死者墓前烧香献祭。

普洱傣人的丧葬礼仪则略有不同，人死后一般只停灵一天，第二天便出殡下葬。若遇人死在月末最后一天则不能过夜，当日即须掩埋。家中若发生丧事，要立即派死者的男性亲属到外村向亲友们报丧。人一断气，家人就要迅速为其洗尸，换上寿衣，并把一枚银币放入死者口中，然后将其尸首从卧室移至房屋中央，再挂上蚊帐，旁边摆上一张篾桌，桌上放有敬献死者用的饭、菜、酒等各种祭品。前来吊唁的亲友一般以钱物作吊礼。出殡前要先请佛爷来给死者念送魂词，把死者灵魂引入天国后方可入殓。殉葬品均置于墓旁，一般为两只碗、一把刀、一顶油漆篾帽、一个挎包、一双鞋。送葬者的孝服不得带回家，而要解下搭于棺木上一同埋掉。葬后的次日清早，家人要给死者送饭，并带去两片茅草排搭在坟上。凶死者或客死异乡者均不得抬进寨，而只能停尸于村外，第二天掩埋，但其葬礼同正常死亡者。婴儿夭折则用竹席裹尸当天葬之。普洱傣人则没有上坟和修坟的习俗，逢年过节就到佛寺给死者献祭。葬法分土葬和火葬两种，对僧侣实行火葬，一般人则为土葬。解放前都不用棺木，而是用一种以麻绳和苦竹片编成的傣语称为“扎发”（tsa^{31} fap^{55}）的竹席裹尸下葬，丧葬仪式也很简单；后渐改用棺木。

五 异彩纷呈的日常生活

（一）生产生活礼俗

金平傣族一年中的农事活动主要以当地的气候变化为依据，一年只分为雨、旱两季。他们的生产生活便是以此节令来安排的。农作物以种植水稻为主，每年可种早稻、晚稻两季或早稻、中稻、晚稻三季。但种两季稻的产量要比三季稻高些，所以当地人大都只种早、晚两季稻。早稻傣语称“纳早”（na^{43}tsău^{31}）或“纳落”（na^{43}lɔ^{33}），一般是1、2月份栽种，5、6月份收割；晚稻傣语称“纳木”（na^{43}mo^{43}），一般5、6月份栽种，10、11月份收割。

傣族一向习惯早睡早起，中午很少午休。农忙时，6时便起床，7时便到田间劳作或做生意。10时回家吃早饭。饭后稍歇片刻，便接着劳作，到下午2点休息，在田里吃午餐。午饭后又继续劳动，直到日薄西山才陆续收工回家。喂完家畜家禽后，到河里洗澡，然后回家吃晚饭、喝酒。晚10时便上床睡觉。农闲时，7、8时起床，早饭之后，或去串门闲聊，或在家里做手工活儿，男的编织篾席、背箩、鱼笼，女的纺线、织布等。一年中的农事安排（按农历）如下表：

金平傣族农事历（农历）

农事＼月份	1月	2月	3月	4月	5月	6月	7月	8月	9月	10月	11月	12月
犁田						晚稻					早稻	
撒秧	✓				✓							✓
栽秧	✓	✓				✓						
薅秧			✓				✓	✓				
割谷					早稻					晚稻		
种木薯	✓	✓						✓	✓			
割橡胶		✓	✓	✓	✓	✓	✓	✓	✓	✓		
种香蕉	✓	✓										

续表

月份 农事	1月	2月	3月	4月	5月	6月	7月	8月	9月	10月	11月	12月
收香蕉										✓	✓	✓
修路	✓											
种蔬菜	✓	✓	✓	✓			✓	✓	✓	✓	✓	✓
收水果					✓	✓	✓	✓	✓	✓		
砍木料							✓	✓				
砍竹子									✓			
割茅草										✓		
上新房											✓	✓
种棉花			✓									
收棉花							✓					

从上表中可以看出，金平傣族每年的农闲大致有两个时段，即3、4月份和11、12月份，其余均为农忙时间。金平傣族是一个勤劳智慧的民族，总是把一年的时间安排得有条不紊。虽有农闲之时，但很少有因农闲而无所事事、打发日子之事，常常是农忙有农忙的事儿，农闲又有农闲的活儿。

金平傣族在饮食习俗方面主要以大米为主，偏好糯食、竹笋、水产物及凉菜等，善饮酒，尤其喜欢味道清淡的食品，忌食油腻食物。餐饮习俗为一日三餐。吃饭时全家围桌而坐，用碗筷，但吃糯米饭时则用手捏成团而食。傣族的风味食品主要有以下几种：

糯食品：粽子、米花糖、粑粑、竹筒饭、染色饭等。

肉类食品：剁生、生血、火灰焐肉、竹夹烤肉、烟熏牛肉干巴等。

水产食品：河鱼、河虾、田螺、鳝鱼、泥鳅、青苔、水木耳、四叶菜、鳝肠菜等。

陆地植物食品：竹笋、苦凉菜、滑滑菜、爬地草、野姜芽、香茅草、香柳等。

虫类食品：三月蝉、蜂蛹、竹蛆、蚂蚁蛋、飞蚂蚁、蜻蜓、蚂蚱等。

腌制食品：腌酸鱼、腌酸肉、萝卜丝腌肉片、腌碎骨、腌马蹄菜。

以上食品大多具有季节性，是分季节而食的。如三月蝉，只有三月份才能食到。此时也正逢野姜发芽，因此当地人便做出一道独具风味的特色菜，傣称“诺哈沙缅卡”（$nɔ^{55}xa^{55}sa^{25}mɛŋ^{43}kha^{31}$），“缅卡”（$mɛŋ^{43}kha^{31}$）是傣语“蝉”的意思，“沙”是凉拌，“诺哈”是野姜芽，“诺哈沙缅卡”意为凉拌野姜芽和蝉。即用三月蝉焙干后和野姜芽放在一起捣碎，再用盐、辣椒、味精等拌匀，便是一道美味可口的傣家食品。若是这一季节到傣家做客，便有机会尝到傣家的这一特色风味。其他菜的做法也都各具特色，风味各异。逢年过节、婚丧嫁娶或乔迁新居等重大活动，当地傣族都少不了要精心制作几道傣家特色菜，以款待前来的宾客。

在服饰方面，黑傣和白傣均有自己的传统服饰，但日常穿着大都相同。曼仗傣从不纺线织布也没有自己的传统服饰，其穿着与白傣相同。白傣妇女上着白色（老年妇女多为蓝色或浅蓝色）对襟齐腰长袖紧身衣，纽扣为蝴蝶形银扣，下穿长及脚背的黑色筒裙，腰系绿色或绯红色的绸带；发式或盘发髻于脑后，或盘发辫于头顶。男性上衣为黑色窄袖圆领对襟衫，下着黑色大裆长裤，裤管宽大仅及脚腕以上；头包长方形的白色头巾。普洱傣人的传统服饰略有不同，女性上着黑色窄长袖右衽圆领紧身短衣，襟边镶有数道彩条，下身为从上腰处长及脚背的黑色裹身筒裙，用银腰带束紧，裙上部织以暗红色为主的彩条；发饰为结一发髻于头顶，并插上鲜花和小梳子。

金平傣族女性素来以长发为美，很少剪发和烫发，洗发均用发酵的淘米水和天然的香茅草汁、柠檬汁等。如今的年轻人大多打破了这种传统，大多喜欢剪发、烫发，用洗发液，用淘米水洗发者大都只有年长的妇女了。

饰齿和文身都是傣族传统文化的重要组成部分，也是金平傣族保留的一种文化现象。这种传统习俗既有其实用的价值，又有其审美的功能。

饰齿有两种方法：一是镶齿（$tɛŋ^{33}xɛu^{25}$），二是染齿（$sǎɯ^{55}tsi^{52}$）。成年男性和年轻妇女大多喜欢把紧靠虎牙的两颗上门牙镶成金齿或银齿，以此为美。认为金银等金属不仅可以避邪，而且还象征着富贵。染齿，即把牙齿全部染黑。其方法是将铁片放在灶口上，用柴烟熏染，取产生于其表面的黑色油状物涂抹于牙齿上。往往在中老年妇女中流行。金平傣族妇女不嚼食槟榔，她们平时主要是嚼食一种用木皮、烟丝、石灰和傣语称为“布”（pu^{43}）的植物叶合在一起的染齿物，咀嚼时要吐去鲜红的染齿汁，久嚼则齿黑如漆。这种染齿法傣语称为“稿布”（$kɛu^{31}pu^{43}$）。据称具有除毒、消食、健胃、固齿等功效。

文身是流传于世界许多民族中的一种文化现象，这种现象在傣族中极为常见。金平傣族无论男女都有文身习俗，小孩长到七八岁时就开始在手背、手腕上刺上各种黑色图案或写上自己的姓氏，傣语称为“萨谋”（$\text{sǎk}^{55}\text{mɯ}^{43}$），“萨”（$\text{sǎk}^{55}$）是刺的意思，“谋”（$\text{mɯ}^{43}$）是“手”，“萨谋”意为刺手。常用的图案有“#”、“♣”、“*”、“×”等。男性还喜欢在身上刺写诸如龙、蛇、老鹰等动物的图案，称为“萨多”（$\text{sǎk}^{55}\text{to}^{33}$），“多”是身子，“萨多”意即文身。文身前，先用浓墨在拟文刺的部位画上图案或写上姓名，然后用针沿图案墨迹刺进皮肉，让墨迹渗透到皮下，染成黑色，成为永不消失的图案。文身除了具有审美的功效外，一般还被认为是民族身份的标志。现在，一些傣族同胞到外地出差或旅游观光，看到彼此间文身的符号，都会不约而同地用傣语打起招呼、攀谈起来。可见，文身成了交往中识别族人同胞的一种标记。

（二）节庆礼俗

在节庆礼俗方面，由于存在两种不同的信仰而出现了两类不同的礼俗，即传统的民间信仰的节庆礼俗和南传上座部佛教的节庆礼俗。

1. 传统的民间信仰的节庆礼俗

除了普洱傣人信仰小乘佛教以外，其余三个傣族族群的信仰均为传统的民间信仰。由于受汉文化的影响较深，其节日大多与汉族相同。主要有：春节、元宵节、端午节、中元节、中秋节等。此外，者米一带的傣族还过“男人节”，也称“小春节”。

春节：傣语称之为“$\text{tsin}^{33}\text{tseŋ}^{33}$”。春节是金平傣族最为隆重的节日，节期为三天，即初一、初二、初三。除夕当日杀过年猪、包粽子、做粑粑及米花糖等。初一夜间鸡叫头遍，家家户户都要起来抢“新水”，用新水烹煮猪肉，祭祀祖先。祭祀祖先时，男性在屋里的“伙罗荒”（$\text{xɔ}^{31}\text{lɔ}^{31}\text{hɔŋ}^{55}$）处祭祀；女性若是父母已亡，则要在屋外的一块空地上搭建一间小房来祭祀。初二清晨，父母要带自己的小孩到辈分比自己高的长者家中去拜年。在节日期间家家户户都要轮流请客，但按当地的习惯，刀氏在初一请，其他姓氏在初二或初三请。娱乐活动为白天打鸡毛毽、丢包、打野栗子比赛等，晚上则到公共场所去跳傣语称为“幕工”（$\text{mo}^{25}\text{kuŋ}^{55}$）的集体舞。这三天，人们不能出远门，不能下地干活，不能做针线活，不能互相打骂，等等。

元宵节：傣语称之为“$tsin^{33}$ $tse\eta^{33}$ sip^{55} ha^{25}”。在金平傣族看来，元宵节是春节的延续，过了元宵节才算过完春节，因此，元宵节称为“$s\breve{a}m^{31}$ $tse\eta^{33}$”，意为结束春节。元宵节一般不再杀猪，只包粽子、做粑粑及米花糖等，同时要祭祀祖先。入夜，人们便要到公共场所去参加舞会，随着鼓声和铓锣声的节奏跳团结舞，可以通宵达旦地跳。过了元宵节以后就不能再敲锣打鼓，不能再跳团结舞，要把锣鼓收藏起来，直到次年才又把锣鼓搬出来。

端午节：傣语称之为“$tsin^{33}$ $t\text{ɔ}n^{52}$ $\text{ʔ}u^{52}$”。过节时，每家都要包三角粽，杀鸡宰鸭。一般是各家吃各家的，互相不请吃饭。小姑娘们往往相约到村里年老的妇女家中去请她给穿耳或文身，据说此日穿耳或文身都不疼痛也不会发炎。

中元节：傣语称之为“$tsin^{33}$ $tse\eta^{33}$ phi^{33}”，意为“鬼节”。过节时要包粽子、杀鸭，用棉布或彩纸剪成冥衣。家神的冥衣一般用棉布做，野鬼的冥衣则用彩纸做。做好后要和纸钱一起烧掉。金平傣族认为，这样在冥冥之中就会得到祖先神灵的庇佑，孤魂野鬼就不会来人间乞讨钱物，作祟于人。

中秋节：傣语称之为“$v\text{ə}n^{33}$ $p\varepsilon t^{55}$ sip^{55} ha^{25}”，即八月十五。届时，家家都要杀鸡、吃月饼、赏月、打平伙。打平伙时，每人带上一些酒、菜肴、水果汇集在一起，大家一起来分享。中秋节是青年男女们谈情说爱的季节，每逢此时，他们便相邀打平伙，小伙子下河捕鱼，小姑娘上山采集野菜，一起动手做饭菜，尽兴欢饮直至次日黎明。

男人节：傣语称之为“$tsin^{33}$ $tse\eta^{33}$ kun^{31} $tsai^{43}$”（男人节），也称之为“$tsin^{33}$ $tse\eta^{33}$ $n\text{ɔ}i^{31}$”（小春节）。男人节是当地傣族一个较为特殊的传统节日。据说，数百年前傣族地区是一个富饶的“鱼米之乡”，为此常遭到异族的侵略。傣族男士们为了保护自己的家乡，团结起来，奋起反抗，侵略者败阵而逃，勇士们乘胜追击，直至把侵略者驱逐到老挝、缅甸一带。当他们凯旋时，已是农历二月份，春节早已过去。于是妇女们便决定为他们补过春节，时间约定在二月初二至初八。此节日不再杀猪，而食春节特意留下的猪腿、腊肉等。节日头一天要举行祭祖仪式，最后两天则要到土地庙去祭祀土地神，傣语称为“然庙”（jat^{55} $m\varepsilon u^{55}$），旨在乞求土地神保佑国泰民安，永无忧患。

卡缅节：是最近两年才兴起的一个节日。“卡缅”（kha^{31}mɛŋ^{43}）是傣语，“卡”（kha^{31}）是当地傣族在傍晚时分到村子旁或树林附近捕蝉的一种方式，“缅”（mɛŋ^{43}）是蝉、虫子的意思。“卡缅”（kha^{31}mɛŋ^{43}）意即捕蝉。捕蝉工具是一种用玉米或碎石盛入铁盒子、竹筒等之类的容器。每年三月份，天气开始炎热，蝉即会在夜幕降临时鸣叫起来，人们便可以用捕蝉的容器和树枝到蝉鸣的地方去捕捉。届时，要一只手摇动容器使之发出类似蝉的鸣声，另一只手举起树枝，嘴里一边发出模仿蝉的鸣声，以把蝉诱至树枝上来，一旦有蝉栖在树枝上，便要立刻放下手中的容器来捕捉，将蝉放到蝉箩或竹筒里，又举起容器继续摇，直至蝉飞走为止。“卡缅”（kha^{31}mɛŋ^{43}）本是傣族传统的一种捕蝉方式，而今，随着旅游业的发展，当地政府把这种习俗纳入了竞争机制，成为了当地兴起的一种节日，节日的时间与当地的泼水节时间一致，比赛时以捉到蝉的数量多者为胜。因三月份蝉开始鸣叫时，正值傣族播种棉花，因此当地人又把这种蝉叫做“棉花虫”。

此外，金平傣族还有“巫师节”，傣语称“恬金邦”（thɛn^{33}tsin^{33}paŋ^{33}），“恬”（thɛn^{33}）是巫师，“金邦”（tsin^{33}paŋ^{33}）意为“神节”。此节日范围较小，一般只限妇女参加，约在农历三月下旬过，由女巫师主持。届时，妇女们提着鸡、鸭、酒、米等前往公房过节，小姑娘们要到山上采来各种各样的野花插在公房里，因此公房又称“花房”（hən^{43}vɔʔ^{55}）。一切准备就绪之后，便开始过节，妇女们边吃边唱边舞，兴尽方休。

2. 南传上座部佛教的节庆礼俗

普洱傣人由于受佛教文化的影响较深，其节日文化也带上了浓浓的佛教色彩，至今仍以傣历纪年，泼水节、关门节和开门节是其重大的宗教节日。

泼水节：普洱傣人称之为“尚罕比迈”（sǎŋ^{55}xan^{55}pi^{55}mǎi^{35}），意为新年，是他们最为隆重的节日。节日大多在傣历六七月份，但大致都在阳历的4月中旬。节日一般过三天。节日期间，村民们要停止一切生产活动，家家户户都要包粽子、做糯米粑粑等拿到佛寺去赕佛。男女老少均按不同的年龄层组织起来各自“打平伙”，尽兴欢饮。节日活动的内容主要有放高升、划龙舟、丢包、游泳等比赛。

关门节：普洱傣人称之为“毫瓦萨”（xǎu^{13}vǎt^{51}sa^{55}），为“进入雨季”之意，节日为傣历9月15日，节日期间要举行盛大的“赕佛”活动，按佛规以食物、鲜花、衣物和银币等来献佛。从这一天起，即进入了农业生产的大忙季节，外出者均需回家帮忙，男女青年不能谈情说爱，更不能举行婚嫁，也不能建盖新房，一切都只能服从于农业生产。佛教徒们则需闭门念经。

开门节：普洱傣人称之为“奥瓦萨”（$ʔɔʔ^{35}$ $v\breve{a}t^{51}$ sa^{55}），意为“结束雨季”，节日为傣历 12 月 15 日。此时，恰逢稻谷成熟，普洱傣人常把新收的稻谷用文火烘烤去壳，做成香脆可口、米粒呈淡绿色的“烤冒”（$x\breve{a}u^{13}$ $m\breve{a}u^{13}$，扁米）送去佛寺赕佛。开门节之后，便可外出经商，走亲访友，谈情说爱，结婚办喜事，伐木建新房等。

（三）观念世界、祭祀及禁忌

金平傣族有自己独特的观念世界、祭祀与禁忌，均对人们的日常生活产生较大影响。

1. 观念世界

如前所述，金平傣族中除普洱傣人外的其他族群均保留着丰富多彩的民间信仰，这种信仰深深植根于广大民众心目中，不仅范围广泛，而且源远流长，归纳起来大致有如下几个方面的特点：

首先，从本质上看，金平傣族民间信仰的核心内容是灵魂观念，但却自有其独特性，而且其涵盖面更广。由于金平傣族不像西双版纳、德宏等地傣族那样深受小乘佛教的影响，因而在其仪式活动中并无拜佛、赕佛等内容；他们虽受到汉文化的影响，但儒、佛、道等思想尚未得以扎根。总体看来，他们的整个观念世界依旧是一个充满神灵的世界，其信仰可以说是一种建立在泛灵论基础之上的本土化的民间信仰体系。这种信仰体系不仅沿袭了“万物有灵”、“灵魂不灭”的思想观念，而且还进一步发展成为灵魂多元化的信仰，即主要表现为人的生灵和亡灵的多元，还有动植物等生物以及天体等非生物的灵魂的多元。这是金平傣族的民间信仰中最为独特的方面。

其次，从形式上看，金平傣族的民间信仰有别于像佛教、基督教、伊斯兰教之类“制度化的宗教”，具有“普化的宗教”之特点。所谓“普化的宗教”是“指一个民族的宗教信仰并没有系统的教义，也没有成册的经典，更没有严格的教会组织，而且信仰的内容经常是与一般日常生活混合，而没有明显的区分”。金平傣族民间广为流传的就是这样一种信仰，在各类仪式活动中主持者和操演者所使用的咒语多为通过口传心授习得，或在其成巫过程中“无师自通”。巫师“摩”（mɔ^{33}）、“木”（mot^{43}）、“恬”（thɛn^{33}）平时与常人一样从事生产劳动，到举行仪式活动时才履行其宗教方面的职能。在巫师的神房中存有诸如长刀、匕首、小船、小鸟及竹签之类木制的法器，这些法器作法时不可或缺，并且还具有一定的象征意义。竹签主要用于算卦占卜：如果病人的灵魂身处高山密林，则要带上长刀或匕首去喊魂；如果病人的灵魂居于河流或海洋的对岸，就要乘船去喊魂；如果病人的灵魂跑到了遥远的天国，那还得请小鸟带路到天国去喊魂。

再次，从信仰和崇拜的对象上看，金平傣族所信仰和崇拜的对象均为神灵而非实物。在祖先崇拜中崇拜的对象是死者的亡灵，在自然崇拜中表面上崇拜的是自然界中以实体方式存在的那些生物和非生物，实际上崇拜的却是主宰它们的那些神灵。如在水牛崇拜活动中实际崇拜的并不是水牛本身，而是主宰水牛之灵，为水牛喊魂的目的便是让水牛的“三十命四十魂”（sam^{33}sip^{55}miŋ^{52}si^{55}sip^{55}xɔn^{33}）都回到牛身上来，不要把魂丢在田间。同样，在稻谷崇拜仪式中所崇拜的对象也不是稻谷，而是稻谷之灵。总之，他们认为自然界中的万事万物都各有其神灵，这些神灵与人们之间形成了一种互惠互利的关系，人们认真供奉时就会得到良好的回报，反之就会受到损害。

最后，从灵魂的归宿上看，金平傣族坚信灵魂的归宿是多种多样的，在众多的灵魂中，有的灵魂要去天国生活，有的灵魂要留守墓地，有的灵魂成为祖先神灵与家人同住，有的灵魂会去转世投胎，有的灵魂则变成寄生物依附在其他动物或植物身上。据说人死后其灵魂要经历四次蜕变：先变成“披”（phi^{33}），在天国生活；“披”（phi^{33}）死亡后变成森林中的一种树魂“买衣依”（mǎi^{31}ʔit^{55}ʔi^{55}）；“买衣依”（mǎi^{31}ʔit^{55}ʔi^{55}）死后再变成大蚊虫“冥央”（mɛŋ^{43}jaŋ^{43}）；“冥央”（mɛŋ^{43}jaŋ^{43}）死后最终变成潮湿地上的青苔“法道该”（fa^{25}tǎu^{43}kǎi^{43}）。因此，当人们走在长有青苔的地面上滑倒时，就认为是被鬼魂绊了脚。

在他们的观念中整个世界是由“人间”（məŋ^{43}lum^{52}）和“天国”（məŋ^{43}fa^{31}）构成的，人间有的东西，天国也有；人活着的时候在人间生活，死了之后其亡灵便可到天国去生活；原先在人间怎样生活，到了天国也那样生活。若属正常死亡者，其灵魂到了天国就会有较高的地位；而非正常死亡者的亡灵到了天国则没有任何地位，只能伺候别的鬼魂。正是由于担心死者灵魂找不到去天国之路，因此要在临出殡前一天的夜里，专门请人间与天界之媒巫师来为之“引路”（ʔɔn^{33} taŋ^{43}）、唱送魂歌，并以象征的方式让唱者或坐或卧在屋子中央搭有被褥的两根绳索上“腾云驾雾”而去，如此就可以使死者亡灵顺利抵达天国了……

著名的美国“象征人类学”（symbolic anthropology）大师维克多·特纳（Victor Turner）在《象征的森林》一书中提出这样的主张：应当从宏观上把民间仪式看作是一种意义的体系，反对将仪式切割成“文化的补丁”，即反对那种“见木不见林”的仪式研究方法。在他看来，民间仪式存在着一种较为稳定的结构，他为人们构建自身的社会与生活场景提供了一个反思性的空间。尽管当今“全球化”浪潮正以排山倒海之势席卷这个世界的每个角落，金平傣族社会自然也概莫能外！但正是由于有了这样稳定的结构、广泛的群众基础以及仪式存活的反思性空间，代表着所谓“小传统”的那些活生生的民间信仰仪式及其活动，仍将在金平傣族社会中持续不断地展演下去！

2. 祭祀

傣族是我国最早种植稻谷的民族之一。种植水稻既离不开水和田，也离不开耕牛。傣族自古以来就有一套传统的农祭习俗，不同地区祭祀的内容和祭祀方式又不尽相同。金平傣族有着自己独特的农祭习俗，从祭祀方式上可分为集体祭祀和个体祭祀两种，从祭祀内容上有祭水沟神、祭田神、祭牛魂等。其中，祭水沟神是一种集体行为，祭田神和祭牛魂则属个体行为。当地人每次播种之前都要先把引水灌溉的大水沟修整好，举行祭水沟神仪式，栽完秧后举行祭祀田神或祭牛魂仪式。

祭水沟神　傣族称为“莫蒙”（mɔ^{33} məŋ^{33}），“莫”（mɔ^{33}）有祭祀之意，“蒙”（məŋ^{33}）是水沟，“莫蒙”（mɔ^{33} məŋ^{33}）就是祭祀水沟。祭祀时每户派出一人作代表，由寨主率至沟头举行仪式。牺牲为狗一只、鸡一只、祭饭以及祭酒。此仪式一般由寨主主持，“波莫”（mɔ^{52} mɔ^{33}）（男巫师）念咒语，祈求水沟神保佑水沟水源旺盛，沟堤不垮，粮食丰收等，全体跪拜。祭毕，将狗头埋于祭坛之下，众人烹食狗肉与鸡肉尽兴欢饮。

祭田神　傣语称为“莫纳”（mɔ^{33} na^{43}），“纳”（na^{43}）是田，“莫纳”（mɔ^{33} na^{43}）即“祭田”。祭祀以每个家庭为单位，到自家田的进水口处举行此仪式。祭品为一只煮熟的鸭子。祭祀前，要先在田埂上插三个竹编神器“达簝”（ta^{33}lɛu^{33}）以示驱鬼，然后再搭起一个竹编神台，用红绿布挂于神台四个角，再把那只煮熟的鸭子置于神台上。然后念咒语，祈求田神佑护秧苗茁壮成长，谷穗肥硕，谷粒饱满，不遭虫害等灾害。

祭牛魂 傣语称“哈木欢怀”（hăp^{43}xɔn^{33}xvai^{43}），“哈木”（hăp^{43}）有迎接、招等意，“欢”（xɔn^{33}）是魂，“怀”（xvai^{43}）是牛，“哈木欢怀”即“招牛魂”或“祭牛魂”。祭祀仪式在各家竹楼下的拴牛处或牛棚里进行。祭祀时，主人家要备上一只煮鸡、两包饭、两杯酒、一束白线等，放于一篾桌上抬到牛跟前，请村中德高望重的长者来念咒，咒语的内容一是为牛叫魂，二是表达主人对牛的真挚情感，三是为牛祝福，祝它越长越壮实，以便今后能更好地为主人效劳。最后主持祭仪的长者把酒淋在牛头上，把白线拴在牛角上，把饭包鸡肉喂到牛嘴里，仪式便告结束。

此外，金平傣族还有祭谷魂仪式。“祭谷魂”傣语称“海欢考”（xɛʔ^{55}xɔn^{33}khău^{25}），“海”（xɛʔ^{55}）是叫、喊的意思，“欢考”（xɔn^{33}khău^{25}）就是谷魂，“海欢考”（xɛʔ^{55}xɔn^{33}khău^{25}）意即“叫谷魂”。“祭谷魂”（xɛʔ^{55}xɔn^{33}khău^{25}）也是一种个体性行为。当收割结束后，各家各户都要携带酒、鸡蛋等祭品到田里去喊谷魂。喊毕返回家中后要及时把粮仓封住，三天之后方能开启。据说这样做了以后谷魂就会保佑粮食久食不尽，家人就不会受饥荒之苦。

3. 禁忌

有什么样的观念便会有什么样的禁忌，在金平傣族社会中，也有各种各样的禁忌来规范人们的行为。但相对来说，女人的禁忌要比男人的多得多。从这些禁忌中可以反映出人们的伦理道德观和处世行为。归纳起来，大概表现在以下几个方面：

植物禁忌 森林里的大树或村寨周围的龙树被认为是森林或村寨的保护神而禁止砍伐或使用它做某种用途，禁止在其附近扔脏物或大小便，若犯忌将会有大难临头。

动物禁忌 禁止踩死家中的壁虎。壁虎傣语称“雅痕”（ja^{52}hən^{43}），“雅”（ja^{52}）是奶奶，“痕”（hən^{43}）是“房子”，“雅痕”（ja^{52}hən^{43}）意为房子的守护神。若对壁虎有不敬行为，房子就会倒塌。所以人们不去打壁虎，不去踩死它。此外，金平傣族对河里的鱼也有禁忌，他们认为傣语称之为“巴乌”（pa^{33}vu^{55}）的小鱼是鱼神，这种鱼可以食用，但不能剖开其腹，否则会因犯忌而生病。

火塘禁忌　火塘是神圣的，有灶神守护着，人们不得有不敬行为，如不得用脚踢火塘，不得在灶上泼污水，不得把脏物扔在火塘上。

“伙罗荒”（$xɔ^{31}lɔ^{31}hɔŋ^{55}$）禁忌　“伙罗荒”是家神居住之处，也是人们祭祀祖先的地方，平时不得随意出入，只有逢年过节须祭祀时才能进入。无论何时，儿媳或孙媳均不能进入婆家的“伙罗荒”，也不能从“伙罗荒”斜对的后门进入屋内，若从后楼梯上楼，则只能绕过后走廊从前门进入。若要祭祀自己已故的父母，只能到外面搭一间“小房”（$hən^{43}nɔi^{31}$）去祭祀。

卧室禁忌　傣族的卧室一般是封闭的，未经许可，外人不得随意进入主人的卧室，公婆与儿媳之间也不得进入对方的卧室。

男性禁忌　男性忌从晾衣竿下走过，否则捕鱼时运气不好，捕不到鱼。

女性禁忌　女性禁食连体的瓜果，否则会生连体婴儿；禁食从河里漂来的果子，否则就会生怪胎；禁用柴火末端先烧火，禁在门槛上坐，否则会难产。

生育禁忌　坐月子期间用的凳子满月后不能再用，而要悬挂于房屋的背后任其自然腐烂；分娩时穿的裙子满月后也不能再穿，只能作其他用；产妇忌食酸冷食物，两周后方可洗头洗澡。孕妇或孕妇之夫忌访产妇家，若不慎来访则要罚其为产妇烧一壶开水让产妇喝下，以免除不期之灾。

晚辈禁忌　晚辈在长辈面前要站有站相，坐有坐相，不能跷二郎腿，经过长辈面前时要躬腰；儿媳在公婆面前不能开玩笑，尤其不能单独与公公在一起，更不能与公公结伴出门，所以傣语才有了“布玛鲁背摆”（$pu^{55}ma^{43}luk^{43}pǎɯ^{31}pǎi^{52}$）（公公来媳妇走）的说法。此禁忌至今仍然存留，但随着社会的发展，人们的观念也在不断地更新，传统的“族内婚”观念已渐渐淡化，出现了大量“族外婚”的现象。傣族姑娘嫁给其他民族后大都“入乡随俗”了，翁媳间的禁忌也就不像过去那样严格了。

六　多元文化交融与族群关系

任何一个民族或族群在发展的历程中都会和其周边的民族或族群发生这样或那样的联系，并相互间吸收对方的文化养分。金平傣族在与周边各民族的交往中也或多或少地都受到对方的影响。历史上，白傣土司、头人曾经是金平傣族的最高统治者，也是金平傣族中人口最多、经济文化最为发达的族群，自称“鲁南鲁傣”（luʔ^{43}nǎm^{31}luʔ^{43}tǎi^{31}）（即水的儿女，傣家的儿女）。其他民族或族群则均被称为“察”（tsha^{25}），意为“族”或“族人”，有时含有蔑称之意。在白傣土司统治的274年当中，处于强势地位的白傣，其语言、民居、习俗、服饰等传统文化形成了当地傣族的主流文化，周边处于弱势地位的民族或族群不同程度地受到这种主流文化的冲击和影响。

傣族在日常的社会交往中与当地其他民族或族群建立了较好关系，受汉文化的影响较深。这种影响主要表现在这几个方面：首先，在天文历法方面吸收了汉文化的干支纪年法，并借入了干支的历法术语，使用十二地支纪年岁、纪日等。同时又结合自己的实际，如将历法术语中的“羊”改为“蚂蚁”；按月亮盈亏纪月，根据月亮的圆缺分为上、下两个半月，上半月的第一天称为“文很罕能”（vən^{33}xɯn^{25}xǎm^{52}nɯŋ^{52}，月出一夜）即“初一”，月中十五称为“文饼”（vən^{33}peŋ^{43}）即“望日”，下半月的第一天不称十六日，而称“文龙罕能”（vən^{33}luŋ^{43}xǎm^{52}nɯŋ^{52}，月下一夜），一个月的最末一天称为“文兰”（vən^{33}lǎp^{55}，月灭）即“晦日”，等等，从而形成了独具特色的傣历历法。其次，在节日习俗方面，金平傣族和汉族一样过春节、元宵节、端午节、中元节、中秋节等节日，只是节日活动的内容有所不同。再次是语言文字方面，金平傣族有自己的语言和文字，其文字曾经在历史上发挥过重要作用。金平傣文在解放后渐渐被汉文所取代，使用范围收缩到民间的日常生活中，使用范围和使用人数大大减少。取而代之的汉文地位日渐突出，使傣族在这一方面“汉化”的程度越来越高。此外，还有服饰等方面，现代的年轻人大多喜欢着汉装，传统的傣族服饰大多只保留在中老年一代人中。傣族文化对周边民族或族群的影响则主要表现在民居建筑方面，傣族传统的民居为干栏式竹楼，当地许多民族的建筑都仿照傣族竹楼建盖，如哈尼族、彝族、莽人等的民居。语言上受傣族影响较深的是壮族，当地壮族的男女老少与其他民族交流时一般都用傣语。

过去由于交通不便、民族间隔阂较深等原因，金平傣族大都实行族内婚，族外婚则是近些年才开始流行。如今金平傣族已打破了族群与民族之间的界限同其他民族通婚，再也不会因傣族小伙子娶了其他民族的姑娘，或傣族姑娘嫁了其他民族的小伙子而像过去那样受人歧视了。另外，在逢年过节、婚丧嫁娶等重大场合，各族群之间也彼此邀请对方参加，体现出了相互之间平等、团结、友好、互助、互惠的关系。

金平境内各个民族大都跨境而居，中越双方的边民来往十分密切，尤其在傣族中表现得更为明显。金平县金水河口岸是国家级一类口岸，我方离口岸最近的是傣族村寨，越南离口岸最近的也是傣族村寨，每逢6天一次的那发街，四面八方的傣族及其他民族便会纷至沓来，会聚于此。越南边民把其土特产带到中国市场上销售，有效地补充了国内市场所需的物品；与此同时，中国的日用品也深受越南边民的喜爱。越南傣族和金平白傣语言相通，在交易中傣语发挥了其举足轻重的作用。此外，金平傣族跟越南傣族历来有互婚的传统，在土司统治时期傣族贵族阶层有一夫多妻现象，据说越南莱州的傣族姑娘个个长得如花似玉，所以傣族土司多去莱州娶妻纳妾。这种互婚的传统一直沿袭下来，至今仍有不少越南傣族姑娘嫁到中国来，嫁到离口岸最近的金水河村的较多。实际上，中越边民的互婚不仅仅存在于傣族当中，其他跨境而居的民族或族群也有类似的情况。如居住于金水河镇中越边境线上的雷公打牛莽人村，该村有31户，197人，其中有5户的女主人为越南莽人，嫁到越南去的有两人。这种边民之间的互婚在当地已是一种司空见惯的现象。

第五章　红河州跨境民族文化（下）

——以莽人为例

一　莽人的族源与分布

莽人[①]，在我国至今尚未识别，主要居住在西南边陲的云南省金平苗族瑶族傣族自治县（简称金平县）的中越边境一带，是云南省跨境而居的特殊族群之一。自称“莽”，其语义有“山民”、“聪明人”等。当地其他民族对他们又有不同称呼：“岔莽”是白傣对他们的称呼，“岔”是白傣语，有“民族”、“族人”等意，“岔莽”意为“莽族”或“莽族人”；“阿比”、“孟嘎”是苦聪人（拉祜族支系）对他们的称呼，“阿比”意为“长头发”，“孟嘎”是“嘴边文有图案”的意思；母鸡人（彝族支系）称莽人为“拉莽”（其意为马鹿）。此外，越南傣族称之为“莽地夺”，意为“大地方的莽人”，即“中国的莽人”。越南傣族称中国为“地夺”，意即“大地方”，称越南为“地内”，意即“小地方”，此种称谓与金平白傣所称相同。

关于莽人的族源有两种说法，一说源于越南，一说源于中国。据莽人说，他们的祖先是一百多年前从越南陆续迁至中国的。其中有来自河内的，也有来自勐莱、勐梭等地的。其迁徙的原因是由于不堪忍受越南当地“基育夺”（莽语：意为“大官”或“头人”）的欺压和盘剥而逃到中国来的。在越南，他们不但在人身自由上受到种种限制，而且劳动产品还必须

---

① 学界对该族群的称谓有两种，即“芒人”和“莽人”。在我国，“芒人”和“莽人”同指自称“maŋ^{25}”的族群。在越南，其54个民族中，“芒族”和“莽族”分别是两个不同的民族。是写作“芒人”还是“莽人”，至今还没有统一的认识，过去多用“芒人”，现大都用“莽人”。本文鉴于该族群与越南的“莽族”在文化方面有许多相似之处，他们很可能与越南的“莽族”同出一源，故写为“莽人”。

平分给不劳而获的头人。为了逃离苦海，他们只好离开越南。刚到中国时，他们三户一村、四户一寨地散居在中越边境线我方一侧的原始森林中。1958 年后，在党和政府及当地其他民族的帮助下，莽人村寨才由原来的 12 个小居点合并为今天的 4 个村寨。他们认为自己的祖先在越南，所以人死后其灵魂要去越南与祖先们团聚。这种观念在本章的丧葬礼仪一节中，莽人“魔公”为死者领路的唱词里可以反映出来。

另一种说法则认为，我国的莽人早就生息、繁衍在金平南部地区，其先民是从“大地方”（即中国内地）迁来的人。据说，莽人是从“小地方”（即越南）搬迁来的，而“小地方”的莽人是早期从“大地方”迁去的。这一说法在白傣的传说中能找到某些印证。传说，莽人很早就居住在金平地区，当地白傣刀氏的祖先为莽人。这一传说至今仍为流行。关于莽人的迁徙历史，目前尚缺乏可考的文献资料，不过，从勐拉土司（主要是刀氏土司）统治当地长达274 年的历史中，可以说明傣族的先民早就在该地繁衍生息，如果刀氏为莽人后裔的话，那就说明莽人生活在金平地区的时间更早。

莽人的祖先何时何地迁入金平，还有待于进一步考证。不过，越南勐莱（莱州）的南木班、南木格、米吉东、南木松、南木责、巴登等地也有不少莽人居住。他们与金平境内的莽人有着历史上和地理上的联系，彼此通婚，保持亲戚关系，经济上互相来往，互通有无。这些都可以为下一步的研究提供参考。

莽人主要分布在金水河镇的中越边境线一带。金水河镇与越南莱州省的封土、清河、勐德三县接壤，国境线长 126 公里，是国家级一类口岸。全镇土地面积为 436. 17 平方公里，耕地面积有 29155 亩，森林覆盖率 38%。全镇辖 6 个村民委员会，64 个村民小组，共有 3893 户 18480 人，世居有苗族、瑶族、傣族、哈尼族、彝族、汉族、拉祜族及尚未识别的莽人，是县内民族成分最多的乡镇之一，少数民族占全镇总人口数的 98%。莽人主要居住在乌丫坪村民委员会的雷公打牛、南科村民委员会的坪河下寨、坪河中寨和南科新寨 4 个自然村里。据金水河镇政府材料统计，全镇共有莽人 125 户 683 人。莽人总耕地面积 1207 亩，人均 1. 76 亩，其中水田面积435 亩，人均0. 64 亩。粮食总产量 188. 9 吨，人均 276. 6 公斤，其中 100 公斤以下有 37 户，100—200 公斤的 51 户，200 公斤以上的 18 户，人均纯收入 282 元。4 个村共有耕牛 152 头，马 18 匹，缺牛户占 31. 77%，缺马户占 81.3%。莽人的收入不仅低于全镇水平，而且发展不平衡，大部分莽人还处于吃粮靠政府、穿衣靠救济的状态。近年来，尽管党的各项民族政策不断得到落实，莽人的生活条件有所改善，生活水平也逐年提高，但由于种种原因，莽人的生活水平总的来说还是很低的。由于莽人是由原始社会末期一步跨入社会主义，虽然历史进程缩短了，但原始社会末期的经济色彩还很浓厚，至今尚遗留着游耕、采集、狩猎等落后的生产方式和原始的平均主义观念，传统的生活习惯基本没有改变。

为了能获得有关莽人的第一手资料，把莽人社会文化的状貌较为全面地反映出来，笔者曾多次赴莽人居住地区进行民族学、语言学的田野调查。调查选点的依据主要是从其地理位置的特殊性、人口的多寡、是否有其他民族杂居以及传统文化有无代表性等几个方面来考虑。根据上述条件，我们把调查点着重放在距离边境线最近、莽人人口较多、没有其他民族杂居、文化传统较有代表性的雷公打牛。

雷公打牛是一个地理位置十分特殊的山区村落，位于东经 103°55′、北纬 1°22′，海拔 1475 米的中越边境线我方一侧的原始森林中，其东面紧靠越南，南面、西面和北面是中国。该村距离镇政府驻地那发有 60 余公里。一直处于“三不通”（即不通公路、不通电、不通信）之中。雷公打牛原名为隔界村，1939 年的一天，该村的两头黄牛被雷击死。此后，“雷公打牛”便代替了“隔界村”这一村名。莽语称之为“do^{55} my^{31} tə^{31} ɤaŋ^{35}”，“do^{55} my^{31}”意为“村寨”，“tə^{31}”是“打”，“ɤaŋ^{35}”是“雷公”，“do^{55} my^{31} tə^{31} ɤaŋ^{35}”意为被雷公打的村寨。当地傣族称之为“ban^{25} fa^{31} phɛt^{55}”，“ban^{25}”即村寨，“fa^{31} phɛt^{55}”即雷击，意为雷击的村寨。

二　莽人的社会结构

（一）婚姻形态

莽人一般实行的是一夫一妻制的家庭婚姻制度，同时允许一夫多妻并存。莽人青年男女的恋爱较为自由，结婚则要受诸多因素的制约，有“父母之命，媒妁之言”的婚姻包办现象。每一桩婚事都必须经得双方父母的同意，否则恋爱双方感情再好也只能告吹。莽人择偶的标准为：男则视其是否身体健康、是否勤劳勇敢；女则要看她是否温柔体贴、心灵手巧。在婚姻方面，莽人也有请媒人做媒的习俗。媒人可以是男性，也可以是女性。恋爱的方式是男方家小伙子主动去找女方家小姑娘。姑娘若看中小伙子，便让他留下并招待他。白天带他一同去劳动，晚上和他一起谈心，以此来增进彼此间的了解。他们的恋爱关系一旦被双方家长认可，男方便可请媒人前去女方家提亲。说媒时，男方要让媒人给女方家带去十来公斤米和松鼠干巴之类的礼物。与此同时，女方也要请媒人出面商定条件，诸如聘礼的多少、男方上门的期限、婚礼的排场，等等。若双方都无异议，这门婚事就算确定了，而后便可择一吉日完婚。男方给女方的聘礼一般是两头猪、数斤酒。上门的时间少则一年，多则三五年不等。结婚那天，婚宴设在女方家，男方要杀一头猪，给村里的每户人家分一点肉，并请全村人喝喜酒。来者要带上一瓶酒、一只鸡、数元钱等。村里有“一家办喜事，全村喝喜酒”的习俗，气氛颇为隆重。

现把雷公打牛陈四娶坪河中寨龙大妹的情况作一简述，以此看莽人的婚礼状况。2003 年 11 月，陈四串寨子时，看上了坪河中寨的龙大妹。经过三年的自由恋爱，双方父母均同意这门亲事。提亲时，男方请本村村民小组长罗开文（男，1951 年生）做媒人。这门亲事的提亲和迎亲几乎是同时进行的。提亲那天，媒人和男方家长按传统的规矩，给女方家送去一头猪（不能少于 100 公斤），3 只鸡，6 斤酒，300 元钱。当日在女方家摆设婚宴，邀请村里的人来喝喜酒。次日，便把新娘接走。新娘父母给女儿带去婆家的有：两个碗，一把弯刀，一把锄头，一口锅以及婆家每人一件衣服，此外还有 1900 元钱。男方媒人所得礼物为一件衣服，女方的没有礼物。按规矩，为女方送行者须为其舅舅，所以其父母和兄弟姐妹都没有送，只有其舅舅来送。

莽人结婚后一般要在孩子出生之后才可分家出去自立门户。分家时父母要送给他们生产工具如弯刀、锄头以及牲口如猪、牛、羊等。出嫁三日后，要向娘家行回门礼。出嫁那天，男方要拉一头猪到岳父母家杀了招待村寨成员。宴毕，夫妻双双向女方父母和亲友一一磕头告别，女方父母送女儿女婿一筒土布、一只土罐。起程前由一长者用锅烟子将双方媒人的鼻子抹黑，但女方媒人可在途中洗去黑灰，男方媒人则要回到家后才能洗去。男方家同时也要杀一头猪，设宴请村寨全体成员，赴宴者一般要送一只鸡以示祝贺。新媳妇到男方家时，男方父母要在门口摆酒相迎，届时，儿子和媒人要从正门进去，儿媳则要从后门进去。当日，还要杀鸡祭祀祖先，禀告家庭新成员的到来，以求得到祖宗的保佑，祝愿新成员平平安安。

莽人没有离婚的习俗。女人一旦嫁给男人，就不能离婚，除非丈夫死亡才可改嫁，但其子女必须留在前夫家。婚后如果双方感情不和闹离婚者，一般先由村里有威信的长者调解，长者认为有挽回余地而不同意离者则不能离，认为两者确实没什么和好的余地而同意离者才能离。因此，无论是双方的结合还是离异均要服从传统的村规民约，征得长者的同意才行，自己大都没有自主权。

（二）家庭结构

莽人的传统民居为竹木结构的矮脚竹楼，由一楼一底构成。用原木作房柱，用茅草覆顶。楼层铺以木板，离地面约一米，楼底一般不堆放任何杂物，仅起通风作用。墙壁和卧室也是用木板围隔而成。每一幢竹楼有两道门，即正门（也称大门）和后门（也称小门）。房屋的建盖不分坐向，觉得怎么盖好就怎么盖。大门和小门的朝向大多由主人家自己决定，门前各搭有一个简易小木梯，梯子仅有三四个横档。从楼梯口到房门间有一个过道，屋檐较低矮，上下楼都要低头弯腰。屋内光线暗淡，人影难辨。

当地许多民族建房都有择地基的习俗，但莽人建房没有此习俗，随意性较强，哪儿有空地便在哪儿建盖房屋。有些民族子女分家时要在自己父母家旁边建盖新房，而莽人觉得哪儿合适就在哪儿建盖。建盖房屋时有互相帮工的习俗。不论哪家建房，全村男女老少都要尽其所能前去帮忙。若是新房落成，村里人都要带上米、酒、鸡、鸭等前来参加贺新房。在酒席上唱贺新房歌，歌词内容主要是祝愿主人家有吃有穿、无病无痛、五谷丰登、六畜兴旺，等等。

室内的布局是：进大门的右边是祖父母辈的卧室，左边是父母的卧室，右边紧靠小门处是儿子儿媳的卧室，对面是谷杂物堆放处，碓房或磨房设在后门的一侧。但由于每个家庭的人员构成情况不尽相同，所以卧室的布局也不尽一致。不过有一点是相同的：即不论哪一个家庭，都是有几对夫妻便有几个火塘。火塘设在各自的卧室门前，四周嵌以四根木条，中央置有一个三脚架，煮饭或烤火时儿子儿媳都不能到父母的火塘上去，只能在各自的火塘上，但各自做好的饭菜则要合在一起食用。

莽人在家庭中，男女分工不甚明确，家庭的内务男女共同管理。除生产劳动之事一般由男人出主意之外，其余无论是重活还是轻活男女都一样做。重活如上山伐木、建盖房屋、耕田耙地等莽人妇女都做，而轻活如家务活、手工编织、拔秧栽秧等男人也都参与。敬重老人、赡养老人是莽人良好的社会道德风尚。据调查，莽人以两代或三代同堂的家庭较为普遍，也有一代或四代共同居住的，但为数不多。

（三）继嗣制度

莽人一般都有两个名字，即莽名和汉名。在内部成员之间的称呼用莽名，对外则用汉名。雷公打牛的莽人有 4 种姓，即陈、罗、龙、刀，其中陈姓和罗姓的居多，他们都有古老的氏族图腾，即以红、白、黑三种颜色作为本民族的姓。所以陈姓又分红陈、白陈、黑陈三种，罗姓也分红罗、白罗、黑罗三种。在调查中发现，村里同名同姓者颇多，如称为“陈大妹”的就有 16 人，称为“罗大妹”的有 8 人，其余如“陈二妹”、“陈三妹”、“罗二妹”、“罗三妹”、“陈二”、“罗二”、“罗三”等同名同姓者也不少。据了解，这种同名同姓的现象主要是与莽人的汉文化程度有关。莽人文盲率所占比例较大，识汉字的人寥寥无几，要用其他汉字来命名是很不容易的，所以只能用自己熟悉的汉名。不过，好在他们都有自己的莽名，在内部交流都可以不用汉名，与外界的接触甚少，用汉名的机会也少。所以汉名相同并不影响他们的交际，只是给外来人尤其是调查者带来很大的不便。

莽人有双重姓氏，子嗣传宗的观念较为强烈。有子之家庭由儿子继嗣，无子之家庭则要去抱养兄弟姊妹之子来继嗣，若兄弟姊妹无子者可去抱同姓者之子来继嗣。抱养一般是小孩在 1—2 岁尚未记事时。抱养时无须举行任何仪式，只要双方家庭约好时间即可。抱养之后，小孩亲生父母有甚好吃的便给小孩送去，收养方有甚好吃的也常常给小孩的亲生父母家送去，以此来联络双方间的感情，建立相互间的密切关系。

三　莽人的文化生活

（一）日常生活与节庆礼俗

莽人的日常生活主要体现在平时的农事活动和建盖新房上。由于莽人长期居住于几乎与世隔绝的原始森林中，其原始的生产方式和传统的生活习俗也就因此而得以保留下来。

1. 农业生产

莽人居住的地区山高林密，常年气温较低。因此，农作物生长周期较长，一年只能种一季。在农业上，莽人主要是根据月令和某种鸟开始鸣叫时来安排当年的生产活动的。一般情况是：农历一月听到威鸟鸣叫就开始烧山种包谷，农历二月扎瓷鸟鸣叫就开始种地谷，棉花虫鸣叫包谷开始成熟。六月开始收包谷，九月收地谷。芭蕉芋、木茖和芋头生长期较长，大多二月播种，十一、十二月才可以收。由于刀耕火种的落后生产方式及播种后缺乏管理经验等原因，使得莽人的粮食收成很低，所以缺粮现象较为严重，一年所收的粮食仅能维持两三个月。缺粮时他们就到森林里去挖野生的根块植物作补充，或者把所编织的手工艺品背到坝区去换取粮食和其他所需物品。改革开放后，莽人学会了栽培水稻技术，现在多以大米为主食。但由于地域因素，大米的生长周期一般也在半年以上，不像河坝地区一年可种植两季甚至三季。因此，莽人的缺粮现象还不能从根本上得到解决，每年都得靠政府救济。

过去，莽人多以采集打猎为生。他们的狩猎方式是安放铁夹子、挖陷阱或是用弩、火药枪等。猎获之物诸如熊、野猪、麂子、马鹿等，皆全村人分享。现在很多人家学会了养牛、羊、猪、狗、鸡、鸭等。莽人的蔬菜常年靠采集山上的野菜为主，至于蔬菜的栽培则是近些年的事。但由于缺乏栽培和管理技术，他们栽培的蔬菜成活率较低，所以一些由竹子围成的菜园，名是菜园，实则是一个不起任何作用的小空地，菜园内时常有猪、鸡在里面翻找食物。对这种现象，村民们大都习以为常了。

2. 手工业生产

手工编织可谓是莽人的拿手活。他们用藤篾或竹篾编织出的手工艺品如篾席、篾箩、篾桌、篾箱、篾凳等，备受当地其他民族的青睐。这些手工活，不仅男人会做，女人也会做，而且做得更细密、更精致。过去，这些手工艺品不仅是莽人不可或缺的生活必需品，同时也是他们重要的经济来源。他们把这些手工艺品背到集市上去卖，然后买回自己所需的油、盐、布等其他生活用品。现在，由于莽人大量种植草果，草果成了他们重要的经济来源，所以，其传统的手工艺品不再是进入市场的商品，而只是他们日常生活的用品，或留作赠送亲友的纪念品罢了。

3. 起居习俗

早睡早起是莽人一贯的起居习俗。农忙时他们起得更早，尤其是妇女，凌晨四五点便起来舂米、做早饭。吃过早饭（约七八点），家里除了留老人照看小孩外，其余都要外出干活。没有老人的人家则只能背着小孩去田间劳作。他们的田地离村子较远，往往要走一个多小时才可抵达，所以外出干活时都要背上锅、米等炊食用品。干到中午一两点钟，休息一会儿，煮煮午饭。吃罢午饭，接着干到日薄西山才赶回家。农闲时就做手工编织活、拉拉家常等。由于海拔较高，森林茂密，空气湿度大，因而一到冬天，天气寒冷。莽人没有足够抵御寒冷的被盖和衣服，所以常常是睡到半夜就起来生火取暖。

4. 节日习俗

莽人除过年外，无其他节日。时间为农历 12 月底开始，除属猪日外，其余日子都可以过年。过年时有猪杀猪，有牛杀牛，有羊宰羊。每家每户都要轮流请客，今天在这家吃，明天就到另一家去吃，直至全村转遍了才算过完年。过年期间，莽人时兴聚在一起吃饭。吃饭时，男女分开各坐一桌，男子的饭桌设于靠正门一方，女子的饭桌设于靠后门一方。长幼座次有序，长者坐桌头，次长者坐两侧，幼者坐桌尾。一边饮酒一边唱歌，兴尽方休。客人回家时，主人往往要送上一块肉，以表心意。节日结束便开始安排新一年的生产活动。

5. 文化娱乐

莽人很少有什么文化娱乐，平时也不举行什么文化活动。他们的文化娱乐多半是在逢节日时在酒桌上唱唱歌、对对歌，互相祝福而已，平时就是贺新房或嫁娶之时唱歌祝福主人家或祝福新郎新娘等。据报告人即本村村民小组长罗开文说，雷公打牛除 1979 年乡政府派工作队去放过一场电影外，直到现在他们就没有再看过一场电影，更没有观看过歌舞之类的演出。所以他们的小孩根本不知道什么是电影。

6. 服饰穿着

莽人男性没有传统的服饰，但有留长发习俗。据说，此习俗是因为过去没有剪刀，没法剪去而形成的。到了 20 世纪 60 年代后，工作队深入莽人地区，带去了剪刀、推剪等，莽人男性才开始剪剃头发。女性有自己的传统服饰，她们上着长袖对襟紧身衣，衣襟镶以银币作饰物，是富贵的象征。下身着黑色筒裙，群摆镶上数道彩条。腰部围上长约 1.5 米、宽约 80 厘米的白色围腰，围腰的两头绣有红绿相间的花纹。她们的头饰是用一根粗红线扎一发束于头顶。莽人妇女有拔眉习俗，此俗至今尚有保留。她们不但要把眉毛全部拔掉，就连眼睫毛也要拔光。此外，她们还有文唇饰齿习俗。嘴唇的四周以文黑色图案为美。饰齿时要用一根竹筒，一头靠着火，另一头用刀子盖住，然后用手把留在刀子上的火烟子，不断往牙齿上涂抹使之变黑，据说这样可以坚固牙齿。莽人和其他少数民族一样，也有穿耳洞、戴耳环的习俗。近年来，由于受到市场经济的冲击，莽人因地制宜，种植了草果，使他们的经济条件有所改善。他们的服饰也发生了变化，现在大多数人都穿起了汉装。

7. 卫生与健康

雷公打牛坐落在沿中越边境线的一个山梁上，两旁的深沟均有泉水流经。他们的饮用水便取于此，取水工具主要是竹筒。1995 年 10 月，村里分来了当地一位姓罗的傣族老师，他帮助莽人将水引至村中。现在莽人用水方便多了。以前，莽人的洗涤用具主要是莽语称之为“$plaŋ^{51}jɔ^{35}$”的野生皂角和称为“$ʔɯŋ^{31}tan^{55}$”的有沫子的野草根。近年来，他们也用肥皂、洗衣粉，一部分人开始学用牙膏牙刷了。莽人村里没有厕所，他们都到村子周围去方便。直至笔者第一次到此地调查时，罗老师才动员村干部发动群众，到山上砍来木料、竹子，草草搭起了一简易露天厕所。

村里没有医生，也没有人懂中医，因而缺医少药的现象极为严重。生病没药吃，多半任其自然好，或请“魔公”（莽人巫师）来看病。“魔公”看病时，一般是让主人家杀一只鸡，“魔公”施施神秘的法术，念念驱灾之类的咒语，便算是看了病。但让“魔公”“诊治”过的病人，有时身体条件好的则能幸免灾难，身体条件差的，则成年者病逝，幼年者夭折。这种现象至今仍困扰着莽人。

8. 社会交往

莽人与外界的交往甚少，平时的交往多在附近的几个村子之间进行，偶尔也有工作队深入到这里。如果家里来客人，一般都是主人先主动打招呼，问客人从何处来、要去何处、吃饭没有等之类的寒暄语，客人则要向主人说明来意。若是遇工作队的人员来村里办事，则由村干部出面接待。乡政府每年拨给一定数额的接待费。若是在路上相遇，一般是小辈先给长辈让路或打招呼，招呼语多为“从哪儿来?”“要到哪儿去?”等之类的客套话。莽人和当地其他民族或族群一样，对礼节较为注重，要是远方的客人来访，客人走时，他们往往要赠与自编的手工艺品以作纪念。

（二）人生礼仪

人的生命旅程一般都要经过出生礼、婚礼和葬礼。在人生礼仪中，生育礼仪是人的初始之礼。因此，许多民族对此礼仪都很注重。但每个民族由于对生育的理解不尽相同，所以他们各自的出生礼仪也各有不同的含义。莽人的人生礼仪也有其独特的一面。这里着重探讨莽人的出生礼和葬礼，婚礼可参看前述的“婚姻形态”部分。

1. 出生礼

生育与命名。过去，莽人并不知道妇女受孕是由于两性的关系，而认为是某种神秘的力量进入妇女腹部的结果。因此，整个生育过程对他们来说都充满着神秘的色彩。如今，他们已经认识到妇女受孕的真正原因，但由于其文化较为落后，加之传统观念的影响，使他们对妇女的生产仍然存在一种难以克服的心理因素，从而产生一种恐惧感。

莽人认为妇女分娩是一件极为不洁之事，因而不能在家里生产，否则会给家人带来不祥。所以在临产前，就要在自己的房屋前后或村子周围搭一个芭蕉叶棚，棚内挖一道深沟。然后夫妻俩便住进棚屋里，孕妇就在棚屋里生产，接生者是自己的丈夫或有经验的年长妇女。生产时不能让血流在地面上，而让它流进深沟里。婴儿产下后，用冷水清洗，脐带则用未消过毒的铁刀或篾片割断。胎盘要装入竹筒内，待婴儿产下三天后，再拿到森林里挂在树枝上或放在树脚下处置。但处理胎盘时不能让外人知道，最好是在神不知鬼不觉时进行。

由于莽人不能准确推算预产期，加之妇女怀孕之后享受不到特殊的照顾，常常是怀着身孕还要到田间劳作、干重活。所以把婴儿产在田间、生在路上或者家里没人时分娩也是常有的事。

鉴于莽人人口少，所以当地政府给予莽人的特殊政策是不实行计划生育，愿意生多少就生多少。莽人婚后由于夫妻间不会采取避孕措施，不想要孩子者一生就是十几个，而想要孩子的则可能患上不孕症，或生了一两胎后便不能再生育。因而人口的发展极为不平衡。笔者调查的雷公打牛就有类似的情况。该村村民陈立光（1965 年生）与其妻罗二妹（越南人，1964 年生）1980 年结婚，一共生下 14 个孩子，其中的 4 个孩子刚生下几天便夭折。其余 10 个孩子中最大的儿子陈小林已结婚生子，最小的儿子仅有两岁。而与此相反，村妇女主任陈美荣（1965 年生），14 岁生下一子后便患上了不孕症，至今也没有再生第二胎。

莽人妇女分娩除难产有生命危险外一般都不去医院。近几年来，莽人妇女生育的情况有所改变，多数妇女都可以在家中分娩了，但未婚先孕者仍不能在家中生，而只能按传统的办法到外面搭一芭蕉棚生产，满月后才能搬进屋来。

莽人有一套自己的命名制度，给小孩命名时，无论是男孩还是女孩，均要在名字前面加“阿”字，如“阿冬”、“阿贵”。若要区分性别时，男性在前面加上“ʔan^{55}jy^{55}”（安迂）、女性在前面加上“van^{35}tə^{51}tɕia^{55}”（万德佳）即可。

小孩的养育与训练。莽人对小孩的养育与训练并没有专门的方法，较为随意。小孩断奶均没有固定的时间，有的两三岁后才断，若是未断奶期间其母又怀上，则要吃到其母分娩时为止。小孩断奶的方式多采用在乳头上抹些辣椒或锅烟子等。断奶后小孩没有专门的食物，大人吃什么就跟着吃什么，也没有固定的餐数，大人是一日三餐，小孩则何时想吃就自己去抓点吃。莽人的小孩几乎没有什么玩具，除了个别人家给小孩做弓或弩之类的玩具外，其余则是捡到什么就玩什么。小孩不听话一般是用体罚或恐吓的办法，如用手掌拍打或用棍棒抽打，或用“苗族（或哈尼族）会把你抱走”“老虎豹子会来吃你”等之类的话来恐吓。小孩的个人卫生较差，出生那天用冷水给洗一次，以后就不再洗了。

小孩在成长过程中如有什么病痛，则认为是失魂所致，要使小孩早日康复，就必须请莽语称为“a^{55}tsaŋ^{51}tsi^{51}huaŋ^{31}”（意为“会做会念的男人”）的男性长者“魔公”来为小孩喊魂。喊魂时要用两只鸡（公母均可）、两团糯米饭放在竹碗里，到病者家门口喊，喊完后杀掉其中一只鸡，另一只则要放到森林中而不能再捉回来。

莽人对小孩的教育主要以家庭教育为主，学校教育时断时续。1979 年前，曾有 4 名民办教师相继在这里任教，后因自卫反击战学校停办，就再没有教师来授课。直到 1995 年才恢复办学，是年 5 月在村里建盖了一座校舍，7 月竣工。1996 年 9 月恢复招生，学校实行隔年招生制。学生上至四五年级便到乌丫坪中心小学借宿就读。雷公打牛现有教师一名，在校生共 28 名，其中有 7 名在乌丫坪中心小校，有 21 人在村里，分为两个年级。根据云南民族教育特殊政策，省里每年拨出一定款额，对边境县沿线贫困乡镇的小学和初中实行“免学费、课本费、文具费”的“三免”政策。莽人学生均享受这一特殊政策，从而保证了教学的正常进行。

2. 莽礼

生老病死是人类社会发展史上的一种自然现象。在人的生命周期里，死亡是人生旅途的终结。可是，这一简单的真理并非人人都能够接受。由于人们对死亡的认识不同，于是便产生了与之相应的种种社会行为。存在于许多社会群体中的丧葬习俗便是这种行为的具体体现。莽人和许多少数民族一样，对人的死亡也有一套独具特色的礼仪。

吊丧与停灵。莽人人死后，死者家属要立即派人去报丧，然后将死者的卧室靠火塘一侧的篱笆墙或木板墙拆除，作移尸至外时使用。给死者净身后要将尸首停放在其原住卧室内，并盖上被子。亲友们一旦得到丧讯，便要立即准备吊礼，迅速前往丧家吊丧。吊礼为一只鸡、一瓶酒和一些米。吊丧者都不披麻戴孝，但男性要脱下帽子，女性则要解下发绳。死者停灵一天，次日便下葬。停灵期间要在死者尸首旁插上一根点燃的“十”字架形蜂蜡和一把三角形篾扇。蜂蜡作死者照明之用，扇子则为死者上路时使用。

入殓与择穴。莽人人死前都不准备棺木，死后才临时到森林里砍伐一棵粗壮的大树，截取其中一段劈成两半，用斧子剜出一个内槽，做成棺木。做好后再把棺木抬至坟山，放在坟棚里，入殓仪式便在坟棚里举行。坟山就是莽人的公共墓地。莽人择坟不用蛋卜法，全凭人们的感觉，觉得哪儿合适就在哪儿掘。但掘好坟后要在坟穴上搭一间茅草棚或芭蕉叶棚（正常死亡者用茅草棚，非正常死亡者用芭蕉叶棚）。

出殡与送葬。莽人出殡前要先将死者抬至后门，然后用一块白布或黑布裹住尸首，再裹上一床篾席，最后用一根原木绑在尸体上，由两个人各抬一头将尸体抬出。出殡时不能走大门，而要走小门。村里每户人家都必须有一人（男女均可）参加送葬。送葬时其直系亲属要一路哭述直至墓地。

下葬与随葬品。莽人下葬前要先举行入棺仪式。尸体入棺后，盖上棺盖，然后用一种野生的红藤捆扎棺木。下葬时男性头朝东，女性头朝西。随葬品是一只碗、一把勺、一把木刀、一个背箩、一个畚箕、一个竹筒以及死者生前用过的被单、穿过的衣物等。葬毕用土填平墓穴，不立坟堆，也不竖墓碑。

葬后的翌日早晨，丧家要请 ʔa^{55} tsaŋ^{51} tsi^{51} huaŋ^{31} “阿奘祭化”（魔公）来为死者念诵领路词。随后，丧家要清除死者的全部遗物，其卧室也不能再住人和堆放杂物。葬后的第三天傍晚，死者亲属要带三根火种到坟棚燃烧，以示为死者守灵。此后每隔三日送一次，共送三次。整个的丧葬礼仪便在葬后第九天，亦即第三次送火种时宣告结束，以后也不再扫墓、不再奉供，坟地就此任凭杂草丛生。

断发与祭献。莽人送葬回来的途中，要先在山脚下的小溪处洗手净面后才能进村。进村后要先回到丧家，而且每个人都要在小门处洗手之后才能进屋。死者子女每人都要割下额头前的一撮头发搁置于屋顶上。这一天，送葬者不能回家过夜，以免把邪气带回家中，而要“夜逃”，或宿在丧家，或借住亲戚家。

治丧期间，丧家要杀猪、狗、鸡等祭献死者，祭献时还要有糯米饭、酒、菜等。祭牲均不能用刀杀，而只能整只弄死。猪、狗要用木棍敲死，鸡要用手掐死，而且要用火把毛烧尽之后才能煮。糯米饭不能用锅煮，而要用竹筒烧煮。办丧事吃剩的饭菜在葬毕死者之后都必须倒去，不能再食用。

正常死亡与非正常死亡的界定。关于正常死亡与非正常死亡的界定问题，不同民族有不同的划定标准。有的民族如纳西族是以“气”的接续与否来界定正常死亡与非正常死亡，接上“气”者为正常死亡，否则为非正常死亡；有的民族（如金平白傣）则以“寿终正寝”与否作为划分正常死亡与非正常死亡的标准，“寿终正寝”者为正常死亡，其余为非正常死亡。

莽人对此也有自己的划分标准。他们一般把成年人（不论结婚与否）的死亡都看作正常死亡，未成年人死亡或者凶死、客死异地者视为非正常死亡。成年人与未成年人的划分则根据其生理因素来定，发育早的十三四岁也视之为成年人。对于成年人死亡（不论是否为正常死亡）均以棺木葬之，而未成年人死亡则只能以篾席裹尸而葬之。出生当日便夭折的婴儿则要盛以竹筒葬之，但不能土葬于坟山上，而只能露葬或树葬于森林之中。

（三）观念世界与禁忌

1. 观念世界

“所谓观念，它是指人们在特定的文化背景下形成的关于某一对象的相对定型化的映象、理解或文化观点。”① 每一个民族的风俗习惯都建立在

① 翟华、张代芹等著：《观念世界探幽》，山东文艺出版社1989年版，第3页。

一定的思想基础之上，思想观念的不同，反映在习俗上的社会行为也不相同。我们从以下几个方面的情况来看莽人的观念世界。

既没有天堂也没有地狱的来世世界。在他们的观念里，整个宇宙是一个由“人”和“鬼”共同构成的统一体。人活着的时候就生活在世俗世界里，人死了就要到另一个即“鬼界”里去生活，那个世界便是人的来世世界。那里既没有天堂，也没有地狱。在人世间，人们日出而作，日落而息；在鬼界里，鬼魂们也像生前那样“日出而作，日落而息”。莽人有这样的说法：“男子死者横尸埋，头葬朝东见夕阳，死灵看见日夕阳，去林狩猎容易获……女子死者横尸埋，头埋朝西见日出，死灵看见日出来，起早舂米好做饭……”由此可以说明莽人所构想中的鬼魂世界也和人间一样从事生产劳作，而且还可以从另一个侧面反映出莽人男女有别的社会分工。关于人死后其灵魂的去处问题，英国人类学先驱爱德华·泰勒（Edward Tylor）在其名著《原始文化》中曾有过这样的论述：“关于死人灵魂的所在地主要局限在它世间生活和它尸体埋葬的地方的观念，是普遍的。”许多民族的观念都能反映这一点，但莽人则不然。在他们的观念里，人死后便一去不复返，通过一定的仪式后，其灵魂便与世俗世界断绝一切关系，永远生活在来世世界里。这是他们解释灵魂去处的独特之处。莽人认为，他们的祖先在越南，人死后，其灵魂就要到越南去与祖先们团聚，那里是他们永恒的归属，此后便不再返回人间。他们之所以不在家中设祖先神位，不祭祀祖先神，其缘由就在于此。另外，他们对人和鬼的界限是极为分明的，认为人有人的活法，鬼有鬼的去路，人鬼是不能同道的。因此，出殡时尸体不能从正门抬出，而要从后门抬出。

直观思维向抽象思维的转化。这种思维的转化是莽人原始的一种思维模式。这种思维模式，可以从莽人对死者的祭祀行为中反映出来。如在丧葬礼仪中，对于祭祀物品的使用，无论是告慰死者的吊礼，还是祭祀死者的牺牲，都是真真实实的。就是各种随葬品也都是真实的，或是专门为死者新制作的，或是死者生前用过的。从这一角度来分析，莽人的思维模式尚处于一种比较朴素、直观的原始思维阶段。而在葬毕死者后，他们所表现出的行为就不同了。如，坟棚的搭建，则带有一定的象征意义，尽管使用的材料是真实的，外观也酷似人住的房屋，但其形状小而不能住人。这种带有象征意义的抽象思维还包括断发和净身仪式。断发仪式，不仅表示子女对父母的孝敬，还表明子女与死去的父母从此断绝关系。净身仪式也同样能说明这一点，他们认为，通过净身，生者就可以结束与死者的一切关系。通过这些仪式以后，活着的人对于曾经是他们的亲属、有一定的社会关系，而现在已不复存在的人就再也没有任何义务了。由此看来，植根于许多民族的祖先崇拜，在莽人中并没有明显反映出来。因为只有在不定时地在墓前祭祀、在接近忌日的日子在墓前洒祭酒、有规律地在节期悼念死者的时候才是对祖先的崇拜。而莽人并没有与死者保持任何一种这样的联系。

莽人这种祭奠行为方式的逐渐象征化，表明了他们的思维已逐渐由对具体物质形态的直接依赖进而转向对物质之间关系的把握了。这是原始思维中更高一层的思维模式。这种思维模式与克木人极为相似①。

灵魂信仰。在莽人的观念中，灵魂是存在的。他们认为，无论是生者还是死者都有灵魂，就是动物也都有灵魂。灵魂不仅存在于世俗世界，而且还存在于来世世界中。生者的灵魂和死者的灵魂既有区别又有联系。人活着的时候有灵魂（即活魂），灵魂具有离开躯体返回躯体的功能。他们把人的疾病解释为灵魂离开躯体所致。如果灵魂离开了躯体，人就会生病乃至死亡。只有让灵魂回到身上，病才会好。所以，人生病就要请“阿粜祭化”（魔公）来喊魂。送葬回来之后，丧家要为众人喊魂，以免其灵魂跟随鬼魂而去，导致生病。

莽人还认为，灵魂的存在必须有其依附的载体，这个载体就是人的肌体。有了灵魂，肌体才有生命，灵魂消亡，生命也就不复存在，肌体也会随之而腐烂。灵魂和肌体是相互依存、互为条件的。人死后，灵魂因失去了其所依附的肌体而成了鬼魂（即亡魂）。在他们看来，活人的灵魂是不会害人的，而死者的灵魂则会加害于人。尤其是人刚刚死亡时，他的灵魂会对尸首即生前生活过的空间产生依恋情绪而迟迟不肯离去，甚至还会作祟于人间。因此，人死亡后，不宜将其尸首久留，要尽快掩埋。而且，下葬当日，送葬人员还必须“夜逃”，以免将鬼魂引至家中，作祟于家人。

莽人对人生的追求是完美的，而且对灵魂的要求也是完整的。善始善终是他们对整个人生的美好愿望。对于寿终正寝者，他们是很崇拜的，反之，他们是非常忌讳的。因而，对于凶死或客死他乡者，都不能抬进村，刚出生便夭折的婴儿，不能入棺土葬，未成年人死亡不能葬于公共墓地。

① 参见张宁《克木人丧葬礼仪文化解析》，载《民族研究》1998 年第 6 期。

他们认为这类人的死亡，其灵魂是不完整的。不仅对人如此，对牺牲也是如此。因此，祭献死者的牺牲不能用刀杀，只能整只弄死，以求得其灵魂的完整。

总之，从莽人的观念世界中可以反映出他们对现世的厚重，对来世的淡薄。这是莽人较为典型的文化特色，也是莽人与其他少数民族最重要的区别。

2. 禁忌

禁忌，英文是 taboo，音译中文是“塔布”。其原义是指不能被普通人所接触的有超自然的人、物、地，这些事物被视为神圣的、不洁的或危险的。现在，多指那些来自宗教信仰和社会习惯的约束和禁止。禁忌是世界各民族所共有的一种社会现象，但由于种种原因，不同的民族，其禁忌的内容和形式也不尽相同。莽人在长期的社会生产和生活中也形成了一套自己的禁忌。有的禁忌有相关的传说，有的禁忌则是长期以来所形成的一种社会习惯。莽人认为触犯了某种事物或做出某种行为将会受到惩罚，会有厄运或灾难降临。因此，为了保证能平安幸福地生活，人们自觉或不自觉地遵守那些代代相传的禁忌，约束或克制自己的社会行为。从收集到的材料来看，莽人的禁忌主要有如下内容：

动物禁忌。莽人妇女禁食麂子肉。这里有一个相关的传说：在很久很久以前，世界上所有的动物都会说话。那时男人很勤快，每天起早贪黑，到地里劳作，而女人则很懒，成天闲在家里，不下地干活。到了播种季节，女人图省事，把谷种撒在麂子留下的脚印里，任其自然生长。后来粮食不够吃，只能去狩猎。猎到麂子时，麂子说不准女人食它的肉，谁吃谁就会灾难临头。从此，女人不敢吃麂子肉。猎获麂子不得拿进屋里，只能在屋外煮食。凡杀猪、鸡、狗等只能在房子后侧，不能在屋内。

植物禁忌。莽人禁止把绿色植物携带进屋。传说，从前莽人一个村子只有一个姓氏，每户人家都设有一个祖宗灵堂，祭祖时都要用绿色植物献祭。后来，老一辈的人都去世了，却没有把如何用绿色植物祭祖之事传给后人。后人学着前一辈人的做法，用绿色植物来祭祀，可不知何故，谁用绿色植物祭祀，谁家的亲人就会有灾难。于是人们再也不敢用绿色植物来祭祀，也不敢把绿色植物携带进屋。

产妇禁忌。莽人妇女不能在家里分娩，只能到外面搭一间芭蕉叶棚作产房，孩子满月才可回家。回家时，产妇不能从正门进，只能从后门进。

产妇坐月子期间，不能洗头洗澡，不能吃油，不能吃牛肉、羊肉（生产三个月之后才可以吃）。坐月子用的凳子别人不能用。产下婴儿后，要扯来一把绿树叶挂在家门口作标记，三天后方可取下。这三天内，若有陌生人来访，第一个跨进门者就得给孩子做干爹或干妈，给孩子拴线、取名。取名一般是用自己的姓给孩子做小名。若无陌生人来访，则在孩子满月时由自家的长者取名，取名时要请亲友们来吃一顿便饭。满月后，产妇就可以从事农业生产。

木碓禁忌。舂米的木碓分为手碓和脚碓两种。在莽人看来，它是神圣的，在莽人生活中是不可缺少的东西。因此，对于木碓有许多禁忌。如木碓上不能坐人，不能放物品，以免亵渎木碓神。木碓以新换旧时，新木碓必须用火炭抹黑，而且只能在晚上更换。换下来的旧木碓要用泥巴涂上，任其腐烂，不能当柴烧，也不做其他用。非同一民族的人不能共用一个木碓。

火塘禁忌。火塘是莽人烹煮食物和取暖的地方。一对夫妻有一个火塘，核心家庭中一般只有一个火塘，而扩大家庭有几对夫妻便有几个火塘。每一对夫妻及其未婚子女可以共用一个火塘，不能在其他火塘上烹煮东西和取暖。火塘上不可摆放其他物品，也不能坐人。

四　莽人的族群关系

任何一个民族或族群都不可能孤立地存在与发展，在历史发展的进程中，或多或少都会与周边的民族或族群发生这样或那样的联系，相互间吸收对方的文化养分，从而形成“你中有我，我中有你”的民族融合关系。莽人也不例外，在与周边的民族交往中，形成了较为特殊的民族关系。这种关系主要表现为境内的民族关系和境外的民族关系。

莽人与境内的民族或族群关系，较为密切的除了莽人的4个村子以外，要数苗族、哈尼族和傣族。由于地域、语言等原因，莽人来往最为密切的还是在于其族群内部之间，主要表现为平时的往来和互婚。其婚姻以族内婚占主导，其中，本村人之间的通婚所占比例最大。与其他民族的通婚极少，雷公打牛仅有一例，即前面提及的罗笑英与苗族通婚，其余均为莽人族内婚。与苗族和哈尼族的交往主要在于经济上的互通有无。尽管莽人离傣族地区较远，但其与傣族的关系并未因此而疏远，相反他们与傣族的交往更为密切。每次到河坝去赶集，莽人都要到傣族家去借宿，并给主人家带去山珍野味，还赠与藤篾工艺品等。傣族也同样赠与莽人衣物或其他生活用品。由于频繁的交往，莽人学会了说傣语。在雷公打牛村调查期间，村里能说傣语的一老者，听说笔者会说傣语，便很自豪地用傣语与笔者攀谈起来。老者说的虽然不是地道的傣语，但能很自然地用傣语交流，实为不易。足见莽人与傣族的密切关系。

莽人与境外民族的交往关系较为密切，主要表现为与越南莽人之间的交往关系。越南北部离我国的雷公打牛村比较近的有4个莽人村：即南胆、南班、南迦、南韶。其中南胆离雷公打牛村最近，只须走一个多小时的山路便可抵达。雷公打牛的莽人与越南的莽人交往甚是频繁，不仅表现在经济上互通有无、文化上互相交流，还表现在互婚上。中越边民的跨国婚姻，在金平边境一带较为突出。有傣族的互婚，有瑶族的互婚，还有莽人的互婚。这种特殊的婚姻在当地早已不是什么新鲜事，大家都视之为正常现象。就雷公打牛村的跨国婚姻来说，便可以看出中越跨境民族之间的友好与密切往来。雷公打牛村子不大，可越南姑娘嫁来的就有十余人，而本村姑娘嫁去越南的仅有一人。究其主要原因，便是我们这边的经济状况要比对方好些。尤其是在胡锦涛总书记和温家宝总理对莽人的经济社会发展状况作了专门批示以后，云南省与红河州都加大了这里的扶贫开发力度，莽人的生活水平有了相当大的提高。相信随着中越友好关系的进一步发展，两国莽人的跨境婚姻实例还会不断地增加。这种跨国婚姻的发展必将会为两国人民的友谊增光添彩！

第六章　西双版纳州跨境民族文化（上）

——以傣族园为例

一　西双版纳州跨境民族概况

西双版纳傣族自治州位于北纬21°10′—22°40′，东经99°55′—101°50′，土地面积1.9万平方公里，是我国傣族的主要居住地，东西南三面与老挝、缅甸接壤，紧邻泰国。下辖景洪市、勐海县、勐腊县。全州有859533人，世居民族有傣、汉、哈尼、拉祜、布朗、彝、基诺、瑶、壮、回、苗、景颇、佤13个民族[①]。他们中的傣族、哈尼族、彝族、拉祜族、布朗族、瑶族、苗族、壮族8个少数民族以及克木人跨境而居，其中傣族、哈尼族、克木人与老挝、缅甸跨境而居，彝族、瑶族、苗族、壮族与老挝跨境而居，拉祜族、布朗族与缅甸跨境而居。除汉族外，州内居住着44种少数民族，共有人口79.4万人，占总人口的75.60%[②]。2004年，全州实现生产总值68.78亿元，比上年增长12.1%，地方财政收入2.96亿元（2003年为4.45亿元），排除取消农特税等政策因素，同比增长43.1%，城镇居民人均可支配收入7363元，比上年增加7.6%；农民人均纯收入2012元，比上年增加5.3%；人口自然增长率9.22‰[③]。

傣族源于古代的百越族群，是一个跨中国、缅甸、越南、泰国和老挝5个国家居住的民族。傣族自称“傣”、“傣雅”、“傣那”、“傣绷”等。在先秦时称其为“百越”，汉晋时称之为“滇越”、“掸”、“擅”、“僚”或“鸠僚”。唐宋时称“金齿”、“黑齿”、“茫蛮”、“白衣”等。元明时

---

① 《西双版纳年鉴》，北京燕山出版社2002年版，第10页。

② 《云南统计年鉴》，中国统计出版社2006年版，第647页。

③ 《云南年鉴》，云南年鉴社2005年版，第396页。

期称“白衣”又写作“百夷”[①]，德宏州傣族称为“大百夷”；西双版纳傣族称“小百夷”。清以后称之为“摆夷”，把“大百夷”称作“旱摆夷”；“小百夷”称为“水摆夷”。据傣族书籍记载，公元前8世纪前后，部分境外傣族先民不断迁入西双版纳境内，并与原先居民逐步融合，成为至今傣族的主体部分。西双版纳傣族总人口299428人（以下西双版纳少数民族人口数据出处相同）[②]。傣族有本民族的语言和文字，属汉藏语系壮侗语族壮傣语支，主要有德宏的傣那文和西双版纳的傣泐文两个方言区。傣族的节日主要有汉族的春节、端午节、中秋节，最有傣族民族特色的节日是“泼水节”即傣历新年，傣语称为“桑干比迈”、“楞火桑干”即六月新年。傣族既信仰原始宗教又信仰南传佛教。傣族认为，日、月、天、地、山、水、鱼塘和树木等自然万物都有灵魂，为祈求丰收，保佑平安，必须祭祀它们。

哈尼族源于中国古代西北羌人。早在隋唐、宋、元、明、清时期，哈尼先民就以“和夷”、“和蛮”、“和泥”、“窝泥”、“哈尼”等名称见于汉文献记载中[③]。哈尼族自称“哈尼”、“卡多”、“雅尼”、“豪尼”、“白宏”、“碧约”、“布都”等。公元7—8世纪，哈尼先民主要居住在红河中游两岸地区，公元9世纪中叶南迁，经元江、江城等地进入西双版纳至澜沧江东岸，而后渡过澜沧江，逐渐分布于全州山区半山区[④]。哈尼族人口163267人，西双版纳哈尼族内部分为吉围、吉坐、木达、阿克、补过（角）等支系，以吉围、吉坐人口较多。主要分布在山区半山区，较集中居住地为勐海县格朗和哈尼族乡、巴达布朗族哈尼族乡、西定哈尼族乡；景洪县景哈哈尼族乡、勐龙乡；勐腊县勐润哈尼族乡、芒果树哈尼族乡等。

彝族源于中国古代西北部氐羌游牧部落，自称“腊鲁泼”（泼为彝语，即族或人的意思），他称“香堂”、“本人”、“罗罗”。彝族是北来羌戎系和南方土著居民长期文化融合和体质混血的融合体。清代，彝族祖先中的“腊鲁”支系迁居新平、景谷一带，后因战乱，由景谷经普洱迁入西双版纳境内定居[⑤]。彝族总人口39463人，主要分布在勐腊县的象明乡、易武

① 尤中：《云南民族史》，云南大学出版社2004年版，第29、121、183、315页。

② 《西双版纳年鉴》，北京燕山出版社2002年版，第10页。

③ 尤中：《云南民族史》，云南大学出版社2004年版，第174、381、537页。

④ 《西双版纳傣族自治州志》，新华出版社2001年版，第512页。

⑤ 同上书，第544页。

乡、勐伴镇以及景洪市普文镇等地。彝族有自己的语言文化，属于汉藏语系藏缅语族彝语支。彝族普遍信仰原始宗教，有自然崇拜、鬼魂崇拜、祖先崇拜等，巫师有“毕摩”和“苏尼”两种。火把节是彝族地区普遍而又最隆重的传统节日。

拉祜族源于古代羌人。拉祜族自称“拉祜”，他称有“倮黑”、“锅挫”、“缅”、“目舍”等，新中国成立后，统一定名为“拉祜族”。公元10世纪南迁至西双版纳、普洱一带，西双版纳地区拉祜族多从澜沧县迁入。拉祜族总人口49173人，主要分布在勐海县的勐阿乡、勐往乡、勐满镇，部分散居于勐海县的西定乡、勐宋乡、格朗和乡、布朗山乡、勐混镇，景洪市的勐龙镇及勐腊县的尚勇镇。拉祜语属于汉藏语系藏缅语族彝语支，分拉祜纳和拉祜西两个方言，没有本民族的文字。主要的民族传统节日有大年、小年、火把节和尝新节。信仰原始宗教占主导地位，同时汉传佛教、基督教、天主教也在拉祜族中广为流传。

布朗族源于古代濮人，是云南的土著民族。西双版纳布朗族自称“布朗”，汉称“浦蛮”，傣称“满”，新中国成立后统一称为布朗族。经过长期的民族迁徙和部落、部族分化融合，原居住在今西双版纳、普洱、临沧境内的一部分濮人，发展成为今天的布朗族①。曼咪人过去自称为“曼咪族”，1958年民族工作组进行民族识别后归属布朗族；昆格人1982年第三次人口普查后，归属布朗族。曼咪人、昆格人都有自己的语言，属南亚语系孟高棉语族佤德昂语支。布朗族总人口37213人，主要分布在勐海县的布朗山乡、西定乡、勐满镇、打洛镇。布朗族有自己的语言，属于南亚语系孟高棉语族布朗语支，分布朗和阿尔佤两个方言；没有自己的文字，使用傣文和汉文。布朗族传统婚姻模式实行严格的氏族外婚和一夫一妻制。布朗族氏族外婚的特点是本氏族的姑娘可以嫁给除舅家以外的氏族，本氏族的男子可以娶除舅家以外的其他氏族的姑娘为妻。传统民族节日有“景比迈”（过新年）、“奥瓦沙”（关门节）、“考佤沙”（开门节）。主要信仰原始宗教和南传佛教，原始宗教的核心是“万物有灵”，主要内容有自然崇拜、图腾崇拜、鬼神崇拜和祖先崇拜。

瑶族源于秦汉时期“长沙武陵蛮”或“五溪蛮”。明末清初，瑶族先

---

① 《西双版纳傣族自治州志》，新华出版社2001年版，第519页。

民由湖南、广西迁入云南，经文山、屏边、思茅、江城等地进入西双版纳[①]。总人口16681人。西双版纳瑶族有蓝靛瑶和顶板瑶两个支系，统称为瑶族。主要分布在勐腊县的瑶区乡、勐伴镇、易武乡、关累镇、勐满镇、象明乡、尚勇镇、勐腊镇以及景洪市的勐旺乡瑶家村委会。勐海县无瑶族自然村落。瑶族实行一夫一妻制的婚姻制度，缔结婚姻有男子娶妻和女子招赘两种形式，婚前社交自由，可以通过“赛歌堂”、“抛花包”等活动寻求伴侣。同姓可以结婚，严禁同宗内婚。瑶族重大的民族节日是“盘王节”和“达努节”，信仰道教，同时又保留部分原始宗教信仰，主要表现在对自然、图腾、祖先等崇拜。

克木人为西双版纳未识别民族之一，自称克木、克米，又因来源不同分为克木泐、克木老、克木交。自古居住在西双版纳至老挝北部边境地区，是古孟高棉的一支。汉文献记载中属于“百濮”族群，与汉、傣、哈尼等民族交往甚早，有“同出一个葫芦”的传说[②]。克木人集中分布在景洪市、勐腊县，两县共有18个寨子2897人。景洪市克木人的语言属南亚语系孟高棉语族佤德昂语支，住房为干栏式，服饰和住房与傣族一样，信仰佛教，使用傣文，有佛寺，男孩到了一定年龄也出家当和尚，大人小孩都能讲一口流利的傣语；勐腊县有12个克木人寨子，共有人口2208人；勐腊县克木人分为克木、克米。克木为西双版纳原住民，历史悠久，曾在勐腊尚勇广补法（天峰山）一带建立过自己的王国。后被傣族征服，部分受傣族统治，部分迁入老挝。克米仅有南欠、克米两个寨子，大约在1939年从老挝迁入。

苗族在西双版纳总人口11037人，主要分布在勐腊县，其中有两个苗族寨子为世居苗族寨，即尚勇镇磨憨村委会的纳龙村、磨龙村委会的老陶寨，共110户703人。

佤族在西双版纳人口有3112人，自称“佤”。勐海县有8个佤族寨子，即勐遮镇曼扫村委会（30里）佤寨，曼弄村委会佤族老寨1队、2队、新寨，勐混镇曼扫村委会曼回寨，西定乡暖和村委会浓岛老、中、新寨，共219户938人。佤族广泛信仰万物有灵的原始自然崇拜，最崇拜的神是“木依节”，它是创造万物的神灵，是世界上最高主宰，重大的宗教

① 《西双版纳傣族自治州志》，新华出版社2001年版，第548页。

② 同上书，第560页。

活动主要有“拉木鼓”、“砍牛尾巴”和“猎头祭谷”。

壮族在西双版纳人口中有2130人，勐腊县有3个壮族寨子，即勐伴镇曼燕村委会的曼蚌村、勐伴村委会的曼里村、瑶区乡沙仁村委会的沙仁村，3个寨子共162户802人。勐腊县三个寨子的壮族自称“养”或“傣养”，他称“沙仁”。1982年第三次人口普查前一直认为自己是傣族，第三次人口普查进行民族识别后归属壮族。没有形成统一的宗教，其先民由自然崇拜发展到祖先崇拜、多神崇拜。

景颇族在西双版纳州有140人，只有勐海县勐海镇有一个景颇寨，即勐翁村委会景颇寨。景颇寨是一个多民族杂居的寨子，全寨58户，268人，其中夫妻双方是景颇族的9户，单方是景颇族的16户，景颇族有90人左右。景颇族自称“载佤”。据景颇寨66岁的和三妹说，景颇族是20世纪初从德宏陇川经澜沧迁入勐海的。景颇族有自己的语言，妇女保留有自己的服饰，住房为汉式平房或楼房。景颇族信仰原始宗教，过去寨子里或家里有什么事，要杀鸡祭献，请摩巴念经，现已不进行这些仪式。景颇族现在过的节日有春节、火把节、清明节等。

二　西双版纳跨境贸易

2004年1—9月云南与东盟贸易总额为26.96亿美元，其中出口15.14亿美元，进口11.82亿美元；2005年1—9月贸易总额为35.44亿美元，同比增长31.4%，出口19.75亿美元，同比增长30.5%，进口15.68亿美元，同比增长32.6%。2005年1—9月云南与西双版纳相邻或相近的缅甸、老挝、泰国的贸易额分别为4.907亿美元、0.277亿美元、1.16677亿美元，与2004年同比增长分别为21.6%、19.3%、33.2%①。

作为云南连接缅甸、老挝的主要通道之一的西双版纳在云南对东南亚贸易中发挥着重要作用。2003年西双版纳抓住国家实施西部大开发、昆—曼公路国际大通道以及中国—东盟自由贸易区的历史机遇，大力发展与周边国家的经济贸易合作关系，取得了喜人的成绩。2003年1—10月，全州对外贸易总额为170066.48万美元，与2002年同比增长17.90%；全州边境小额贸易12515.09万美元，与2002年同比增长54.05%，进出口贸易

① 王士录主编：《东南亚报告》，云南大学出版社2006年版。

顺差8226.89万美元。全州共有对外经贸企业119户，46户企业具有对外贸易经营权，对外贸易队伍的发展，促进了对外贸易的迅速发展，2003年1—10月，一般贸易出口创汇479.45万美元，与2002年同比增长76.33%。2003年10月18—28日，西双版纳边境贸易旅游交易会，前来参加“边交会”的老挝、缅甸、泰国，越南四国政府及商贸代表600多人，共签订贸易、经济技术合作、友好合作协议19项，总成交额5.19亿美元①。目前，西双版纳已经形成三个贸易区，一是以景洪岗为中心的、澜沧江—湄公河流域区的中、老、缅、泰经济贸易区；二是以勐腊磨憨口岸为中心的中、老经济贸易区；三是以勐海打洛口岸为中心的中、缅经济贸易区。

民族地区的经济社会发展动力来源于内部因素和外部因素的合力，作为经济社会发展资源与动力的多元民族文化在社会的变迁中也同样面临新的阵痛。人们的思维模式，价值观念，行为方式都会在社会的振荡中痛苦地抉择。我国实施的西部大开发，一方面给民族地区发展带来新的机遇，另一方面也是外来文化、强势文化、主流文化与民族传统文化在同一历史舞台上的碰撞、交流与对话。西双版纳傣族地区文化多元性正在面临新的适调与重组。本章拟以跨境民族傣族为例，分析在西部大开发的深入和民族文化旅游业兴盛的时代背景下，傣族文化在急剧变迁的社会中以其自我方式向前发展。

三 傣族文化的缩影——西双版纳傣族园

在云南省西双版纳州景洪市东南部27公里处，有一个集农业、旅游为一体的乡镇——勐罕镇（俗称橄榄坝）。这里地处澜沧江下游，坝区平均海拔500米，日照、雨量充沛、土壤自然肥力高，农业经济较为发达，因此素有“东方明珠”、“孔雀尾巴”、“鱼米之乡”之美称。距离勐罕镇政府不到1公里的地方坐落着国家4A级风景区——西双版纳傣族园。

傣族园规划占地336公顷，目前已开发利用63.4公顷，园内共有5个村寨，310多户，1500多人。风光旖旎的澜沧江和秀丽的天然湖泊龙得湖将五个村寨环抱中间，孕育了这块美丽富饶的土地。这里的五个傣族村寨

① 王士录主编：《东南亚报告》，云南大学出版社2004年版。

紧紧相连，生态环境和傣族文化保存得较好。橄榄坝的总佛寺，曼春满佛寺至今已有1400多年的历史，其建筑技艺堪称西双版纳佛寺建筑的精华。五个村寨各有其特殊的历史意义和价值：曼将（意为篾套寨），因为村民巧妙地用篾套将佛祖指点的大石头搬到目的地而得名。曼春满（意为花园寨），过去，土司曾把曼春满指定为专门为其栽花的寨子，故得此美名。曼春满是五个寨子中面积最大，人口最多的村寨，因为拥有古老而辉煌的曼春满佛寺而成为傣族园的中心。曼乍（意为厨师寨），由于这个寨子过去专门培养给土司衙门做饭菜的人，而且出了些很有名气的厨师，所以便得名曼乍。曼嘎（意为赶街寨），过去曾经是一个热闹的集市故而得名。曼听（意为宫廷花园寨），这里花草和果树很多，庭院也打理得特别漂亮，过去是专供召片领（傣历542年，即公元1180年，傣族首领帕雅真统一西双版纳各部落，以景洪为中心建立景陇王国，实行君主专制的封建领主经济制度。宣慰使司是西双版纳最高的封建领主，傣语称之为“松列帕宾召”，俗称召片领，意为“广大土地之王”）及其“皇亲国戚”游玩的“御花园”。曼听的历史古迹比较多，有孔雀坟寨心、白塔、塔包树和公主井等。由于生态环境优越，该寨已被评为国家级“生态文明村”。

早在20世纪80年代，西双版纳旅游业发展之初，曼听和曼春满两个村寨就因其浓郁的傣族风情、优越的生态环境和便利的交通等，成为州政府接待上级领导及国内外贵宾的视察参观点和学者们研究傣族文化的村寨。随着西双版纳旅游业的蓬勃发展，这两个村寨由贵宾参观点逐渐变成大众旅游景点。90年代中期，云南省委、省政府提出了“建设民族文化旅游大省”的口号，西双版纳州州委、州政府也提出了“旅游兴州”的发展战略。1998年，来自广东的某公司考察了曼听、曼春满等村后，决定将包括这两个村寨在内的具有优越的地理环境、民族文化资源和交通条件五个傣族居住的村寨开发成旅游景点——傣族园，经报请西双版纳州政府批准，广东公司获得了傣族园的开发经营权。当时，整个景区预计总投资1.5亿元，分三期完成。但是广东公司并没有投入足够的建设资金，以致第一期工程建设都无法顺利进行，傣族园项目面临流产。此时，为把握“99昆明世界园艺博览会”商机以扩大西双版纳旅游知名度，由批准傣族园项目建设的政府部门出面进行协调，敦促云南农垦集团橄榄坝农场（以下简称农场）投资入股，共同开发傣族园。农场入股后迅速控股，接着广东公司退股。但是农场的资金也不够支付第一期工程建设的费用，经谈判，傣族园的施工单位——昆明南洋公司（以下简称南洋公司）同意转债为股，与农场共同经营傣族园公司。1999 年 8 月，傣族园正式营业，成为西双版纳集中展示傣族的宗教、建筑、服饰、饮食及生产生活习俗等文化的风景点。两年后，傣族园被国家旅游局评为 4A 级旅游景区，景区级别的评定极大地加速了傣族园的发展，截至 2004 年，傣族园已发展成全州第二大旅游接待地，游客量仅次于西双版纳老牌风景点勐仑植物园。

四　傣族园经营模式

傣族园公司与园内村民在传统与现代的“结合”上下工夫，撷取了泼水、民间音乐表演、手工艺表演、佛寺参观、傣楼参观、歌舞表演、傣家乐（傣家乐，即村民家里提供游客食宿，让游客体验傣族人的生活，尤其指傣味菜肴品尝）等向游客展示丰富的傣族文化。此外，遇上村民的婚礼、上新房和各种宗教节日时，游客还可以亲自领略“真正的”傣族文化。为保护好傣族园的民族文化资源，实现旅游可持续发展，傣族园公司提出了“公司加农户”（“公司加农户”的经营模式即村民提供村寨资源，以其世代所居的干栏式竹楼建筑群落、自然生态环境、田园风光以及古老的佛教文化、长期生活劳作中所形成的丰富多彩的民族文化构成景区的主背景，公司以资金形式投入对景区基础设施、接待环境进行改造。公司投资开发利用，统一策划，统一包装，统一宣传，二者共同参与，走向市场、互利互惠、共同发展，走旅游致富之路——摘自公司内部资料）的经营模式和“保护就是发展”（“保护就是发展”的经营理念，即保持傣家浓郁的民风民俗；保持典型的傣家干栏式建筑特征；保持傣家传统生活习性和热情好客的礼仪；保护历史文物和傣家宗教传统文化。始终坚持遵循民族性、特色性、保护性、参与性、文化性、乡土性的原则。将旅游资源的保护放在第一位，以保护求发展，以发展促保护——摘自公司内部资料）的经营理念。公司投入资金，负责总体经营及管理。首先租用了纳入开发规划的各村寨和村民的土地，建成了景区大门、迎宾广场、泼水广场、民族歌舞剧场等；其次对游路、水电地下管线埋设、主体绿化工程等基础设施进行改造和建设；然后对村民进行如何接待游客等的培训；另外公司还策划了许多宣传活动，通过各种媒体扩大傣族园的知名度，并积极申报国家级旅游景区。农户提供自己在长期生活劳作中所创造的绚丽多姿的傣族文化和美丽的自然环境资源，村民有的到公司上班，当导游、保安、表演者、园艺工等，竹楼靠近游览路线的村民则在自己家门口摆摊卖一些水果、零食或纪念品。园内五个村寨因地理位置不同而在经营上各有分工，曼将主要经营烧烤和水果，曼乍和曼嘎主要经营餐饮，曼春满主要经营傣楼参观和工艺品，曼听主要经营水果。

如果傣族园内没有保存完整傣族传统文化的村民，那么傣族园的价值就不复存在；同时，如果没有公司的投资建设，策划宣传和包装，那么村民自己根本不可能规划和经营傣族园，更不可能在短短的五年内把傣族园打造成一个国家4A级风景区和西双版纳首屈一指的旅游景点。

五　傣族文化在变迁中调适与重组

千百年来繁衍生息在傣族园内的村民，创造并保存了灿烂的傣族文化，在自己的土地上过着单纯、宁静而富足的生活。自傣族园开发以来，村民的生活水平提高了，生计方式改变了，饮食、服饰、建筑等文化得到了空前的张扬；与此同时，邻里关系、宗教信仰、价值观等受到了前所未有的挑战，傣族文化正面临着一次新的调整与重组。

（一）生计方式：从以稻为主到旅游为主的转换

傣族是我国最早种植水稻的民族之一，历来以水稻种植，特别是糯稻为其主要生计方式，因此也被称为“稻作民族”。稻作生产孕育了傣族特有的生活方式、社会道德、审美情趣和宗教信仰等诸多文化因素，可以说，稻作文化是傣族传统文化体系中的核心内容。傣族过去一直把吃糯米饭当成民族认同与民族分界的标志，甚至有“吃糯米饭的就是傣族”的说法。但是随着旅游业的发展，傣族园里越来越多的村民把田租了出去，投入到旅游经营队伍中来。我们根据傣族园公司提供的资料统计，1500多个村民中有310多人从事与旅游相关的职业，平均每人月收入约400元。旅游业带来的收入无疑成了村民们的主要经济来源，他们的生计方式开始从以稻作为主转换为以旅游为主。

生计方式的改变必然引起社会文化的变迁，因为他们不得不做出适当的调整以适应旅游的需要。我们曾在傣族园做过一份问卷调查，其中有一个问题是“什么样的男性和女性是‘优秀’的”，结果几乎所有的受访者都把对优秀男、女性的衡量标准分为旅游开发前和旅游开发后两种。在谈到“优秀”的女性时，人们认为以前的标准是“能纺线、能织布、温柔、善良、勤快、懂礼仪、尊老爱幼、做贤妻良母”等；而现在的标准是“汉话讲得好、会招揽客人、会做生意、能自立、有主见”等成了优秀妇女的标准；在谈到“优秀”的男性时，人们认为以前的标准是，“懂傣文、懂傣族文化、能歌善舞（傣族的‘能歌善舞’指的是会唱传统的傣语歌，赞哈调等，会跳孔雀舞、刀舞等传统舞蹈）、能言善辩、有威望”，而现在的标准是，“脑子灵活，会做生意，会赚钱，思想跟得上时代，读书多”。由此可见，在“优秀”的标准里，现在主要集中在对能力的要求，而能力最终体现在能挣多一些的钱，对道德品行上的要求比旅游开发前的低了很多。

（二）生活方式：饮食、建筑、服饰文化大放异彩

随着现代化进程的加快，西双版纳傣族传统文化也发生了巨大的变迁。一项研究报告指出，目前西双版纳民族旅游存在着严重的“五大失色”，即城市、民居建筑文化失色、服饰文化失色、饮食文化失色、习俗文化失色、贝叶经文化失色①。但是傣族园不一样，它很好地保留了民居建筑文化和服饰文化，并因此被评为国家4A级风景区。一般说来，旅游总是为了达到多种感官的愉悦，于是能同时愉悦视、听、嗅、味、触五觉的饮食文化肯定就首当其冲了。

傣族菜肴有几百个品种，做法有烧、烤、蒸、煮、腌、舂六大类，但因为制作起来需要很多作料、工序和时间，所以很多传统菜肴只能在节庆之际吃到，还有一些已经“销声匿迹”了。可喜的是，自从傣族园建成以来，很多传统菜肴又成了村民的常备菜，甚至原来只有土司才能吃到的菜品也端上了饭桌，以“酸、辣、甜、香”为主要特点的傣味，促成了许多游客的再次造访。

竹楼更是傣族园的“金字招牌”，园内310多户村民中，除两座混凝土砖房外全是典型的“干栏”式竹楼。一座座竹楼掩映在翠绿的果树中，果香扑鼻，树影婆娑，银发苍苍的老人漫不经心地摆弄着织布机，让人心

① 张乃剑：《云南省西双版纳傣族自治州经济和社会发展战略研究报告》，中国管理科学研究所区域发展研究所，2004年6月。

旷神怡。旅游开发让村民的钱包鼓了起来，但他们并没有像其他村寨一样建盖牢固、便宜的混凝土砖房，他们盖了更加宽敞高大的新竹楼，做工更精细、讲究，格局布置更科学（由于木材昂贵，而且竹楼有不隔音，难打扫，雨季里遇上冰雹难修补等缺点，西双版纳很多傣族村寨的人都开始建盖混凝土砖房，傣族园里能继续盖竹楼实在是一件难得的事）。

女性是傣族园里一道道美丽的风景线。她们的服装质地轻柔、颜色鲜艳、紧身短上衣和长筒裙，配上闪闪的银腰带，将女性的婀娜与柔美展露无遗。在西双版纳，随着傣族女性活动范围的扩大，很多地方的女性已经加入了穿汉装的大潮流，傣装只有在节日里才穿。傣族园里则不一样，女性因为参与旅游接待，所以都穿傣装，打扮得漂漂亮亮的，每天像过节一样。就连在外面读书，已经习惯穿汉装的女孩回到傣族园里都会换上傣装（一些妇女说，现在的小姑娘爱赶时髦，经常穿汉装，去景洪读书的更是如此，连回到家都很少穿傣装，有的还把头发剪短，染上颜色。但是旅游开发以来，很多小姑娘又穿上了傣装。她们说："回到寨子里个个都穿傣装，我也穿，不穿傣装好像不是寨子里的人，游客也会以为我不是傣族，不太好"）。

在傣族文化特色正逐渐消失的西双版纳，傣族园的饮食、建筑和服饰文化与旅游有机地结合起来，得到了空前的张扬，也使傣族园成为目前西双版纳重要而宝贵的民族文化旅游地。

（三）邻里关系：旅游竞争带来的烦恼

傣族家庭成员之间和邻里之间总是相处和睦，很少有吵架的现象发生。有句谚语说："脱离家族亲朋，如同晒死的藤"①。在农耕社会，同一寨子的人常常需要互助合作，一家人的事就是全村人的事。但是，旅游业带来的相互竞争却给傣族园里几个村寨之间和邻里之间带来了许多烦恼，和谐的气氛下笼罩着竞争带来的种种或明或暗的冲突。

2002 年 8 月，为了争夺客源到自己的村寨去参观，有两个村寨的村民围堵了景区大门，妇女之间互相辱骂，因此结下很深的仇怨；亲戚之间也因为竞争游客闹了矛盾；有人开始往富起来的寨子或人家撒老鼠药，有的两妯娌闹矛盾等，这些都是傣族园村民以前闻所未闻的事。同时村民还因

① 高立士编译：《傣族谚语》，四川民族出版社 1990 年版，第 12 页。

竹楼是否靠近游路存在很大的经济差异，靠近游路的人家因为地理优势，有较高的经济收入和更多到公司工作的机会，不靠近游路的人家则不太景气，渐渐地，经济差距拉开了人与人之间的距离。此外，村民间还有很多小摩擦，导游、保安等常常因为工作伤了与其他村民的和气，这种职业带来的摩擦常常被上升为亲戚之间、邻里之间甚至村寨之间的矛盾。傣族村寨里原有的“一家盖房，全村帮忙”的传统习俗，也因为村民忙着去接待游客而逐渐消失，村里成立了专门的建房队。同样地，盖新房或婚丧嫁娶等也不再像从前那样热闹了。

（四）年轻一代：“痛并快乐着”

任何社会的变革总是从年轻人开始的，因为他们的思想观念、行为方式、道德标准等最容易受到外界的影响。

当人们以耕种为生时，用以娱乐的时间和精力总是很少的，但是参与了旅游开发的村民既甩开了田地的负担又可以较为轻松地挣钱，于是精力充沛的年轻人有了很多闲暇时光。女性一般天黑就不出门了，男性则主要把时间用在了打牌、打麻将和飙摩托车上，因此赌博和交通事故成了村民最头疼的事。据村民估计，傣族园的小伙子有近三成的人都会去赌博，园里甚至出现了好几个赌博“专业户”。赌输了把摩托车和手机抵押的事时有发生，有的甚至偷姐妹的首饰去卖，有的为了跟父母要钱还动手打父母甚至拿刀威胁父母。赌博常常弄得家里不得安宁，而且已经伤及傣族“尊老”的优良习俗。晚上飙摩托车是小伙子的另一种消遣方式，闹得村里人出门不踏实不说，酒后驾车还出了很多事。我们就遇到一个刚被从医院里接回来的小伙子，酒后骑摩托的他付出的代价是终身躺在家里。我们首次到傣族园调查时曾经托一位老人刻写几本贝叶经，但不幸的是不久后他被摩托车撞死了，而且因为死于非命，老人不能埋在本村的墓地。这对一个侍奉了佛祖一辈子的老人来说是多么残忍的一件事（老人曾当过和尚，是寨子里少有的几个精通老傣文的老人之一。而且据说刻写贝叶经也是对佛祖的一种赕）。不仅如此，年轻人的浪费、攀比心理强、不踏实、不懂傣族文化等让老人们非常担忧，他们把年轻人看作是“没有拴鼻子的牛”（傣族认为，牛拴鼻子才听话，佛教的戒律拴住了傣族人的心，但年轻人不懂为人处世的道理，所以是“没有拴鼻子的牛”）。

旅游也影响着小学生的世界观、价值观和人生理想等。傣族园里的五个村属于曼听村委会，该村委会的小学就坐落在傣族园里。老师无不担忧地说，老百姓搞旅游接待后可能会让学生觉得钱来得容易，没有心思读书，男孩子光想着以后当保安，女孩子总想着以后当导游。当然，通过与客人交谈和接触，孩子们提高了自己的表达能力，拓宽了见识，增大了胆量。

村民的生活方式正发生着巨大的变化，年轻人的生活目标和价值观念也将随之发生变化。在旅游为自己带来轻松愉快的生活时，年轻人的不良娱乐方式和道德水准的下降正威胁着傣族家庭和社会的安宁。人们不禁要问：如果傣族园公司的经营出了问题，年轻一代赖以为生的将会是什么？

（五）傣语会逐渐失传吗？

傣语属于汉藏语系壮侗语族壮傣语支，在西双版纳的使用范围较广，它不仅是傣民族内部的交际工具，而且还通用于布朗、哈尼、拉祜、基诺、瑶和克木人等民族和族群之间。傣族园里的村民都使用傣语，绝大部分六十岁以上的村民都不太能听懂汉语。随着与游客接触机会的增多，说汉语的需要显得很迫切，许多村民开始学习汉语，在年轻人中更是以汉话说得好为荣，不再重视傣语的学习。其实，在民族文化旅游开发地，不论从事什么工作，只要汉语好，在经济上的回报就要比不懂汉语或汉语不好的人多得多，比如傣族园里最好的工作——导游，就是需要普通话说得好的人才可以做。在傣族园已经出现很多年轻人和老人之间相互听不懂的情况。有村民说了一个故事："寨子里的小伙子有一次在一起喝酒，打赌说，哪个说十分钟的话，不说一句汉话的就算赢，结果一个都没有赢。"在交谈中，很多年轻人认为，傣语只能在西双版纳讲，读书、升学、就业都要用汉语，如果只懂得傣语，那么永远也走不出西双版纳。

许多语言学者均认为语言反映了世界观并影响着思维方式，不同语言的人便会具有不同的世界观。语言发音时的轻重缓急、抑扬顿挫反映了这种语言持有者的性格特征。村民中出现傣语逐渐丢失和汉语逐渐占据优势的现象，也许会逐渐引起村民思维方式、世界观、价值观以及性格特征的改变。维系傣族作为一个民族的重要标志——傣语，又将会发生什么样的变化呢？是否会逐渐失传呢？

六　南传上座部佛教面临的困境

傣族多数信仰南传上座部佛教（俗称小乘佛教），佛教对傣族的生产生活产生了深刻的影响，是傣族的精神支柱。南传上座部佛教宣扬忍耐、调和、轮回等思想，主张通过“赕”（赕，即布施，是傣族人对寺僧的一种捐献活动）和“善”修来世，最终达到涅槃的境界。如果在世不行善和布施，就将被打入地狱，转生为饿鬼和畜生，受到惩罚。而“善”的标准，首先就要信仰佛教、遵守佛教的戒律，然后才遵守各种世俗的道德规范；傣族的很多节日都跟佛教有关，一年中最重要的三个节日：泼水节、关门节和开门节都是佛教节日。除此之外，傣族还有十五六种大大小小的赕，每年至少做赕7次，可以说傣族人一年都在赕，一生都在赕。但是，在旅游业的冲击下，傣族村民维系了上千年的宗教信仰却面临严峻的挑战。

橄榄坝总佛寺曼春满佛寺因为建筑技艺精湛，造型美观，历史悠久，而成为傣族园旅游景点之一。作为参观景点，傣族园公司每年都会给佛寺发十多万元的补助，佛爷也因为给游客念经祝福而得到报酬，此外，佛寺里还有很多游客捐的功德。因此，村民每天给佛寺和僧侣送赕的习俗变得不像以前那么重要了，现在除了节日外，村民也不再往佛寺送东西，因为他们认为佛寺有足够的收入来源。历来喜欢清静的傣族也开始习惯往来于佛寺里的熙熙攘攘的游客。

傣族园有一个叫“傣楼参观”的旅游项目。本意是让游客参观竹楼，了解傣族的劳动生活，感受傣族人的热情好客并了解接人待物的风俗习惯等，但此项活动的目的却变成了推销傣族织锦、茶叶和银首饰。在经济利益的驱使下，傣族人传统的待客方式已被抛到一边，一位傣族导游说：“游客如果不买东西或是买的东西不值钱的话，有的主人家就会做脸色给客人看，嘀嘀咕咕，甚至重重地放东西等等，（看她们这样对游客）我都觉得害羞。”有的调研报告也指出：在傣楼上卖的银首饰几乎都是假的。傣族原来从不卖假金、假银，南传上座部佛教戒律的最初一级的五戒之一就是“不说谎”[①]，而这是所有僧侣和信徒都要信守的。民间的说法是卖假

① 西双版纳傣族自治州地方志编纂委员会：《西双版纳傣族自治州州志》下册，新华出版社2002年版，第671页。

东西欺骗别人会被澜沧江淹死，但外面的汉族以低价售卖假货，傣族竞争不过卖假东西的只有跟着卖假货。遇到游客问是不是真的时，傣族人会说，是真的，如果卖假东西欺骗别人会被澜沧江淹死。为了赚钱，傣族村民不惜违背戒律卖假金假银，不惜丢弃传统的优良品质，利益已经开始驱使他们走得离傣族文化越来越远了。

在宗教活动的开支上，现在的人和老一辈之间也有很大的区别。傣族相信轮回，认为今生得到的是前世赕下的，所以来世若要幸福今生必须赕下足够的财物。因此每年都有很多种形式的赕，在各种赕的仪式中，村民都要花费一定数额的财物，赕是傣族人生活中非常重要的活动。但现在很多村民已不太重视赕了，他们更注重现世的幸福，很多人对来世产生了怀疑，认为今生就要享受了，来世有没有都不知道，即使有的话，反正自己有钱，就去饭馆里吃。在我们的问卷里，曾了解过村民有钱了最想做什么，回答明显地分成老中青三代，老人有钱了就想做赕，他们要为自己的来世做好打算；中年人有钱了想盖房子或购买橡胶地，他们要为自己的下半辈子奋斗；年轻人则要出去见世面，他们需要的是宽阔的眼界、敏捷的思维，他们更注重自己的感受。

随着旅游业的发展，“全球化”与“现代化”大潮冲击下各种理念的不断渗入，傣族的传统精神支柱——南传上座部佛教受到了严峻的挑战和考验。宗教信仰是傣族社会文化的核心，宗教观念的淡化必然引起整个文化系统的改变。

七 傣族文化在经济社会发展中的路向选择

毋庸置疑，旅游发展很好地强化了傣族对自身文化重要性的认识；饮食、服饰和建筑不但没有因为受到现代化的冲击而“失色”，反而以前所未有的态势得到发扬；旅游开发带来了经济效益，提高了村民的生活水平，为年轻人创造更多的机会。但是，旅游也带来一些村民不愿见到的现象，如危机四伏的邻里关系，赌博、酗酒的年轻人，正在淡化的宗教信仰等；傣族园里的傣族村民正在从“稻作民族”向“旅游民族”过渡。站在传统与现代的结合点上，一边是傣族园公司和村民的经济利益，一边是傣族文化的传承与保护，如何才能鱼与熊掌二者兼得？“公司加农户”的经营模式到底该如何运作，“保护就是发展”的方针怎样才能落到实处？这是亟须解决的问题，我们认为必须处理好下列几组关系：

第一，农户与公司的关系。毋庸置疑，农户与公司是鱼水相依的关系，只有两者之间相互信任、相互尊重、相互依赖、高度协作，傣族园才能得到健康稳定的发展。

在公司与农户双方，公司是强势群体，拥有更多的主动权。公司方面，首先要充分认识傣族村民的主观能动性及在挖掘、开发本民族文化方面的重要潜力。将村民中学识渊博、精通傣族文化、关心傣族文化保护的知识分子吸纳进公司的管理决策层，参与傣族园的开发与建设，使公司与农户保持长期稳定的互惠共进关系。其次要充分调动广大村民的积极性和创造性，依靠广大村民，加大对民族文化资源的挖掘，使旅游开发与民族文化的传承与保护紧密结合；此外，公司要从长远利益考虑，充分认识到村民的资源投入和傣族园的价值所在，均衡好公司和村民之间的利益关系。村民方面，首先应该成立一个能与公司平等对话和谈判的组织——景区管理委员会，主要肩负谋求傣族园内的社会环境效益，包括保护生态环境资源，保护传统民族文化，维护景区公众形象的重任。对公司或村民的开发建设项目实施监督管理，维护村民利益。其次通过办夜校、成立学习小组和组织文体活动队等，提高村民素质，增强民族凝聚力、民族自尊心和自豪感，提高村民“参政议政”的能力。其三要充分调动村民的积极主动性，发掘本民族的文化旅游产品，在提高经济收入与大力弘扬民族文化上达到“双赢”。

第二，公司内部的关系。最重要的是傣族园的两大股东——橄榄坝农场和南洋公司一定要齐心协力、和衷共济，傣族园才能得到稳定的发展。公司各部门之间、正式员工与非正式员工之间、傣族员工与非傣族员工之间在工作分配、工资收入等方面的关系也需要进一步的协调和完善。公司在追求投资回报的同时，应以长远的眼光和高度负责的态度有效保护傣族文化，将其“保护就是发展”的经营理念落到实处。

第三，州、市旅游管理部门同傣族园公司的关系。2001 年傣族园参加国家风景区等级评定时，州、市旅游局对傣族园的申报工作给予了很大的指导和扶持，最终使傣族园被评为国家 4A 级风景区。旅游局应以保护民族文化、维护村民权益为己任，为傣族园实现可持续发展提供有力保障。旅游局在对傣族园做好指导工作的同时，应充分发挥其监督管理作用，督促公司健全财务管理制度并主动接受村民和上级主管部门的监督。

第四，佛寺与公司的关系。佛寺集中了傣族文化的精华，是傣族生活中极其重要的精神支柱，它在村民中的影响力和号召力，决定了其在旅游开发中的重要性，也决定了它在保护傣族文化中的重要角色。公司绝不能忽视佛寺对村民的引导教化作用，更不能忽略佛寺在傣族文化传承和保护中的重要价值和潜能。因此，公司要充分尊重佛寺对旅游开发的意见和建议，与佛寺一起挖掘傣族文化资源，开发民族文化产品，协调处理好公司与村民之间的关系。

此外，还要处理好傣族园公司与西双版纳州、景洪市、勐罕镇各级政府之间的关系。总之，傣族园社会文化发展动力系统内的每一个因子都肩负着保护和传承傣族文化的历史重任，如何协调好村民与公司远期目标与当前利益的关系，和衷共济达到“双赢”的目的是摆在公司和村民面前的一个重要而紧迫的问题。依靠广大村民与傣族园公司全体职工，以全股份制的形式转轨经营，在一定条件下有限依托农场与地方政府并接受其监督，应是傣族园发展的一条可行之路。傣族传统文化是傣族园的灵魂，在保护传承方面一定要高瞻远瞩，制定出切实可行的中长期规划，以保护和传承人类文化资源的高度使命感和责任感，担负起时代的重任。

西双版纳傣族园拥有深厚的民族文化底蕴，傣族文化在这里得到集中展现；傣族园具有得天独厚的地理位置，是澜沧江—湄公河国际黄金水道的咽喉之地；特有的热带雨林气候，丰富的自然资源使它独具竞争力和发展潜能，要抓住机遇，正确处理好追求经济利益的眼前目标和保护与传承民族文化的远景目标的关系，使该地旅游业实现可持续发展。

第七章　西双版纳州跨境民族文化（下）
——以克木人为例

“克木［khmu］”是克木人的自称，意思是“人”、“人民”。历史上克木人有多种他称，目前，老挝和越南称之为“克木族”或“高目族”，泰国、柬埔寨、缅甸均称之为“克木人”。我国境内的克木人，当地汉族曾称之为“岔蛮”；傣族曾称之为“卡克木”、“卡宋”，现统一称之为“克木人”。全球学术界一般把它看作一个跨境人群共同体，称之为“khmer”。克木人主要分布在老挝、泰国、越南、缅甸等中南半岛国家，53 万余人，其中老挝最多，约 500957 人（1995 年）。分布在丰沙里、琅南塔、乌都姆塞、波乔、琅勃拉邦、赛雅布里、川圹、华潘、万象、波里坎赛、甘蒙等省和万象市。

我国克木人约 3000 人，仅分布在西双版纳州勐腊县和景洪市，共十五个自然村。勐腊县是我国克木人的主要分布地区，据我国第五次人口普查统计，沿中老边境我方一侧有十二个克木人自然村，共 391 户 2321 人，是勐腊县最早的土著居民之一。这十二个村寨散布于勐腊县的五个乡镇，互不相连，它们之间最近的相距约三公里，最远的相距约一百公里，呈本民族小聚居、与其他民族大杂居的分布格局，曾长期处于分散、隔离和封闭状态。此外，景洪县流河上游有曼播回龙、曼金龙、曼弄香班 3 个克木人自然村，共三百多人。据此，可知我国克木人近 3000 人。

克木人有两个支系，即“克木”和“克篾”（傣语称“卡咪”）。“克木”支系有十三个村寨，由于历史来源不同，又有“克木泐”、“克木老”和“克木交”之分。其中，勐腊县有四个村寨属克木泐，六个村寨属克木老。克木泐为西双版纳（勐泐）原住民，克木老为老挝（勐老）移民；景洪的三个克木人村寨均为克木交，因祖先随越南（勐交）公主陪嫁至此而自称“克木交”。“克篾”支系只有两个村寨，都在勐腊，是 20 世纪 40 年代初为躲避战乱从老挝迁来定居的。克木和克篾不通语言，也不互通婚姻，但都有关于他们的祖先（兄弟俩）因分配不均而反目的传说。勐腊、景洪两地的克木人彼此甚至不知道对方的存在，历史上自然没有来往，直到 20 世纪 90 年代西双版纳州举行民族文艺会演，两地克木人的代表才有机会相见，并彼此认同，但仍基本没有来往。这里值得一提的是，曾在勐腊土司议事庭任职的批牙高尖底牙、批牙因达等人都说自己最早的祖先是克木人，是由于互婚变成傣族的；无独有偶，勐伴末代土司刀兴汉也说自己的祖先是克木人，景洪市景哈乡官木村的傣族老人也说自己最早的祖先是“卡莫”（“克木”的傣语读音）。由此看来，一些克木泐在与傣族长期的交往中已融入傣族，其后代已所知甚少。

勐腊县位于云南省最南端，与老挝、缅甸接壤。中老两国的克木人，长期交往密切，互通婚姻，迁徙频繁，到 20 世纪 50 年代还有举寨往来搬迁的情况。例如，勐腊县回吉村百岁老人岩班［ai pan］说：“我们是从老挝翁良迁来的。我外婆那代人，翻山越岭走了一个多月才来到这里，我妈妈和我都生在中国。”以此推算，回吉村该有一百多年的历史了。最近几十年，他们沿南腊河先后搬迁三次，每次多则住十余年，少则住五六年。据 78 岁的老人岩甩回忆，1958 年，回吉村有八户迁往老挝，仅在老挝住了三个月就有五户迁回来，另外三户至今仍留在老挝。

一　克木人的历史渊源

关于克木人的来源，学者们人言人殊。利国认为，“克姆族居民的祖先世代居住在老挝，后来其中的一部分陆续迁至越南，分散居住在越西北和越北的高山地区”（1989）。秦钦峙认为，“今天的南亚语系孟高棉语族各民族——高棉族、猛族、布朗族、佤族、德昂（崩龙）族，克木人，很可能都来源于中国古代的‘濮’人……古代濮人的情况比较复杂，是许多古代民族的总称，今日跨居云南和中南半岛北部地区的布朗族、佤族、崩龙（德昂）族和克木人，正是来源于这一部分的濮人”（1989）。

申旭认为，公元 1—2 世纪，在老挝北部曾出现过一个叫做堂明的国家。堂明国是吉篾人建立的国家，时至今日，老挝北部诸省仍居住着众多的孟—高棉语族的民族，如克木族等。然而，这些孟高棉语族各支并非当地的土著民族，而是由中国迁去的。春秋战国时期，居住在云南的“百濮”族群中就包括云南最早的土著居民孟高棉语族各族的祖先部落，后来，“一部分濮人形成孟高棉语族各族”①。为了寻求更好的生活条件或受他族南移的影响，这些民族中的一部分逐步南移，原来居住在中南半岛北部的吉篾族也势必受到这种迁移的推动，顺澜沧江南下，并沿老挝境内的湄公河与南乌江迁到今川圹地区，建立了堂明国。所以说吉篾族是堂明国的主体民族，还可以从今天老挝查尔平原的巨石文化中找到印证。

高立士、王敬骝等以大量的民族学田野资料证实：克木人是勐腊县最早的居民之一。传说克木人历史上曾经兴盛过。当地历史悠久的磨歇盐井就是克木人最先开采的，不要说勐腊本地，连越南、老挝、缅甸、泰国都有商人来此驮盐，磨歇一带由此十分富足。那时，克木人曾以此为中心，建立了方圆近百里、含百十个村寨、颇为富足的领地。后来傣族兴起，打败克木人，建立了傣族王国。克木人大部逃往境外，小部分来不及逃走，便全寨沦为傣族土司的家奴。后来，逃往境外的又陆续迁回一些，以至今天勐腊的克木人还分“克木泐”（即本地克木人）和“克木老”（老挝克木人）。由于克木人是勐腊最早的居民，历史上傣族祭井神、祭勐神（土地神）、求雨等都须由克木人主祭，因为，据说井神、勐神、雷神都是克木人的祖宗，只享受自己后代的祭献，而不接受其他种族的牺牲祈祷②。祭井神是磨歇盐井地区最隆重的祭祀活动之一。中华人民共和国成立前征收盐税的尽管是傣族土司和国民党官府，但土司、官府不得不买好肥猪和祭品，请克木人主祭，祭品也归克木祭司享受。

勐捧是勐腊最大的坝子、傣族的主要聚居地，但每年一小祭、三年一大祭的祭勐神仪式也得由克木人主祭。届时，土司向傣族老百姓派钱，买好猪牛，请克木祭司主祭并享用牺牲。

泼水节后，若久旱不雨，无法撒秧，土司就责令所辖克木 5 寨各组一支队伍游勐求雨。各寨须用木头、柚子、乱头发做个硕大无比的男根模型，由一个满脸抹黑、头戴“达辽”（当地各族通用的竹编法器）的男子挂于身前，在前打道，后跟敲击竹器的男女混合乐队游勐。队伍所到之处，傣族头人要出迎敬酒，傣族妇女要向求雨队伍泼水祝福，特别要把挂

① 《云南各族古代史略》，云南人民出版社 1977 年版，第 3—4 页。

② 李道勇、杨荣成、高立士、王敬骝、陶明调查，高立士整理：《克木人的历史传说与习俗》，《布朗族社会历史调查》（三），云南人民出版社 1986 年版，第 102—118 页。

男根的领头人全身浇透。游遍各寨之后，人们将男根模型及竹乐器投入南腊河中，宣告游勐结束。这种仪式1948年还举行过一次①。以上田野资料说明，克木人确实是勐腊最早的土著居民之一。

另据勐腊县曼种村八十多岁高龄的岩伦回忆说，曼种克木人跟随他们一步能跨几十里的远祖“Cwang”从老挝迁到这里，到他已是第五代人了。“Cwang”是从他妈妈的肋骨缝里生出来的，出生后就能下地走路，很快长大成人，行走如风，跨步可达千里，刀枪不入，战无不胜。后来“Cwang”去磨歇作战，因嗜酒长醉不醒，被对方奸细刺死，从此，克木人沦为傣族的家奴。

“Cwang”或者是一个有魔力的人，或者是一个刀枪不入的神人，他既是克木人传说中的祖先，教会克木人种地和寻找食物的方法，又是克木人心目中的英雄，带领克木人奋力与敌人作战。“Cwang”也许是历史上克木王国的象征，但那王国已随着时间的流逝泯灭无踪了，只留下这神圣的记忆，告诉人们克木人的来历。

二　克木人的多元文化构成

（一）姓氏与命名

历史上克木人氏族以动植物图腾为姓氏，实行子随父姓、女随母姓，按性别延续宗谱的双系姓氏制，同姓不通婚。老挝克木族的姓氏有虎、豹、鹰、水鸟、八哥、谷雀、野鸡、野猫、孔雀、猫头鹰、小翠羽鸟、松鼠、蛇、猴、熊、鹿、水獭、貂、穿山甲、犀牛、树蕨、大青树（榕树）、铁树、红花石、白花石等（秦钦峙，1989）。越南克木族姓氏有虎、獾、鹿、毛鸡、野鸽、画眉、香菜、蒜、猪笼、汤勺等（利国，1989）。我国克木人的姓氏有虎、青猺、马鬃蛇、野猫、水獭猫、猴、松鼠、白头翁、八哥、水鸟、犀鸟、金德鸟、梭乐鸟、孤鸟、小米雀、秧鸡、象尾蕨、细白花等十八种。其中，动物图腾十六个，植物图腾两个②。克木人与傣族平民一样，有名无姓，且多为单音节名。人人都有乳名、父母名、正名三个名字。乳名是一个人出生后第三天通过抓米仪式为其取的，如“金

① 高立士：《克木人的社会历史初探》，《云南社会科学》1995年第5期。

② 高立士：《克木人的图腾崇拜与氏族外婚》，《思想战线》1986年第2期。

keŋ”，“糯 nuo”；男孩的乳名前加“德”，女孩的乳名前加“丫”，如“德糯”“丫旺”，以示性别区分，这个名字一直要沿用到一个人成年，当他（她）结婚有了第一个孩子后，就获得了父母名。父名是男子在其长子（女）乳名前冠以“永 joŋ 父”，如“永德糯”（糯的父亲），母名是女子在其长子（女）乳名前冠以“玛 maʔ 母”，如“玛丫金”（金的母亲）；一个人一旦获得父母名，原来的乳名也就废弃不用了。正名是一个人的正式名字，是在父母名的后面再加上自己的乳名，如“永金糯”（金的父亲糯）、“玛温扁”（温的母亲扁）；正名是人到中年之后在非常正式的情况下才使用的名字，日常生活中很少用到。

克木人受傣族的影响很深，也有相应的傣语人名，如“德糯”叫“岩糯”，“丫金”叫“依金”，“永德糯”叫“波岩糯”，“玛丫金”叫“咪依金”，而且，使用的频率大大高于克木语人名，以至于很多年轻人乃至中年人都只知道自己的傣语人名了。

（二）空间文化布局

克木人称家屋为“冈”。“冈”既指房子，也指家。每个“冈”都有一位守护神“雷冈”，克木语的意思是“家灵”或“家鬼”。克木人在山区时的住房是矮脚篾笆茅草平房。每家都有三个火塘：一个专供女人做饭，一个专门接待客人，一个专门给老人取暖。老人居室火塘边的梁柱上，设有供“雷冈”的台板，外人不能随便进去。“雷冈”并无偶像，不过在那里固定一块小木板或竹篾片，每日供一团糯米饭。每年秋收后的庆典，家家都要杀猪，把猪的下颌骨和一双竹筷、一把竹匙供在台板上，历年累计无数，木板支撑不住，就挂只竹篮，装在竹篮里。

下到坝区后，克木人改建傣式干栏竹楼或木楼，楼上住人，楼下拴牲口、堆放柴火杂物。楼上用隔板把房屋分作两间，里间作卧室，外间是堂屋。贯通整座房屋、支撑隔板的横枋叫“槟”（傣语），是房屋最粗最长最厚重的构件，相应的克木词语叫“都雷岗”。以“槟”为界，外人不得进入卧室，即使是亲戚，也只能在非常时期，如看望危重病人时才可进屋。克木人认为，外人进入卧室，家人必受“雷冈”惩罚，致使家畜家禽丢失。人死后也不能停在卧室，要在洗身更衣之后移到外间停放。

举行贺新房仪式、结婚仪式，家里有久治不愈的病人，都要祭“雷冈”，消灾免难。祭“雷冈”的方式因目的不同而有所不同。如当家里人畜生病时，主人便将绕起的背索挂在堂屋与“槟”头接榫的边柱上，旁边还插一把砍刀，挂一串槟榔。有客来访，若是有事相商，要坐在凉台的“槟”上，否则就是藐视“雷冈”，要处以罚款；若是来乞讨的，则只能坐在楼梯上，不得上楼。

（三）仪式文化

择寨仪式。过去克木人村寨如遇周围生态、人文环境恶化，如遭水灾、火灾、瘟疫等，便决定搬迁。村长“永贡”就要带人出去寻找风调雨顺的新寨址。新寨址要通过“巴勒”仪式确定。具体办法是：挖一圆形浅穴，把三粒米和三粒谷子分两行放在穴底平面上，用碗扣住。七天后揭开碗，如米粒和谷子位置没变，或者米移到谷子一边，是好兆头，可以住人；如谷子移到米那边，或者虽然米粒和谷子都没移动，但里面爬进了一种克木人叫“偷蚂蚁”的黑蚂蚁，就不是好兆头，不能住人。现在，克木人已基本定居，很少再举寨搬迁，即使搬迁，由于土地范围已经固定，很难再以“巴勒”仪式定寨址。

建房仪式。克木人建干栏式竹楼或木楼也像傣族一样，先搭架，把几根柱子榫在一起，构成一个平面框架。一般是根据新房的大小决定框架的数目。起房立架，先下基石，首立的框架，榫有公柱和母柱——既是支撑房屋高梁的两根立柱，又是不同性别家庭成员。立起后，即在上面挂红布白布各一块，柱腰上捆一棵芭蕉树，别两把砍刀。上“槟”是建房最隆重的仪式。男人们背着酒上山去拖事先砍好的“槟”，男主人把酒洒在“槟”的两端，说：“你是我家的轴心，路上你不要东卡西卡，也不要伤着人，顺顺利利回家吧！”说完，大家用藤子把“槟”的一头拴住，拖着往家走。途中若遇到障碍，拖不走，建房主人就往“槟”上浇酒浇水敬祭，请“槟”速归。到村口时，人们举行隆重的迎“槟”仪式：等候在村边、穿戴漂亮的女人们，把水洒向“槟”和拖“槟”的人，以求吉祥。到新房工地上，房主人焚香，又往“槟”上浇酒，并用一红一白两块布包住“槟”头，然后众人将“槟”上到已立好的立柱框架上，凡穿过“槟”的立柱也均为支撑房屋高梁的立柱。

乔迁仪式。新房盖好，择吉日搬迁。克木人认为，月头的日子，如初五、初六，上新房最吉利，月尾上新房，家运不旺。搬迁那天等于全寨的节日，全寨人和村外亲戚都来祝贺，主人必备酒席举行“上新房”仪式。

新房堂屋里摆桌酒席，男主人恭请寨老们（男性）就座，寨老们边吃边祝福，祈求天神保佑主人得福。同时，卧室里的祖先神台上，也用小簸箕摆桌“酒席”祭祖。接着，一位老人站到堂屋门口，男主人身佩长刀和装着银钱的挎包，站到楼下楼梯口，他后面跟着女主人和亲友。女人挑着水和米，端着锅碗瓢盆，提着猪头，抱着被褥；男人跟在女人后面，扛着箱柜，抬着桌椅，全体等着两位老人完成答话仪式：

男主人问楼上的老人：“主人，今天是不是好日子？我们想在你家住一夜，行不行？”

楼上老人反问：“今天是好日子。你们是什么人？哪里来的？是好人还是坏人？坏人不留，好人就留。”

男主人再问：“我们从老挝那边来，都是好人，想在你家住一夜，行不行？”

楼上的老人问：“你是说真话还是扯谎？若是真话，你再说一遍。”

男主人回答：“我说三遍了，我们都是好人，挎包里还有钱，想在你家住一夜。”

楼上的老人说：“既是这样，现在你们可以上来了。”

听到这话，有人即点燃挂在楼梯口房檐下的鞭炮。在鞭炮声中，女主人领众人上楼进屋。一些女人来到火塘边，放下厨具、水桶、米箩，把猪头挂在火塘边墙柱上，女主人便点火做饭；另一些女人把被褥放在卧室门口，由主人搬进卧室（外人不得入内）。之后，一桌桌酒席铺开，大家围坐桌旁，等主人祭过“雷冈”后，就热热闹闹喝酒吃饭。

（四）婚姻与生育

克木人恋爱的形式是“串姑娘”——小伙子主动到所爱姑娘家串门。入夜后，一群小伙子来到姑娘家，打开门，先到火塘点燃火，然后进卧室去悄悄叫醒那姑娘，姑娘不可怠慢，必须起来烧茶待客。茶过数巡，无关的小伙子便起身告别，留下有意的小伙子与姑娘单独在一起。两人聊聊天，如果彼此中意，就会继续来往。这一切，姑娘的父母都清清楚楚，开始并不过问。等小伙子第五次来家时，父母就要先问小伙子：“你真心喜欢我家姑娘吗？你肯定要娶她做妻子吗？”然后又问自己的女儿：“你喜欢这个小伙子吗？你愿意嫁给他吗？”如果双方都表示愿意，父母就放心了，一般不会反对。说定之后，小伙子便给姑娘送来金耳环、银手镯、银腰带和衣服裙子等礼物。但如果姑娘回答父母说："我不喜欢他，他来找我，我讲礼貌才接待他。"听了这话，小伙子只好离去。

一旦得到女方父母同意，男方父母往往选择1月或2月到女方家提亲订婚。他们提着酒肉来到女方家，和女方父母商定结婚日子。克木人喜欢选择3月或4月春暖花开的日子举行婚礼，这既是烧坝前的农闲时节，又象征小两口婚后生产生育顺利，家业兴旺发达。

结婚这天，男方家里杀猪宰牛，置办酒席，然后，把猪肉和酒菜抬到女方家门外。进村路上，两家必有一场激烈的争抢猪肉的拉锯战。若是女方抢走了猪肉，男方必须出钱赎回，否则酒席就办不成。对新郎来说，这天也许是他一生中最难挨的一天。他必须端着满满一锅做好的菜，站在女方家门口，领着自家人跟女方家歌手对歌，对赢了才能进门。一般对歌要20—30分钟，而那锅菜就得由他端那么长的时间。婚礼第一天由男方家的人操持，第二天则由女方家操持。到第三天，客人陆续回家，留下两家老人和寨头一起计算婚礼花费和客人送礼的数量，记住这笔账，将来分家、离婚或有一方去世，账目一清二楚，可避免财产纠纷。

克木人实行"一夫一妻"制，同姓不通婚。婚后盛行从妻居习俗，女婿上门，一般三年为期。期满，男方父母杀猪宰鸡举行"招媳"仪式，方可接走媳妇。这时婚姻关系才稳定下来。新夫妇回到男方家，若非长子，一般三年即分出另立新家，长子则与老人同住，养老送终，可见克木人是长子继承制。若男方家庭缺劳力，父母要向亲家请求提前接回儿子和媳妇，获准后方可接走。若女方家缺劳力，女婿可终身住女方家。克木人婚后一般不轻易离异；非离异不可，可请寨老裁决。提出离婚的一方拿出十二块银元，一半给对方，一半给寨老；有的寨老则以有理、无理作为裁决的根据，有理者可分得家产的三分之二，无理者只分得家产的三分之一，并负责置办酒席请裁决人吃饭。现在则按婚姻法办离婚手续。

同姓婚配则受到严格的限制，因为克木人相信，同姓婚配必遭雷劈龙咬，不得好死，还会连累家人亲戚。因此，如果一对同姓青年男女坚持结婚，家长不得已，只好为他们举行"同槽吃食"仪式，以示断绝同姓关系，求得雷公龙王的饶恕。所谓"同槽吃食"是这样的：准备一槽猪食，两个当事人各自爬向猪槽一端，跪下吃食，手拉一根白线，由族内长老以斧将白线和猪槽拦腰劈断了事。违规者还要分别罚款三元，求得亲戚的谅解。笔者曾采访过一对当事人，他们是20世纪90年代中期履行过这种仪式半年后结婚的，现在已是两个孩子的父母。

克木妇女在火塘边分娩，由母亲接生，丈夫帮忙。一条山地民族常用的背索（绳子），套在边梁上，产妇双手拉住它，以便用力。为避邪求吉，克木人在背索与边梁接头处套上一只银手镯。婴儿一生下来，用温水洗净，在大锅药汤蒸汽上绕三绕，以防病防哭。断脐工具是竹片，留的脐带长达膝部（过长或过短，婴儿会尿床），用细藤扎紧；胎盘盛于竹筒内，婴儿生下第三天取名之后，由其父挂到去村寨坟地半道的大树上。挂时眼不得斜视、不得翻白眼，归家时要甩着手大步流星快走，不得回头，否则，婴儿会斜视、翻白眼。若是生女儿，归途中须采摘路边花草挂于两耳，并用双手往后梳理头发，以预示女儿长大后整洁漂亮。

如果婴儿生病，村人则认为必是琵琶鬼作祟。家里人首先请“摩”来驱鬼，杀鸡念咒，把烧焦的山果放在水里，边吹边念咒，并用嘴将此水喷在婴儿脸上。他们认为，即使上医院，也要先把鬼从病人的身体里赶走，治疗才会有效。

（五）宗教文化

在克木人社会里，主宰人们精神世界的观念是万物有灵论。20 世纪 50 年代还处于原始社会末期的克木人，历史上一直与傣族交往密切，能用傣语交际，房屋建筑、男性文身、女性服饰等，虽受傣族文化影响较大，但其精神形态，仍处在与刀耕火种原始农业相应的原始信仰阶段。宗教职业者除寨头“永贡”外，另有祭司“鲁衮”和“摩”。“鲁衮”是法力最大的宗教头领，他把做鸡卦的结果告诉“永贡”，“永贡”再向村民宣告，人人必得听从。克木人的最后一个“鲁衮”早已去世，有的村寨还有“摩”，不时为人做驱鬼法事。

“雷灵”崇拜。克木人视万物有灵，在这种原始意识支配下，他们在可感知的实体之外，世间一切事物均有“雷鬼”的存在。一年之中，以农事节令为依据，克木人在不同时间祭山、祭寨、祭屋、祭田。克木人尚无“神”的概念，他们把“灵”视为“雷鬼”，与我们通常所说之“鬼”含义是不完全相同的。例如，克木人各村寨一年一度的“雷鬼贡寨”就是祭寨。秋收后的一天，各寨重新装饰寨门，在横梁上悬挂驱邪的竹编法器“达辽”，把突出生殖器外形的男、女寨鬼木雕竖立在寨门两侧，两肋又各插一把木刀。同时，在寨内广场供献祭糯米饭、肉、酒和季节性水果等，全寨男女老少集中在那里，由寨头“永贡”和祭司“鲁衮”主持祭祀，念祷词，分享祭品，击铜鼓，舞长刀，跳“叨叨”舞，娱“雷”娱己。

“玛格鬼妈妈”崇拜。克木人深信“玛格”，认为她主宰人类的生育，每一个婴儿都是她送给婴儿生母的，因此，新生婴儿落地，就要放在簸箕里，由老人端到门口，向“玛格”祈求：“你的孩子生下来了，你要不要？你要，你就抱去；你不要，我就抱回家了。”每个孩子的出生都得举行这一仪式，目的是祈求“玛格”保佑婴儿安康，把灾病赶出家门，免除婴幼儿长到一定时候死亡给家人带来的痛苦。

“戈恩麻儿魂”崇拜。克木语“戈恩麻儿魂”与“影子”是同音词。说人魂，也就是人影儿。克木人认为，每个活着的人都有12个魂，并深信人与魂有时是合为一体的，有时又是若即若离的，魂丢失人会生病甚至死亡。所以，新生婴儿出生1—3天内，要请来长者在火塘边为婴儿举行拴魂命名仪式。人生病或小孩受惊都要举行“叫魂”仪式，魂重归于体，病就好了；犁完田要“叫牛魂”，让牛恢复体力；收完稻谷要“叫谷魂”，把谷魂叫回家中的谷仓，来年才可望丰收。拴魂仪式中的祷词属传统的歌谣体：

拴住手，拴住脚。拴住游离之魂，拴住失落之魂。回到家里，回到寨里。给你好的吃喝，给你好的居住。如果南乌江阻拦你（南乌江在老挝北部，源出勐乌以北，流向琅勃拉邦），请你游过来。如果澜沧江挡住你，请你游过来。长长的鸡巴毛到勐腊，长长的阴囊毛到琅勃拉邦。（以上两句系家喻户晓之长命隐语）给你好的吃喝，给你好的居住①。

克木人还深信，人死后，“戈恩麻儿”就变成“雷”，“雷”虽居他界，却喜欢到我界游荡，给生者带来疾病乃至死亡。所以，克木人特别重视丧葬礼仪，履行安魂、勾魂、送魂、拒魂等一系列程序，办理离婚手续，斩断生者与死者的一切社会关系，严格地分隔我界与他界两个宇宙空间，以防“雷”作祟，维护生者安全。

恶灵恶鬼崇拜。克木人认为，“戈恩麻儿”分善恶，非正常死亡之“戈恩麻儿”为恶灵，变为恶鬼，必须以恶克恶，才能获得安宁。例如，20世纪90年代初，某村一年轻产妇产下一男婴，七天后夭折，家人便立

① 李道勇：《中国各民族原始宗教资料集成·孟—高棉语族群体卷》，中国社会科学出版社1997年版，第530页。

即将死婴送至坟地，劈为两半，再剁成肉泥，挖坑埋掉。他们认为，只有这样以恶治恶，才能确保第二胎婴儿不会夭亡，恶灵恶鬼不敢再返回来危害家族。20世纪90年代中期以后，类似的事情没有再发生过，一位年轻的母亲告诉我，她不忍心这样做，把婴儿用布包裹后埋了。对非正常死亡者，如被落石打死、被老虎咬死、被水淹死、被大树压死、跌崖摔死的人，他们的“戈恩麻儿”都变成恶鬼，不能埋于村寨坟山，只能就地草葬，否则会加害家人。

动、植物崇拜与祖先崇拜。如前所述，克木人对某些动植物的超自然力顶礼膜拜，视为家族的祖先，并由此形成姓氏和行为禁忌。而且每一个姓氏都有一个故事，例如：波坎莫老人说：我姓虎，这姓的来源是：有一天，我家老人去打猎，天黑了，不得不睡在坟山上。半夜他听见鬼摆“龙门阵”，说这个人的女人今晚生了一个男孩，长到20岁时必定会被老虎咬死。于是，等这个男孩长到二十岁时，老人为他盖了一间新房，不准他外出。恰好这天寨子里有一个人打得一只老虎，全寨人都围着看热闹，男孩也想去看，老人心想是只死虎，没什么危险，就让男孩去了。男孩去摸死虎的胡子，并挑逗说：“到底是你死还是我死？”不料那虎并没死，它一口咬伤了男孩的手指，男孩中毒死了。他最终还是死于虎口。从此我们家就姓了虎，而且，不得打虎、摸虎、吃虎。

波凤糯说：我姓“瓦雀”，老人说：旱谷出穗时，瓦雀来吃我们的谷子，老祖宗赶啊赶啊，瓦雀飞去又飞回，就是不肯离去。老祖宗手里拿着刀，刀尖对着嘴，瓦雀来了他一叫，刀尖划破了嘴，不治而死。老祖宗因刀伤而死，本应姓刀，但又不能姓刀，因为姓了刀，我们就不能再用刀了，所以改姓瓦雀。我们后代都不能吃瓦雀，否则，要掉牙或脱皮。动植物崇拜是祖先崇拜的低级阶段，现在，克木人对此已经不甚了然，如前所述，对祖先“雷冈”的祭献却相当隆重，说明他们已经进入祖先崇拜的高级阶段。

巫术。克木人的巫术信仰分三类，一类是咒语巫术，一类是模拟巫术，一类是放鬼巫术。咒语巫术，克木人称之为“口功”，通过咒语加害于人，或保护自己；模拟巫术，是通过模拟某种事物的行为来达到目的；放鬼巫术，是一种杀人巫术，往往是仇家请巫者行巫祈求某种鬼去杀死对方。具体步骤是：巫者把一对蜡条和意欲杀害的人的少许头发，拴在鱼脊背上，放入河里，并向河鬼祷告，请河鬼去杀害对方。如祷告之事，违反克木人的传说规矩时，河鬼将不会允诺。因此，祈河鬼一方，必须充分说明理由，才能获得河鬼的帮助。

（六）习惯法

克木人曾沿袭一套古已有之的习惯法，用以规范个人的社会行为，如婚前有孕、婚后与他人私通、夫妻半夜吵架、邻里吵架后一方女人披头散发到坟山上哭……要向对方道歉，并按情节轻重罚以不同等级的酒席。对发生纠纷的双方，村寨头人可主持沸水捞石、数竹篾数、烤制蕉叶包米饭等传统判决方式，判断是非曲直，败诉者往往被罚以酒席或退还财物。沸水捞石，以手上皮肤有无受伤来判断是非：无伤者为是，有伤者为非。数竹篾，是任意取竹篾数数，以单双数来判断是非：双数为是，单数为非。数竹篾也可用来占卜吉日：双数为吉，单数为不吉。烤制蕉叶包米饭，是在规定的时间内以查看米饭的生熟来判断是非：受疑者每人用芭蕉叶捆扎一包湿米，放在火塘边烘烤，到时打开蕉叶，饭熟者无罪，米生者为窃贼；若众人的米饭都熟了，则被认为是一场误会。处罚最重的是偷窃，凡确定为窃贼者，一律砍掉一个指头为戒。

（七）刀耕火种

克木人属山地游耕族群，以刀耕火种为生计手段，多种“懒活地”，当年砍伐森林当年播种，第二年即抛荒。不锄不犁不施肥，广种薄收，生计维艰，一年粮食往往仅够吃6—9个月，其余时间靠狩猎采集为生。因此，克木人只得逐沃土而耕，经常迁徙。

历史上，克木人的刀耕火种轮作方式为一年耕种休闲制，土地种一年，休闲十余年。那时，地多人少，轮作土地不受限制。克木人以地势高低把山地分为三种：贡西糯（高地）、回燕（半山腰）、回冷（低地），因地制宜，安排耕种。20世纪60年代以来，地渐少而人渐多，土地休闲时间缩短到3—4年。1979年前，克木人把全村的土地划分成三大片，一年种一片，3年一轮。1979年后，实行土地联产责任承包制，村民就在自己承包的土地上实行轮作，把土地分作两块，种三年，歇三年。

“玛我谷种的妈妈”仪式。在克木人心中，自然万物，包括谷子，都有灵魂。谷魂叫“玛我”，没有“玛我”就种不出谷子，因此，每年4月播种前，女主人都要把银手镯、银腰带和一包糯米饭埋在谷仓底，向“玛我”献祭，然后，才可以从谷仓里取谷种。

祭山仪式。每年4月旱谷播种前全寨举行祭山仪式。各家男家长，自背烟酒上山，搭台共祭山鬼，祈求全寨户户平安，家家丰收。届时，订出村规民约，要求人人遵守，以保全村安全。这一天，全村人不得外出，外村人不得进寨，违者罚款，付当天各家所用烟酒钱。每年7月，禾苗一尺多高时，举行祭山鬼仪式。各家选好日子，带两只鸡（一公一母）、一斤酒上山。到了地里，现编竹台，现捏泥山鬼，旁插“达辽”（竹编法器），全家人跪于台前，以鸡血涂台，酾酒于地，祈山鬼保佑庄稼免受野兽损害。

打谷仪式。收割后，先将谷子晒干。打谷那天，人们扛着大篾笆（篾席）、打谷棍和谷箩，带上糯米饭。到了地里，女人在前面拢谷把，但不捆，男人在后将谷把堆成堆。然后，男人在山上清理出一块平地，铺上篾笆，开始打谷。谷把不能随便拿，克木人认为，谁乱拿了第一个谷把，谷粒就打不下来了，得由代表“玛我”的女主人顺谷堆自上而下一把一把拿下来，有几个人就先拿几把，穗头朝里放在篾笆上。这时，“玛我”说话了：“我们要打谷子了，要把你们打下来带回家，你们可不要留在谷草上，都乖乖地下来吧。”话音一落，一家大小就开始打谷。过去，克木人认为，谷子对人有养育之恩，不能棍打足搓，只能用手捋，故收谷时间很长。

叫谷魂仪式。10月，谷子收完，各家要举行“叫谷魂”仪式。如果家里没女人，这个仪式只好由男主人做。收割时，各家都要留一穗谷子、一棵芋头、一棵红薯、一棵黄姜不割不收（黄姜、芋头、红薯、木薯、地瓜、冬瓜、南瓜都间种在旱谷地里），等庄稼全部收完背回家后，女主人就去叫谷魂。中午时分，她头戴“蓝圣花”（一种野花）编成的花环，来到那穗留下的谷子旁，插两根竹子，挂上“鲁果”（米箩），然后，连喊几声“果”，便割下那穗谷子，挖出芋头、红薯和地瓜，把谷子装在“鲁果”里，把地瓜、红薯、芋头放在地上，祭献谷神。她边祭边对地里喊：“掉在地里的谷子啊，没挖出的地瓜啊，红薯啊，芋头啊，快和你们的伙伴一起回家吧，快快回谷仓去，不要在地里流浪，不然，老鼠要来吃你，小雀要来吃你……”祭完后，她把所有收获物带回家，挂在谷仓里，这样，谷魂就被请回谷仓了，来年的生产才有保障。第二天，大家杀鸡宰鹅，到“永贡”家里去喝酒、吃饭，敲锣打鼓，唱歌跳舞，欢庆丰收。

克木人以上的文化表现形式，都是其在长期的热带雨林生存环境中对自然、社会以及人类自身的认识而形成的。尤其最原始的对生命的认识，对自然的解读，对人际关系的调和。随着克木人生存环境由热带雨林变成橡胶林时，生活方式由原来的游耕、固定的农耕到橡胶林，克木人的社会正在发生翻天覆地的变化。

三　橡胶林与克木人行为模式的转变

20 世纪 60 年代，克木人在地方政府的扶持下开始种植水稻，80 年代推广杂交水稻以后，水稻平均亩产从 20 世纪 60 年代初的 200 公斤左右增加到 300 公斤左右。但克木人仍以旱稻为主食，水稻则多用来上公粮或卖余粮，直到近年来橡胶和甘蔗种植的快速发展，大大减少了轮歇地的面积，克木人才将水稻作为主食。

水稻生产较之旱稻轮作，是一种定耕、精耕农业。从事水稻生产，打破了克木人千百年来迁徙不定的、粗放的林耕传统，增加了农业的科技含量，第一次改变了克木人的传统知识结构。克木人开始学习制作犁杖，学习犁田耙地、育秧插秧、中耕除草，进而学习修埂筑坝、引水排洪以及施用化肥农药等水田作业技术。现在，克木人以水稻为主食，对水稻的耕作与管理也更精益求精了，一般亩产可达 400 公斤，完全可以解决口粮问题。

但根本改变克木人生产方式和生活水平以及他们与热带雨林关系的因素是一种植物，这就是橡胶。克木人的橡胶种植，与我国在西双版纳州的橡胶开发是一脉相承的，是在国营橡胶农场的带动下，在市场经济的推动下起步并发展起来的。1952 年，我国农垦大军在西双版纳重新起步开发橡胶，到 2000 年，西双版纳橡胶已发展到 200 万亩。

克木人村寨四周都是国营农场的胶林，但克木人橡胶种植却起步较晚，原因是，一方面克木人习惯于传统的刀耕火种轮歇农业，另一方面橡胶效益来得慢，定植七八年以后才能开割，所以起初一直不愿种。20 世纪 80 年代初，当国营农场的橡胶产品渐渐显示出它的经济效益以后，克木人以“眼见为实”的执著，终于决定减少刀耕火种面积，在原来的轮歇地里逐步种上了橡胶。20 世纪 90 年代中期，干胶的市场价格平均高达 13000 元/吨，最高达 16500 元/吨，这个价位进一步刺激了克木人开发橡胶的积极性。橡胶种植，使克木人的生产方式、生活水平以至思想观念都发生了很大变化。

首先，橡胶种植业是一种科技含量较高的现代农业，相对刀耕火种操作上的粗放而言，橡胶农业的操作就精细得多，克木年轻人一切都得从头学起，而且要严格按《橡胶栽培管理规程》办事，随心所欲就得不到胶水。这就迫使他们学技术、讲科学，从实践中积累经验，提高综合素质，成为一代新型农民。

其次，由于一年中有八个月，月月有乳胶现金收入，再加上出卖余粮、甘蔗及家畜家禽等农副产品的不固定现金收入，村民手中可支配的钱就相对较多，可用来购买肉、菜改善生活，而不必像过去那样全依赖森林狩猎和采集，也可用来购买砖瓦水泥建房砌墙，而不必像过去那样全依赖森林砍伐，这在人地矛盾尖锐、生态日渐失衡的今天是有重要意义的。克木人大多已住上瓦顶傣式干栏楼，许多新修的晒台和院墙也都改以砖头、水泥、河石、河沙为材料，有的还盖起了汉式砖瓦平房。建筑模式的改变必然引起起居模式的改变，例如，席地而居在平房里已不可能，于是“床”在克木人中出现了；火塘煮饭在平房里会熏黑墙壁，于是“灶”在克木人家庭中出现了。

再次，胶园施肥改变了克木人耕作不施肥的习俗，一方面，胶园里无草木可烧，传统草木灰已不可随意获得；另一方面，胶林所需农家肥只有靠自己堆积，这就使克木人逐渐养成了积肥的习惯，原来散放饲养的猪被关进了猪圈，原来任雨水冲刷掉的牛粪、猪粪也被拦蓄起来。这样，不仅胶林有了肥料，村寨也比过去干净多了。

最后，橡胶农业的市场经济特征还刺激克木人经商意识的产生和消费意识的改变。千百年来专注于向森林获取食物的克木人，向来都是当地传统“市场”的“购物者”，在家坐等外商进村，用农产品换取日常生活所需，近几年竟也逐步有了自己的经商活动，不仅在家开小杂货柜（还谈不上“店”）、摆米线桌（还谈不上“摊”），而且敢于到市场上出售自己的农副产品，甚至有人外出打工。总之，经商不再被看成是耻辱之事，谁能多赚钱谁就是有本事的人，只要他把所赚之钱用在发展农业生产上，用在养儿育女上。另外，有了钱，向何处花？除了改善生活和加大农业投入之外，克木人也舍得花钱送孩子读书了。过去，想送孩子上学却苦于交不起学费，所以，幼童、特别是女童辍学率很高，能上到高小的不多，能上到中学的更是微乎其微。现在，克木人已经有了自己的高中生、大学生，没有幼童辍学，而初中毕业在家务农的人也越来越多。教育投资已成为克木人新的消费增长点，这预示着克木人的未来发展将进入一个新的历史时期。

然而，克木人不得不面对这样一个现实，即开发橡胶最直接的后果，就是轮歇地大大减少了，林地的生物多样性大大减少了，曾经赖以生存、相依为命的热带雨林乃至次森林渐渐消失了。

四 全球化浪潮中的克木人

全球化浪潮伴随着资本主义的发展，席卷世界的每一个角落。其以经济、政治、文化、信息、科技的方式改变着人们的日常行为方式和思维模式。作为西南边疆的少小民族（族群），克木人对全球化的概念还无从真正的认识，但其在不知不觉中接受了全球化对自身的影响。

由于克木人传统的刀耕火种，生产力极为低下，所以，直到20世纪50年代，克木人内部还未出现土地私有、雇工剥削等经济关系。为此，1955年党和政府把克木人地区划为“直接向社会主义过渡”的地区。1958年以后，克木人与内地农村一样，经历了人民公社化等一系列运动，现在也实行土地联产承包责任制。所不同的是，克木人村寨还保留了大片的集体橡胶林和竹木用材林。20世纪60年代以来，当地政府做了大量工作，逐步动员克木人将村寨迁到山区边沿的坝区，开田种稻，克木人的生活才有了改善。如果说20世纪60年代下坝种水稻，基本解决了克木人的温饱问题，那么，20世纪80年代当地国营农场橡胶发展所引起的扩散效应，驱动克木人种植橡胶，则是克木人根本摆脱贫困的历史性契机。下坝种稻，使克木人从游耕农业跃入定居稻作农业；种植橡胶，则使克木人跃入现代农业和市场经济体制，开始与其他民族共同走向富裕之路。例如，国营勐捧农场从20世纪70年代开始，即与邻近的克木人回吉村建立场群友好关系，帮助克木人修桥铺路，清除垃圾；派技术熟练的胶工帮助回吉村定植橡胶282亩；派教师到回吉村任教，解决学生读书难的问题。回吉村也支援农场竹木料及柴火等。场群亲如一家，结果，农场和克木人的生产都上去了。后来，回吉村人进一步扩种橡胶，现已达1000亩。他们还用集体资金建设基础设施：修水渠一条；堵水坝引自来水；建盖小学一所。村长岩糯雄心勃勃地对笔者说：“我们计划再堵一道坝，再开100亩水田。”

又如克木人曼蚌索村，位于勐腊县勐满乡，已种橡胶3580亩，其中集体橡胶林地1200亩，已开割200亩；有甘蔗地280亩。村长德糯告诉笔者，20世纪80年代末，该村靠国营农场帮助，在刀耕火种地里种上橡胶、甘蔗。1995年橡胶开割后，村里有了大宗收入，加上甘蔗及饲养业（水牛七十余头、黄牛八十余头、猪一百余头）、竹编业等副业收入，生活已逐渐富裕起来，1996年人均收入达1000元，比1993年增长了3.5倍。另外，曼蚌索村村民过去点牛油灯、猪油灯、煤油灯，1985年靠国营农场帮助，架通电线用上了电，看上了闭路电视。

政治全球化造成的现代主权国家的建立，使原来只有族群认同的克木人面临着族属的困境；经济全球化，使克木人的生存方式从刀耕火种的游耕文化发展成以水稻为基础的固定的农耕文化，最后逐渐融合到市场经济的大潮中，即按照市场规律种植橡胶林，完成了经济现代化的历史进程；文化的全球化，使本来在我国就处于弱势的克木人部分地出现了文化认同的危机。经济全球化改变了其生产方式，原来围绕热带雨林为核心的族群文化系统需要为适应新的生产方式而改变；在民族国家对族群族属划分的情况，无法拥有自己对应的族属身份；长期处于区域主流文化—傣族文化价值体系包围之中，使其很大部分接受了傣族文化；现代科学技术的传入和不断地与外界沟通，使克木人对自身的生命价值体系、信仰体系、行为模式等进行了重新的认识，原有的传统文化面临着缺失。而作为族群认同基础的传统文化的消失，使其在面临生存危机的同时，又加深了族际认同的危机。

在克木人经济社会生活得到不断改善的今天，其社会结构、价值体系、思想观念等都在发生急遽的变迁。克木人在调适自己传统文化系统的同时，被动地接受了全球化的调控和支配，面临着新的选择，从而构建族群范围内的和谐。2004年，西双版纳州通过了“西双版纳州经济和社会发展战略研究报告”，提出了“构建经济和社会发展大通道；立足大湄公河次区域‘经济桥头堡’，大力发展外向型经济；实施城市中心战略，注重发展‘特色村寨’经济，以孔雀开屏式推进城市化”等战略目标，克木人将在西双版纳州、云南省以及全国的发展步伐中，在内因与外因的共同驱动下，选择适合自己的发展道路，走出全球化背景下的困境，构建属于克木人的和谐社区。

第八章　普洱市跨境民族文化

——以佤族、拉祜族为例

一　普洱市跨境民族概况

普洱市地处云南省西南部，位于东经99°09′—102°19′，北纬22°02′—24°50′。全市总面积4.5万平方千米，总人口256.56万人，其中少数民族总人口152.4万人，占普洱市总人口的59.4%①。普洱市与越南、老挝和缅甸三国接壤，国境线长486.49千米。有20多条从江城哈尼族彝族自治县、澜沧拉祜族自治县、西盟佤族自治县和孟连傣族拉祜族佤族自治县的边境乡镇出境越南、老挝和缅甸三个东南亚国家的边境通道。此外，澜沧江、李仙江、南卡江三条水路也通往东南亚国家，其中澜沧江—湄公河纵贯全市，澜沧江普洱港通航老挝、缅甸、泰国、柬埔寨、越南等五个东南亚国家。普洱市目前有澜沧江思茅港、孟连两个国家级通商口岸。普洱市不仅是内地通往西南边疆民族地区的重要通道，同时也是中国西部地区通往东南亚和南亚的重要通道，在西部大开发中具有独特的区位优势。

普洱市境内有汉族、哈尼族、彝族、拉祜族、傣族、佤族、布朗族、回族、白族、瑶族、苗族、傈僳族、蒙古族、景颇族14个世居民族，这些民族大多跨国界分布于越南、老挝、缅甸、泰国等东南亚国家。长期以来，普洱市各民族为稳定、巩固、发展边疆民族地区与促进云南与东南亚、南亚国家经济、文化的交流，建立睦邻友好的民族关系等方面发挥了积极的作用。

① 《云南年鉴2006》，云南年鉴社2006年版，第433页。

（一）普洱市跨境民族历史渊源及分布现状

1. 历史渊源

普洱市民族中，哈尼族、彝族、白族、拉祜族、傣族、佤族、布朗族、傈僳族、景颇族等民族属于云南特有民族。其中，傣族属于古代百越族群后裔。早在周秦时期，傣族先民便已分布于今普洱市等地，定居甚早。普洱市傣族有傣那（景谷、孟连）、傣绷（澜沧上允）和傣社亳（江城）三个支系。

佤族、布朗族属于古代百濮族群后裔。远在汉代之前，佤族先民就已分布在今普洱市和缅甸北部山区，是云南古老的独有民族之一。据自称，普洱市佤族主要有佤、布饶、佤崩（阿佤莱）、佤固德、乌、腊人、恩人和宋人等支系。布朗族先民与佤族先民同源，也是普洱市定居最早的民族之一。按自称有布朗、阿佤、翁拱乌 3 个支系。

白族、哈尼族、彝族、拉祜族、傈僳族和景颇族属于古代氐羌族群后裔。白族先民迁居今普洱市的年代较为久远。唐代南诏政权在今普洱市景东县境内设银生节度，辖区包括今普洱市和西双版纳傣族自治州等地。银生节度下设若干重镇，从南诏首府大理派遣今白族先民“白蛮”镇守。宋代大理国时期和元、明、清各朝，都有白族先民相继迁居今普洱市。长期以来，普洱市境内的白族先民多与汉族或其他民族融合，有的甚至曾改称汉族或民家。中华人民共和国成立后“民家”相继恢复白族称谓。

哈尼族、彝族、拉祜族先民从哀牢山北部南迁，清朝时期相继定居今普洱市境内。哈尼族有碧约、阿里卡多、腊米、切第、爱尼、布都、布孔、阿木和西摩洛 9 个支系。彝族有聂苏、拉乌、蒙化、香堂、倮倮泼和阿列 6 个支系。拉祜族先民于清朝末年定居普洱市，主要有拉祜纳、拉祜西和老缅 3 个支系。景颇族先民由清朝末年从今德宏、保山、临沧等地迁入今普洱市边境一带，民国初年定居。傈僳族由清朝末年从今保山迁居今普洱市。

明代，蒙古族先民迁入今普洱市景东彝族自治县，清代迁居镇沅至今。瑶族、苗族属于古代“三苗”族群盘瓠集团后裔。明、清时期，瑶族先民陆续由文山等地迁入今普洱市境内定居，现有蓝靛瑶和乐舞两个支系。回族先民是明、清时期从巍山、通海、甘肃等地迁入今普洱市。苗族由清朝时期迁居今普洱市。

2. 分布现状

傣族主要聚居在景谷傣族彝族自治县、孟连傣族拉祜族佤族自治县和澜沧拉祜族自治县的上允镇，此外，景东、镇沅、墨江、江城、西盟和思茅区均有分布。

佤族主要聚居在西盟佤族自治县、澜沧拉祜族自治县和孟连傣族拉祜族佤族自治县。

布朗族聚居在澜沧拉祜族自治县景迈一带，墨江、景东、景谷、镇沅、江城、宁洱、思茅等地也有零星分布。

白族主要聚居在宁洱哈尼族彝族自治县，其余分布在其他各县。哈尼族聚居于墨江哈尼族自治县、宁洱哈尼族彝族自治县、江城哈尼族彝族自治县和镇沅彝族哈尼族拉祜族自治县。景谷县、澜沧县、孟连县等地也有哈尼族分布。彝族聚居于景东彝族自治县，景谷傣族彝族自治县和宁洱哈尼族彝族自治县，江城哈尼族彝族自治县，此外，镇沅、墨江、澜沧、普洱、孟连、西盟等县也有分布。拉祜族聚居在澜沧拉祜族自治县、孟连傣族拉祜族佤族自治县、镇沅彝族哈尼族拉祜族自治县、景谷傣族彝族自治县和西盟佤族自治县，其余县区都有分布。景颇族分布在澜沧拉祜族自治县勐朗镇、孟连傣族拉祜族佤族自治县景信乡和公信乡。傈僳族分布在孟连傣族拉祜族佤族自治县回顾、落水洞、富俄、大曼回等地。

苗族多数聚居于景东彝族自治县、镇沅彝族哈尼族拉祜族自治县和景谷傣族彝族自治县，其余县有零星分布。瑶族主要居住于江城、景东两县。回族主要分布在景东彝族自治县、景谷傣族彝族自治县、墨江哈尼族自治县、宁洱哈尼族彝族自治县、澜沧拉祜族自治县。蒙古族聚居在镇沅彝族哈尼族拉祜族自治县振太余家坡。

（二）普洱市跨境民族文化多样性及其发展

1. 语言文字

普洱市境内的民族中，汉族、蒙古族、回族、白族使用汉语，其他民族使用的语言分别归属于汉藏语系和南亚语系。汉藏语系有 3 个语族，其中属于藏缅语族彝语支的语言有哈尼语、彝语、拉祜语和傈僳语，属于藏缅语族景颇语支的语言有景颇语，属于苗瑶语族瑶语支的语言有瑶语，苗瑶语族苗语支的语言有苗语，属于壮侗语族壮傣语支的语言有傣语。佤语、布朗语属于南亚语系孟高棉语族佤崩语支。这些语言大多有方言，有的方言差异较小，基本能通话。而有的民族语言方言内部差异比较大，甚至无法通话。

普洱市少数民族文字有彝文、傣文、佤文和拉祜文。彝文和傣文是使用年代较为久远的民族文字。普洱市彝族中，只有聂苏支系使用本民族文字（古彝文）。已查明的彝文文献资料有60余部，内容涉及人类起源、迁徙史、指路、占卜、咒语、天文历法、医药、风物、生产生活知识、伦理道德等。傣文有傣泐文（西双版纳傣文）和傣那文两种。傣语把它们称为“坦”和“咧”。其中“坦”使用较早，用它书写的经籍也比较丰富。这两种文字都属于拼音文字，由梵文字母演化而来。除了西双版纳傣族使用傣泐文以外，澜沧拉祜族自治县芒景一带布朗族也使用这种傣文。

佤文和拉祜文都是拼音文字。它们分两种：一种是20世纪初西方基督教传教士设计的以拉丁字母为拼写形式的拼音文字，这种佤文俗称佤语撒拉文，拉祜文俗称拉祜语撒拉文。至今，缅甸北部佤族聚居区信仰基督教的佤族仍然使用佤语撒拉文。另一种是1957年云南省少数民族语文科学讨论会通过的新创《佤文方案》（草案），1958年始在佤族聚居区使用。现已用新佤文出版了教科书、词典、科技读物及多种书籍。拉祜撒拉文又称老拉祜文。云南省澜沧、西盟、孟连、沧源、双江、耿马等县和缅甸、泰国等地信仰基督教的拉祜族至今使用这种文字。另一种拉祜文是1957年中国语言文字工作者在原来拼音文字基础上进行改进后的拼音文字，称新拉祜文。澜沧拉祜族自治县拉祜族大多能使用这种文字。用新拉祜文出版了小学教材、拉祜—汉词典、民间故事、科普读物、法律知识读物等多种书籍。

普洱市上述民族文字中，还没有一种发展成为全民族统一使用的文字。不同地区的傣族使用两种文字，即傣泐文和傣那文。改进后的拉祜文、新创佤文只在拉祜族、佤族聚居区使用，彝文只在彝族聂苏支系使用。回族、白族、蒙古族、彝族香堂支系和思茅区云仙乡拉祜族已普遍使用汉语汉字。不同民族之间或同一民族的不同方言区，人们用当地汉语方言进行交际。随着社会的发展，汉语（方言）日益发展成为普洱市各民族之间、同一民族中方言差别比较大的支系之间的交际语言。

2. 宗教信仰

普洱市各民族信仰的宗教有佛教、伊斯兰教、基督教和民间宗教。其中回族只信仰伊斯兰教，其他民族不同程度地信仰两种或多种宗教。普洱市民族宗教信仰有以下几个方面的特征：

首先，几乎所有民族都不同程度地信仰宗教。尤其是南传上座部佛教和伊斯兰教，具有全民信仰的特征。信仰基督教的民族大多是居住在边远地区或山区的少数民族。

其次，宗教分布与民族分布具有明显的地域性。南传上座部佛教主要分布在景谷傣族彝族自治县、澜沧拉祜族自治县上允、下允、景迈和孟连傣族拉祜族佤族自治县等地傣族、布朗族聚居区。伊斯兰教分布于景东彝族自治县、景谷傣族彝族自治县、宁洱哈尼族彝族自治县、墨江哈尼族自治县、思茅区、澜沧拉祜族自治县等回族聚居地区。基督教主要分布在澜沧拉祜族自治县、西盟佤族自治县、孟连傣族拉祜族佤族自治县拉祜族、佤族聚居区和墨江哈尼族自治县部分哈尼族、拉祜族山区。

最后，普洱市边境澜沧拉祜族自治县、西盟佤族自治县、孟连傣族拉祜族佤族自治县等少数民族地区，在中缅边界一线两侧边民中的傣族、拉祜族、佤族、哈尼族、傈僳族、景颇族及其各个支系等都属于一个民族或支系，他们保留着共同的宗教信仰、语言或方言以及其他文化习俗，保持着密切的往来关系。

中华人民共和国成立以来，普洱市各族人民在党和国家民族宗教政策规定的范围内开展正常的宗教活动，宗教为社会的稳定和发展服务已日渐成为各族信教群众和宗教爱国人士的共识。尤其是在国家实施西部大开发以来，普洱市各级宗教部门通过多种形式组织宗教爱国人士学习，提高他们的觉悟，积极投入到少数民族地区的改革开放之中，出现了无数类似澜沧拉祜族自治县基督教班利教区那样社会安定、经济发展、无吸毒贩毒和卖淫嫖娼等喜人的社会现象。目前，普洱市各宗教团体在弘扬宗教教义、教规和宗教道德中积极因素的同时，引导信教群众，为边疆、民族地区的社会稳定和发展做贡献，使宗教与改革开放相适应。

3. 茶文化产业和民族文化旅游产业发展状况及前瞻

（1）发展普洱市茶文化产业和民族文化产业的条件

多元文化优势和区位优势凸显，为普洱民族经济社会和文化的多元发展奠定了良好基础。普洱市是一个边、少、山、穷地区，经济欠发达，文化基础设施条件差、底子薄，但隐藏着茶文化产业和民族文化旅游产业发展的得天独厚的优势。这种优势突出显现在四个方面：

一是拥有丰富的茶资源和博大精深的茶文化，为茶文化产业走特色之路找到了历史和现实的依据。普洱是驰名中外的普洱茶故乡。境内有树龄达2700余年的野生古茶树王，有近36万亩的野生型、过渡型和栽培型古茶树群落，有66万亩的现代茶园。茶树进化链条完整，有着不可替代的研究价值。由于自古以来盛产茶叶，留下了著名的茶马古道。普洱茶曾经名震京师，享誉海内外。近年来，普洱茶的经济价值和文化价值越来越引起全世界的关注，为普洱茶文化产业的发展开拓了更加广阔的国内外市场。

二是拥有众多的民族，民族文化富集，文化形态多样，各族人民在长期的生活中，创造积累了厚实和丰富多彩的文化资源宝库。民族语言、服饰、建筑、节日、风俗习惯各具特色，形成了浓郁的民族风情和民俗民间文化，为建设民族文化特色大市和民族文化开发旅游产业提供了基本条件。

三是普洱拥有独特的区位优势，为普洱走出国门，拓展产业市场提供了得天独厚的条件。普洱市历来就是滇西南的“水陆码头”和通往东南亚的重要通道。江城、西盟、澜沧、孟连4个县，分别与越南、老挝、缅甸接壤，成为中国有着“一市连三国”之称的两个地区之一。普洱市与东南亚中南半岛国家在地理上、民族上和文化上有着密切的关系，在长期经济交往和文化交流中，形成了相互交融的口岸文化，为普洱市打造具有独特吸引力的中缅、中老、中越跨国边境旅游创造了良好的条件。

四是拥有独特的自然风光。境内森林茂盛，青翠碧绿，森林覆盖率高，生物多样性保护完好，是云南“植物王国”和“动物王国”的缩影。无量、哀牢名山，美丽的澜沧江，秀美的江川河流等，随着普洱市民族文化旅游产业的发展和对外宣传力度的加大，普洱市的自然生态优势和独特的人文景观价值越来越为外界所认知，其魅力将日愈显现，对外界的吸引力日愈增强。澜沧江普洱段糯扎渡巨型水电站建成后，将成为云南最大的人工湖，成为云南一道新的亮丽的风景线。

但长期以来，由于种种原因，普洱市各种优势都未能得到很好的开发利用。改革开放以来，特别是国家实施西部大开发战略以来，普洱市恰逢包括茶文化产业和民族旅游文化产业等经济文化发展的历史机遇。首先是政策的机遇。党和国家高度重视文化产业的发展，制定了一系列相关政策，为我国文化产业的发展提供了政策依据。《中共云南省委、云南省政府关于深化文化体制改革、加快文化产业发展的若干意见》和《云南省加快文化产业发展的若干政策》的制定和实施，为云南省发展文化产业提供了良好的政策环境。二是大市场带来的机遇。随着国家西部大开发的推进，中国—东盟自由贸易区建设和澜沧江—湄公河次区域合作开发力度的加大，普洱市逐步变成对东南亚国家开放的前沿。由国家重点工程项目实施带来的机遇，随着昆曼高速公路、澜沧江黄金航运水道、糯扎渡电站等一大批国家和省级重点工程项目的实施和完成，激活了产业发展的大市场，极大地推动了普洱文化产业和民族文化旅游产业的发展。

（2）普洱市茶文化产业和民族文化产业发展现状及前景

普洱市抓住国家西部大开发带来的发展机遇，结合本地区丰富的茶文化资源、民族文化旅游资源和优越自然生态环境的实际，通过紧紧围绕建设中国茶城大品牌，全力打造"绿色、生态、文化"的普洱品牌。加快打造重点特色文化区域，普洱茶文化国际示范区，五个国家级和省级自然保护区，镇沅千家寨万亩古茶园，澜沧景迈万亩栽培型古茶园，翠云、普洱万亩现代茶园。打造了孟连娜允古镇傣族文化区、西盟佤族文化区、澜沧拉祜族文化区、墨江北回归线哈尼族文化区、哀牢山无量山彝族文化区等特色民族传统文化展示区。打造景谷"象脚鼓文化之乡"，普洱南屏镇高家寨彝家乐、西盟县里坎傣族生态村、孟连勐外傣族土司避暑山寨等民族传统文化典型生态乡村示范点。各县区根据本地民族文化资源基础，广泛创建"民间艺术之乡"、"民间工艺之乡"的活动，进行"一乡一业"、"一村一品"的特色文化产业开发，建设民族饮食城、民族纺织服饰园（街）、民族民间节庆娱乐场、民族工艺一条街等民间文化产业。深度开发普洱茶文化资源：包括自然资源和人文资源，涵盖历史传统、自然生态、社会风情、茶艺茶俗茶技以及普洱茶文化品牌的开发。普洱茶品牌的打造，有力地推动了茶产业和民族文化旅游产业的发展。

在茶产业方面，随着普洱茶知名度和影响力持续升温，其茶产业在种植面积、茶叶产量、茶叶品质、产品开发和包装、产值等方面有了大幅度的提高。据不完全统计，全市 10 个县（区）均为茶乡，茶产业涉及 110 多万农业人口，种茶农户总数和农业人口总数均超过 50%。截至 2005 年底，全市各种茶园面积已达 110 多万亩，其中古茶园面积近 40 万亩，现代栽培型茶园面积 74.1 多万亩，茶叶总产量 3.5 万吨，其中生产普洱茶 1.4 万吨，实现总产值 10.2 亿元，茶叶种植面积比 2003 年 63.6 万亩增长

17%，产量比2003年1.9万吨增长84%多，产值比2003年的1.8亿元增长了4.7倍多。广大茶农和众多茶企业已经并正在从中获得利润和实惠，茶产业发展态势好。普洱市茶叶生产企业已有100多家，城区茶楼、茶庄、茶店已达300余家[①]。企业获利、茶农增收，有力地拉动了普洱经济的发展。

在旅游业发展方面，一是结合特色打造旅游品牌，全市初步形成了“大品牌联动小品牌、小品牌支撑大品牌”的文化旅游产业品牌格局。普洱打造“中国茶城”，宁洱打造“文化普洱、风情茶都”；墨江打造“太阳转身的地方、哈尼之乡、回归之城、双胞胎之乡”；景谷打造“林海明珠·茶祖之乡”；景东打造“世界黑冠长臂猿之乡；银生古城——景东无量山生态旅游”；镇沅重点打造“走金光大道、拜世界茶王、品千年古茶、探神秘苦聪”；江城打造“一地连三国，一眼望三国”；澜沧打造“《芦笙恋歌》诞生地——拉祜山乡”；西盟打造“英雄江三木落的故乡、司岗里的故乡、木鼓之乡”；孟连打造“游古城、捉神鱼、逛金三角”的文化旅游品牌。二是打造了一批特色鲜明的精品景区景点和旅游设施，文化旅游产业初具规模。围绕普洱茶文化资源、民族文化资源、自然景观人文景观资源的挖掘和开发，全市启动实施了“澜沧、西盟、孟连边境三县跨国民族风情旅游区”项目的一期开发，“普洱—镇沅—景东—景谷文化旅游”项目开发、“墨江北回归线标志园”二期建设、普洱茶庵塘—磨黑茶马古道开发、碧溪古镇的恢复提升、营盘山普洱茶文化博览园、莱阳河国家级森林公园观景台等项目。在普洱—澜沧—西盟—孟连四县区初步建成了一条符合国际惯例的自驾车跨国民族风情旅游线。建成了普洱梅子湖公园、普洱茶源广场、茶马古道、民族团结誓词碑纪念园，墨江碧溪茶马古镇、太阳广场、北回归线标志园，景谷仙踪佛迹、芒玉峡谷，景东御笔山公园、陶府文化展示园，镇沅飞来寺景区、金山丫口观景点，江城“一眼望三国界碑”，澜沧景迈万亩古茶园，孟连娜允古镇和宣抚司署，西盟勐梭龙潭、龙摩爷圣地等一批特色鲜明、文化内涵深厚的文化旅游景区景点。普洱市文化旅游产业发展取得了初步成效。据统计，2005年三个黄金周期间，全市文化旅游业创四项历史新高，一是接待游客量创历史新高，全市共接待游客41.2万人次，同比增长32.4%；二是旅

---

① 数据来源：《激昂的岁月》，本书编写组，云南民族出版社2006年版，第90页。

游收入创历史新高，实现旅游总收入5929.7万元，同比增长28.5%；三是床位平均出租率达62.85%，高峰时达100%，创黄金周住宿率最高水平；四是自驾车数达74955辆，同比增长40%[①]。随着不断提高改革开放水平带来的机遇，普洱拥有后发优势和新的机遇，必将推动普洱茶文化产业和文化旅游产业的大发展，这些产业必将成为普洱各民族地区新的经济增长点和支柱产业。

(三) 普洱市跨境民族发展面临的主要问题

普洱市跨境民族地区，特别是澜沧、西盟、孟连三县的拉祜族、佤族、布朗族绝大多数分布在山区、深山区和边境地区。中华人民共和国成立以来，特别是实施西部大开发以来，跨境民族地区的基础设施、经济与社会、教育、卫生、人民生活水平等有了长足的发展。但随着西部大开发战略的纵深推进，普洱市民族地区总体发展水平与发达地区民族发展水平差距日益加大，特别是边疆跨境民族地区经济文化的发展面临新的困境，跨境民族地区的发展问题日益艰巨，社会问题也日益增多。我们认为，这些问题主要表现在以下几个方面：

(1) 经济社会发展滞后，财政自给率低，自我发展能力弱。跨境民族地区各少数民族地区都是以农业为主，经济结构单一，大多是经济弱县、财政穷县、收入低县，在市场经济中处于弱势地位。如2006年末，西盟县地方财政一般预算收入仅完成919万元，远远低于财政支出（173367万元）水平[②]；孟连县地方财政一般预算收入为3060万元，财政自给率仅为16.3%[③]，无法保证正常的工作运转；澜沧拉祜族自治县财政收入6369万元、财政支出4.96亿元[④]。普洱市其他民族自治县也普遍存在财政自给率低的问题。

(2) 基础设施薄弱，成为制约发展的瓶颈。跨境民族地区是经济欠发达地区，也是基础设施建设的薄弱地区。现在还有相当部分村社未通公路，而通公路的村社多数是晴通雨阻，难以满足群众的出行和生产生活的基本需要。农田基础设施差，水利化程度低，仍然处在“靠天吃饭”的状

① 数据来源：《激昂的岁月》，本书编写组，云南民族出版社2006年版，第91页。

② 西盟佤族自治县政府办公室提供。

③ 孟连傣族拉祜族佤族自治县政府办公室提供。

④ 2006年1月10日澜沧拉祜族自治县第十二届人民代表大会《政府工作报告》。

况，抵御自然灾害能力弱。如西盟县仅有高稳产农田 2.19 万亩，人均不到 0.5 亩，水利有效灌溉只达到 16.3%；孟连县经济发展水平较高一点，但水利化程度也只达到 35%[①]。

（3）教育发展滞后，严重制约着跨境民族经济社会的全面发展。佤族和拉祜族是普洱市教育发展相对滞后的两个民族。佤族的人均受教育年限为 4.26 年，拉祜族为 3.82 年[②]。由于边境拉祜族、布朗族和佤族地区经济发展滞后，教育基础薄弱、起点低，为完成“普六”、“普九”和扫盲任务，大都是负债运转，欠下了大量债务，严重影响了“普六”、“普九”和扫盲成果的巩固，制约着教育事业的进一步发展，也影响了经济的发展。

（4）医疗卫生条件滞后，初级卫生医疗条件难以保证。目前，跨境民族地区如拉祜族、布朗族和佤族地区，有的村没有村卫生室，有的乡卫生院甚至缺少药品和必要的医疗器械。医务人员水平低，难以保证少数民族群众初级卫生医疗的需要，少数民族群众看病十分困难。

（5）由于条件限制，国家的部分发展政策难以落实。例如，近年来上级在各种建设项目上要求采取国家与地方资金配套，拉祜族、佤族和布朗族地区因资金难筹集达不到配套要求，迫切需要的项目得不到。有时为了争取项目，民族地区负债运行，导致乡（镇）运转困难。在“兴边富民”工程弹石路建设中，云南省公路局的补助标准只有 5 万元/千米，许多县乡公路路基都未达标，要完成路基改造达标都很困难，根本无法完成一级弹石路面的铺筑。又如，当前普遍存在的扶贫贷款政策导向和分配原则不相符合，难以做到真正扶贫。扶贫贷款是国家扶贫资金的主要来源之一，以贴息或小额信贷到户贷款的方式用于支持贫困地区发展各类生产性项目。但由于政策性贷款以商业化经营，导致扶贫贷款难实现预期目的。政府要扶贫，银行要保本收利，银行存在放贷成本高，回收难的风险，导致贫困地区扶贫贷款难。

近年来出台的一些民族政策，不少仍然处于贫穷落后状态中的边疆跨境民族无权享受。如国家出台的人口 10 万以下的较少民族方面的相关照顾政策，人口超过 10 万人以上的民族不得享受。事实上，云南存在各民

---

① 西盟佤族自治县政府办公室、孟连傣族拉祜族佤族自治县政府办公室提供。

② 西盟佤族自治县教育局、孟连傣族拉祜族佤族自治县教育局提供。

族之间经济文化发展的总体差别，而且在同一民族之间，也因地域不同，自然环境的差异，他们的经济文化差别也很突出。

（6）贫困人口多，贫困程度深，扶贫攻坚任务重。2005 年底，普洱市有 100 万人还未解决温饱人口，其中绝对贫困人口为 60 万人，低收入人口为 40 万人。贫困人口中绝大部分分布在边境山区，其中拉祜族、佤族绝大多数聚居在边远山区、深山区，由于受历史和自然环境条件的影响，扶贫后的返贫率较高，往往形成老贫困户刚脱贫，新贫困户又产生的现象。为了解决温饱问题，山区拉祜族、佤族在没有任何技术和技能的状况下，走出村寨靠出卖劳动力获取生产生活必需品。但大多数拉祜族、佤族家庭经济状况并没有因此而改变，有的外出打工人员不仅没有找到合适的工作，甚至在外受骗上当，给家庭和亲友带来沉重的经济负担和心理压力。

（7）边境民族地区毒品、性病艾滋病问题。近年来，毒品成为普洱市澜沧、西盟、孟连等边境县的一大公害。以澜沧拉祜族自治县为例。20 世纪 70 年代以来，由于澜沧境外毒源不断，走私贩毒的人们假道澜沧县将毒品运入内地和香港等地。在这种背景下，澜沧境内的吸毒问题不仅死灰复燃，而且愈演愈烈，毒品交易与吸食毒品恶性循环，因吸毒而引发的偷盗、抢劫和卖淫等问题不断增多。农村以吸食鸦片为主，吸鸦片的人中拉祜族占 60%。吸食、注射海洛因的人主要分布在县城和一些交通沿线的乡镇，以青少年为主，大多数在 16—31 岁之间，多数为汉族、拉祜族和佤族。吸毒给澜沧带来巨大的危害：其一，男子买不起毒品便想办法去偷去抢，女子因为买不起毒品就靠卖淫来供养自己吸毒。其二，吸毒和卖淫相结合，贩毒和嫖娼相结合。其三，由于吸毒者很多，使澜沧人谈毒色变。其四，吸毒导致艾滋病，病患者多为女性。吸毒贩毒、卖淫嫖娼等社会丑恶现象有死灰复燃的趋向，由此导致的性病、艾滋病，严重危害着拉祜族、佤族人民的身心健康与社会发展。

（8）妇女外流与妇女儿童拐卖问题。1972 年始，澜沧县就出现妇女外流。1980 年后，澜沧县农村妇女大量盲目外流，一些人贩子乘机以各种欺骗手段，进行拐卖活动。从 1990 年以来，境外和国内一些不法分子到澜沧县与当地人贩子打着“出去打工收入高，好赚钱”、“嫁到外地生活好过”等幌子，诱骗处于贫困生活中的青年妇女非法出境，有的被拐骗到缅甸、泰国等东南亚国家，有的被拐卖到广东、河南、山东、河北、四川、湖南、内蒙古等国内省区。近年来，被拐卖的妇女不仅仅是未婚女青年，还有不少有夫之妇和女童。外流妇女人数呈逐年上升趋势。

（9）随着社会的发展、转型与拉祜族地区的开放，外地、外民族的商人、工匠等进入佤族、拉祜族山区的各种人员日益增多，拉祜族、佤族妇女外流现象日益增多。人口的正常流动是社会开放和发展进步的主要标志，但拉祜族、佤族等民族外流妇女中，只有少数因婚姻、工作等而正常流动，而大量流动则属于盲目流动，这为人贩子提供了拐卖儿童妇女的条件与市场，使少数民族儿童妇女的被拐卖现象呈不断上升的趋势。在大量盲目外流的拉祜族、佤族妇女中，除未婚青年外，也有不少有夫之妇。不少拉祜族、佤族山区农村妇女外流与流失现象十分严重。有夫之妇的流失，儿童被母亲遗弃，加深了夫妻之间的不信任感，家庭矛盾日益突出。而大量未婚妇女流失，产生了拉祜族、佤族村社未婚青年性别比例的严重失衡，男青年成婚立家面临巨大的压力。这种现象极大地冲击了拉祜族、佤族传统婚姻习俗与家庭制度，特别对拉祜族男女平等的传统性别观念产生了动摇。

（10）在民族文化旅游开发中，对民族文化资源的深度挖掘力度不够，影响了打造民族文化品牌的质量，这将对民族旅游产业的发展带来不利。民族文化资源的深度挖掘力度不够的原因是多方面的，有经费的原因，也有对民族文化认识方面的原因，但最根本的原因是缺乏高水平研究普洱民族文化的本地专门人才，尤其缺乏具备大手笔素质的本地区民族文化专家。

（11）宗教渗透与信仰文化安全问题。普洱市东部与越南、老挝交界，西部与缅甸结界。国境线长达486.49千米。全市共有4个县的16个乡镇紧靠边境线，傣族、哈尼族、拉祜族、佤族、布朗族、傈僳族、景颇族等许多民族跨境而居，居住区内有佛教、基督教和伊斯兰教。境内外民族有共同的历史渊源、语言、宗教信仰等文化习俗，自古以来保持着密切的关系，在生产生活和宗教信仰等方面都相互影响。普洱市的宗教与边疆、民族、贫困、边境等问题交织在一起，由此形成了多样性、长期性、复杂性、群众性、民族性和国际性等特点。到目前为止，境外宗教势力仍然在普洱市边境一带村寨中活动。有的动员我方边民到境外参加布道讲经、接受洗礼等活动；有的在未经我方同意的情况下从境外带入圣经、赞美诗以及其他宗教宣传品在边境一带村寨销售，同时利用边民往来之际，零星传入我方村寨，干扰了中国的宗教事务。但有的基层干部对这种现象存在片面认识，认为现在抓好生产、经济就行了，不必去管宗教。有的基层干部把境内信教群众进行烧香、祈祷等正常的宗教活动不加区分地视为搞封建迷信。在信教群众中，也有人片面理解信教自由，缺乏在宗教活动时必须遵守的相关国家法律、法令。这些关乎我方跨境民族信仰文化的安全问题，必须引起各级相关部门的高度重视。

二 普洱市边境佤族、拉祜族多元文化发展述略

（一）经济文化发展状况

普洱市的佤族、拉祜族主要聚居于西盟佤族自治县，澜沧拉祜族自治县和孟连傣族拉祜族佤族自治县。2005 年，普洱市西盟佤族自治县、澜沧拉祜族自治县、孟连傣族拉祜族佤族自治县三县总人口为 667706 人，其中拉祜族总人口为 246967 人（澜沧 199301 人，孟连 32970 人，西盟 14696 人），佤族总人口为 142015 人（西盟 58631 人，澜沧 54930 人，孟连 28454 人）[①]。这两个民族总人口约占上述三县人口 667706 人的 58.26%，约占三县少数民族总人口 538934 人的 72.18%。佤族、拉祜族是普洱市边境民族中传统文化比较浓厚的两个跨境民族，同时也是经济发展落后，贫困人口较多的民族。

1. 传统山地农业生产方式

20 世纪 50 年代前，澜沧、西盟、孟连等佤族、拉祜族普遍实行传统山地农业轮作生产方式，种植稻谷、包谷、荞麦、豆类、薯类等农作物，养殖水牛、黄牛、猪、鸡等家禽家畜。上述佤族、拉祜族聚居区农业生产中使用犁、锄头（有的是钢制）、小锄头、斧子、大砍刀、小砍刀、芟刀、镰刀（有锯齿）、犁架、牛弯担、耙、抓耙、弯棍、篾笆、笆箩、簸箕、笋叶扇等生产工具。佤族、拉祜族使用的生产工具与周边汉族、傣族等民族基本相同，但生产技术相对落后，工序比较简单，耕作粗放，农作物产量不稳定，单位面积产量普遍低，农村缺粮严重。不少佤族、拉祜族聚居区季节性狩猎、采集和养蜂等为经济生活的辅助，他们用兽皮、蜂蜜、家畜等到初级市场换取生产生活必需品。尽管澜沧、孟连、西盟等大多佤

① 《中国民族年鉴》（2004），中国民族年鉴社 2004 年版，第 417—419 页。

族、拉祜族聚居区有本民族铁匠、银匠和篾匠，能打制铁工具、制作银器饰物、纺织和编制竹器等生产工具和生活用品，但手工业没有从传统山地农业中摆脱出来。随着近代以来澜沧、孟连、西盟佤族、拉祜族地区鸦片种植面积的扩大，有些佤族、拉祜族聚居区出现了初级市场。当时佤族、拉祜族种植鸦片主要是从初级市场换取粮食、盐、支付捐税、购买犁头等生产工具的货币。普洱市边境一带佤族、拉祜族长期处于生产方式落后的小农经济状态，直至20世纪50年代初，生活在山区的佤族、拉祜族，依然是生产方式单一，生产基础薄弱，生产技术落后，经济发展滞后，生活维艰。

目前，农业仍然是澜沧、孟连、西盟山区佤族、拉祜族的经济基础，山地农业生产是山区佤族、拉祜族最主要的生产方式。20世纪50年代以来，当地政府组织调入大量生产工具供应佤族拉祜族农民，贷放口粮、耕牛和种子扶持拉祜族、佤族等发展生产，用小春作物替代罂粟种植。20世纪80年代以来，当地政府积极引导佤族、拉祜族地区产业结构的调整，使佤族、拉祜族地区的社会经济有了较大发展，部分自然环境、交通等条件较好的佤族、拉祜族村寨逐渐由单一的传统型粗放农业向多种经营方向发展。这些地区的佤族拉祜族除改进生产技术外，还扩大经济作物的种植面积，其中甘蔗、茶叶的种植面积日益扩大，近年来还实行固定耕地，退耕还林，发展林业等，佤族、拉祜族地区面临新的发展机遇。但由于历史、自然环境和社会快速转型等原因，长期以来生活在贫困山区的大多数佤族、拉祜族还不能适应新的环境，他们至今仍然没有摆脱传统落后的农业生产方式，多数山区至今仍然实行山地轮歇农业。轮歇农业不仅耕地休闲时间长，而且大多山地一年只种一季作物，复种指数低，土地资源利用率低，大多山区耕地实种面积只达耕地的一半，单位面积产量低。单一传统农业生产远不能满足佤族、拉祜族的日常生产生活需要，普洱市广大佤族、拉祜族农民的生活水平低于当地农民的一般生活水平，贫困问题突出，贫困面大。目前，在社会快速发展与转型期间，普洱市边疆山区的拉祜族、佤族农业正面临两大挑战：一是传统的粗放农业生产方式面临精耕细作科技农业的挑战，二是传统单一的农业生产方式面临多种经营方式的挑战。

2. 半个多世纪来农业生产组织的变化

1956年之前，家庭是普洱市边境一带佤族、拉祜族的生活单位和生产单位。1956 年，普洱市边境澜沧、孟连、西盟佤族、拉祜族聚居区开始试办初级农业合作社。属佤族、拉祜族家庭的只保留了生活单位，因为合作社是一种集体经济组织，实行评工记分、按劳取酬为主，兼顾土地分红的分配原则。合作社实行生产资料入社，秋后按入社土地面积分红。留少量自留地，由社员自主经营。耕牛实行私有租用，按年付租金。种子由社员按入社耕地面积所需垫出，秋后偿还。肥料由社员带入田地，按量评工分。合作社成立社管委员会，选办事公道，掌握生产技术和群众信任的贫下中农组成（一般五至七人），负责拟订生产计划、组织生产、评工记分和收益分配等社务。合作社的分配从当年总收入中扣除农业税、土地报酬、种子、耕牛和农具租金、公共积累、行政和生产费用后，其余的为社会劳动分红部分，这部分要保证在总收入的 70% 左右。1958 年，普洱市边境佤族、拉祜族地区办高级农业合作社，即田地归集体所有，耕牛折价入社，土地不分红，实行评工记分，后来又发展成为小段包工或定时、定质、定量、定分的小包工制，体现“多劳多得，按劳分配”的原则。1958 年下半年开始实行的人民公社，实行公社、生产大队、生产队三级所有制，以生产队为核算单位。生产、生活集体化，给本来生产力发展就缓慢的拉祜族佤族社会带来了重大损失。

1980 年，普洱市佤族、拉祜族地区开始实行家庭联产承包责任制，把集体的田地、林木等承包到户，促进了佤族、拉祜族地区社会经济的发展。

3. 拉祜族、佤族地区经济发展概况

国家实行改革开放，特别是实施西部大开发战略以来，普洱市澜沧拉祜族自治县、西盟佤族自治县抓住大开发带来的一系列重大发展机遇，较好地促进了经济社会协调发展，加快了边境佤族、拉祜族聚居区社会经济发展的步伐。比如，2002 年底，在云南省 129 个县（区）中，云南省人均国内生产总值 5178 元，普洱市为 2647 元，澜沧县为 1392 元，排名云南省第 121 位；农民人均纯收入云南省为 1609 元，普洱市为 1229 元，澜沧为 762 元，排名云南省第 118 位；人均财政收入云南省为 480 元，普洱市为 202 元，澜沧县为 84 元，排名第 107 位，还有 44185 户、196623 人居住简易茅草房，其中大部分为拉祜族和佤族。到 2006 年，澜沧县完成生产总值 15 亿元（现价），比 2002 年增长 102.6%；农民人均纯收入 1006 元，比 2002 年增加 244 元，增长 32%；农民人均有粮 419 公斤，比 2002

年增加32公斤、增长8.3%。从2002年到2006年，共解决两万绝对贫困人口温饱问题，全县新增招商引资项目11个，合同（协议）资金6.68亿元；累计实现外经贸进出口总额4834万元①。

国家实施西部大开发以来，澜沧拉祜族自治县第一产业稳步发展。一是加大对“三农”的支持力度，狠抓各项惠农政策和支农措施的落实，全面取消了农业税和除烤烟外的农业特产税，有力地促进了农业增长、农民增收和农村发展。二是农业基础设施继续得到改善。农村能源建设不断加快，如2005年完成沼气池建设2403口，节柴改灶1000口。三是加大抵御自然灾害能力，实现大旱之年粮食产量稳步增长。四是畜牧业健康发展。五是蔗、茶、林产业快速发展；第二产业发展步伐加快；通过深化改革，加强经营管理，工业经济整体水平得到了较大提升；乡镇企业持续发展；第三产业呈现出良好的发展态势；以生态旅游、民族文化旅游和观光旅游为特色的旅游业发展势头良好。成功举办了“首届旅游文化活动周”；县城勐朗坝被列为普洱市三大旅游接待基地之一；景迈芒景千年万亩古茶园被列为全市绿色生态环境、普洱茶文化国际示范区之一、中国民间文化遗产旅游示范区；拉祜文化被列为全市特色民族传统文化展示区。着力培育和发展以农产品、林产品和轻工产品为主的专业批发和零售市场。超市、连锁经营、物流配送等现代服务业快速发展。比如2005年第三产业实现增加值3.95亿元，增长10.4%②。西盟佤族自治县2003年实现国内生产总值15545万元，其中，第一产业3565万元，第二产业3014万元，第三产业8960万元。社会商品零售总额5139万元，边境贸易进出口总额1498万元。工业总产值3613万元，粮食产量3139万公斤，农民人均纯收入699元。全县个体工商户926户，私营企业20户，个体私营企业上缴税金278万元。成功举办了首届“云南西盟佤族木鼓节”。全年接待中外游客4.43万人次，收入500万元。投资1200万元建设了3.33公顷（8001亩）农田；投资343万元完成7个重点村改造、农田、饮水等项目建设。实施1119户生猪饲养扶持项目，投放商品猪2759头，完成25个猪供精站点建设，等等③。通过各种项目的实施，西盟佤族地区的社会经济和文化事业

---

① 2006年1月10日澜沧拉祜族自治县第十二届人民代表大会《政府工作报告》。

② 同上。

③ 详见《中国民族年鉴2004》，中国民族年鉴社2004年版，第419页。

出现了新的变化和发展。

（二）婚姻家庭

20 世纪 50 年代的相关资料表明，中华人民共和国成立前，今普洱市边境澜沧、西盟等地佤族、拉祜族婚姻的特点基本为一夫一妻制；同姓不婚，盛行姑舅表婚，存在转房制；自由婚姻与父母包办婚姻并存；婚姻缔结中，佤族聘礼较重，事实上有买卖婚姻，妇女地位普遍低。拉祜族也有类似状况，但不普遍。佤族、拉祜族婚后夫妻不和可以离婚，寡妇可以改嫁。现分述如下：

1. 佤族历史上的婚姻关系和家庭制度

婚姻关系。20 世纪 50 年代，今普洱市边境一带佤族绝大多数为一夫一妻制家庭，同时也有个别多妻现象。例如直至 1957 年，西盟岳宋、翁戛科、马散、永广、中课等村寨不同程度地存在两个或两个以上妻子的家庭。由于娶妻需要向女方父母交的聘礼重，买妻身价高，因此，多妻者绝大多数是富裕户或头人。但佤族多妻家庭中没有妻妾之分，妻子们在家庭和社会上地位方面也没有高低之分，丈夫对她们一视同仁。有的同居一房，有的建房另居，很少发现妻子之间闹矛盾现象。西盟佤族多妻现象不等于多妻制，这是一夫一妻制的派生现象或补充①。

同姓不婚，是佤族婚姻中的一条严格禁令。“同姓”指出于同一祖先的具有血缘关系的家族。佤族认为：同姓男女如果发生婚姻关系或同姓男女之间发生偷情或性关系就会触怒鬼神，鬼神就对人进行惩罚，降临各种灾难，只有对当事人进行严惩和祭祀鬼神，才能求得鬼神的饶恕。若发现同姓男女之间发生性关系，同姓人就抄他的家，并罚他杀一头牛请同姓人和本寨人吃酒，并请摩巴祭祀鬼神。所杀牛头劈为两半，以示男方与女方永远断绝性关系。之后两人均可以另寻婚配。发现同姓男女之间发生性关系，同姓人可以砍死男方的猪、牛，或任意砍死任何一家的牲畜而让该男方赔偿。

西盟、澜沧、沧源等地佤族的婚姻关系中，姑舅表、姨表都可通婚，尤以舅父之子娶姑母之女的婚姻所占比例最大。佤族认为，每个姑娘嫁给

① 本章中 20 世纪 50 年代西盟佤族的相关资料引用《民族问题五种丛书》云南省编辑委员会编：《佤族社会历史调查》（一），云南人民出版社 1983 年版，第 40—45 页。

舅父之子为妻乃是顺情合理；要外嫁除非舅父没有儿子或必须征得舅父的同意，否则舅家就要问罪。姑舅表婚在佤族地区盛行还与结婚聘礼较重有关。按习惯，佤族结婚时，男方除了支付结婚时的费用之外，还要支付女家“奶母钱”和“买姑娘钱”。“奶母钱”，佤语称为“乌爱褒”。“乌爱”意为“价钱”，“褒”意为“喂奶”，直译为“喂奶的钱”。“奶母钱”一般为一头猪，一坛酒，一筒饭和半开[①]3 元到十多元。“买姑娘钱”一般为“母亲多少，女儿多少”，即母亲出嫁时的价钱与女儿出嫁时的价相等。“买姑娘钱”有的以实物计算，有的以货币计算，也有二者相间的，具体价钱不等，例如在西盟一般是一条至数条牛。“奶母钱”要在结婚时支付，暂付不起者由子孙支付，或采取以下两种办法：一种是婚后生了女儿，给舅家一个，以抵偿其母亲的身价。此女任凭舅家或养或卖，亲生父母无权干涉。另一种是换亲，生了女儿嫁给其舅父之子，互相的买姑娘钱便可抵消，因为母女出嫁时的身价相等。

佤族寡妇可以再嫁，并存在着转房制。夫死可以另嫁，若嫁给夫家的异姓人，则必须由新夫出“买姑娘钱”交给原夫家。“买姑娘钱”的数目，一般为原夫娶她时的数目。如若新夫不付原夫家买姑娘钱，原夫家人便可抄新夫的家，拉他的牛，以做赔偿。西盟佤族转房多发生在同辈之间，即兄死弟娶寡嫂或弟死兄纳弟媳。在受拉祜族影响的西盟佤族村寨，也有转给夫叔伯的，因当地拉祜族转房不仅发生在同辈之间，也发生在异辈之间。转房给夫之兄弟（包括堂兄弟）时，新夫不需要再付聘礼和买姑娘钱，因其兄弟已经付过了，也不再举行结婚仪式。若寡妇不愿转给夫之兄弟则不能强迫，但若另嫁，新夫必须偿还原夫结婚时所出的聘礼和费用，为其家兄弟所得。

佤族一般 15 岁左右便开始社交活动，当地汉族称其为“串姑娘”。串姑娘活动中男子处于主动，女子处于被动。串姑娘活动中，男女青年自然形成几个团伙，一般 3 到 5 人，同一团伙即为伙伴。双方确定关系之后，若父母同意，便举行订婚仪式。订婚后互相有约束，男的不能再串姑娘，女的不再找对象。佤族多在农闲季节择吉日完婚。结婚时，要把新娘迎至

---

① 半开为云南银币之一种，分清代铸造和民国铸造两种。1954 年，曾在云南省各民族地区流通的半开银币由人民币代替。详见杨毓才著《云南各民族经济发展史》，云南民族出版社 1989 年版，第 374 页。

男家。有些富裕户举办婚礼时宰猪杀牛，请客送礼，酒饭招待往往延续数日。出嫁女儿，父母要陪送少许嫁妆，如衣服被单、棉毯、纺织工具和农具。在父母家时所佩戴的银饰如手镯、项圈、头箍等银饰则不陪嫁。新娘嫁到男家，要戴男方的银饰，原来所戴归还娘家。

婚后夫妻不和离婚时，举行离婚仪式，请双方父母以及族中老人和头人吃酒为证，将离婚事公布于众。离婚者子女判归男方，家庭财产一部分归妻子。若女方主动提出离婚，结婚时男方所出的聘礼（主要是买姑娘钱）必须归还；若男方主动提出离婚，聘礼可以不还，但若另婚则必须由新夫归还。

家庭与家族。中华人民共和国成立前，西盟佤族的家庭和家族有浓厚的本民族文化特征。

家庭是佤族社会最基本的单位。西盟县1949年家庭平均每户4.2人到4.5人。家庭成员多数为一对夫妻和他们的子女，也有少数为一对夫妻和他们的父母、子女。按照佤族的习惯，女儿长大结婚出嫁，居男方，儿子长大结婚成家，多另立家庭。家庭是佤族社会的生产和经济单位。兄弟、儿子若不是一个家庭单位，生产和经济也是分开的，但他们之间有互相帮助和赡养父母的义务。在家庭中，男子起中心和支配的作用，女子处于被支配的地位。妇女不仅与男子一样参加田间生产，还要承担砍柴、背水、舂米、做饭、喂养牲畜等家务劳动。

佤族的家庭关系特别是夫妻关系，一般都比较好，妻子顺从丈夫，服从丈夫的权利。与家庭地位相适应，妇女在社会上也没有地位。家族长、村寨的大小头人和从事宗教活动的摩巴（巫师）都由男子担任。在村寨事务和宗教活动中，妇女处于被支配的和从属的地位，没有发言权，更没有参与决策或决定权。

在家庭财产继承方面，佤族实行男子继承制，即儿子继承。女儿到年龄就嫁到夫家，没有继承权。没有儿子，家庭财产由其兄弟之子继承，女儿没有继承权。继承财产的具体方式，若只有一子，一般留在“老房子”即父母的房子，与父母同居，父母去世后其一切财产为该子所有。若有两个或两个以上儿子，老人选留一子在“老房子”，其他儿子到结婚时另盖新房，并给一些土地、工具和其他财产，另立家庭。父母去世后，留老房子者先挑一些土地和工具，剩余的由其他儿子平分。

家庭之上有家族。居于同一村寨的佤族家族，不仅有血缘关系，在社会、政治和经济关系中也有一些共同点。主要表现在八个方面：一是同出一个祖先，有共同的姓氏；二是严禁家族内婚，违反者要受家族甚至村寨的严厉惩罚；三是有共同的宗教活动，祭祀自己的祖先，祭仪、祭语也大体相同；四是有相互帮助和承担家族人债务的义务。借本家族的债，死后往往就不还了；若死者有遗产，债主可以取之抵债。借异姓家族的债，死后若无遗产抵偿，本家族要代还；五是有互相继承财产的权利。当死者的遗产无儿子继承时，则按家族中亲疏关系来继承；六是每个家族特别是较大的家族，有家族长。管理村寨的大头人往往以家族为后盾；小家族人中当村寨头人的较少；七是有统一的家谱。靠世代口传的父子连名制来传承。父子连名既可构成各姓氏的家谱，也可从中看出家族成员间的亲疏关系；八是有些家族还有一些公有土地，共同耕作，收获为家族公用。种公有土地时，族长召集家族人共同耕作，收获用于家族公务（如宗教活动等）开支，有时换牛镖杀，家族聚餐。

半个世纪以来，随着佤族地区经济文化的发展，佤族婚姻家庭也发生了较大的变化。在婚姻关系方面，“买姑娘钱”、“换亲”等现象已废除。结婚后因感情不和而离婚时，到当地民政部门办理离婚手续。在家庭关系中，结束了“男尊女卑”，建立了男女平等的新型家庭关系。

2. 拉祜族婚姻关系和家庭制度

（1）婚姻关系。拉祜族实行一夫一妻制度，婚姻关系中普遍存在姨表婚、姑表婚和舅表婚，但同胞兄弟的后代之间禁止通婚。多数情况下，如果父母出面操办儿女婚事，对方会认为这是势单力薄的表现。关于姑表婚、姨表婚和舅表婚，拉祜人有自己的解释，他们习惯将同胞兄弟及其子女比做同根相连的甘蔗，甘蔗隔节不隔汁，同胞兄弟的血缘关系与甘蔗相同。而姑表、姨表和舅表之间的血缘关系犹如竹子，外联而内相隔，血缘关系日渐淡化，因此他们之间可以通婚。拉祜人还认为，姑表、姨表和舅表兄弟姐妹之间，如果不懂得彼此相爱，长辈们就可以用狗追围，像撵猎物一样把他们撵在一起，促使他们相恋成亲。

夫妻因故失去一方，都可以再娶嫁，并存在转房婚。“丧偶后可以转房，但多数只能转兄长而不转弟弟，即有弟弟死后其妻可改嫁哥哥，但弟不可娶嫂为妻。其理由是，弟弟曾吃过嫂子种的粮食或弟是由嫂养大的，有的还受过嫂子的哺乳，俗语中有‘父母去世，长兄为父，长嫂为母’的说法。”① 澜沧部分地方的转房一律转大而不转小，即转兄姐而不转弟妹，但在现存事实中只有姐死，妹可以改嫁姐夫，而兄死，弟不能娶其嫂，其理由同前。但转房完全取决于女方及其亲属的意愿。

与佤族一样，澜沧、西盟、孟连等地拉祜族男女到15岁左右便参加社交活动。他们通常三五成群，在黄昏时集体结伴到临近村寨附近或有约地点，用情歌邀请对方青年出寨。青年男女们在相约地点燃起篝火，吹葫芦笙、唱情歌、弹口弦，互诉衷情，各自物色意中人。若两相情愿则互赠信物，女的通常把自己的口弦、包头、挎包等作为信物赠送对方，男的通常将自己的佩刀、口弦等赠与对方，以此作为定情的凭证。若属青梅竹马或日常知己，女方常在晚饭后主动到男方家，向男青年身上或床上泼水以示邀约，然后到山上相会。也有的男青年甚至单枪匹马去访意中人，直接向对方表示爱情。这种方式既能排除心理压力，也可以早日得知对方的心愿与态度，两全其美。

多数拉祜族青年男女社交活动具有明显的季节性特征。尤其是拉祜族传统年节如火把节、新米节、扩（春节）等期间，是各地拉祜族青年男女社交活动最频繁的时期。平时，特别是农忙季节，许多拉祜族地区的村寨不仅禁止吹芦笙跳舞，而且禁止谈婚论嫁。否则，不仅会受到家人、亲友和村里人的谴责，而且会被认为是一种伤风败俗的行为。但随着社会经济的发展，特别是改革开放的深入，越来越多的长期处于封闭地区的拉祜族青年逐渐走向广阔的市场，人们接触的机会日益增多，青年男女们的社交活动也日渐由过去主要靠集体性的社交活动方式为主向多种方式转变，并不断向多元方向发展。

澜沧、西盟、孟连等拉祜族婚姻的缔结一般要经过求婚、订婚和结婚三个阶段。拉祜族青年男女私下定情后，就告诉双方的父母或长辈，由双方父母托媒求婚。除了恋人的双方父母不充当媒人外，亲友中人品好、能言善辩、办事经验丰富的人都可充当媒人。按习俗，媒人受托求婚一般要往返三次。第三次说媒时，媒人则带上酒到男方或女方家，如果对方家长或长辈当场喝酒即表示同意儿女婚事，若拒绝喝酒则表示拒绝儿女婚事。恋人父母同意则订婚。按惯例，订婚之后，青年男女必须到对方父母家里劳动一段时间，以此观察他们的劳动技能、人品等各方

① 云南省思茅行政公署民委编：《思茅少数民族》，云南民族出版社1990年版，第341页。

面素质，若在此期间一方对另一方不满意，对方可以提出解约。各地拉祜族一般多在农历冬腊月或春节前后择日举办婚礼，因这一时期农活相对轻松，食物较为充足。经济条件较好地区的拉祜族只需择吉日，随时都可以举行婚礼。

拉祜族婚后不和可以离婚。过去，离婚方式有自愿离婚和强制离婚两种。但无论哪种方式，都举行传统离婚的仪式。

澜沧、西盟、孟连拉祜族各支系的离婚惯例基本相同，即提出离婚者必须付给对方一定数目的款项，男子提出离婚者，其所支付款项要比女子提出离婚者多。例如澜沧县糯福乡拉祜族，旧时女方提出离婚，要出银 3 两，其中送给寨主（卡些）和媒人各半两，另外 2 两给丈夫；若男方提出离婚则要出白银 6 两，比女方提出离婚者多出银 1 倍，这些银两也分别给卡些和媒人各半两，给女方 5 两[①]。澜沧县东朗一带拉祜族夫妻离婚，如男方提出离婚，要向女方赔银子 6 两 6 钱；女方提出离婚者，向男方赔银 3 两 3 钱。此外一律杀猪 1 头、出酒 2 罐、备饭 1 顿，宴请全寨各家家长[②]。另外，历史上拉祜族地区都不同程度地存在强制性离婚的现象。例如澜沧、耿马、沧源等县部分拉祜族地区，女方可以借各种理由把男子赶走。澜沧、耿马等县境内拉祜族部分地区妇女在家庭和社会中的地位普遍高于男子，在这些地区曾出现过“妇女经常抛弃一两个丈夫，多到四五个”[③]。双方自愿离婚者，男女双方共同所有的财产一律平分。若是单方提出离婚，谁先提出离婚，所有财产得归对方。离婚者的子女归属一般依性别论处，女儿归母，男儿归父，但实际上多归母亲。

（2）家庭制度。20 世纪 50 年代前，澜沧拉祜族不同程度地存在双系制大家庭、父系小家庭和母系家庭三种。现分述如下：

①双系大家庭制度

中华人民共和国成立初期，澜沧、孟连等拉祜族聚居区不同程度地残存着双系大家庭，其住宅多为竹木结构的大草房，面积一般为 120 平方米左右，最大的达 230 平方米。大家庭人口多数为 40—50 人以上，最多的达

① 《民族问题五种丛书》云南省编辑委员会编：《拉祜族社会历史调查》（二），云南人民出版社 1981 年版，第 2 页。

② 同上书，第 25 页。

③ 同上书，第 33 页。

100人以上。1952年，糯福拉祜西最大的一个大家庭有9个火塘，125人[①]。

拉祜族大家庭的成员一般包括一对夫妇的3代或4代后裔，包括儿子、儿媳、孙子、孙媳、女儿、女婿、外孙女、外孙婿等母系和父系成员。在大家庭中，一对夫妇及其未婚子女又组成若干个个体家庭，已婚子女又分别组成小家庭，所有小家庭成员都共同居住在同一座长屋里。

大家庭有家长，由大家庭中的老年夫妇共同担任，他们去世后则由大家庭中的其他长者担任。家长在大家庭管理中有分工：男家长主要负责领导和组织生产，与女家长共同掌握大家庭的粮食和其他经济收入的分配；负责主持与农业生产相关的各种宗教祭祀活动；代表大家庭参加村寨头人"卡些"不定期召开的会议，参与商议寨内公益事业及协助头人处理盗窃、财产和婚姻纠纷等事项。女家长主要职责是负责安排采集、纺织、饲养家畜、管理园圃及决定出售和交换多余的粮食及农副产品，操持家务，决定并操办儿女们的婚礼。

大家庭的公共财产由大家庭的家长掌握，大家庭成员共同享用。已婚女儿分家立户时，可以在公共财产之中得到一份土地和动产。儿子结婚从妻居时，除自己的衣物之外，可分得部分农具。大家庭分家时，凡共居长屋的子女平均得到一份土地和动产。负责赡养父母的长子女和幼子女，继承父母的房子和他们应得到的一份土地和动产。已经从妻居的儿子和从夫居的女儿、女婿和儿媳不得参加分配大家庭的公共财产。大家庭中各个小家庭财产的继承一般依世系而论。按惯例，父系财产归儿子，母系财产归女儿。根据大家庭成员之间的亲疏关系，绝嗣户的财产一半归男方的族人，另一半归女方的族人。这种族人财产仲裁方式是解决大家庭中各个小家庭内部父系和母系成员之间私有制矛盾的特殊方式。拉祜族的每个个体成员都分别隶属于两个（父方和母方）族人集团，当不同集团个体家庭成员之间在私有财产继承上发生冲突时，双方族人就会出面协调解决，通常采取平均主义的原则来处理当事双方应得的财产。

②父系小家庭制度

明清以来，各地拉祜族双系大家庭制度相继解体，一夫一妻制父系小家庭制度成为近代拉祜族的一种家庭制度。在澜沧、西盟、孟连等拉祜族

---

① 《民族问题五种丛书》云南省编辑委员会编：《拉祜族社会历史调查》（二），云南人民出版社1981年版，第2页。

地区，由于双系大家庭制度解体的时间不长，父系小家庭制度中或多或少地还残存着母系制遗风。这里的一夫一妻制父系小家庭一般包括父母和子女两代。除次子或幼子外，男子大多从妻居，时间一般是 3 年或 5 年，间有 15 年，亦有在双方家庭轮流居住和劳动生产的①。父系小家庭中男女地位平等，生产劳动按性别自然分工。双江、临沧等地拉祜族习惯由妇女当家，丈夫主要从事对外往来与公共事务。子女均有财产继承权。负责赡养父母的子女继承父母的房子及他们应得的一份财产，其余子女平均分享一份动产或少量土地。实行父系小家庭制度的个别头人家庭中，财产一般由儿子继承，女儿（除独生女外）没有继承权。这些地区拉祜族男性的地位略高于女性，特别是祭祀父母亡灵的权利，仅限于男子，妇女无权过问。

③母系家庭制度

20 世纪 50 年代，澜沧县糯福乡拉祜西支系还保留着母系大家庭，男子婚后从妻居。半个世纪以来，拉祜西社会在政治、经济、文化等方面都发生了很大变化，母系大家庭逐渐为小家庭所取代，但母系继嗣原则相沿至今。这种母系继嗣原则甚至在与异族通婚的家庭中也不容改变。拉祜西人可与外民族通婚，但过去除极少数外，凡娶拉祜西女为妻者，男子普遍实行从妻居，甚至妻子病故，未经妻方家人同意，丈夫不得将子女带回男方家。凡从夫居住者，须得到女方家族的同意。女婿在家里有发言权，女方家长在牲畜的买卖，或涉及开支较大的家庭费用时，都要征求女儿、女婿的意见。家长年老时，都将其家庭的管理权力交给女儿和女婿，由他们全权处理家庭事务。家庭中男女地位平等。但从一些习俗看，妇女在财产分配、教育子女和婚姻大事等方面更具发言权和决定权。在婚俗中也只有女方可以向男方提出筹办婚礼时应开支的费用，而男方无权向女方提出这种要求；在处理男女之间的各种矛盾时，凡涉及罚款的数目皆男多女少。拉祜西母系家庭传承，为人们了解和探究人类社会不同类型的家庭组织提供了生动的实例。

（三）传统村落组织遗风

20 世纪 50 年代前，普洱市佤族、拉祜族村落盛行“头人”制度。“头人”有本民族称谓，也有汉语称谓和傣语称谓。现分述如下：

---

① 云南省思茅行政公署民委编：《思茅少数民族》，云南民族出版社 1990 年版，340 页。

1. 佤族窝郎制度、头人会议与群众大会的变迁

普洱市西盟佤族自治县佤族历史上曾经实行“窝郎”村落管理制度。“窝郎”即村寨首领。最初，窝郎管整个寨子的宗教事务和行政事务，职权范围较广。后来窝郎的职权范围逐渐缩小，只是“管鬼”、管“佤族道理”和有关宗教事务。窝郎“管鬼”职权也随着社会的发展和因人的才干而异。最初窝郎不仅管鬼而且做鬼，后来做鬼的事多由摩巴（拉祜族巫师）担任，只有会做鬼的窝郎才担任“做鬼”事务。随着新兴头人的产生、贫富分化和“珠米经济”（富裕户）的发展，经济条件逐渐为人们所重视，经济地位逐渐成为政治地位的基础。因此，经济条件优越的头人，便逐渐成为政治上的领袖，逐渐取代了窝郎的职权。

“头人”是中华人民共和国成立前汉族对佤族政治领袖的称谓。佤族自称头人为“扩”（kuat），“扩”为“老人”之意。从相关资料看，西盟一带佤族在中华人民共和国成立前还没有形成统一的或共同的“官职”称谓，有的寨子称之为“函永”（管寨子的人）和“函痕”（会讲话、会办事、聪明的人）；有的是拉祜族土司的封号，如客长、新官和管事等；有的是民国时期的称谓，例如乡长、保长、闾长和甲长；有些是傣族土司的封号，如岗孟、波孟、庞孟、史孟和根孟等。佤族人虽然接受外族的官号，但实际上这些外族所封的头人，大都原来就是其本民族的头人。

随着民族内部的贫富分化和“珠米经济”的产生和发展，佤族村落产生了新兴的头人。这种新兴的头人，逐渐发展成为佤族社会中起主要作用的政治领袖。头人通过选举产生。选举基本上有两种情况：一种是逐渐从群众中推选出来的，即会说话、会办事和经济条件优越的人经常参与处理事情，在人们中取得了威信，因而群众也找他们办事，慢慢地人们就称这种人为头人。另一种是头人死后，大家商议确定具备头人条件的儿子继任头人。根据对西盟佤族头人家族的调查材料，一半以上的头人都有二三代头人家史。头人的条件主要有三点：经济条件优越；会讲话、办事；勇敢、公平等。这三个条件中，经济条件逐渐成为基本条件，后来的头人中绝大多数为“珠米”（富裕户）。头人威信的高低，取决于经济条件的好坏。佤族村寨中有些“珠米”不是头人，但由于他们有优越的经济地位，因而也有着较高的社会地位，通常直接参与政事的处理。头人处理大事时，要听取“珠米”的意见和要求做出最后决定。另外，宗教活动主持者和做鬼的人“摩巴”也因会做鬼，而且大多为老人，掌握本民族历史文

化。佤族本来就有尊老和信鬼的风尚，所以摩巴在群众中也有一定威信，对佤族生活起不小影响。例如，旧时对外发动战争、判断偷盗也由摩巴来看鸡卦，习惯法的解释也多请教摩巴。这些都说明摩巴同政治的关系和对政治的影响。

头人在佤族政治生活中起着重要的作用。他们是群众的政治领袖，同群众的关系极为密切，在群众中享有很高的威信。除个别外，头人都是劳动者，对群众没有什么摊派，给群众办事是服务性质，同群众是平等关系，利益基本上是一致的。头人对群众之所以有号召力，有大的影响，就是凭借着这种平等关系、利益一致性和较高的威信。佤族头人有大小之分。大头人称为“扩梯羊”（“梯羊”是“大”的意思），小头人称“扩也特”（“也特”是“小”的意思）。所谓“扩梯羊”，他们认为就是会讲话、办事能力强、事懂得多和威信高的头人；“扩也特”是次于“扩梯羊”的头人。“扩梯羊”和“扩也特”之间是平等的，没有明显的统辖关系。凡涉及寨子的重大事情，任何头人都不能独断，须召开头人会议解决。

“头人会议”和“群众大会”。有关寨中大事，或者整个部落的大事都要召开头人会议来商量解决，任何头人，即便威信很高的头人也不能独断专行。参加会议的一般不限于头人，群众可自由参加，并可发言，特别是同事件有关的群众必须参加者。头人会议一般由最先接触和处理此事的头人召集（有的由同事件有关和参与处理的群众召集）。会议地点一般在召集人家里。到会者可自由发表意见，召集会议的头人或威信高的头人作最后发言，形成会议决议。如果在得不到一致的意见，即便大多数头人的意见一致，即便个别头人坚持不同意见，也不能作出最后的统一决定。如果事情要以多数人的意见进行处理，持不同意见的头人可以不参与处理，但这种情况较少。

群众大会一般在以下两种情况下才召开：一是有关寨中的重大问题，头人会议不能解决时，头人召开群众大会进行讨论，参会者多为老人，这种大会不要求所有寨民参加。一是为布置头人会议上的决议而召开，这种大会要求每家都要参加一人。

20 世纪 50 年代以来，佤族地区先后实行合作社、小队、村民小组等村落管理制度，“头人”管理制度已不存在，但“头人”的观念仍然影响着当今的佤族社会。

2. 拉祜族“卡些卡列”制度的历史演变及其遗风

拉祜族历史上实行“卡些卡列”村社管理制度。明末清初，大乘佛教传入澜沧江以西拉祜族聚居区后，形成了“政教合一”的卡些制度，其机构层次分为总管、管事、卡些（大寨主）、阿朵阿嘎（小寨主、村寨宗教头人）4个等级。总管由佛祖担任，每年农历正月、四月、八月3次召集群众讲授佛教佛规，帮助各地卡些卡列安排节令，传授春耕生产、管理、勤俭节约、粮食贮存知识等。管事的职责主要是帮助总管，担任条件是能言善辩、办事公道、关心群众疾苦。“佛祖”直接任命本佛辖地内的各村寨头目——卡些卡列，被任命的卡些卡列既行使传统卡些（寨主）的职权，同时又管理和传播佛教思想，实际上是所辖村寨内的大、小佛爷，集政、教于一身。有些地方还出现了卡些承袭制与选举制并存的现象。卡些死后，在他们的儿子中找个贤明的人来接替，若无子嗣，可由兄弟或另选他人袭职。例如澜沧县拉巴卡些的承袭状况为：朱光→扎发（朱光之子）→扎儿（扎发之弟）→扎谢（扎儿之弟）→李扎保（扎谢之子）[①]。

“政教合一”的卡些制度曾一度在今双江、西盟、孟连、澜沧等县拉祜族地区盛行，对这些地方拉祜族社会产生了深远影响。迄今，在普洱市澜沧拉祜族自治县边境一带拉祜族聚居的村寨仍然通过“卡些”制度管理村寨事务。卡些制度由佛协帕（片村宗教头人）、卡些（村社行政负责人）、卓八（村社宗教负责人）、章利（负责村民生产工具的打制、修理，主祭工具神）四个职位构成[②]。这种制度仍然具有历史上“政教合一”的“卡些”制度的某些特征。逢村寨节日举行宗教庆典活动时，寨主们都要参加并主持仪式，处理与村寨相关的事务时，寨主们不能缺席并担任主持者角色。寨主由寨民大会选举产生，其任期视他们的能力和遵守寨规族纪等状况而定。担任寨主的人至少要具备以下条件：一是掌握本民族宗教知识，积极参加村寨的宗教活动，自觉爱护宗教设施，积善积德；二是夫妻双全，身体健康，劳有所获，对子女教育有方，口碑好；三是遵守族纪寨规，为人正直，善于帮助他人，关心村寨发展，没有桃色丑闻，没有先提出离婚的事例；四是掌握传统历法知识，熟谙农事节令，有养家禽家畜经

---

① 云南省思茅行政公署民委编：《思茅少数民族》，云南民族出版社1990年版，346页。

② 澜沧拉祜族老缅支系中的寨主制度也是由四个职位构成，详见本课题分报告《普洱市澜沧拉祜族社会文化发展调查报告》。

验，善于组织和安排生产，家庭条件良好；五是有寨主血统，即先人中有人曾经任过寨主。

寨主制度设寨民大会，凡与村寨相关的事务，寨主们先召开寨主会议，拟定寨民大会内容，然后召集老人和家长召开寨民大会商议决定。现在的寨主没有特权，没有世袭权，也没有经济待遇，但他们在村落的管理和民族传统文化的传承等方面仍然发挥着重要作用。

三　普洱市最后识别的拉祜族支系——老缅人

（一）分布与族源

老缅人是聚居在滇西南普洱市最后识别的拉祜族支系。“老缅”是当地汉族、拉祜族其他支系对他们的称谓。“老缅”自称［$gu^{31}bA^{31}$］，音近现代汉语“古跋”，其意待考。“老缅”称当地拉祜族为“莫西”，称汉族为“伙”，称哈尼族爱尼支系为“卡可”，称傣族为“密参”，称佤族为“卡”或“卡瓦”。这些称谓说明，老缅人具有独立的族群意识，排除了他们与周边汉族、哈尼族、傣族、佤族、拉祜族其他支系等民族或族群的同一族群关系。1990 年全国第四次人口普查数据，当时普洱市老缅人有 8468 人，他们分布在孟连县（景信乡回良、那俄，南雅乡的老缅寨，富岩乡老缅寨），西盟县（傈僳乡的斑色，茨米竹和翁嘎科乡的里拉、东付）和澜沧县拉巴乡的拉巴、王果、撤白坡和竹塘乡的老缅寨、白塔、麻卡地、大广扎、新寨、翁拐、河边和东朗乡毕嘎、阿里等村寨。

关于老缅人的族源问题，有人认为，“老缅”源于“乌爨”，南宋大理时期迁居今普洱、临沧一带，元代与拉祜族居民生活在今临沧、双江、耿马一带。傣族、佤族称这一带为“勐缅”，即“缅人”生活的地方。清嘉庆元年至十七年，老缅人参加猛猛（今双江）拉祜族起义失败后，举族迁居今澜沧拉祜族自治县竹塘乡东主一带。1918 年（属马年）老缅人参加澜沧仙顶营起义失败后，分别迁居西盟、孟连、勐海等地，1961 年最后定居今分布的地区①。

“缅”在汉文献中的出现早于“锅锉蛮”和“倮黑”。东汉末年，中

① 参见思茅行署民族事务委员会编《思茅拉祜族传统文化调查》，云南人民出版社 1993 年版，第 225—227 页。

原大乱，方土大姓崛起，聚众称雄。东晋开始，中原王朝在内地任命的宁州刺史都未到任，实际充当宁州刺史的是称雄宁州的爨氏家族中人。刘宋初年，宁州大姓爨龙颜率部曲镇压永昌（今保山）的闽濮（缅戎）叛乱有功而被刘宋王朝授为“龙骧将军、护镇蛮校尉、宁州刺史、邛都县侯”。《爨龙颜碑》记载了爨龙颜武力征服“缅戎”等族反抗的情况。史家对“缅戎”的看法不一致，有的说“缅戎”即“闽濮”，是近代孟高棉语族中的布朗族、佤族和德昂族的先民[①]。有的说“缅戎寇场”的“缅”是今拉祜族的彝语他称[②]。

“缅戎”的“缅”是否为今“老缅”的先民，至今无从考证。但从清代以来的相关文献和现代彝语支民族的部分支系称谓看，与“老缅”音同或音近的有“罗缅”“利米”“六米”“腊米”等。《滇海虞衡志》记载：“缅人有数种：曰老缅，曰得楞子，曰阿佤。”[③] 又记载：“罗缅，耕种山田，肩挑背负，采薪拣菌，贸易盐米。”[④] 又记载：“利米，衣皂，……善射猎。”道光《续云南通志稿·南蛮志》：“……利米蛮……宋以前不通中国，元泰定间始内附。聚处顺宁山箐中，男子戴丝帽，著麻布短衣，腰系绣裳；妇女青衣布裹头。”“老缅”是“今缅甸国人”，“罗缅”是今云南武定、禄劝一带哈尼族的他称[⑤]，利米为今彝族的一个支系。今景东、景谷、普洱、墨江、云县、凤庆有彝族利米支系[⑥]。金平、绿春、江城、墨江以及老挝等地的哈尼族中有腊米支系。

（二）语言

中国学者把澜沧拉祜族老缅语称为毕苏语澜勐方言，“属于汉藏语系藏缅语族缅彝语群……的一个语言分支，即比索语（Bisoid）”[⑦]。老缅语和澜沧拉祜族两个支系之间的差别都比较大，相互之间的交际要么使用

① 尤中：《云南民族史》，云南大学出版社 1994 年版，第 100 页。

② 《拉祜族简史》，云南人民出版社 1986 年版，第 25 页。

③ （清）檀萃辑：《滇海虞衡志》，宋文熙、李东平校注，云南人民出版社 1990 年版，第 343 页。

④ 《拉祜族简史》，云南人民出版社 1986 年版，第 347 页。

⑤ （清）檀萃辑：《滇海虞衡志》，宋文熙、李东平校注，云南人民出版社 1990 年版，第 349 页。

⑥ 《彝族简史》编写组：《彝族简史》，云南人民出版社 1987 年版，第 241 页。

⑦ 徐世璇：《毕苏语》，上海远东出版社 1998 年版，第 2 页。

拉祜语，要么使用汉语。有学者通过以斯瓦迪士的200核心词为基准而适当调整进行比较后发现，老缅语与哈尼语、基诺语、拉祜语、载瓦语、怒语和阿昌语的同源词所占比例依次为64.25%，59.25%，57%，55.5%，54%和50%①。根据笔者对今澜沧、西盟、孟连和勐海老缅人的母寨——澜沧县东主村老缅寨的调查，老缅人中的青少年基本不懂周边的拉祜语。中青年中，妇女懂拉祜语的比男子少。而有关材料称西盟佤族自治县傈傈乡傈傈村茨米竹老缅寨，1988年60岁以下的都使用拉祜语②。

（三）社会组织

1. 村寨组织

村寨是老缅人社会生活的单位，过去每个村寨都有自己的最高组织机构，即头人会议或村寨议事会，凡涉及村落的事皆由头人会议作出决定，每个村寨成员都要服从头人会议的决议。头人会议有具体的负责人，他们最初都是村寨生产的组织者、村民生活的关怀者、村规民约的执行者和村寨各种活动的组织者及主持人。他们平时处理、调停村寨成员之间发生的各种纠纷，代表村寨处理事关村寨利益的各种涉外事务。历史上发生民族械斗或遇有战争时，往往由头人充当战斗指挥官，率领村寨成员保卫自己的家园。

老缅人的头人会议由总管、桑长、管司、客长（皆老缅语音译）四人组成。总管负责安排寨人生产生活，有权惩处违反寨规族纪者，办理村寨事务，调解与外寨和外族人之间的关系。总管没有任何报酬，更没有敲诈勒索他人的权利。担任总管不仅要掌握村寨的祭祀常识和生产生活知识，善于管理村寨事务，办事公道，不贪图便宜，群众基础好，说话有人听，办事有人助，而且要作风正派，夫妻双全，忌讳离婚和重婚，忌讳杀牛、猪等牲畜，禁吃狗肉。在任期间不能在自家的大房子里煮臭、腥类食物。

---

① 徐世璇：《毕苏语》，上海远东出版社1998年版，第3页。

② 思茅行署民族事务委员会编：《思茅拉祜族传统文化调查》，云南人民出版社1993年版，第243页记载，西盟县“茨米竹老缅人……与东主村老缅人同出一源，1918年以来本民族的姓氏、语言逐步与拉祜族相同。通过语言对比（拉祜族、哈尼族、彝族）证实，其语言为汉藏语系彝语支。现阶段，茨米竹老缅人和拉祜族共居，使用拉祜语和汉语；生活习俗、生产方式完全拉祜化……老缅人已丧失作为单一民族的特征”。

每逢属猪日、马日和农历十五、三十要带头和督促各户烧香、祈福。桑长是总管的助手，由群众推选，胜任者可以长期担任，否则随时更换，违反族规则立即更换。客长主管招待客人，派劳役。管司主要负责搓制全寨性祭祀活动时使用的蜂蜡，为结婚、离婚的人拴福线，举行全寨性祭祀活动，安排寨人做杂事。

老缅人的头人会议不知源于何时。据说老缅人从勐角勐董（今沧源县勐角和勐董一带）迁出来时是由寨主亚麻砍率领着来的，从亚麻砍起至今有 9 个寨主，即亚麻砍—张扎迫—张扎拉—张扎嘎—李贡三—李扎发（大）—李扎发（小）—李阿照—李扎依（1999 年当选，至今在任）。中华人民共和国成立至今，老缅人的村寨先后建立农业生产合作社、生产队、村民小组等基层组织，维护村寨的社会秩序，管理村寨事务，但头人会议在寨民中有牢固的基础，在弘扬老缅人的传统文化和组织生产生活，管理村寨事务方面仍然发挥不可忽视的作用。

老缅人的寨老制度起源于何时尚不清楚，组织机构虽然简单，但是在群众中有较牢固的基础。中华人民共和国成立后，成立了生产合作社，生产队，形式上没有队委这套行政领导机构，实际上寨老制度依然起着主宰人们生产生活的作用。总管（寨主）老了，自己也觉得不能胜任了就提出要求，让群众另选贤能接替。推选新总管时每户派出一个成年男子作代表，大家通过商量确定人选后，派人拿两碗酒到被推选者家祝贺，如果本人不愿意干可以不接酒，如果接了酒就是接了职，并要回赠两碗酒给群众喝，感谢群众对自己的信任。

当总管寿终正寝或妻子去世、庄稼歉收、村寨发生瘟疫、寨内人员或牲畜不断死亡、自然灾害不断发生时，老缅人就认为是未选好总管的缘故，要重新选举新的总管。有时，在任的总管认为自己不适合担任时，拿出两碗酒来向群众说明，群众就可另选。选举总管一般在属狗日进行，属猪日接任。

2. 道德规范与寨纪族规

老缅人提倡尊老爱幼：过年过节时要为老人洗手洗脸；吃新米饭时要让老人先吃；有好吃的饭菜要给老人先吃；吃饭时老人坐正席；路遇老人时要主动让在下方；不得在老人面前放屁或说不体面的话。平等待人，说话和气，不抢劫、不偷盗、不拴人打人，不离婚。这种文化传统塑造了老缅人正直诚恳，心地善良，富于忍让，勤劳俭朴，能在艰苦的生活环境中求生存，并以自食其力为荣，有坚强的毅力和韧性，穷不借贷，饿不乞食，心地明朗，见物不贪的民族性格。

老缅人的村寨都有维护本村寨生产、生活和社会秩序的习惯法、社约或村规民约。村规民约经头人会议制订和通过，所有村寨成员都必须遵守，违者视情节轻重进行惩处。寨纪族规规定：乱搞两性关系者罚米四斗，钱四块，酒二百斤，并要杀猪招待全寨人吃饭，但不得吊打辱骂违反者；重婚者要受严厉的经济制裁，甚至要杀耕牛请寨人吃饭；抓获偷盗者后罚其出一头牛，杀牛招待全寨人，并向损失者道歉；寨主犯两性关系错误，罚款惩处外要立即撤换；寨内吵架者罚双方买酒给寨人喝，由寨人帮助调解；牲畜糟蹋了他人庄稼者要主人赔偿；要盖房屋者要先拿十碗酒到寨主（总管）家，请寨主安排寨人帮忙，一天建成。中华人民共和国成立后有人舂土为墙比较费工时，亦规定六天内必须完成。旧时在习惯法中还有禁止与外族通婚，违者赶出村寨的规定。中华人民共和国成立后已废止。

每个村寨成员都有帮助孤寡弱残的责任和义务，都要维护村寨的权益。生活在同一村寨的成员之间保持着“一家有事，全村帮忙”的古朴民风。

3. 家庭制度与亲属称谓

20 世纪 50 年代以前，澜沧老缅人社会已盛行以一夫一妻制为基础的父系家庭制度。父死，家庭财产由儿子继承。老人去世后，其所有遗产由赡养老人的子女继承。没有儿子的家庭，家长去世后家产由女婿继承；夫死，家产由妻子继承。家庭中有若干儿子，分家产时除了老人的房子外，其余财产平均分配。夫死，妻子可以改嫁，但不实行转房制。如果生双胎，父母只养其中一个，另一个送人或断其哺乳使之饿死。中华人民共和国成立后，这种习俗已革除。

每个家庭里都有家长。家长由家庭中的男性长者担任，家长去世后由长子继任家长。没有儿子的家长去世后，家长由女婿接替。

家长在家庭的管理中有些分工。一般情况下，男家长在节日期间负责祭祀祖先，平时主要负责领导和组织生产，与女家长共同掌管家庭粮食和其他经济收入的开支；代表家庭参加由村寨祭司主持的各种宗教祭祀活动；参加寨主不定期召开的会议，参与商议寨内公益事业及协助寨主处理盗窃、财产和婚姻纠纷等事项。女家长主要负责安排家庭的日常生活、纺织、缝补、饲养家禽家畜、管理园圃等副业活动；具体安排、决定出售和交换多余的粮食及农副产品；筹办和操持全家的衣、食和添置各种生活用具等家庭事务。无论男家长或女家长，他（她）们在处理家庭事务时都要征求子女的意见。

老缅大寨是一个由 52 户（2002 年）家庭组成的村寨。整个村寨由李、张、石三姓组成，其中李姓 26 户，占全寨户数的一半。我们在当地调查中了解到，据说李、张、石三姓源于共同的祖先，整个村寨实际上是由共同的祖先后代繁衍而来的亲属集团。有关这些姓氏的来源，有待于进一步探讨。亲属之间有一套由不同年龄结构、不同辈分构成的亲属称谓系统（详见表 1）。

表 1 **澜沧县东主老缅人亲属称谓表**

汉 语	老缅语注音	汉 语	老缅语注音
曾祖父	$pv^{35}\,lɔm^{35}$	妹	$an^{33}\,bœ^{21}$
曾祖母	$A^{31}\,phi^{31}\;phi^{31}\;lɔm^{35}$	妹婿	$A^{31}\,ʐi^{31}$
祖父/外祖父	$A^{55}\,pv^{55}$	儿子	$gA^{31}\,ʐa^{31}$
祖母/外祖母	$A^{31}\;phi^{31}$	儿媳	$an^{33}\,ʐu^{33}$
父亲	$A^{33}\,bɔm^{55}$	女儿	$qhA^{31}\,bA^{33}\,ʐA^{31}$
母亲	$A^{31}\,bA^{33}$	女婿	$an^{33}\,khei^{33}$
伯父	$A^{31}\,ɯ^{31}$	侄、甥	$an^{33}\,ʐA^{33}$
伯母	$A^{31}\,qhɔ^{31}$	孙子、孙女	$An^{33}\,an^{31}$
叔父	$an^{55}\,van^{55}$	公公	$A^{31}\,bɔm^{31}$ / $bɔm^{31}$
叔母	$An^{55}\,bɯn^{33}$	岳父	$ʐɔ^{31}\,phA^{31}$
姑父/姨父	$A^{31}\,sɔŋ^{31}$	岳母	$ʐɔ^{31}\,bA^{33}$
姑母/姨母	$A^{31}\,ɯ^{31}$	丈夫	$A^{33}\;bɔm^{55}$
舅舅	$A^{35}\,ttɕhi^{33}$	妻子	$khA^{31}\,bA^{33}$
舅母	$A^{35}\,bɯn^{55}$	亲家	$Au^{35}\,tin^{35}$
哥哥	$An^{33}\,ai^{55}$	亲家母	$Au^{35}\,bA^{33}$
姐姐	$An^{33}\,tɕhi^{33}$	亲戚	$A^{33}\,vi^{35}\,A^{33}\,ȵi^{33}$
弟弟	$An^{33}\,phiɛn^{35}$		

（四）人生礼俗

1. 恋爱婚姻习俗

中华人民共和国成立前，老缅人只在本民族内部通婚，与外民族通婚者则被撵出村寨。中华人民共和国成立后，这种状况已经发生了变化，人们的婚配范围逐渐扩大。老缅人有恋爱自由的传统，但婚前严禁发生性关系。过去，凡结婚不满周年而生孩子的人，被认为是婚前有性关系，伤风败俗，要罚两斤酒，接受老人的教育。被罚者要亲自带着酒到寨主（传统村寨头人、祭司，详见后文）家，由寨主召集村寨老人共同来教育被罚者。被罚者在村寨老人之前认错之后，寨人不能再议论此事，更不能再谴责和歧视已经接受批评教育的人。

老缅人到十五六岁便开始寻找对象。找对象的最基本的标准是孝敬父母、身体健康、热爱劳动、吃苦耐劳。男青年选对象时还把会纺纱织布作为不可缺少的标准，以适应“男耕女织”的生产生活环境。

青年男女如果找到称心如意的对象，就要告诉自己的父母。按习俗，男青年的父母得知儿子有对象后，要请媒人择日带两碗酒到女方家问婚。媒人到女方家之后，如果女方家长找来亲戚和村寨老人来喝酒，说明女方同意儿女婚事。这叫“订婚酒”。喝过订婚酒后，男女双方的家长便开始筹备婚礼。如果女方不同意女儿的婚事，就拒绝喝媒人带来的酒。遇到这种情况，媒人要把酒带回男方家。但老缅人社会内很少发生拒绝媒人的事项，最根本的原因在于青年男女找对象是以自由恋爱为基础的。

婚礼分两天举行。第一天男女两家各自在家里杀猪，杀完猪则举行交换猪头仪式。男方杀猪后，由新郎一行人把全部猪肉送到新娘家。新娘家把新郎家送来的猪肉从头到尾均分成两半，留下一半招待新娘方亲友，另一半送还新郎家。同时，新娘方杀的猪也从头到尾分成两半，留下一半，另一半送给新郎家。意思是，新郎家送一头完整的猪来，新娘方也送一头完整的猪，象征新郎新娘两家从此你中有我，我中有你，血肉难分。新郎一行人把“合头猪”带回男方家。

当天，新郎在五个陪郎的陪同下到女方家住宿。第二天早上，新郎和新娘向新娘父母磕头，之后新郎给岳父母两市尺布和四元钱。岳父、岳母接过布和钱，表示认姑爷。认姑爷时，老人对新郎新娘说：“今天是你俩结婚的日子，你们结婚后要相亲相爱，早生得儿子姑娘，让他们快快长大，儿子帮你们种田种地，姑娘帮你们纺纱织布。姑爷看见漂亮的姑娘心莫花，姑娘看见英俊的小伙子莫乱想。碰到困难要共同克服，生活好过时莫忘勤俭理家。碰到难事要多问老人，要照顾好老人。”吃过午饭后，新郎一行接新娘回家。

新郎和新娘回到男方家后，新郎父母要杀鸡煮熟后，先敬献家神，然后看鸡卦，预测新郎新娘婚后是否顺利。敬献家神有两层意思：一是向祖先报喜；二是祈求祖先保佑新郎新娘婚后身体健康，养儿女得使儿女力，养牛得牛，养猪得猪，种庄稼有收获，生活幸福。前来参加婚礼的村寨老人们一边喝酒，一边说吉利的话，为新郎新娘祝福。新郎的老人（爷爷、奶奶、父母等）看过鸡卦后，要给新郎新娘的手腕上拴福线。拴福线的意义有两个方面：一方面是新郎方的老人祝贺儿子儿媳喜结良缘；一方面是预祝儿子儿媳婚后无痛无病，生活美满。

婚后居住方式视女方的情况而定，如果女方家里有兄或弟，不缺劳动力则从夫居；如果女方缺乏劳力或者是独生女儿，则要从妻居。按习俗，凡是从妻居者，要杀猪招待寨人，并当着寨人的面清点女方的财产，让寨人作证，以免姑爷将来继承财产时闹纠纷。

2. 贺生习俗与取名礼

按习俗，老缅人的贺生与取名在同一天举行。孩子出生的第三天，家里要杀鸡备酒邀请寨里的所有老人，为孩子举行贺生礼和取名礼。要根据孩子的性别杀鸡，是男孩就杀一只母鸡，是女孩则杀一只公鸡。老人们先喝酒后吃饭。喝酒前所有的老人端起酒碗（杯）站起身，低着头为孩子念祝词，各念各的，其大意是：祝孩子无痛无病，健康成长，承继家业。念毕则落座喝酒，然后吃饭。饭后每位老人给孩子拴一根白棉线，当地叫“福线”，之后由孩子的爷爷、奶奶或外公、外婆给孩子取名，并当众宣布孩子的名字。至此，贺生与取名仪式结束。取名后如果孩子经常生病，就认为是没有把名字取好或取错了名字，要改名为扎依、娜依。

澜沧老缅人的取名方式与当地拉祜族的另外两个支系——拉祜纳和拉祜西一样，大多以十二属相的名称为孩子取名。一般情况下，孩子出生的属相年或日则是他们的名字，但十二属相的名称与拉祜纳和拉祜西两个支系的语言有差别，同时在人名上既保留着本支系的传统，同时也出现了与上述拉祜族的两个支系趋同的现象，使老缅人的人名更加丰富多样（详见表2）。

表 2 **老缅人十二属相与人名**

属相	注音	音译	男名	音译	女名	音译
子（鼠）	mɯ^{33}tsAi^{55}	门哉	tsA^{31}vA^{33}	扎娃	nA^{55}vA^{21}	那娃
丑（牛）	mɯ^{33}pAu^{55}	门报	tsA^{31}pAu^{35}	扎报	nA^{55}nv^{31}	那奴
寅（虎）	mɯ^{33}ʔ^{33}	门尼	tsA^{31}lA^{31}	扎拉	nA^{55}lA^{31}	那拉
卯（兔）	mɯ^{33}mAu^{35}	门卯	qo^{31}mA^{35}	国玛	nA^{55}thu^{31}	那图
辰（龙）	mɯ^{33}ɕi^{33}	门西	ku^{35}ɕi^{33}	贡西	nA^{55}ɕi^{33}	那西
巳（蛇）	mɯ^{33}sAi^{35}	门塞	ku^{35}sAi^{35}	贡赛	nA^{55}sə^{33}	那瑟
午（马）	mɯ^{33}xan^{35}	门寒	ku^{35} xan^{33}	贡寒	nA^{55}mv^{31}	那牧
未（羊）	mɯ^{33}mɯt^{33}	门闷	ɕA^{55} mɯ^{33}	章们	nA^{55}ʑɔ^{31}	那约
申（猴）	mɯ^{33}lAt^{33}	门萨	ku^{35} lAt^{33}	贡萨	nA^{55}mu^{31}	那默
酉（鸡）	mɯ^{33}lAu^{55}	门老	ɕA^{55} lAu^{55}	章老	ε^{31}lAu^{35}	艾涝
戌（狗）	mɯ^{33}ɕit^{35}	门茜	ɕA^{55}phɯ^{31}	扎培	nA^{55}phɯ^{31}	那培
亥（猪）	mɯ^{33}khAu^{55}	门靠	ɕA^{31}vA^{21}	扎旺	koŋ^{31}khAu^{35}	贡靠

老缅人的十二属相与壮侗语族的壮语、傣语、布依语和孟高棉语族的佤语、布朗语有渊源关系，见表3①。

表 3 **老缅语与部分壮侗语族、孟高棉语族的十二属相称谓**

汉语	壮（南部）	壮（北部）	布依（罗平）	傣（德宏）	傣（版纳）	佤（岩帅）	布朗
子	tʃaɯ^{33}	ɕaɯ^{35}	ɕaɯ^{35}	tsaɯ^{31}	tsa^{13}	tɕaɯ	tɕεi^{31}
丑	pau^{33}	pau^{35}	pau^{24}	pau^{31}	pau^{31}	pau	pau^{31}
寅	ŋi^{44}	ȵian^{51}	ȵan^{51}	ŋi^{55}	ji^{41}	ŋi	ji^{41}
卯	mau^{33}	mau^{35}	mau^{24}	mau^{31}	mau^{13}	mau	mau^{31}
辰	si^{35}	ɕe^{51}	si^{53}	si^{35}	si^{55}	si	si^{35}
巳	saɯ^{33}	səɯ^{24}	saɯ^{31}	saɯ^{31}	sai^{13}	saɯ	sεi^{31}
午	ha^{33}	sa^{35}	sa^{35}	si^{35} ŋa^{53}	sa^{55} ŋa^{41}	siŋa	s' ŋa^{31}
未	mat^{44}	vat^{11}	vat^{33}	mot^{53}	met^{33}	mot	met^{44}
申	san^{35}	san^{42}	san^{33}	san^{35}	sεn^{55}	san	san^{35}
酉	zaɯ^{55}	ðou^{33}	zəu^{55}	hau^{13}	lau^{13}	rau	lau^{31}
戌	phat^{55}	ti^{42}ma^{42}	sat^{55}	set^{55}	met^{53}	met	set^{35}
亥	kaɯ^{55}	kaɯ^{33}	kaɯ^{55}	kaɯ^{53}	kai^{11}	kaɯ	kεi^{31}

① 本表中壮侗语族、孟高棉语族的词汇摘录于《云南省志·少数民族语言文字志》，云南人民出版社 1998 年版。

3. 丧葬习俗

老缅人的村寨有共同的公共墓地，大多数墓地绿树成荫。在公共墓地里有每个家庭的宗支坟地。先人的坟墓在最上面，其他后辈死者接着先人坟墓的脚依次安埋，长幼有序是老缅坟地的显著特征。

成年人去世，过去要鸣枪（现在燃放大鞭炮）向寨人报丧。寨人闻讯，聚集丧家。奔丧时亲戚带一只鸡和几斤米。

老缅人有杀猪祭奠亡灵的习俗。丧家在杀猪前，用一根白棉线的一端拴在猪脚上，另一端拴在死者的手上，然后说："这头猪是给你的，你拉着它走吧。"说完杀猪煮猪肉熟祭。

老缅人实行土葬，有"人死即埋"的风俗。人死后，丧家如果来得及则当日出殡安葬。晚上死，则次日出殡安葬。他们认为人的出生和死亡都是由自己的命运决定的，该出生的自然会出生，要死亡的，任何人也留不住。如果人死了还继续留在家里，不让他去他想去的地方，死者就不高兴。

人死后用白布包尸。出殡前制作一副竹担架，出殡时用竹篾把尸体绑缚在担架上抬到坟地，坟址紧靠先人坟墓的脚。挖坟坑前丧家用饭献于尸体前说："人间你不想在，今天来地府找住处，如果在的地点好，不要挖着石头树根。"然后把长刀和锄头放在地上说："死人活人不能在一处，死的去，活的来。"说完挖坟坑下葬。埋葬的规矩是死者头朝东，脚向西，据说这是让死者沿着祖先迁徙的路回到祖先居住的地方，具有"落叶归根，人死归祖"的含义。

老缅人用土填坟坑，安葬后不垒坟，不立墓碑。下葬结束要回家时，丧家在坟前对死者说："人间留不住你，你自己到阴间；你去阴间吧，我们要回家了；你走你的阴间路，不要跟着我们回来；你去找你的死人伴，不能带走活着的人。"

死者葬后第三天，丧家去看望坟地，在坟前献饭。逢死者周年，丧家带上草烟到坟地献祭。每年春节、火把节、新米节人们在家里献祭亡灵。

（五）民间信仰

从老缅人的叫魂、送神鬼、祭祀活动和忌日中可以了解到存活在他们心目中的信仰心理和习俗。叫魂送鬼、祭祀分全寨性祭祀和家庭祭祀，忌日也分这两类。这些活动一般都有固定的活动日期，但有的则没有，比如叫谷魂就有固定的时期，但人生病叫魂就没有固定的时间，再如人死当日也是全寨牲忌日，但这是无法预测的。

1. 多神信仰

献祭雷神。老缅人认为，被雷击过的树木或石头等物体上依附着雷神，如果人们在那里大声说话、砍树或大小便，就会触怒雷神，免不了受雷神的惩罚，轻则生疮，患关节炎，重则半身瘫痪。因此，老缅人十分害怕雷神。如果有人生疮、患关节炎、半身瘫痪等疾病，就认为是触犯了雷神，要拿一只鸡到雷神树下杀献，祈求雷神宽恕，让病人早日康复。

祭寨神。寨神供奉在寨子上方的神林里，每年农历冬月、腊月三十、三月的属猪日和六月二十四日祭寨神，其余时间不祭寨神。

寨神由三个部分组成。第一部分叫“$pA^{33}sAu^{31}$”，音译“班扫”，语义不明。第二部分叫做“$an^{33}ɕɛn^{55}$”，音译“安闲”，语义不明。第三部分叫“$sA^{33}sə^{33}$”，音译“山赊”，笔者把它称为“寨神神位”。

班扫用小木搭成，呈小楼状，搭在一棵笔直的树的根部前。祭寨神时先在这里各点两对香和蜂蜡，献上一瓶自烤酒（约5市两）和用芭蕉叶包着的茶叶、生姜、米等祭品，参加祭寨神的人可以喝此酒。这个仪式称“开寨神门”。

班扫右边一棵树的根部供着四块圆状光滑的石头，四块石头中两块是大的，左边为公，右边为母。公母石的前面放着两块小石头，总管说那是公母石的“儿女”。每年农历三月的属猪日之前不能搬动神石。

安闲的左边便是“$sA^{33}sə^{33}$”，音译“山赊”，可能是当地汉语“山神”的借词，“$sA^{33}sə^{33}$”是“山神”的老缅语读音。寨神祭台设在一棵树前，呈四方桌形状，两边各插着一根绑着小草把的小木棍。一根木棍上绑着9把草，另一根木棍上绑着8把草，这个草叫“马料”，据说是供寨神的坐骑（神马）享用的。每年农历冬月、腊月三十、三月十五逢属猪日和六月二十四日火把节四个节日才祭寨神，其余时间不祭寨神。但在这四个节日中，除了火把节外，其余三个节日都必须选择属猪日祭寨神，其余属相日不祭。

逢每年农历六月二十四日火把节，无论什么属相日都要祭寨神。参加祭寨神的人必须成双成对，忌讳单数，而且按惯例只有男人参加，女人不参加祭寨神。祭寨神时只讲老缅语，不能讲其他民族语言。寨神祭台四周用木块栅栏，在寨子的方向开一道门，祭寨神时不穿鞋子入栅栏内，据说旧时进山祭寨神时忌讳穿鞋子。祭寨神后，人们又回到班扫处举行关门仪式，之后祭寨神仪式即告结束，人们按原路返回家。

据现任总管李扎依介绍，“文革”之前这里古木参天，寨神四周绿树成荫。“文革”期间附近的外族人曾砍寨神林里的树木搭水笕槽发电，寨神四周的树林也遭到破坏。20 世纪 80 年代后又恢复祭寨神的传统，经过若干年的保护，“文革”前的寨神景观又渐渐恢复。如今寨外寨内的人都不会私自去动山里的一草一木，即使树木自然枯死或风刮倒，寨人也不拾回家使用，也不许外人使用，任寨神里的树木落叶归根，树倒归山。如果属于寨子公益事业，比如垫路搭桥等需要时，可以在农历三月属猪日举行围篱笆节仪式时，在未点香祭寨神之前，可以砍伐所需之树，其余时间一律封山。现在老缅人用石头铺路，砍树垫泥巴路的事渐渐减少，使寨神上的树木得到比较好的保护。

祭太阳、月亮。每年农历八月十五日，人们从地里摘回黄瓜，用舂糯米粑粑献祭太阳和月亮，献祭时念：“白天靠太阳，照得谷米丰收，晚上靠月亮，照得大地光明。”这天，每户带一碗米到总管家，请总管求神祝福。总管祈祷后，向每户赠还一个粑粑。人们把总管回赠的粑粑拿回家里放在谷箩上，象征年年有余。此外，每户还要带一碗黄豆、一个粑粑到观音洞里念经祈祷，求神灵保佑，并要斋戒一日。因此，八月十五日这天叫做“吃斋节”。

祭水神。每年农历冬月十五日，全寨人共同出钱买猪祭水神。献水神时念祈词：“水是养育全寨人的奶汁，大家不忘水神的恩德才买猪献祭，祈水神保佑全寨人子子孙孙有水吃。”祭水神后全寨人共同分享猪肉。

这天，每户还派一人带一碗米、一碗黄豆到总管家吃一顿斋饭。饭后人们象征性地割一些盖房的茅草，砍一点建房用的木料、烧柴。从这天开始，人们便可以砍伐需要用的树木和盖房子用的茅草。所以老缅人把冬月十五日这天又叫“砍柴节”。

送火神。每年三月三十日，每户一人，拿一只公鸡、一只母鸡，先是在寨内念咒，然后把火神送到河边，一边杀鸡念咒、一边拿两碗酒泼在河里，鸡头鸡脚也扔进河里，祭词说：“水不回头火神就不要回来。”祭完后大家在河边把鸡肉煮吃了再回家。吃剩的东西不能带回寨，否则会把火神引回来。

送瘟神。历史上，如果老缅人的村寨里发生鸡、猪、牛、羊或人间发生疾病，人们认为是瘟神进入村寨作祟，要举行送瘟神仪式。久而久之，送瘟神成为老缅人每年的活动之一。每年农历四月三十日，全寨停止生产，举行送瘟神仪式。届时人们用泥巴做成奇形怪状之物，将这些东西和茶叶、大米、火炭等放在一个背箩里，称“神箩”。举行送瘟神仪式时，由两个人抬着“神箩”在寨子里绕一圈，全寨人要披上毯子跪在寨外面，抬“神箩”的人走到这里后围着寨人绕一圈，然后抬着“神箩”到远处丢掉。抬“神箩”的人走后，寨人返回各自家里，瘟神即算隔除。抬“神箩”的人返回寨子时忌讳朝后看，寨人返回各自家里时也如此。据说回寨子或回家时，如果回头看后面，瘟神就会重新回到寨子里，继续危害人和牲畜、家禽。

叫人魂。老缅人认为，当鬼神把人的魂领走时，人就会生病，要在病人的生辰属相那天杀鸡，为病人叫魂看鸡卦，卜卦病人的魂是否归身，若认为魂已经归身，就不再叫魂，否则还要继续杀鸡叫魂，一直到认为魂归身为止。按习俗，病人年龄的不同，叫魂者也有所不同。小孩子生病由家里老人叫魂，成年人生病要请“摩巴”或老年人叫魂。“摩巴”是澜沧、西盟、孟连一带拉祜族各支系和部分氏族对民间祭司、巫师的称谓。

“摩巴”无人传授，在自愿参加送鬼、祭祀等活动中掌握敬神驱鬼知识的同时，逐渐掌握本民族的历史传统文化，在得到本族人的认可后为别人叫魂驱鬼，进行巫术活动。每当寨人生病，家人就会请“摩巴”帮忙送鬼，在病人身上咬鬼。有时“摩巴”从嘴中取出某种小东西，被认为是鬼被咬出来了，病人的病情就会好转。“摩巴”为人送鬼咬鬼时不开口要价，病者家人想给什么就给什么。有的只是在病人家里吃一顿饭，有的为病人送一次鬼得一块钱，吃一餐饭。老缅人认为，替别人送鬼要价又不能医治病人的人称是“假摩巴”，他们认为，真正的“摩巴”不仅能帮病人叫魂归身，医治好人的疾病，是神灵在人间的助手，他们不会自己到病人家里，而是要由病人家人去请，每请必到，人到病除。

叫谷魂。每年农历五月初十，家家户户杀三只鸡到自己的田地里叫谷魂，回家后带着鸡腿骨到总管家，请总管看卦预卜当年的粮食收成。人们把这天又叫做“叫谷魂节”。

2. 神话传说

老缅人认为，人类起源神话。古代没有人类，只有扎倮、娜倮和他俩的儿子、姑娘：扎迪、娜迪。为了传起火种，扎倮、娜倮就叫扎迪兄妹俩结婚。开初，兄妹俩很害羞，不愿结成夫妻，但经过父母的再三劝说只得依允了。兄妹结婚三年后生下一个肉团，扎迪感到耻辱，就把肉团丢到野外的大岩子脚下，后来肉团发芽、生根、伸藤，藤子长得一百派[①]长，每派上生一个节，每节上结一个葫芦。后来葫芦成熟了，从葫芦里出来一百个人，他们就发展成今天的各个民族。老缅人的祖先是由水獭哺乳长大，为报水獭的恩德，不吃水獭肉就成为本民族的一个标志。

谷种来源神话。传说老缅人原来没有谷种，经常受到饥饿的威胁，有一只羊很同情人的困境，想从天王的谷种场上偷一些谷种给人类，但是看守谷种的神随时都守护在那里，很难得手，于是它就在自己身上擦上松树脂和酸蜂蜡后才进谷种场去偷，看见了守谷神就边笑边奔过去，守谷神见羊露着利齿以为是去咬他的，急忙回避，羊顺势在谷种场上打了两个滚，把身上沾着的谷种带回到人间，从此，老缅人有了种子。为了感谢羊的好处，老缅人发誓子子孙孙都不吃羊肉。

老缅人民间有大量古老神奇的神话，优美的传说以及老缅人物质文化和精神文化生活的民间故事、诗歌、谚语、谜语等，内容丰富多彩，形式不拘一格，与老缅人社会历史、宗教、心理、审美、生活、理想、伦理道德等文化事项有密切的联系，是老缅人珍贵的口承文化资源。

（六）节日与歌舞

拉祜族老缅人的主要节日有春节、二月八、围篱笆节、叫谷魂节、火把节、吃斋节、砍柴节[②]。本节拟对春节进行详细的描述。拉祜族老缅人的春节从农历腊月三十开始，至正月初九结束。春节是最隆重的节日。2002 年，笔者有幸参加东主老缅寨老缅人的节日，仔细观察和参与了栽松枝、祭亡灵、祭家神、祭挖知了山、挖知了、祭观音山（又名圣山）、跳芦笙舞的全过程。

1. 春节

腊月三十。农历腊月三十下午，全寨人到总管家集中，举行栽立松枝仪式。老缅语称松枝为“mi^{31} tA^{31}”。除了春节以外，其他节日不栽松枝。

---

① 派，澜沧汉语方言，指成人双臂平伸后所得的长度。

② 围篱笆节、叫谷魂节、火把节、吃斋节、砍柴节的活动内容见前文“民间信仰与禁忌”部分。

这个仪式为一年一度的老缅春节拉开了序幕。按东主老缅人的习俗，总管家门前未栽立松枝之前是不过春节的。届时总管家人在山上选一棵叶密无断头的松枝，待寨人到齐后举行栽松枝仪式。松枝栽立之后，总管依次在设于自己家里的神龛上点一对蜂蜡，接着点六炷香，分别在神龛下面插一对，门槛两侧各插一炷，栽松枝的地方插一对，然后在松枝上再点一对蜂蜡，之后总管进家敲6声铓。

接着总管的家人从神龛前至门口一字摆开饭桌，上菜、肉、酒。总管、桑长、客长、管司和村寨长老们一一落座。按习俗，落座时讲究年纪、辈分，年纪大辈分高的人坐上席，即靠神龛的座位，年纪小辈分低的往门口的座位落座。坐式也考究，即人们在桌子两边落座，吃饭喝酒时要面对面，忌讳背对背或背对神龛。大家落座就绪后，总管和长老们端起酒杯念新年祝词和祈祷词，众人也要用双手端起酒杯（碗），一直到总管等念完祝词后方能喝酒。喝酒也有先后，长辈们没有喝酒之前，小辈们则一直用双手端着酒杯，而且不能东张西望。人们喝过酒后，总管家门前栽立松枝的仪式宣告结束。之后总管家用舂糯米粑粑敬献神龛和松枝，老缅人用汉语解释这个习俗为“做礼性”。这个仪式一直延续到下午两点左右。若这天属猪日，总管还要用糯米粑粑等敬献“$sA^{33}sə^{33}$”（山赊），即寨子上方的森林里供奉的山神（详见前文“祭寨神”）。

总管家栽松枝仪式结束后，寨人又到桑长家举行与总管家相同的栽松枝仪式。仪式结束后全寨人就蒸糯米舂粑粑、杀鸡敬献父母亡灵，之后家人才享用。

正月初一。农历正月初一是老缅春节最繁忙的一天。凌晨家人用两个竹筒取新水，分别直立放置在神龛两侧，敬献神龛。取水之前要点燃三对香，神龛下面插一对，门槛两边各插一炷，一对拿着去取水。取水时特别小心，忌讳新水溢出竹筒或其他盛水容器。

正月初一早上天刚刚亮，家家户户便忙着舂糯米粑粑。舂好粑粑之后，小辈们就开始到寨内所有的长辈家挨家挨户拜年。拜年时带上一对糯米粑粑、二对香、一对蜂蜡、一瓶酒（约5市两）和5市两猪肉。到长辈家后将挎包挂在专门挂挎包的地方，男性老人接受小辈的拜年。拜年时，小辈把肉、粑粑、酒等放在簸箕里，接着在长辈家的神龛上点一对蜂蜡，然后又到长辈家厨房的火塘中点燃香，在神龛下插一对，在门槛两侧各插一炷，接着进家双膝跪于神龛前，双手背落地，手心朝上，头朝下，恭候老人的祝福，一直到老人念完祝词才起身坐在一边。老人在来拜年的小辈手上拴白棉线，表示祝福。长辈家里的人用糖果、香烟和酒招待来拜年的人，有的喝酒，有的不喝。初一的整个上午都在本寨拜年，有时有六七个小辈同时来到长辈家，他们同时把礼品放在簸箕后，一起点燃蜂蜡和香，同时跪在神龛前接受老人的祝福。长辈家里的人把所有的礼品放在一个专用的篾箩里，并用自己家里舂的糯米粑粑回赠小辈，但小辈们一般都回绝。长辈家人把小辈带来的酒倒进一个壶里，但不是全部倒完，而是在酒瓶底留一点，意思是不能让小辈带着空瓶子回家，同时象征小辈们年年有喝不完的酒。

正月初一上午不煮、炒荤菜，午饭吃芋头、拌凉粉等素菜，但可以食用大年三十吃剩的荤菜。吃中午饭之前，先在一个簸箕里放一包盐和两对糯米粑粑敬在神龛前，在神龛前的桌子上放一碗清水，接着家里男性长辈在神龛上点燃一对当日搓就好的蜂蜡，接着又到火塘中点燃四炷香，先在神龛下插一对，再到门槛两侧各插一炷后进屋。这时家里的人全部跪地，一直到男性老人念完祝词时才起身坐在一旁。按老缅人的习俗，老人念完祝词后按家里人年纪的大小，依次在手上拴一根白棉线以示祝福。拴好线后，老人用手蘸碗里的水，依次在每位的头上点一下，完了就到厨房里吃斋饭。

正月初一下午 2—3 点左右，寨人到总管家集中聚餐。届时每家带一碗米，半斤猪肉，少许盐和辣椒到总管家，煮制好后共同享用。用餐前的座次与栽松枝时相同，这天也有女性参加。用餐秩序先男后女，即男的吃好饭则全部离席坐火塘边喝茶喝酒，总管家人重新上饭菜让妇女们享用。

正月初一晚 20 点左右，寨人在总管家门前跳芦笙舞。老缅芦笙舞别具一格。在跳芦笙舞之前，在总管家堂屋和家门前举行两组仪式。先在总管家的神龛前放一个装着芦笙的竹篾桌，待四位芦笙手到齐后，总管在神龛上点一对蜂蜡，点燃三对香，在神龛下插一对，在门槛的两边各插一炷，在栽立的松枝下插一对，然后在松枝上点一对蜂蜡，接着进家连续敲响六声铓锣。接着芦笙手拿起篾桌上的芦笙，围着篾桌跳三组舞。第一组：四位芦笙手面对神桌吹响芦笙，然后按顺时针方向围着篾桌跳一圈，回到原位时结束一个节目。要连续跳三转才完成一组舞，每一转为一个独立的芦笙舞节目。第二组：按逆时针方向跳三转。第三组：按顺时针方向跳三转。三转三组芦笙舞之后，总管把篾桌移到门外松枝处，四位芦笙手围着松枝和篾桌跳三转三组。每跳结束一组舞，芦笙手蹲着休息片刻。长老们陪芦笙手喝茶。仪式结束后，在芦笙手们的领舞下，寨人跟着芦笙的节奏手拉手跳起欢快的舞蹈，一直到深夜才结束。

正月初二至初五。正月初二，各村寨小辈为在其他村寨的长辈拜年。下午 6 点左右，寨人自己带米、酒、猪肉、盐和辣椒等到桑长家拜年，19 点左右在桑长门前跳芦笙舞。跳芦笙舞的仪式与总管家举行的仪式相同，人们同样跳到深夜。正月初三、四、五，人们在家里邀请亲友，各村寨间的新朋老友相互走访。

正月初六。正月初六早上 8 点，举行“挖知了”仪式。总管家去两人，其余每家只去一人。届时，人们带上一对糯米粑粑，一对香，一把锄头，一个挎包，到总管家门前集合。总管在神龛上点一对蜂蜡，在神龛下插一对香后，由总管的儿子敲着错带领大伙前往位于寨子东南的“挖知了山”。走出寨子，经过一段即将成熟的麦子地便到了“挖知了山”。

挖知了山里有一个固定的祭祀平台，这是一年一度举行“挖知了”仪式时祭“知了山”的地点。到那里后，桑长先动手扒开平台上的树叶后，众人一起动手，用锄头刨干净平台四周的落叶，然后站在桑长周围等候。在桑长的指挥下，人们砍小树枝搭起一个微型四方形小楼台，中间点一对蜂蜡，蜂蜡的两边各放一炷香。这时人们把香全部交给总管的儿子，并拿出糯米粑粑供在祭台周围的树根和洁净的地方。当桑长把大捆的香点燃并献上祭台时，所有的人跪地。接着桑长念祷词。念完后大家迅速找位置铲地找知了洞“挖知了”。等到整个小山包都铲平时，桑长又主持封挖“知了山”仪式，人们又一次跪地听桑长的祷词。桑长念完祷词后，大家把从家里带来的糯米粑粑收起来装在挎包里，抬着锄头按原路回家。老缅人认为，挖到一个知了也是吉祥的。

据桑长介绍，除这天早上以外，平时不准任何人动“挖知了山”上的一草一木，也不准任何人挖此山里的知了。回到家后，人们将知了（不管一只或几只）用油煎熟后给老人享用。之后，人们把供在神龛上的粑粑和供在神龛两旁的甘蔗收起来，这标志着老缅春节大年结束。收粑粑后，正月初七那天人们做一天活计。

正月初八。农历正月初八祭观音山。观音山是老缅人的圣地。观音山是当地汉族对老缅圣地的称谓，老缅语称为“$xA^{35}q\mathrm{ɔ}^{55}$”（音：哈国），祭哈国叫“$xA^{35}q\mathrm{ɔ}^{55}tA^{31}n\varepsilon^{31}n\varepsilon^{55}$”。从寨子到圣地，来回大约需要走三个小时。老缅人又称那里为“张师傅”（据说张师傅是佛祖）。当地汉族认为它是一支箭头，直接对着勐朗坝（今澜沧县政府所在地）。祭圣地之前，所有参加祭圣地的人都先集中于总管家，待总管在自己家里的神龛上点蜡烧香祷告后率大家一起前往祭祀地点。路上有一条小河，人们到那里后洗脚洗手，不把污泥带到圣地。到圣地后，总管、桑长等率领大家按反时针方向行走三圈，接着停下来在石头前敬献香、蜡和糯米粑粑。点蜡烧香并率领众人站立于石台共同念祈祷词。念毕率众按顺时针方向绕石行走三圈，之后再次祷告。接着又率领大家按反时针方向行走三圈。大家向圣石虔诚地磕头后祭祀结束。祭祀仪式结束时人们可以吃敬献过圣石的糯米粑粑。所有前往参加祭祀圣地的人要一起回到总管家里。

人们回到总管家后，总管点燃三对香和三对蜂蜡。两对蜂蜡点于神龛，一对蜂蜡点于栽立在门外的松枝上。三对香点燃后，一对插于神龛下，门槛两侧各插一炷，一对插于松枝根部。这时把错挂到原处（神龛右边的柱子上），挂好后连敲“波—波，波—波，波—波”六声。按老缅人的习俗，点蜡烧香和敲错的声音都必须成双成对。之后，总管等八位老人（有时更多，但必须成双成对）分别站在神龛两旁念祷词，小辈们则跪地，双手背落地，手心朝上。总管等念完祷词后向神龛磕三个头，到这时小辈们才起身，祭圣地仪式结束。

正月初九。正月初九早上，家家户户舂糯米粑粑、搓蜂蜡。舂好粑粑后燃放鞭炮（旧时打枪，吃早饭前打两枪，吃完饭打两枪，平时有事打三枪。跳芦笙舞之前放土炮。现在改用鞭炮代替枪声和土炮声）。下午寨人到村民小组组长李章老家拜年跳芦笙舞，其程序和仪式如下：

寨人集中到总管家烧香、点蜡、喝酒。倒酒时依次按年纪大小。倒好酒，老人们用双手端起酒碗或酒杯后，小辈们才端杯。这时，老人们念祷词，念毕才喝酒。喝完酒，总管亲自端起篾桌直接到村民小组长家，众人随后。篾桌里装着四个芦笙，四只酒碗，一个茶壶，一瓶酒，少量香烟。总管把篾桌放在村民小组长家门前跳芦笙舞的场地中间，等着四位芦笙手的到来。在芦笙手未到之前，众人不得跳芦笙舞，也不得动篾桌。四位芦笙手不能缺一，否则不能跳芦笙舞。芦笙手到齐后，组长在篾桌前点上三炷香，篾桌上面的边沿点两对蜂蜡。四位芦笙手中的领头人将另外的三炷香点燃，插在篾桌前刚刚组长插香的地方，然后拿起芦笙吹三声后又放回原处。接着芦笙手们先喝茶后喝酒，完毕则拿起芦笙连续吹奏三曲芦笙调，接着又开始跳芦笙舞。之后，芦笙手们再次把芦笙放回篾桌，蹲在一边先喝茶后喝酒。总管等四位长老也在一旁喝茶喝酒。喝茶喝酒之前长老和芦笙手围篾桌祷告神灵保佑全寨老小无痛无病。在一旁的老人们端起茶杯和酒杯后并不忙着喝，而是先倒一点在篾桌前插香的地方。结束芦笙舞开跳仪式后，组长请老人们进家喝茶喝酒，芦笙手则拿起芦笙围篾桌领舞，人们手拉手围着芦笙手，踩着芦笙舞的脚步，跳起了老缅人传统舞蹈，直到星星布满夜空……正月初九夜晚的芦笙舞会结束后，一年一度的老缅春节便告结束。

2. 芦笙舞与民歌

老缅人的芦笙调子和舞蹈的动作是协调的，跳舞的人可随着芦笙的调子变换自己的动作。老缅人的芦笙调子和芦笙舞形式有以下几种：

有过春节时从寨主家里跳出门外时吹出门调；有模拟荃地开荒时的动作的荃地调；有模拟妇女给孩子哺乳的摸乳房调；有形容劳动生产时被荆棘刺了手脚而挑刺的动作的挑刺调；有形容庄稼长得好，风吹谷棵倒伏的谷倒调；有把倒伏的谷棵扶起来的绑谷调；有模拟中耕薅草，薅草结束后高高兴兴回家样子的薅草调；有形容年好粮丰，内心激动的庆丰收调；有形容把谷米收进家的欢乐场面的进门调等。还有狩猎调、吃饭调、舂辣椒调、牧牛调等反映老缅人物质生活和精神生活的曲调。

老缅民歌形式有对唱、独唱两种。其中情歌是老缅男女青年不可或缺的，人们通过情歌建立感情，用情歌来加深恩爱。从下面这首情歌中人们可以感受到老缅情歌唱词质朴、情感真挚的民族风格：

我俩同时生，一起学走路，一起长大，你大了要嫁丈夫，我大了要娶媳妇。我俩年轻不懂事，莫害羞，纵情地笑，有什么话你尽管大胆地说。小伙子可以跟姑娘玩，姑娘也可以找小伙子玩，爱不爱也可以玩，可以笑，可以谈。说话不用出钱买，爱着我你就照直说。光在笑而不说话，难道嫌我是穷人家。想给信物怕你不要，伸出的手呀难缩回。不要像树叶一年变几次，话和别人说，心中想着你，只在能成亲，一心爱着你，永远不变心。人家说你像树疙瘩，我看着你像一朵花。你我谁也不变心，终生做一家。我俩像筷子，天生做一双。十个伙子来诱你不变心，十个姑娘来诱我不反悔。被吊挨打也不怕，活着一条心，死后埋一处。变蛇变鬼一起变，死活同一路。像鱼儿在水中游，碰到渔网一起冲，别人说我像黄鼠狼我一点也不怕羞。别人吐唾沫不要记在心，不理他，哪怕唾沫像雨点也要顶得住，我俩的恩爱像石头紧紧相生[①]。

（七）五十多年来东主老缅寨的发展变化

东主老缅寨地处贫困山区，地多田少，历史上以种植旱谷、包谷和其他杂粮为主，长期处于没有固定土地、人人可以开种荒地的阶段，加之生产耕作粗放，生产力发展缓慢，至20世纪50年代，本族群内部尚未产生明显的贫富分化。1955年澜沧县土地改革划分阶级成分时，老缅寨只有9户中农和35户贫农，没有地主和富农[②]。从1956年澜沧县开始试办初级农业生产合作社后，老缅寨同澜沧县的其他村寨一样办起了初级农业合作社。这种合作社是具有半社会主义性质的集体经济组织，实行以评工记分、按劳取酬为主，兼顾土地分红的分配原则。生产资料入社采取耕地评产入社，秋后参加土地分红，即土地报酬，留少量自留地，由社员自主经营；耕牛实行私有租用，按年付租金；种子由社员按入社耕地面积所需垫出，秋后偿还；肥料由社员带入田地，按量评工分参加分红。合作社成立社管委员会，选办事公道，掌握生产技术和群众信任的贫下中农5—7人组成，负责拟订生产计划、组织生产、评工记分和收益分配等社务。合作社的分配从当年总收入中扣除农业税、土地报酬、种子、耕牛和农具租金、公共积累、行政和生产费用，余下的为社员劳动分红部分，这部分要保证在总收入的70%左右。初级农业生产合作社发挥了集体的力量，在提高生产力，增强防灾能力和提高粮食产量等方面取得了明显的效益。1957年，老缅寨办高级农业合作社，即田地归集体所有，耕牛折价入社，土地不分红，实行评工记分，后来又发展成为小段包工或定时、定质、定量、定分的小包工制，体现“多劳多得，按劳分配”的原则，调动了人们的生产积极性。

实行农业合作化的目的是为改变小农经济生产方式，完成由个体所有制向集体所有制的过渡，促使农民走社会主义共同富裕的道路。然而，1958年下半年开始实行的人民公社化，不仅没有使老缅人走上富裕的道路，甚至连贫困问题也未得到解决。人民公社实行政社合一，它既是政权

---

① 思茅行署民族事务委员会编：《思茅拉祜族传统文化调查》，云南人民出版社1993年版，第236—237页。

② 云南省思茅行署民委编：《思茅少数民族》，云南民族出版社1990年版，第618页。

组织，又是经济组织，实行公社、生产大队、生产队三级所有制，以生产队为核算单位。生产上实行“三包四定”：三包即包工、包产、包措施，四定即定土地、定劳力、定耕牛、定农具。人民公社严重违背了老缅人的客观实际，给本来生产力发展就十分缓慢的老缅社会带来了更重大的损失。20 世纪 60 年代初期，党和国家在总结 1958 年以来的错误的基础上调整了生产关系和生产规模，使生产关系基本适应生产力的发展。但好景不长，1966 年开始的长达十年的“文化大革命”，老缅寨和澜沧县所有的农村都实行“基本口粮加工分”“工分加照顾”等分配办法，平均主义升温，挫伤了老缅人的生产积极性，群众生活进入困境。1976 年“文革”结束，特别是 1978 年召开的党的十一届三中全会，结束了“以阶级斗争为纲”的时代，各级党和政府的工作以经济建设为中心，带领亿万中国人民走向改革开放的新时代。1980 年，老缅寨开始实行大包干，即家庭联产承包责任制，把集体的田地、林木等包产到户，包交公余粮和集体提留，其余为劳动者所有。

20 多年来的实践证明，家庭联产承包责任制调动了老缅人的生产积极性和创造精神，促进了老缅山区社会经济的发展，人民生活不断改善。据 2001 年底统计，当年大春面积 638.14 亩，产量 140380 公斤；水稻面积 84.74 亩，产量 25160 公斤；地谷（旱谷）425 亩，产量 99700 公斤；玉米 62.1 亩，产量 8190 公斤；荞子 66.3 亩，产量 7730 公斤；大豆 10 亩，产量 400 公斤；大麦 62 亩，产量 11310 公斤；花生 5 亩，产量 480 公斤；甘蔗 131.5 亩，产量 250000 公斤；芦谷 10 亩，产量 1700 公斤。大牲畜存栏 145 头，其中黄牛 16 头，水牛 129 头，劳役畜 94 头，能繁殖母畜 65 头，当年存栏仔畜 25 头，年内死亡 3 头，出售 9 头。生猪存栏 199 头，肥猪 45 头，年内死亡（被盗）40 头，出栏出售 69 头，自宰食用 11 头。家禽 360 只，出售、食用 266 只，产蛋 5 公斤。养蜜蜂 58 箱，产蜜 290 公斤。种植业收入 41770 元，林业（主要是出售柴火）收入 7550 元，牧业收入 33250 元，工业收入 3000 元，运输业收入 4700 元，商饮业收入 1000 元，服务业收入 4700 元，其他收入 27500 元（主要是亲友带回家），集体提留 462 元。生产费用 29100 元，种植业费用 27500 元，林业费用 2600 元，交通运输费用 3800 元，国家税金 3568 元，优抚金 104 元，乡村两级办学费用 1588 元。

生活在贫困山区的老缅人粮食生产基本自给有余，这得益于党的改革开放政策，与当地各级党和政府的帮助分不开，同时离不开老缅人吃苦耐劳的精神和勤俭持家的生计传统。当地各民族中流传着这样一句话：老缅人没有种不完的地，老缅人没有种不好的地。他们除了种好自己的地以外，还去承包当地其他民族种不完的地。老缅人擅长种植旱谷、玉米、荞、麦等农作物。他们种的山地，尤其是旱谷地，仅从芟地到播种要经过以下环节：芟地，耕挖晒土，打碎晒干的土块，平整耕地，把杂草树根一堆堆集中在一起，播种前将其焚烧……按老缅人的生产习俗，春节前要备好春节后要播种的所有田地，否则不过年。从旱谷的生产看，老缅人仍然处于"人挖牛耕"阶段，但已经不再是"刀耕火种"型农业生产方式。农业生产中已经学会使用农家肥和化肥，保证了农作物的产量。在碾米、磨面等粮食和饲料加工方面使用机械，结束了手工加工的历史。在居住环境方面，东主老缅寨 52 户农民完成了民房改造，老缅寨发生了前所未有的变化。

第九章　临沧市跨境民族文化

——以布朗族为例

一　临沧市主要跨境民族概况

临沧市位于云南省西南部，毗邻澜沧江，西南与缅甸交界，国境线290.8千米。全市辖临翔区、凤庆县、云县、永德县、镇康县、双江拉祜族佤族布朗族傣族自治县、耿马傣族佤族自治县、沧源佤族自治县8个县（区），总面积24469平方千米。临沧南大公路直达边境口岸孟定，并连接缅甸境内的公路，可直达缅北重要城市腊戍、曼德勒，直至仰光，是通往缅甸和东南亚的重要门户[①]。临沧是一个多民族居住的边疆地区，全市有3个自治县、13个民族乡、345个民族村、26种少数民族，其中彝族、佤族、傣族、拉祜族、布朗族、傈僳族、德昂族、景颇族、苗族、回族、白族为世居少数民族。2006年，全市人口236.6万人，少数民族人口达882346人，占全市总人口的37.29%。少数民族人口中，彝族353839人，佤族230398人，傣族113104人，拉祜族79893人，布朗族35009人、傈僳族9781人，德昂族3868人[②]。在临沧的世居民族中，有彝族、佤族、傣族、拉祜族、布朗族、德昂族等多个少数民族跨境而居。

佤族主要自称"巴饶"，意为"山地人"、"森林中的人"，少数自称"斯佤"、"阿佤"，主要分布在沧源、耿马、双江三个自治县；沧源自治县班洪、班老、南腊等地少数佤族自称"腊家"；沧源靠近西盟、中缅边境线的佤族自称"勒佤"；凤庆、永德、镇康佤族他称"本人"，自称

---

① 临沧地区民族宗教事务局编：《临沧地区民族志》，云南民族出版社2003年版，第1页。

② 临沧市统计局：《临沧市领导干部经济工作手册》（2006年）2007年3月。其中德昂族、傈僳族人口统计数据转引自临沧市民宗局：《少数民族人口统计表》（公安数字）。

"斯佤"。耿马勐简一带的佤族因穿自织的黄棉布服装而被称为"黄阿佤"。佤族是临沧市最古老的世居民族之一，源于古代的百濮族群，先秦时期称"僬饶"，两汉及魏晋时期称"哀牢"、"闽濮"，唐宋时期为"望蛮"、"望苴子蛮"、"望外喻"，元、明、清时期称"浦蛮"、"嘎喇"、"哈杜"、"佧佤"等。"巴饶"支系是600—700年前由缅甸的永丁等地迁来的，双江自治县部分佤族从普洱市景东等地迁入，耿马佤族有从"勐卯"（今瑞丽）迁入者。明、清以来，佤族的分布格局基本稳定下来。2006年，临沧市共有佤族230398人，全市一区七县均有分布。佤族人口仅次于汉族、彝族，位居全市各民族人口的第三位，约占全国佤族总人口的60%，是我国最大的佤族聚居区[1]。主要民族节日有拉木鼓节、接新水节、取新火节等。

傣族自称"傣"，古代有"茫蛮"、"僰夷"、"百彝""摆夷"、"白衣"等他称。临沧市的傣族，大多属"傣泐"，他称"汉傣"或"旱傣"。耿马县孟定坝有一部分傣族称"傣达"，他称"水傣"，集中居住在孟定镇南汀河流域平坝地区的39个寨子中。另有一部分住在半山区。肤色较黑的傣族，称作"傣徕"，意为"山傣"。佤族、布朗族、德昂族对傣族的称呼大致相近，称"萨姆"（Sam），拉祜族称傣族为"比搓"，彝族称傣族为"门泼"，回族称傣族为"傣"。傈僳族称傣族为"钵烟"（本人）德宏傣族景颇族自治州傣文史料记载，傣历317年（955）勐卯（今德宏州瑞丽市）"果占璧"傣族政权的首领派了一个叫混巴武藤（即孟定传说中的召武定）的人为统治今孟定、耿马、镇康等地的"召"。12世纪，麓川政权强大。元顺帝至元元年（1335），思翰发攻占今临沧市全境，云南西部傣族大量进入区境。明王朝"三征麓川"，又有很多傣族因避战祸而迁入区境各县。19世纪初暹罗入侵西双版纳，当地有傣族为避战乱而迁入孟定。居住在澜沧江边的傣族多来自景谷。清代中叶至中华民国年间，区境傣族有局部的、小范围的迁徙。2006年，临沧市傣族人口113104人，各县均有分布。其中耿马县53796人，临翔区16828人，云县14208人，双江县9659人，沧源县7828人，永德县5988人，镇康县3581人，凤庆县1216人[2]。大多居住在平坝、河谷热区，少数居住在半山区。傣族传统

① 临沧市统计局编：《临沧市领导干部经济工作手册》（2006年），2007年3月。

② 同上。

民族节日主要泼水节，又称“桑刊节”、“插花节”，是傣历年节。

拉祜族自称“拉祜”，意为勇敢的猎虎民族。拉祜族古语族称为“拉哄者”，按照拉祜语四字联绵词的习惯，读作“科哄拉哄者”，意为“河头人”、“深山人”（从澜沧县胡扎克说）。元代以前的汉文史籍都沿用拉祜古语族称，把拉祜族写作“邛笮”、“胡从”、“锅挫”。唐宋以后，也有写作“苦聪”、“果葱”的。解放前，拉祜族族称“倮黑”，直到1953年才正式废除。傣族称拉祜族为“缅”，又称之为“目舍”，意为猎人。布朗族、佤族也称拉祜族为缅，彝族称拉祜族为“比泼”。拉祜族有拉祜纳、拉祜西两大支系。临沧市拉祜族绝大多数是拉祜纳支系，少数为拉祜西支系。各地拉祜族之间又有一些表明祖居地的称呼，如“南美拉祜”（祖居临沧南美）、“改心拉祜”（祖居双江上改心）；有的以服饰和文化特征称呼其中的某一部分，如“白拉祜”、“汉拉祜”等。在11世纪前后，拉祜族迁移到了“勐缅密缅”，大致上是今临翔区和双江县的范围。勐缅密缅在拉祜古语中有“大火把天地都烧得通红通亮”的意思，反映了当时刀耕火种的原始农耕生活。傣族进入后，将现在的临沧坝取名“勐缅”，意为“拉祜的坝子”。明朝初年，云南西部傣族向东发展，勐缅密缅的拉祜族逐渐转移到山区。随着拉祜族生产力的发展，拉祜族与封建土司的矛盾日益激烈，终于发展成大规模的武装反抗。多次反抗被镇压后，又导致了拉祜族的局部迁徙，有的举寨迁往邻县甚至境外，战事稍定，又有人从邻县或境外迁回。中华民国时期，仍有局部的迁徙。中华人民共和国成立后，拉祜族才得以安居。2006年，临沧市拉祜族人口79893人，各县均有分布。其中耿马县18472人，临翔区15079人，云县5302人，双江县33692人，沧源县3697人，永德县2160人，镇康县1071人，凤庆县1071人①。

德昂族自称“纳昂”、“绕进”，意为“岩石”或“山”。他称有“崩龙”（傣族、佤族称他们为“波弄”，意思是“顺水淌下的人”，音转为“崩龙”），有的称他们为“滚来”，意思是住在山里的人。汉族根据他们服装颜色和语言的差异，分别称之为黑崩龙、红崩龙、花崩龙。德昂族有多个支系，临沧境内的德昂族分属“牢普劳”、“牢普茅”支系。德昂族源于古代的“濮”人。临沧市德昂族是200多年前（清初）从勐卯（今瑞丽）和缅甸境内迁入的，多数分布在今永德县境内河谷地区。以后，由

① 临沧市统计局编：《临沧市领导干部经济工作手册》（2006年），2007年3月。

于天灾、疾病、战乱等原因，在今永德、镇康、耿马各县甚至中缅边境地区多次辗转迁徙，直到20世纪60年代才形成现在的分布格局。2006年，临沧境内的德昂族人口为3868人，主要分布在镇康、耿马两县，其中镇康县2268人、耿马县1130人、永德县441人①。德昂族多数民族传统节日与宗教有关，有堆沙节（傣历年节，又称泼水节）、关门节、开门节，活动方式与傣族大略相同②。

由于历史等多方面的原因，临沧市各民族之间以及各民族内部的社会经济发展极不平衡，特别是布朗族等跨境民族的经济社会发展相对缓慢，受异质文化的影响较小，因此，文化多样性及文化多元的特点显著。同时，临沧与东南亚多个国家山水相连，边境线较长，除了各民族普遍信奉的原始宗教外，还有佛教、道教、伊斯兰教和基督教等外来宗教，民族间因利益关系、风俗习惯、宗教信仰等因素引发的摩擦仍然存在，境外敌对势力利用民族和宗教问题进行破坏活动从未间断，边境地区渗透与反渗透、分裂与反分裂的斗争形势十分严峻，是云南省宗教工作的重点地区之一。正是由于临沧特殊的地理环境和异彩纷呈的民族文化，使得临沧的跨境民族问题在云南乃至全国都具有典型性和代表性，跨境民族在风俗习惯、宗教信仰等方面，保持着与其他民族不同的文化特征，呈现出独特的民族文化。在经济全球化和现代化进程的影响下，临沧市各民族特别是跨境民族的社会文化发生了巨大的变迁，如何在发展社会经济、提高人们生活水平的同时，有效地对民族传统文化进行保护和传承，是摆在我们面前的一项重大课题。因此，本章通过对地处西南边疆民族地区的跨境民族布朗族社会文化及其现代性变迁的调查研究，探讨在西部大开发和现代化进程中跨境民族社会文化的多元发展趋势。

二　布朗族的传统社会文化

布朗族历史上有“蒲满”、“乌”、“瓮拱”、“蒲人”、“朴子蛮”等称呼，一般认为源自古老的百濮族群，与佤族和德昂族有着族属渊源关系，

① 临沧市统计局编：《临沧市领导干部经济工作手册》（2006年），2007年3月。

② 临沧主要跨境民族概况中的“族称、源流、节日”的资料，主要转引自临沧地区民族宗教事务局编《临沧地区民族志》，云南民族出版社2003年版。

语言上属南亚语系孟高棉语族佤德昂语支，主要分布在云南省西双版纳自治州的勐海、景洪，临沧市的双江、永德、镇康、云县、耿马，保山市的隆阳、施甸、昌宁及普洱市的澜沧、墨江等地的山区和半山区，极少数散居或杂居在坝区。

早在商代有关文献中，便有了活跃于古代西南地区的“百濮”的记录；汉晋时期，布朗族的先民有“闽濮”、“文面濮”、“赤口濮”、“木棉濮”等多种称谓；到隋唐时期，一部分濮人分化发展为“朴子蛮”，即今天的布朗族和德昂族的先民，另一部分濮人则发展为“望蛮”或“望苴子”，即今天佤族的先民；到了清代，居住在怒江以西的“朴子蛮”逐渐发展为今天的德昂族，而怒江以东和澜沧江广大区域的“朴子蛮”则发展为今天的布朗族。不少史书记载了布朗族先民在西南地区的生活情况，如唐樊绰的《蛮书》卷四记载说：“朴子蛮，勇悍矫捷，以青娑罗缎为通身袴。善用泊箕竹弓，深入林间射飞鼠，发无不中。部落首领谓酋为上。食无器，以芭蕉叶借之。开南、银生、永昌、寻传四处皆有。铁桥西北边延澜沧江亦有部落。”天启《滇志》卷三十八载：“蒲人，套头短衣，葬用莎罗布裹尸。”清雍正《云南通志》卷二十四载：“黑蒲所居，多在威远、普洱江界之间。”清道光《普洱府志》卷十八载：“蒲蛮，又名蒲人，宁洱、思茅、威远有之。”新中国成立后，布朗族整体上进入了社会主义社会，但由于社会历史等多种因素，他们大多居住在自然条件相对较差、生存和发展条件较为恶劣的边疆山区，长期处于自给自足的封闭性状态，经济社会发展也相对滞后。此外，临沧各地的布朗族在历史上因其迁徙路线不同，形成了与汉、傣、拉祜、佤等民族交错杂居的格局，也因此形成了不同的民族传统文化。

（一）布朗族的传统社会经济

布朗族是一个传统的山地农耕民族，大多数居住在澜沧江和小黑江沿岸，河谷两岸地势陡峭，耕地分布在海拔680—1800米之间的缓坡地带，主要种植水稻、甘蔗、油菜、菜豆、茶叶、玉米等粮食作物和经济作物。大多数布朗族人家饲养家畜和家禽，家畜以黄牛为主，主要用于耕地。养蜂较为普遍，几乎每家的房前屋后都养有蜜蜂，酿出的蜂蜜除自用外，也有少量在市场上出售。布朗族有着从事纺织的悠久历史，双江邦丙一带的布朗族妇女，至今仍保持着自种棉花后用手工制作葛布的传统。历史上的布朗族由于受到傣族土司的长期统治，因此，不少布朗族男子也像傣族一样会编织各种生产生活竹器。

明朝中叶，以今凤庆为中心，包括云县、昌宁两县大部分地区，曾经为蒲人阿氏所统治，阿氏势力曾经与罗罗联合，对镇南州等地发动过掠夺性的战争。阿氏家族在他们所统治的地区，实行封建领主统治，长达270年。双江自治县布朗族曾长期为傣族土司所统治。清光绪二十九年（1903），设四排山巡检，公弄、邦协等地正式脱离勐勐土司，封建地主经济迅速发展并得到确认。耿马自治县境内的布朗族，解放前受傣族封建领主统治。布朗族村寨内部则保留着某些农村公社时期的习俗：山林、牧场为全寨公有公用，村寨头人由村民（男性）会议选举，头人上对土司属官宣爷、郎爷负责、收缴对土司的贡纳、劳役，执行习惯法，民族内部阶级分化还不明显。

和平协商土地改革以前，内地各县布朗族地区已经进入封建地主经济阶段。阶级分化明显，土地私有制已经完全确立，土地集中的程度也比较高，水田尤为突出。各村寨之间已无严格的界限，可以交错耕种。坟地、森林和未开垦的处女地属于村寨公有，其余的耕地和荒地、宅基地等均为私有。荒地，可以协商“讨种”，收获物为耕地者所有，但原耕者仍保持所有权，可以在讨种者收获作物之后收回自用。

（二）布朗族的传统政治组织

历史上的布朗族没有统一的政治首领，布朗族的农村公社既是一个经济的也是一个政治的共同体，每个村寨在经济上和政治上自成一个独立的单位。土司统治时期，在布朗族地区设“圈”，圈官由傣族担任，也有由布朗族头人担任的。改土归流后，废圈设屯。到了中华民国时期，屯改为团，基层设保、闾、甲，保长、闾长、火头（甲长）仍由村寨大小头人担任。闾长、甲长都是差役的性质，一般人都不愿担任。

据地方史料记载，清朝咸丰元年（1851），土司罕恩诏推行以圈建制，将勐勐土司辖地划为19圈，其中包括邦协（当时称为圈协）；到了光绪十四年（1888）三月，下设东、南、西、北四门屯；光绪二十九年（1903），拨勐勐土司困角、勐库、公弄、邦协、四排山、大勐峨六圈地归属缅宁厅四排山巡检；光绪三十年（1904）七月，勐勐土司革黜后，勐勐坝9圈地改为上坝、中坝、下坝3屯，属缅宁厅四排山巡检；民国元年

(1912)，缅宁厅改县，将四排山6屯河勐勐3屯改为13团保镇[①]。村寨中的小头人，仍沿用古老的办法，由成年男子们选举产生。一般是酝酿几个候选人，用抓玉米的方式来决定。先包好红、白二色的玉米粒，抓得红玉米的当选。个别村寨还有“神选”的方式：捉一只白公鸡，放开之后，白公鸡跑到谁家就由这家男性家长当选。村寨头人即火头，另有“吉色”，主持村寨的祭祀活动。村寨有事，由头人召集全村老人们商议。村寨中的大事主要有：（1）祭“色”；（2）处理有关公共利益的事项，如修理水沟、道路；（3）处罚违反公共利益和习惯法的人；（4）催收钱粮等[②]。由此可见，尽管邦协作为一个少数民族社区的行政区划先后发生了变化，但是在其社区内部，一直保持着传统的村社组织形式。

杨毓骧在其《布朗族》一书中也对双江县境内布朗族的传统社会组织和政治制度记载说：“双江布朗族在清末‘改土归流’后，设置保正、里长、伙头等各级统治者。当时双江的芒糯（上改心）有四个保正，管辖八个里长，里长管伙头，伙头管卡头，卡头管人民，全寨有事，由伙头召集卡头和部分老人商量，但伙头有最后决定之权。解放前夕，双江布朗族的村社组织虽被国民党政府的保甲制所牵制，但本民族还保存着自己的领导集团，他们是由‘召王’、‘布岗’、‘摩网’和‘召色’组成。其职责分工是：（1）召王，即村寨的官，掌管全寨政治、经济、劳动生产、宗教、民事及摊派款项、民间诉讼，代表本村寨对外交涉事宜等。召王是由村社家族长会议产生，条件是办事公正，享有众望的老人担任。（2）布岗，亦称‘他寡’，汉（族）称‘伙头’，与召王共同管理村社一切事务，布岗亦由村社家族长议会选举产生，条件是精明强干，善于辞令，代表全村对外交涉、有办事能力的人担任。选举前，由村中父老暗地协商确定人选，随后集体购买公鸡一只、茶叶一包，前往选定的某人家中将鸡杀吃，并告诉大家选他当‘布岗’，并立即砍下鸡头，喝过酒后，新任的布岗便履行其职责。（3）摩网，实际上是召王和布岗的助手，并懂得傣文经典，主要分管生产，按节令撒谷种，帮助群众选择屋基，盖猪圈等事宜。（4）召

① 双江拉祜族佤族布朗族傣族自治县地方志编纂委员会编纂《双江拉祜族佤族布朗族傣族自治县志》，云南民族出版社1995年版，第64页。

② 双江拉祜族佤族布朗族傣族自治县民族事务委员会编《双江拉祜族佤族布朗族傣族自治县民族志》，云南民族出版社1995年版，第138—139页。

色，即本民族巫师，负责宗教祭祀，为人治病，在群众中有一定威望。”①

（三）布朗族的传统婚姻家庭

布朗族实行一夫一妻制，恋爱自由，但婚姻必须由父母做主。各地布朗族的婚俗大同小异，一般要经过恋爱、说媒、过礼、迎亲、回门等程序。青年男女相识、恋爱后，即告之双方父母，由男方家请媒人到女方家提亲。征得女方父母同意后，双方便商定举办婚礼的日子。在正式迎亲前，先吃“订婚酒”，布朗语叫纳克（nakie），娶亲的一方，杀一头猪，砍下猪头，送给对方，其余的各部位，包括内脏、猪血，平均分为两半，各得一份。迎亲前一天，娶亲要请媒人及家族中年长者共八人到对方家中送礼，在女方家吃一餐饭，当日返回。迎亲之日，男方家迎亲的人数也必须是双数。女家的正屋里准备好一张桌子，一只竹盒盛满糯米饭，饭里有猪心、猪肝、鸡心等。男性老人们围坐桌前，新郎、新娘向老人们行跪拜礼，“色”头用傣语念“吉利”，大意是祝福新婚夫妇相亲相爱，之后让一对新人将盒里的饭吃掉②。然后，女方派人（也是双数）送新娘到男方家，举行的仪式与在女家相同。布朗族的回门一般就在迎亲当天。

子女结婚以后，与父母分居，另立门户，父母一般只留小儿子在身旁养老送终。妇女除与男子共同参加生产劳动外，还承担繁重的家务劳动。家庭财产，夫妇共同掌管。留在父母身边的儿子，分家时比其他人多分一份。没有儿子的，可以收养子。养子的地位与亲生子相同，不受社会歧视，并有财产继承权。招婿上门的，明确女婿是“儿子”的身份，也可以继承财产。女子出嫁后，不能继承财产，即使家庭绝嗣，也不能继承。

禁止婚前发生性关系。一经发现，由老人会议出面对犯事者进行处罚。如果有孕，仍照样处罚，但不歧视非婚生子。离婚自由。寡妇可以再嫁，或转房。

（四）布朗族的宗教信仰与丧葬礼俗

双江、耿马、镇康、永德等县的布朗族大多信仰南传上座部佛教，不少村寨还建有佛寺，并与各地傣族官佛寺有隶属关系，其经典、教义及仪

① 杨毓骧：《布朗族》，民族出版社1988年版，第52—53页。

② 布朗语原意叫“魂饭”，意思是“吃同心饭”。

式也与傣族相同。

布朗族相信万物有灵，信仰的鬼神很多，山神是布朗族普遍信仰的一种保护神。布朗语称山神为“色”，一般是选一棵大树作为象征。主持祭祀的人，布朗语叫“吉色”（也称色头）。祭“色”的时间和仪式，不同地方的布朗族也有差别。双江大南直村的村旁有一棵细叶榕，被选作“色”树，树下以木料搭成祭台，高约2米。每年在傣历五月和九月两次祭祀，选属虎或属龙的日子。祭祀前一天，“色”头通知各家，每家交一把米和一把稻谷，由“色”头收存，俗称“逗（凑集）马料”。同日，“色”头与村中老年人们商议，决定选择谁家的猪或牛，作价若干，商定后即通知该主人，主人不得有异议。次日，“色”头白衣白裤、白包头、竹筋草鞋。人们在“色”树下支好锅灶，杀猪（或宰牛），“色”头抓起“马料”边撒边作唤马之声。猪杀好了，先“献”大树。猪头、水酒摆在祭台上，再供上清水，清水盛在葫芦中，“色”头开始祈祷，所念祭词大意主要是祈求“色”神管好各种“色”（鬼），保佑全寨人丁兴旺，五谷丰登等。祭毕，将猪肉按户平分，各家在“色”树下临时支起锅灶煮食。吃不完的肉，可以带回家，但不能拿进屋，只能在屋外吃。猪头、猪蹄归“色”头。除了两次全村男子参加的祭“色”活动，还有各种各样的小规模的祭“色”仪式。譬如起房盖屋，出门远行，消灾祛病，都要祭“色”。祭品只用一碗米，一只鸡蛋，仪式结束后，米和鸡蛋归“色”头，不过这些献祭仪式就在“色”头家中举行。

寨神也是布朗族信仰的保护神之一。一般选择寨子中间的一小块空地，支两个石头，象征寨神。祭祀寨神的时间选在正月，具体日子由“色”头择定后，由全寨村民共同集资买一对毛色纯正、不是反毛的鸡，一蒸笼糯米饭，一坛水酒，一个鸡蛋。祭祀时，由“色”头抱公鸡，其副手抱母鸡，在寨心（寨神居住之地）前念“吉利”，祈求寨神保佑全寨人丁兴旺，五谷丰登，幸福久长。

丧葬是布朗族最具特色的民俗之一，一些地方行棺木土葬，凶死者火葬，双江县境内的布朗族则行火葬。镇康县的布朗族正常死亡后，死者一断气，丧家便立即在院子里竖一根数丈高的竹竿，挂上一块长长的白布，意思是让死者的灵魂顺着白布升入天堂，也是宣告家中有人死亡的标志，村民看见竹竿和白布，即停止生产劳动一天，自动带着钱粮等物来吊丧和帮忙。出殡的日子和时辰由佛爷择算，七天后丧家将白布送到佛寺去。第七天，全村人和死者的远亲集中到丧家做客，太阳落山时，请佛爷在正房通宵达旦念经。第八天，佛爷、和尚领着死者家属到佛寺为死者超度，无佛寺的，到村外大树下超度。至此，丧事结束。此后，家属守孝三年，三年内不起房盖屋，也不能举办喜事。

双江县大忙蚌的布朗族老人死后，丧家要准备一头没有产过崽的小母猪，用珠栗树棒将猪敲死，用火烧净猪毛。打死猪之前，对死者说："你要的东西，今天给你了。"之后三个人拿着水酒去找坟地，称为"开路"，重复三次后才把死者抬出去埋。抬灵柩时，死者的长子在前，右手持刀扛肩上，左手拿竹筒，内装水酒，上盖一只碗。布朗族死后埋葬一般不垒坟，在上面放一些树枝树叶，防止野兽来吃尸。埋葬死者次日，家人要去坟地看看有没有留下动物的脚印，布朗族认为，坟地上留下什么动物的脚印，死者就会投胎什么动物①。

三　布朗族社会文化发展与变迁

双江拉祜族佤族布朗族傣族自治县位于云南省西南部，2005 年全县总人口 164595 人，其中少数民族人口 73096 人，占总人口数的 44.5%。布朗族 13489 人，占全县总人口的 8.2%，占少数民族人口的 18.5%。其中布朗族主要聚居在县境东南部澜沧江、小黑江河谷中山地带的邦丙、大文、勐库、勐勐、沙河 5 个乡（镇）②。邦协村委会位于双江自治县沙河乡的西南部，辖邦协、小勐峨、旧笼 3 个自然村，邦协村是村委会所在地，共有 132 户 549 人（男性 277 人，女性 274 人），98% 都是布朗族，为纯布朗族聚居的村寨③。水稻、玉米、甘蔗、茶叶、荞麦、油菜等是邦协主要的粮食作物和经济作物。邦协布朗族还从事饲养业、加工业、建筑业、运输业以及商品零售业，有的甚至已经从农业生产中脱离出来。以茶叶加工户为例，2005 年，邦协从事茶叶粗加工的村民只有 6 户，到 2007 年茶叶价格持续上涨后，设备较为齐全、长期从事茶叶加工的村民多达 20 余户。

---

① "跨境布朗族的传统文化"的材料主要引自《临沧地区民族志》的内容。参见临沧地区民族宗教事务局编《临沧地区民族志》，云南民族出版社 2003 年版，第 82—91 页。

② 中共双江自治县委、双江自治县人民政府：《双江自治县人口较少特有民族和"直过区"民族经济社会发展情况汇报》（内部资料），2006 年 4 月 22 日。

③ 邦协村委会 2006 年统计数据，并经笔者 2007 年 2 月田野调查后核实更正。

“邦协”最早叫“邦嘿”，后来渐渐地演化为汉语的“邦协”。在傣语中，“邦”指“地方或平坝”，“嘿”则指鸡枞（当地人称之为菌子）特别多的地方，意思是鸡枞多的地方。据邦协的老人说，他们的祖先最早住在一个叫勐卯[①]的地方，由于经常遭受外族侵扰，为了躲避战祸，最后被迫举族迁徙。经过数年的艰难跋涉，他们来到了现小勐峨的地方建寨安家，若干年后寨子在一次火灾中被烧为灰烬，最后才搬迁到现在的地方。到了邦协后，按照布朗族的传统习俗，他们将从勐卯带来的一大一小两块方形石头埋在寨子中央，并在其上方竖一根木桩代表寨心，意味着布朗族从此将在此地生息繁衍。带来的两块石头则表示永远不忘自己的先祖。关于邦协布朗族祖籍来源的传说，与双江县傣族的迁徙来源地相同。据《勐勐土司世系》记载：“勐勐土司历史渊源于勐卯。罕甸带着部分傣族于傣历747年，即公元1416年（明永乐十四年）来到勐库。当时，聚居在勐库、勐勐的居民，有坝区的傣族，半山区的布朗族、佤族，高寒山区的拉祜族。”[②] 这一方面说明了傣族文化对布朗族社会的深刻影响，另一方面也说明双江县境内的布朗族其实早在勐卯迁来的傣族之前就已在双江县定居。

（一）婚姻家庭及其变迁

1. 婚恋习俗

婚姻是维系人类自身繁衍和社会延续的最基本的制度和活动。古往今来，婚姻不仅对婚配的双方来说是一件终身大事，而且在整个社会生活中被视为事关人丁兴旺、子孙绵延的大事。从婚姻形态来说，邦协布朗族实行一夫一妻制。在择偶范围上，从前严禁与外寨和外族通婚，用当地人的话说就是“黄牛是黄牛，水牛是水牛”，黄牛和水牛是不可能关在一起的。他们主要是担心外寨的人会将不干净的东西带进寨子，给村寨带来晦气；而与外族通婚，是害怕“琵琶鬼”跟着进来危及村寨。然而考察其深层次的原因，主要是担心家族财产的外流。正因为如此，尽管实行严格的氏族

---

① 据宋子皋先生考证，勐卯为地名，古称果占壁，即今德宏州瑞丽市。相传该地因遭兵灾战祸，百姓四处逃亡，故而得名。又传，认为该地雨后，飞蚂蚁出洞把整个平川上空遮住了，故称勐卯。宋先生进一步解释说，勐卯是傣语。傣族对河谷平川或一个酋长管辖的区域都称“勐”，而“卯”为蒙蒙的天，也可解释为人们四处散逃或对飞蚂蚁的简称。见宋子皋：《勐勐土司世系》，云南民族出版社1990年版，第159页。

② 参见宋子皋《勐勐土司世系》后记，云南民族出版社1990年版。

外婚，但由于邦协长期实行村寨内婚，且普遍流行以血缘联系为基础的姨表婚，所以近亲结婚的现象十分突出。婚嫁礼标志着社会认可的一对男女将组成一个新的家庭，共同担负起繁衍后代的义务，履行正式社会成员的责任。邦协布朗族的婚嫁礼主要分为恋爱、提亲、订婚、送礼、迎娶、回门等程序。

邦协人婚姻自由，父母一般不会干涉或包办。男孩到了十七八岁、女孩到了十五六岁就可以恋爱了。每晚夜深人静之时，劳累了一天的小伙子换上干净的衣服，调好琴弦，邀约伙伴，来到姑娘家玩耍，布朗语叫“奉罢坝察”，即“串姑娘”之意。从前的布朗族男女谈恋爱，必须要在火塘边，将火塘里的柴火烧得很旺，边喝茶边闲聊，其中一名小伙子会以弹唱的方式表达对女孩的爱慕之情，如果小姑娘不喜欢小伙子，可以不理或态度冷淡，如果对他有好感，则会暗示小伙子今后常来。经过一段时间的相处，等男女双方相互了解和有了感情后，男孩家就会请两个媒人①到女方家提亲。不过邦协布朗族对媒人的选择有着特别的要求，再婚以及婚后不能生育者不能做媒人，只有那些夫妇健在、人品较好、儿孙满堂的人才有资格做媒人。

在媒人到女方家提亲之前，首先要请佛爷或协助佛爷管理村寨佛教事务的安章择定一个吉日，然后请媒人到家中吃一顿饭，之后带上两瓶白酒，两瓶啤酒和 4 包香烟去女方家“过话”。媒人与女孩的父母寒暄几句后，说明来意，若女方父母同意，媒人就会第二次到女方家，俗称“送小礼”。礼物包括小饼 260 或 460 个不等（必须是双数）、现金 160 元（也有送 66 元或 80 元的）、衣服一套、白酒两斤、香烟四包。在送小礼时，媒人还要和女方父母商定举办婚礼的时间，结婚的日子一般请佛爷算，也有的人家请安章。据说观音菩萨是在二月死的，所以邦协布朗族忌讳在傣历二月结婚。初婚的布朗族男女结婚的日子一般选在傣历的一月、三月和四月，再婚者则一般选在五月。日子定好后，由男方家给佛爷或安章送少量大米和几元现金。在婚礼的前两天，媒人再次到女方家“送大礼”，礼物包括现金 600—2000 元、小饼 860 个、黄烟②八斤、香烟两条、白酒两瓶、红糖四斤、食盐四斤、茶叶两包（本地自产自制茶叶）、大米四筒、衣服

① 邦协布朗族认为“双”是最吉利的数字，所以提亲一定要请一男一女两个媒人。

② 当地老百姓自己种植的草烟，加工成烟丝后在市场出售，因其颜色呈黄色而称之为黄烟。

一套。

结婚前一天，新郎新娘家都要在院子里搭“青棚”，并在“青棚”四周挂上几枝珠栗树叶，目的是为了防止孤魂野鬼的侵扰和不干净的东西进到家中来。这一天，媒人还要送八斤猪肉给女方家。而女方家也要在这一天为即将出嫁的女儿准备丰厚的嫁妆，主要包括被褥、衣服、盆桶、沙发、衣柜等生活用品，有的人家甚至会陪嫁电饭煲、电风扇、电视机等家用电器或者是一块上好的茶地及水田，这样可能陪嫁的物品价值会高于男方家的聘礼。

迎娶是布朗族婚礼中最隆重的仪式。与其他民族不同的是，结婚这天新郎不参加接亲，而是由媒人以及男方家族中的长辈在天亮以前去迎娶新娘（接亲的人必须是双数，而且男女人数也要相等）。新娘迎进门后，一对新人首先在堂屋里向早已等候在这里的父母和长辈一一行跪拜礼，接受老人的祝福和数额不等的现金。仪式结束之后，新郎和新娘立即带上一些饭菜到娘家回门，新郎此时才作为女婿正式拜见岳父岳母。从娘家回来后，一对新人又要带上一盒饭、几碗菜、一对蜡条，到佛寺去请佛爷念经祈祷，举行虔诚的“滴水”仪式，以求得到神灵的保佑和庇护。滴水仪式完毕，主管村寨原始宗教事务的竜头（布朗族称之为“昭色”）和他的助手塔欢、嗡色、嗡乃要为新郎新娘举行祈祷仪式，先是在新娘家举行，然后在新郎家举行，其仪式过程是相同的：在正房神台前摆一张桌子，桌上摆一瓶酒、四个土碗、一盘剁生、一盘大肉和4.5元现金，竜头、塔欢面向正房门而坐，嗡色、嗡乃分别围桌半蹲在竜头、塔欢的两边，另外，村长、新郎新娘的父母以及家族中德高望重的老人也分别围坐在桌子周围。新郎新娘进屋后，要行三拜礼，一拜祖先，二拜父母，三拜竜头等人。拜礼毕，新郎新娘脱鞋，面向竜头、塔欢而跪，听取他们的祝福（布朗族称“吉利”）。笔者于2006年2月14日全程参加了村民刀春生长子的婚礼，记录并翻译了竜头等人在婚礼仪式中的祝词。祝词分为两个部分，第一部分为请竜神，由竜头来念，大意是：

今年是个饱满年，是个好年头；今天是一年之中最吉祥美好的日子，是个好运久长的日子。老的一代过完了，就轮到了我们年轻的一代，就像大箐里的竹子，砍了老树又发新苗。老人们过世了，年轻的一代就来供奉（先祖），我们要让这优良的传统一代接一代地传承下去，永不停息。今天，轮到我们来承担，不能让这传统断绝。老的传统不能丢，翁色翁乃要保留，今天献祭酒和肉，翁色翁乃已摆好。钱也已经摆好了[①]，但不多，只是像献花一样略表心意。

此时，酒肉、香烟、现金等祭品已经摆好。竜头再念“吉利”：

叩请昭发撇卫銮和昭发旺靠坎两位永远年轻的竜神，请你们从遥远的勐卯来，经过遮放和耿马，穿越上允和孟连，来到勐勐坝，降临邦协寨，来到摆好美味佳肴的桌子前。请你们两位都要来，一起来享用这丰盛可口的饭菜。

用完了孝敬你们的佳肴，请你们一定要保佑新婚夫妇相亲相爱，白头偕老，保佑他们早生贵子，儿孙满堂，保佑他们从此健康长寿，无灾无难。

第二部分是祝福新人的话语，由塔欢来念，大意是：

今年是个好年头，今天是个好日子。是个吉祥的日子，是个美好的日子，是个天空放晴的日子。今年好，一辈子都好！竜神转告大家，今天是个好日子，是个撒秧的日子。今天是个稀奇的日子，是个让寨子震动的日子：千年的枯树发芽了，老虎也长出了新牙，支撑大地的杜子也生根了[②]；地上形成了五百条河流，每家每户的田里都淌进了水，每条河里都有许多鱼儿游来游去；山坡上长满了土堆，土堆堆满了所有山坳。

今天是个好日子：一辈子种植芭蕉的老两口，他们的芭蕉团里也长出了银子。大地变平了，小草泛绿了，做生意的“蒲满”[③] 挣了一袋银子。孔雀也换了羽毛，显得越发地漂亮；大富人家的老者投胎变成了小伙子，会飞的马欢天喜地地去接小伙子，今天他就要娶媳妇了！小鸟开始做窝了，小兔子坐在宝座上自得其乐！所有的动物都来朝拜它，清秀的日子到此为止了！今天你们结婚了，所有的人都来祝贺你们！

前世你们点着蜡条赕佛[④]，今生你俩结为夫妻。从今往后，你们将生死相依，永不分离！就像天上的星星与月亮永远相随。想当初，你俩青梅竹马，形影不离；就像荡秋千一样，转来转去都是你们俩。你们互诉衷

---

① 竜头等人为新人举行祈祷祝福时，主人家要在桌子上摆酒肉、香烟和 4.5 元现金。象征着给竜神的祭品，最后由沟通人神的中介——竜神等人享用。

② 邦协布朗族认为，人类居住的大地是由几十根大柱子支撑着的。

③ 古时候布朗族的别称。

④ 据说旧时的邦协布朗族青年男女在春节期间有相约到山上采摘鲜花后到佛寺赕佛的习俗，可惜现已不存，此句想来应是这一习俗的写照。

肠，立下誓言：即使海枯石烂，也忠贞不渝！因为缘分，你们私定终身。那些在四处游荡的魂也跟着来了！

你俩的感情好比桌子的四只脚，稳稳当当；你俩的爱恋如同织布机上的防线，相互缠绕。你俩一起上山砍柴，一起下地干活，一起出门赶集，道路越走越宽阔！

你们的父母知道你俩已经相爱，都来为你俩操办婚事。喜糖喜酒已备好，召集亲友来商量。家族老人都到齐，纷纷发言来表态：先祖是从勐卯来，民族传统不能丢；我们是个大寨子，婚事一定要热闹！

今天你们结婚了，全寨村民来祝贺：一愿夫妻感情好，就像“姑堆蛇”爬上坡[①]；二愿夫妻恩爱久，就像河中大石头，任凭水冲不动摇，就像世上一块金，任凭火烧也不烂；三愿夫妻幸福长，从此再无烦心事！今天你们结婚了，相敬如宾过日子：房子旁边盖粮仓，房子下方建盐仓；田间地头不吵架，荒山野岭不丢伴[②]，左邻右舍和睦处，有了困难要克服；孝敬父母不要忘，好运不断滚滚来；如果虐待老父母，一无所获空劳苦！夫妻相互要忠心，永远不做亏心事。婆娘不守妇人规，棍棒拳脚教训你；男人寻花又问柳，九根绳子九条牛！[③]

你若入赘女方家，从此就是人家儿；家中东西不慎丢，想方设法找回来；犁田耙地你要做，水田旱地莫荒废。你若嫁到男方家，好比人家亲闺女；炒菜做饭争着做，烧水烤茶要学会；孝敬老人别忘记，轻言细语记心中。你们两人感情好，就能见到“弥戴雅他姆”[④]。鸡猪牛羊关满圈，六畜兴旺幸福长。养得红牛去犁田，养得白牛能驮运；领得母牛能下崽，牛角弯的不能杀。

祝你们：财源滚滚用不尽，五谷丰登吃不完；日子越过越红火，一年更比一年强；白头偕老身体健，寿延如同大象长。

“吉利”念毕，主人家在院子的“青棚”里大摆筵席，用丰盛的布朗族佳肴招待前来祝贺的亲朋。到了晚上，新郎新娘的伙伴还要举行“闹

① “姑堆蛇”是当地的一种毒蛇。邦协布朗族认为，如果看见“姑堆蛇”往路上方的坡上爬去，则为吉利。

② “丢伴”是方言，即“抛弃对方”的意思。

③ 邦协布朗族十分痛恨人通奸行为，如果发现女人通奸，则遭到棍棒拳脚痛打；如果男人通奸，则被罚九条牛（祝词中的九根绳子是指用来牵牛的），并将仓库中的所有粮食带走，请全寨人来吃，邦协俗称“扫寨子”，意思是亵渎了村寨神灵。

④ 邦协布朗族理想中的未来国家领导人，此处的意思是祝福新人健康长寿。

房”仪式，同新郎新娘逗趣取乐，祝愿他们日子红红火火，家道兴旺发达。

2. 家庭结构

邦协布朗族婚后的居住方式大多是妻子随丈夫居住，共同劳动生活。然而一些人家因没有儿子，于是也有招女婿入赘的情况，入赘的女婿到女方家居住，女方父母死后，他可以继承遗产，不改自己的姓名。他们的子女随父姓。

邦协布朗族的家庭主要是以夫妻或父母及其子女组成的核心家庭，由于实行幼子继承制和分家制度，子女结婚并生养小孩后都将依次从父母为中心的家庭分裂出去，最后留下幼子与老人一起生活，幼子给老人养老送终，并继承包括房屋、田地在内的所有老人的遗产。因此，在邦协布朗族社会中，核心家庭和扩大式家庭是最主要和最普遍的两种家庭结构。在邦协布朗语中，称家族为“楠木娜”，是指由一个共同祖先传递下来的父系亲属集团，包括祖父母、父母、兄弟与媳妇及其子女所组合而成的人群。在一个家族中，以年龄最长者为家族长，家族长去世后，再推选家族中年龄最长者为新的家族长。但是现在邦协布朗族的家族观念已经比较淡薄，这大概是由于长期以来邦协布朗族盛行村寨内婚，使得整个寨子都有千丝万缕的联姻关系的缘故。

邦协布朗族社会是一个典型的父权社会，无论是男性的社会地位还是家庭地位都明显高于女性，这不仅仅表现在他们子女的姓氏和血统归属方面。在邦协，几乎每个家庭都是由男人当家，掌管家中的经济大权①，遇到家中有重大事情，虽然夫妻双方都有发言权，但最后拍板的还是男人。我曾经在关门节和开门节期间调查过老人到佛寺里“纳福”的具体过程，其中发现性别不同的老人在大殿拜佛听经的位置也是有区别的。所有男性老人都在最前面围着佛像跪拜，而女性老人却只能在男性老人的后面和远离佛像的地方朝拜。一个比较能说明问题的例子是，寨子里有两个年龄50多岁的妇女几年前就想到佛寺里去“纳福”，但由于丈夫不同意，所以就一直不能如愿。谈及此事，两个老人都流露出深深的遗憾。当笔者问到“为什么一定要丈夫同意才能去？”时，两个老人的回答都是出奇的一致，

① 在调查中，笔者发现仅有一家是由女主人掌管家中财权，原因是男主人汉语表达不流利，也很少到寨子里的商铺中或更远的双江街子上去购买物品。

那就是“因为男人是一家之主”。

邦协布朗族家庭成员的分工也十分明确，犁田耙地、起房盖屋以及繁重体力活一般由男子承担，操持家务、喂猪洗碗、栽秧摘茶、纺纱织布等活计一般由妇女承担。老人除了领小孩和看家外，还要力所能及地到田地里干些轻微的体力活。然而，由于邦协一直保持着淳朴的民风，所谓的看家实际上就是家中饲养的家畜和家禽。

3. 婚姻家庭的现代变迁

根据人类学的理论，族际通婚是衡量民族关系最重要的一个指标，“惟有当两个民族之间语言能够沟通，有大量的日常社会交往，价值观念彼此认同，在法律上和权利分配方面基本平等，相互没有民族偏见和歧视行为的客观条件下，才有可能发生族际通婚”①。在现代生活方式的影响下，邦协布朗族的传统价值观念和婚姻观念发生了一系列的变迁，主要表现在择偶标准的变化、通婚半径的扩大、家庭逐步核心化、家庭权威明显下降等方面。其中一个重要的原因就是在现代生活方式的影响下，布朗族的传统价值观念及其信仰发生了较大的改变，并明显地体现在婚姻家庭上。

第一，择偶标准的变化。邦协布朗族青年的择偶标准的变化主要体现在两个方面，一是打破了不与外族通婚的惯例，逐渐开始与傣族、佤族、彝族、汉族等不同民族通婚；二是由传统的主要看重对方是否吃苦耐劳、孝敬父母、身体健康等条件，逐步考虑对方是否有经济头脑、双方是否有感情、是否会持家过日子等。有的还将对方的家庭条件作为选择配偶的条件。

第二，通婚半径的扩大。受现代生活方式的影响，邦协布朗族的择偶标准和通婚半径发生了较大的变化。一些布朗族姑娘不但嫁到了小邦协、邦木、双江、勐库等地，还有远嫁到了山东、四川、甘肃、江苏等省区。据笔者2006年6月对邦协布朗族婚嫁情况的调查数据显示，目前嫁到外地的妇女达50多人，娶到邦协的外寨妇女12人（包括汉族和佤族），到邦协入赘的10人。嫁到本县内其他村寨的姑娘一般是在生产劳动或节庆活动中认识小伙，然后通过明媒正娶出嫁的。他们大多都要相处几个月，相互了解以后才谈婚论嫁。而这样的情况所占的比例较高，在笔者所调查

① 马戎主编：《西方民族社会学的理论与方法》，天津人民出版社1997年版，第380页。

的60人中，有72%的女孩认为嫁到离家不远的地方要远比嫁到远地方好得多，原因是害怕上当受骗，或婆家人对自己不好；此外，自己有什么困难可以随时向娘家寻求帮助，而父母遇到困难，自己也可以给予力所能及的帮助。但是仍然有不少的邦协布朗族姑娘嫁到了远离故土和亲人的省外。远嫁省外的姑娘有的是自己偷偷跑出去的，有的是经人介绍出去的，还有的是外省人到邦协来问媳妇时嫁出去的。男子直接来邦协明媒正娶的，一般会给女方家2000—7000元不等的彩礼，还要按照布朗族的传统风俗举办婚礼。如果是自己跑出去或经人介绍出去的，不但得不到任何彩礼，也不可能举办传统的婚礼，有的甚至连女婿长什么样都不知道。这样的家庭在很长一段时间内在村民面前都觉得抬不起头来，甚至会有一种永远也无法弥补的遗憾。嫁到省外的这些布朗族妇女，生活境遇各有不同。有的家庭经济条件和居住地的自然环境十分恶劣，有的因丈夫染上赌博或好逸恶劳等恶习而使得夫妻感情几度破裂，使得这些外嫁女处于一种进退维谷的尴尬境地。再加之生活习俗、语言交流等方面存在的差异，一些外嫁女的生活境遇让人担忧。

考察邦协布朗族的婚嫁变迁，我们可以看到，大量未婚布朗族女子的外嫁以及跨省婚姻的扩大，给闭塞的布朗山寨带来了很大的影响。从外嫁女子自身来看，她们的外嫁不但开阔了眼界，增长了见识，而且使许多想要摆脱贫困的布朗族女孩萌发了通过外嫁走出邦协，告别贫困生活的愿望。因此，一些年轻布朗族女子都希望通过外嫁实现自己的梦想，她们不仅乐于接受别人介绍的外来对象，甚至还有自己跟人跑到外省嫁人的情况。而从更深一层意义上来讲，邦协布朗族通婚地域的扩大和婚嫁人数的增长，使得邦协布朗族与其他民族的交往不断增多，文化认同和价值观念之间的差距也逐步缩小。广泛的族际通婚和跨省通婚，对民族关系产生的影响是深远的，它不但逐步缩小了布朗族与其他民族的心理差异，增强了民族间的认同感，而且各民族之间的思维方式也渐渐趋同，从而促进了民族关系的和谐发展。但是，由于文化背景、生活习俗等方面的差异以及适应能力的不同，加上不少外嫁女是在对其丈夫的了解不多的情况下举行婚礼的，因此难免存在性格不和等隐患，甚至导致夫妻感情不融洽或家庭的解体，从而给这些外嫁女带来无法弥补的伤害和痛楚。

第三，家庭逐步核心化。通过对邦协布朗族家庭结构的调查发现，邦协的扩大式家庭共有40家，占30.3%，核心家庭86户，占65.2%，其他家庭6户，占4.5%。由于计划生育政策的有效执行以及人们生育观念的改变，邦协布朗族核心家庭的规模最普遍的是四口之家。在20世纪七八十年代很普遍的多子家庭现在已经少见了。目前，邦协布朗族妇女的生育率大幅度下降，每个年轻的已婚妇女平均生育二胎，家庭平均人口一般4人。

第四，传统的家庭权威明显下降。由于受现代生活的影响，接受教育和接触外界的年轻人逐步参与并干预家庭决策。以前完全由家长说了算的局面开始转变，年轻一代的邦协布朗族在家庭的很多事情上开始发表自己的意见，父辈的传统家庭权威越来越受到严峻的挑战。

（二）独特的丧葬礼仪

丧葬礼仪是人生礼仪的终结，它标志着一个人走完了人生旅程，最终告别社会①。邦协实行土葬，正常死亡者经火化后埋葬在村寨后面的公共墓地里，凶死者不能与正常死亡者合葬一处，甚至不能抬进寨子。邦协布朗族的丧葬礼仪一般按照接气招魂、竖幡报丧、洗尸更衣、装棺入殓、选择墓地、念经超度、出殡安葬等程序进行。

布朗族病人在弥留之际，全家人要守候在病人的床前，准备为其接气，同时派人带1对蜡条、1碗米和2元钱去告知安章，安章立刻带着蜡条去请佛爷。两人到病人家后，让垂危的病人手执点燃蜡条，并为其念《叫魂经》，希望能将病人的魂叫回来。如果病人的病情加重，又为其叫《指路经》，告诉即将去世的病人不要再有什么牵挂，可以安安心心地顺着指引的路线到达极乐世界。断气后，死者亲属立即为亡者洗身，但是邦协布朗族为死者洗身时，一定要按照从头到脚的顺序洗，否则就视为不吉利。接下来是换装，先给死者换两套新衣服，再用白布将尸体紧紧包裹起来，但衣服必须反穿，意思是死者已经变为鬼，有别于活人了。死者的棺木很简易，是用几块木板临时制作的。在入殓之前，先要用珠栗树叶象征性地将棺木打扫一遍，目的是为了防止不干净的东西或活人的魂留在里面，一边打扫一边说："活人出来，死者进去。"之后，将死者装棺入殓。陪葬的物品除了死者生前的衣服和鞋子外，还要在其头下装现金10元，手上捏一小块银子，嘴里装一枚含口钱。邦协布朗族认为，亡灵通往天堂

① 宋佚兰：《浅议传统人生礼仪》，《阴山学刊》2003年第6期。

的路途十分遥远，可能会遇到许多高山大河，陪葬的钱可以让亡灵在前往天堂的路上开支。但邦协人十分忌讳在死者的灵柩里装黄金，认为这样会使死者超生后变成哑巴。一切准备妥当后，将灵柩停放在正屋靠“捌他姆”（类似汉族的祖灵供奉处）处的墙角边，然后将亲戚赕给死者的红绸布或色彩鲜艳的被面料子布以及新被子等物品一一摆放在灵柩上。死者棺木上铺的绸布和被子越多，说明家族越兴旺发达，死者的家人也感到越有面子。

出殡安葬的日子要请佛爷看书算卦确定，但布朗族的传统风俗是即死即埋，灵柩一般只在家停放一夜。当晚，佛爷和安章为死者的亡灵念经超度，祈祷死者顺利抵达西方极乐世界，并能投胎转世到大富人家重新做人。家人和几个亲朋好友则通宵为死者守灵。到了安葬这天一早，村民便带上一筒大米和5—20元不等的现金前来凭吊，不过家族或亲属送的礼要重一些。村民送来的大米和现金将被记在一个账本上，作为人情往来的凭证。这其中有一项很有意思的仪式，就是村民在灵柩前按顺序排着队，轮到自己时，将礼金和大米分别交给两个人，等在账本上记下某家送了多少钱几斤米后，另一人就接过大米在灵柩上方绕一圈，并向死者祈祷说：“某某某给你送钱和大米来了，你要好好保佑他们全家吉祥平安，今后不要去打扰他们!”念毕，抓一把大米撒在灵柩上，然后将大米倒进旁边的口袋里。

墓地一般要由家族长或年龄较长者带着帮忙的村民一起去择定。村寨的公共墓地位于寨子后山，墓地严格按家族划分，互不侵犯。每个家族根据死者的年龄大小按照从上到下的顺序埋葬，所以形成了台葬。但由于人多地少，所以家族的坟地内经常出现叠葬的情况。家族长或年龄较长者选择墓地，一是确保将死者安葬在家族的区域内，二是可以尽可能地将死者安葬在其父母的附近。家族长确定好火化的地点后，还要吩咐帮忙的年轻男子分头去砍柴，并将砍来的柴在即将火化处按东南西北四个方向垒七层①，为火化尸体作好准备。下山以前，每个人用一枝树叶从头到脚拍打一遍，并将树枝放在垒好的柴上，象征着将身上所有不干净的东西都留在了坟山。走到半路，再用一枝树叶从头到脚打扫一遍，口中还说：“不干净的

① 在邦协布朗族的观念中，“三”和“七”这两个数字有驱邪避鬼的功能，垒七层柴能防止不好的东西来打扰亡灵，保证能顺利将死者的尸骨火化。

东西别跟着我，请保佑我健康平安。”之类的祈祷词。回到家后，所有上坟山的人都要先在大门外洗手，意思是上山可能带回了不干净的东西。

在正式出殡之前，还要请佛爷替死者的亲属分别为死者念经祈祷，大意是叫死者的亡灵放心西归，保佑后人。作为回报，死者的亲属通常会带一对蜡条、一筒大米、一包香烟、一盒火柴、两包糕点以及三元钱等物品和现金赕给佛爷。接着，佛爷再为死者家属和亲朋好友念一段“纳福”的经文，意味着这是死者与活人最后一次听佛爷讲经，之后，将各在阴阳两界，互不干扰。讲完经后，佛爷和安章再次为死者念经超度，死者家属全部跪拜在灵柩和用竹子临时搭建的诵经亭前。

出殡的时辰要定在黄昏时分等外出做活的村民回家以后。送葬者少则三四十人，多则近百人，但妇女不能进入墓地。灵柩抬出寨子时，要将死者的头朝着寨子，而将死者的脚朝外，意思是希望亡灵不要回到村里来。到了墓地后，要将灵柩翻过来焚烧。死者生前的衣服或物品也一起抬上坟山，随同死者火化，亲戚赕给死者的被子等物品则送到佛寺，第二天再用一二十元现金赎回。火化结束后，将两面三角形的白布旗插在火化处以作标志。参与送葬及火化的人回到主人家后，要由佛爷为他们举行叫魂仪式，以防他们的魂跟着死者留在了坟山。

第二天，死者家属要到佛寺举行滴水仪式，表示哀悼和祭祀之意。以前若死者的儿孙中有未当和尚的，次日要将其送到佛寺当几天小和尚，意思是在佛寺为死者继续超度。七天之后，主人家又带上几个人到坟山捡拾死者的尸骨，将骨头用清水洗净后用白布包好装在一个小土罐中，然后在焚烧死者处挖一深坑埋下，用土填平而不垒坟。再将两面白布旗插在上方，四周用竹篾团团围住，防止牛羊野兽或孤魂野鬼来侵扰亡灵。之后，煮一锅饭、一锅菜，举行滴水仪式，整个葬礼宣告结束。

非正常死亡或在寨子外身亡者，一般就在寨子外火化安葬。七天以后请佛爷、安章等人到其埋葬处为亡灵念经超度。在回来的路上，每遇到一个岔路口，佛爷都要用铁叉画一条线，并行滴水仪式，意为死者从此与人间隔离。回到家中，再用经书为家里人念经祈福。

（三）竜神崇拜及其祭祀仪式

邦协布朗族主要信仰原始宗教和南传上座部佛教，村寨里除了有负责原始宗教事务的竜头外，还建有一座佛寺，有住持长老，还有负责村寨佛教事务的安章。由于长期处于交通不便、信息闭塞的山区，生产力发展水平较低，对自然界和自身的认识非常有限，对人间的生老病死以及自然界的风雨雷电等现象感到恐怖，由此幻想出许许多多对神灵的顶礼膜拜，形成了一套以万物有灵为核心的民间信仰体系。其中竜神崇拜及其祭祀仪式是布朗族社会生活中一项重要内容。

邦协寨后山有一片面积近千亩的原始森林，竜林位于森林的北侧，布朗族认为竜林里居住着保护村寨的竜神，因此每年都要择吉日到竜林里举行规模宏大的祭祀活动。在布朗族的观念中，竜神多数时间住在竜林里，身穿白色衣服，出巡时骑白马。协助佛爷负责管理村寨佛教事务的安章俸贵云介绍说，邦协布朗族的竜神信仰和竜神崇拜是十分古老的习俗，在中华人民共和国成立以前每年都要举行祭祀仪式，这样竜神就会保护村寨的安全。若遇大旱之年，邦协布朗族就要带着祭品到竜林里祈祷求雨，结果都很灵验，常常是人还未走下山大雨就来了。村寨中专门负责原始宗教事务的神职人员叫竜头，该职不按世系或资历辈分传承，而是以“神找”的方式产生。当老竜头年纪太大或其他原因不能主持祭祀仪式时，就到寨子里买一只红公鸡，由老竜头到竜树下祷告，然后把公鸡放到寨心处，任随它在村寨里游荡，最后这只公鸡进了谁家的大门，这家的男主人就担任新竜头。现年 57 岁①的竜头王应贵，就是在 1980 年以“神找”的方式当选竜头的。作为祭祀竜神仪式的主持人和人神之间的沟通者，竜头十分熟悉和精通原始宗教的祭祀礼仪，兼具巫师和祭师双重身份，享有较高的村寨权威。平时从事农业生产，遇到寨子中有迎亲嫁娶、建盖新房、人畜不安或是家人远行等大事，村民都要带上大米、鸡蛋、茶叶、蜡条和现金来到竜头家，祈求竜神保佑。

祭竜是邦协布朗族民间信仰中最重要的全寨性祭祀活动，一般每年在傣历 8 月属马的日子举行，要求每家每户派一名男子参加。祭祀的牺牲除了一只红色的公鸡和母鸡以及一头公猪外，还要准备两个鸡蛋、一瓶白酒以及蜡条、茶叶和大米等物品。祭竜当天清晨，先要在竜头家中的“昭发”处祭拜祷告后才能进入竜林。竜头在竜树下点燃蜡条叩头祷告，之后大家便砍下一些树枝在竜树前搭一张简易的祭台，在祭台的四个角各摆上一个土陶大碗以及大米和茶叶等祭品。接着竜头以及助手开始宰杀鸡猪，

① 2006 年调查时的年龄。

但是宰杀的工具不是用刀，而是用木棒敲击猪鸡的头部致死。宰杀完毕后，要将全鸡、整猪头和肉以及大米混合倒在锅中煮成稀饭。饭熟后，竜头在竜树下再次点燃一对蜡条，然后将全鸡、猪头以及一部分肉和烂饭盛于盘中，放在简易桌面上，让鸡头和猪头面朝着竜树，然后将酒倒入碗中，同时在桌子的四个角点燃一对蜡条。准备工作完毕后，竜头虔诚地跪拜于竜树前祷告说："今天是个好日子，天空晴朗，日月放光；今天是个吉祥的日子，是一个样样都能长久吉安的日子。完结了一代老树，就轮到了新苗；完结了一代老人，就传到了我们。自古就有了昭色、翁色、翁莱这个职司，他们将供品摆满了桌子盛满了碗，有酸有辣味道好。有阉割过的好猪肉，还有会啼鸣的公鸡肉和正在下蛋的母鸡肉。叩请身穿闪光绸缎的'天神'，像金子一样尊贵闪光的永远年轻漂亮的天神，驾起你们的神舟，降临勐卯曼麻，曼勐等罕。神舟经过勐卯的江湖，飘过耿马的大坡，带来孟连和孟允的水。叩请你们来享受这美味佳肴，来品尝这软硬适中的饭菜。"① 大约三四十分钟后，竜头又叩拜祷告，拜毕，大家开始吃饭，不过鸡头和鸡腿由竜神的化身竜头享用。祭竜后吃不完的食物则分给上山的村民带回家，但家中女性严禁食用。大家吃完后，竜头又一次叩拜祷告，祭竜仪式结束。

竜神崇拜是布朗族的民间信仰，在他们的生产生活中占有十分重要的地位和作用。在布朗族的观念中，竜神是至高无上之神，因此竜林也是神圣之地，里面的一草一木、一土一石都具有神性，是神圣不可侵犯的，由此也产生了许多竜神崇拜中的禁忌。比如，人们平时不得随意进入竜林；进入竜林必须赤足；不能在竜林里大声叫喊；不能在竜林里大小便；不能砍伐竜林里的树木；不能拿竜林里的一土一石；不能捕杀竜林里的动物；不准在竜林里埋葬死者；除了竜头和他的助手外，其他人不能触摸支大锅的三角石。此外，严禁女人和穿红色或白色衣服的人进入竜林，等等，否则会遭到竜神的惩罚，给自己带来厄运。也就是说，做任何有可能冒犯竜神的事情，都会激怒竜神，从而遭到惩罚和报复。村民告诉我说，20 世纪 70 年代建盖邦协小学时，有一个外地来的民工到与竜林毗邻的坟山林里砍了一些柴来做饭，连续几个晚上都看见鬼来打搅，吓得该民工魂不附体，

① 祭竜仪式中的祷告词系笔者的田野调查并参看俸春华著：《澜沧江畔布朗人》，云南民族出版社 2003 年版，第 149—150 页。

夜不能寐。后来经人指点，买了鸡，带上蜡条、茶叶、大米等物品，请人到竜头家以及坟山林祭献祈祷后，才得到神灵的宽恕，之后鬼也就不来打搅他们了。2007 年 2 月，笔者在邦协做田野调查期间，恰好碰到村民俸妹玉因患“蛛网膜脱落”症而住进了双江县医院进行治疗。由于开始几天病情严重，医院里也检查不出病症，家里人便到佛寺请佛爷占卜，佛爷告之是因为俸妹玉夫妇俩的床正对着竜林，冲撞了竜神，因此竜神一怒之下便降罪惩罚俸妹玉。俸妹玉的家人赶紧将她的床重新挪动了方向，并带着蜡条、鸡蛋、大米、茶叶和现金到竜头家，请他向竜神祷告，请求竜神保佑俸妹玉早日康复。二十天以后，俸妹玉康复出院，笔者问她是否真的相信她的病情是因为冲撞了竜神所致时，俸妹玉回答说：“佛爷这样讲，应该是真的。”

作为古代祭祀的一种礼仪，历经千百年的发展与传承，祭竜不但没有被时代淘汰，反而显示出旺盛的生命力。通过对邦协布朗族竜神信仰和竜神崇拜的考察，我们发现，邦协布朗族的竜神崇拜蕴含着深刻的文化内涵和积极的社会功能。用丰盛的祭品敬献竜神，目的是为了祈求神灵庇护村寨来年风调雨顺，五谷丰登，六畜兴旺，幸福平安，反映了布朗族趋福避祸的强烈观念；将原始森林里的大树幻想成村寨的保护神加以崇拜，实质上反映了布朗族淳朴的自然生态观。邦协的竜林位于紧靠村寨的后山，不但具有涵养水源、防止山体滑坡等自然灾害的功能，而且有利于调节气候和净化空气。此外，竜神信仰中的若干禁忌，对维持布朗族农业生态系统的良性循环具有重大意义。对此，邦协退休干部、原双江县文化局副局长、长期致力于布朗族传统文化研究的本土学者俸春华先生感慨地对笔者说：“竜林是邦协布朗族祖先留给后人的一笔宝贵自然遗产。正是由于竜神崇拜及其信仰中的禁忌，才使这片有着几百年历史的原始森林免遭‘文革’的浩劫而保存下来。”

任何文化都处于不断的变迁之中，邦协布朗族的祭竜仪式也不例外。改革开放以前，邦协布朗族严禁外人进入竜林参加祭祀。21 世纪后，随着对外交往的逐步扩大和人们价值观念的改变，邦协民众渴望更多的世人了解他们古老的祭竜仪式。而在大力发展民族文化旅游的今天，国家在某些时候也需要民间的仪式参与到国家的活动中来。2005 年 5 月 2 日，在俸春华的努力下，来自全国各地的近百名摄影家以及临沧市和双江县各级政府部门领导云集邦协，与布朗族共同举行祭竜仪式，并对祭竜仪式的整个过程进行了拍摄。祭竜仪式结束后，大家又跟着竜头及其助手到“阿撒嘿”（寨心）祭祀寨神。之后，前来参加祭竜仪式的摄影家和各级政府领导与布朗族群众共进午餐，营造了一种与民同乐的祥和气氛。一年之后，临沧市首届茶叶博览会举办，博览会除了在市府设立主会场外，还在双江、云县设立两个分会场。双江县将会场设立在著名的大叶种茶之乡——勐库镇，其中一项议程是由双江县拉祜族、佤族、布朗族、傣族四个自治主体民族分别按照各自的传统习俗举行祭祀茶祖仪式。经过努力，俸春华争取到了由邦协布朗族代表全县一万六千多名布朗族同胞在祭祀大典上举行祭拜仪式的机会，40 名邦协布朗族在竜头的率领下走上祭台，虔诚地举行了传统的布朗族祭祀仪式，得到了广泛赞誉。

竜神是布朗族理想中的氏族、部落和村寨保护神，因此他们每年都要用丰厚的牺牲加以祭祀。这一方面满足了布朗族群众祈求平安幸福的美好愿望和心理诉求，另一方面也起到了维护村寨的道德秩序，凝聚民族向心力以及保护生态环境的积极作用。在 20 世纪六七十年代，竜神崇拜和祭祀仪式曾被视为“封建迷信”而遭到批判和压制，因此很快在乡土社会中销声匿迹了。然而，随着改革开放后国家宗教政策的变化，祭竜仪式又在邦协布朗族社会中活跃起来。因此，在特定的历史时期，尽管“国家可以运用暴力工具捣毁民间仪式的场所和道具，也可以通过特定知识和规范的灌输促使民众自动放弃这些仪式”①。但是，国家的暴力工具并不可能将具有深厚群众基础的民间信仰从根本上摧毁，只要是在条件允许或时机成熟的情况下，它又会复兴。

面对现代化浪潮的冲击，布朗族社会中的民间精英“或者是为了与国家和平相处，或者是为了利用国家、把国家作为一种发展的资源”②，有时不得不借助国家的力量来寻求民间信仰在社会转型期的生存和发展空间。邀请摄影家及政府领导参加邦协的祭竜仪式，目的是为了借助国家的力量宣传布朗族民族文化，而摄影家和政府领导则成为国家的象征到民间来与民间仪式发生关系。而另一方面，国家和政府在必要的时候也需要民间的仪式参与到国家的活动中来。临沧市及双江县的政府部门在其重要的庆典

① 高丙中：《民间的仪式与国家的在场》，载《北京大学学报》（哲学社会科学版）2001 年第 1 期。

② 同上。

活动中安排少数民族祭祀礼仪的表演，除了想借助它们制造热闹的场面，宣传当地的民族文化外，还想表达一种普天同庆的政治意义。

无论是国家代表或国家符号参加民间的仪式，还是国家征用民间的仪式参加国家的活动，都表现了民间力量与国家权力之间的互动关系。不过，我们需要注意的是，在这种互动关系中，处于弱势地位的民间力量并没有被动地等待国家的征用，而是利用自身的资源（如社会精英、民族传统文化等）积极参与到地方政府组织的相关活动中。布朗族的竜神崇拜及其仪式的变迁，是作为地方性知识的传统文化积极与现代化相适应的结果，充分展示了民间信仰面对社会变迁和国家力量所表现出来的极强的适应性。

（四）社会变迁中的布朗族民族关系

民族关系是当代社会比较普遍存在的社会现象，是具有特定内涵的特殊的社会关系。它是一种在人们的交往联系中，不仅具有社会性，而且具有民族性的社会关系，本质上是涉及民族这个社会人们共同体的地位和待遇，民族这个社会利益群体的权利和利益，民族及其成员的民族意识和感情的社会关系[①]。著名的社会学家戈登（M. M. Gordon）认为，文化适应（acculturation）、社会交往或社会结构的相互进入（structural assimilation）、通婚（intermarriage）、意识（ethnic identity）、偏见（prejudice）、歧视（discrimination）、价值和权力冲突（value and power conflict）是研究测度民族关系的七个变量，这七个变量分别从不同的角度来分析族群之间的关系与融合[②]。在邦协村的周边地区，分别居住着佤族、拉祜族、傣族、彝族、汉族等多种民族，长期以来，邦协布朗族与这些村寨的各民族交错杂居，和谐共处，相互通婚，共同发展，民族关系十分融洽。

由于历史上长期受傣族土司统治，导致邦协布朗族深受傣文化的影响，除全民信仰南传上座部佛教外，节日也与傣族相同，主要有泼水节、关门节和开门节等。泼水节也称插花节，是布朗族新一年的开始，也是隆重的节日，时间为傣历 6 月中旬，即公历 4 月 15 日前后。在泼水节前几

① 金炳镐：《民族理论通论》，中央民族大学出版社 1994 年版，第 262—263 页。

② 马戎编著：《民族社会学——社会学的族群关系研究》，北京大学出版社 2004 年版，第 18—19 页。

天，邦协布朗族就开始忙着到县城去采购新衣服和节庆期间的食品，同时，他们要到勐峨、旧笼、邦木、小邦协、土戈新村、四家村、回堆、忙乐等村寨去邀请亲朋好友来与他们共庆佳节。泼水节前，邦协的家家户户还要做一些米花[①]，用于馈赠前来过泼水节的外寨村民。到了节日的前两天晚上，年轻人开始聚集在佛寺门口的场地上载歌载舞，节日当天早饭后，全寨青年男女穿戴一新，敲着蜂桶鼓和象脚鼓，纷纷到河边以碗盛沙，到佛寺前的空场上堆放，插上鲜花。全寨的男女老幼围着沙堆，跟在蜂桶鼓和象脚鼓队后面跳舞，之后便在鼓队的引导下，围绕全村各通道敲锣打鼓跳舞一圈，男女青年经常会通宵达旦地欢庆泼水节。邦协布朗族认为，敲锣打鼓地围绕寨子跳舞，能够将村子里不干净的东西统统驱逐出去，换来全寨一年的平安吉祥。

从公历 4 月 15 日起，邦协布朗族在泼水节期间传统的活动主要有：第一天寨子里组织升小和尚，第二天举行盛大的全寨人参加的滴水活动，第三天全寨人到双江县城的后城、下城、官缅寺三个佛寺赕佛，第四天勐峨、小邦协的佤族和布朗族到邦协佛寺来赕佛，第五天和第六天组织寨子里的人敲着蜂桶鼓和象角鼓到小勐峨赕佛，到小邦协走亲访友，第七天双江坝子里的傣族又组织人到邦协来赕佛。总之，插花节期间全寨人都停止生产劳动，庆祝活动一般要持续 7 天。如今，由于寨子里一直没有人愿意到佛寺当和尚，所以升小和尚的仪式已经多年没有举行了。然而，这并不影响村民们热烈的节日气氛，到了 4 月 16 日这一天，被邀请的各民族男女老幼会纷纷来到邦协，与这里的布朗族一起欢度泼水节。来访者除了带酒水、糖果等礼物外，有的也会带一些蚕豆、豌豆、大蒜、白菜等自家种植的粮食作物，邦协人则将米花作为礼物回赠来访者。在 4 月 18—19 日，坝区忙开、景亢、公很、坝头、后城、闷乐等地的傣族会相邀到邦协佛寺来赕佛。据佛爷及村民介绍说，到邦协佛寺来赕佛的傣族少则几十人，最多时可达百人。2000 年以前他们大多是步行来往，仅单程就需要走三四个小时，而今，随着交通状况的改善和生活水平的逐步提高，他们都乘坐摩托车、拖拉机、东风车或者租用县交通运输公司的中巴车前来。傣族一般会带上蜡条、大米、米花以及 5—20 元不等的现金到佛寺赕佛滴水，之后

① 双江地区布朗族和傣族的传统馈赠礼物。用煮熟的糯米制成圆形饼状，晾干后用香油煎炸而食，味道香美。

便纷纷到邦协布朗族家中去吃中午饭。在整个泼水节期间，十多个村寨的不同民族都沉浸在节日的喜庆中，他们相互之间走访往来，通过节庆活动进一步加强和增进彼此的感情，而和睦友好的民族关系也不断得到巩固和发展。

春节是汉族的传统佳节，邦协布朗族在春节期间一般没有自己的活动，不贴春联，不放鞭炮，仍然从事农业生产。但据说以前邦协相爱的青年男女曾有在正月初一相约到后山采摘鲜花并到佛寺赕佛以及在村寨外丢包的习俗，在负责村寨原始宗教事务的竜头为结婚新人的祝词中有一句说："前世你们点着蜡条赕佛，今生你俩结为夫妻"，讲的就是旧时邦协布朗族在春节时的这一习俗，可惜今已不存。邦协布朗族在春节时唯一保留至今的习俗是在大年三十下午或晚上舂糯米粑粑，粑粑做好后先要在"捌他姆"[①] 处敬奉先祖和家神后才能食用，否则会因怠慢祖灵而受到责罚。不过糯米粑粑主要不是用来食用，而是作为礼物用来馈赠的。像泼水节一样，春节也是邦协布朗族与其他民族特别是汉族相互交往的一个好机会。在春节前，邦木和旧笼等村寨的汉族会分别到邦协来请客，邀请邦协布朗族在大年初二这天跟他们过春节。最近几年，随着邦协女子嫁到坝区四家村、忙乐等汉族村寨的不断增多，到这些村寨过年的邦协布朗族也随之增多。这样，虽然邦协布朗族自己没有过春节的风俗，但他们往往也会花一个星期左右的时间来回穿梭于各个民族村寨之间。邦协布朗族到这些村寨一般会带一瓶白酒、两瓶啤酒以及一包糖果等礼物，而回赠的礼物一般是两个糯米粑粑、一斤腊面、一斤腊肉等物，若是内亲，则无论是拜访者的礼物还是回赠者的礼物都会重一些。

民族关系是多民族国家中最复杂、最重要的社会关系，在当前构建社会主义和谐社会的时代背景下，怎样巩固和发展平等、团结、互助、和谐的社会主义民族关系，实现民族关系与社会发展的良性互动，是摆在我们面前的一个重大历史课题[②]。1990 年 9 月，江泽民同志在新疆考察时提出的"汉族离不开少数民族，少数民族也离不开汉族，各少数民族之间也相互离不开"的思想，既是对我国各民族之间休戚相关、命运与共、相互依存的血肉关系的高度概括和生动写照，也是对我国民族关系发展规律的深

① 布朗族祖先灵魂在家屋中的居住之所，类似汉族的神位。

② 张艾力：《和谐社会构建与民族关系发展》，《中国民族》2006 年第 4 期。

刻总结[①]。布朗族是澜沧江流域最早的土著居民之一，在几千年的历史发展进程中与当地的各民族互相依存，共同发展，逐步形成了大杂居、小聚居、互相交错、你中有我、我中有你的居住格局，各民族之间也结下了血浓于水的民族感情。世世代代居住在邦协的布朗族，无论是本民族之间还是与汉族等其他民族之间，一直保持着和睦友好的民族关系，真正体现了“三个离不开”的思想。他们通过在春节和泼水节等节庆活动时的社会交往，不断巩固和发展着相互间的感情，而这种和睦相处、和衷共济、和谐发展的民族关系所体现的平等、团结、互助，就是和谐社会所要实现的公平正义、诚信友爱。

可以预见，随着我国经济社会的发展，民族关系的社会化、民间化，将越来越多地与各种社会问题相互交织和相互作用，民族关系在整个社会关系体系中所具有的影响力也将日益显著。和谐的民族关系，对国家的稳定和发展具有重大意义[②]。邦协布朗族与其他村寨的汉族、佤族、拉祜族、傣族等民族之间，长期以来一直保持着和睦融洽的友好往来和相互帮助的优良传统，在现代化生活方式和价值观念的影响下，随着通婚范围的逐步扩大，民族关系更是得到了空前的发展，这对于多元文化并存的边疆民族地区构建社会主义和谐社会显得尤为重要。

四　新农村建设中布朗族经济社会发展的困境

党的十六届五中全会提出了建设社会主义新农村的历史任务以及“生产发展、生活宽裕、乡风文明、村容整洁、管理民主”的总要求，这是党中央统揽全局、着眼长远、与时俱进作出的重大决策，是一项惠及亿万农民、有效解决少数民族及其民族地区经济社会发展问题、关系国家长治久安的重大战略举措。建设社会主义新农村，是构建社会主义和谐社会的重要基础，是贯彻落实科学发展观的重大举措，也是全面建设小康社会的重点任务和必然要求。应该说，这为布朗族地区的经济社会发展带来了难得的发展机遇，但是，在云南边疆民族地区建设社会主义新农村，关键的问

① 金炳镐、常勇：《发展和完善社会主义民族关系与民族地区和谐社会的构建》，《黑龙江民族丛刊》2005 年第 4 期。

② 陈国新：《构建和谐的社会主义民族关系》，《思想战线》2006 年第 2 期。

题就是要增强广大少数民族干部群众的主体意识①。从目前的情况看，主体意识欠缺的问题在云南许多少数民族及其民族地区仍然普遍存在，这在很大程度上影响了社会主义新农村建设目标的实现。为此，我们以跨境布朗族为例，在双江县布朗族地区针对此问题进行了初步的调研，并提出了若干应对措施。

临沧市双江县位于云南省西南部，因澜沧江和小黑江交汇于县境东南而得名，是全国唯一由拉祜族、佤族、布朗族、傣族4个自治民族组成的边疆少数民族自治县，又是集“边、山、少、穷”为一体的国家扶贫开发工作重点县。2005年末，全县总人口164595人，其中布朗族13489人，占全县总人口的8.2%，占全国布朗族人口总数的13%。布朗族大部分居住在县境东南部的澜沧江、小黑江一侧的山丘地带，邦丙、大文、沙河、勐库、勐勐等乡镇的18个村委会33个自然村是布朗族的主要聚居区，其中布朗族人口占村委会30%以上的有9个，分别是邦丙乡的丫口村委会（2028人，占70%）、忙安村委会（1268人，占73%）、南直村委会（939人，占63%）、邦歪村委会（535人，占43%）、邦丙村委会（714人，占31%）；大文乡的大忙蚌村委会（843人，占80%）、南矮村委会（659人，占52%）、忙冒村委会（548人，占50%）、大梁子村委会（820人，占40%）。布朗族人口占村委会30%以下的有9个，分别是邦丙乡的南栏、邦况、南协、邦驮村委会，大文乡的千信村委会，沙河乡的邦协、土戈村委会，勐库镇的公弄村委会，勐勐镇的忙乐村委会②。

布朗族是一个跨境而居的民族，也是云南省7个人口较少民族之一。现有人口9万余人③，主要分布在云南省南部、西部及西南部边境地区的西双版纳自治州的勐海、景洪，临沧市的双江、永德、镇康、云县、耿马，保山市的隆阳、施甸、昌宁以及普洱市的澜沧、墨江等市县的山区和半山区，极少数散居或杂居在坝区。布朗族是古代濮人的后裔，与佤族、德昂等民族有族属渊源关系。布朗语属南亚语系孟高棉语族布朗语支，布朗族没有本民族的文字，普遍通用汉文，进过佛寺的布朗人则普遍识傣文，会用傣文抄写经书。布朗族作为一个古老的土著民族，有着悠久的历

① 所谓主体意识就是指人对于自身的主体地位、主体能力和主体价值的一种自觉意识。

② 资料由双江县文体局提供。

③ 第五次全国人口普查统计数据。

史和灿烂的文化。早在商代有关文献中，便有了活跃于古代西南地区的“百濮”的记录；在汉晋时期的历史文献中，对布朗族的先民有“苞满”、“闽濮”、“文面濮”、“赤口濮”、“木棉濮”等多种称谓；到隋唐时期，濮人内部开始呈现分化组合的趋势，一部分濮人分化发展为今天的“朴子蛮”，即今天的布朗族和德昂族的先民，另一部分濮人则发展为“望蛮”或“望苴子”，即今天佤族的先民；及至元明时期，“朴子蛮”被称作“蒲蛮”；到了清代，居住在怒江以西的“朴子蛮”逐渐发展为今天的德昂族，而怒江以东和澜沧江广大区域的“朴子蛮”则发展为今天的布朗族①。由于社会历史发展等多种因素，布朗族民众大多居住在自然条件相对较差、生存和发展条件较为恶劣的边疆山区。

中华人民共和国成立后，布朗族人民和全国各族人民一样迎来了解放。在党和政府的大力扶持帮助下，经过半个多世纪、特别是改革开放以来的发展，布朗族地区经济社会持续发展，人们的生活水平得到明显改善。但是，由于布朗族大部分居住在偏远山区，交通不便，基础设施薄弱，教育科技落后，经济社会发展相对滞后，所以，布朗族群众整体上仍处于比较贫困的状态，他们迫切要求加快社会经济文化的发展愿望与自身发展能力严重不足的矛盾依然十分突出。为此，中共云南省委、省政府以及临沧市、双江县等各级地方政府先后出台了一系列政策措施，来解决布朗族等人口较少民族的脱贫和发展问题。根据 1999 年 9 月召开的中央民族工作会议上提出的“要加大对人口在 10 万以下的 22 个少数民族的扶持”的指导方针，中共云南省委、省政府于同年 12 月颁布了《关于进一步做好新形势下民族工作的决定》，提出“对人口规模小、居住集中，经济社会发展严重滞后，贫困程度深的少数民族，要给予特别重视，采取更为特殊的措施解决其经济社会发展问题”。2002 年 9 月，省委、省政府又下发了《关于采取特殊措施加快我省 7 个人口较少特有民族脱贫发展步伐的通知》，决定以政府行为为导向，采取特殊措施，集中一定财力物力，努力加快 7 个人口较少特有民族聚居地区的经济社会发展步伐。随着这些政策的实施，双江县布朗族地区的经济社会也同其他民族一样得到了较快发展。

一是基础设施建设明显加强。通过多年的努力，布朗族地区的基础设

① 参见张晓琼《变迁与发展——云南布朗山布朗族社会研究》，民族出版社 2005 年版。

施建设得到了进一步加强，18 个村委会已全部通路、通电话和电视，并引进了清洁卫生的自来水。许多村寨实现了瓦房化，有线电视、VCD、程控电话、电饭煲、摩托车等现代通信和交通工具已进入不少布朗族家庭。

二是经济社会长足发展。至 2005 年末，全县布朗族人均纯收入 571 元，人均占有粮 308 公斤。其中邦丙乡布朗族人均纯收入 850 元，人均占有粮 268 公斤；大文乡布朗族人均纯收入 859 元，人均占有粮 374 公斤；勐库镇公弄村布朗族人均纯收入 805 元，人均占有粮 305 公斤；沙河乡邦协村布朗族人均纯收入 830 元，人均占有粮 374 公斤；勐勐镇忙乐村布朗族人均纯收入 1060 元，人均占有粮 230 公斤①。

三是教育卫生条件大为改善。至 2005 年底，全县共有中小学在校生 27410 人，其中布朗族学生 2351 人（小学 1630 人，初中 492 人，高中 229 人）。全县布朗族中已取得大专以上学历的有 41 人，中专学历 9 人，高中学历 4 人。在布朗族聚居的 5 个乡镇 18 个村委会都设有卫生院和卫生室，随着医疗条件的不断改善，布朗族地区的常见病得到了有效控制，群众的健康水平正逐步提高②。

近年来，国家进一步加大对人口较少民族的扶持力度。国家民委、国家发展改革委、财政部、人民银行和国务院扶贫办于 2005 年联合制定的《扶持人口较少民族发展规划（2005—2010 年）》提出，要“按照国家扶持，省负总责，县抓落实，整村推进”的方针，以改善人口较少民族聚居村基本生产生活条件和增加农民收入为重点，通过国家和地方的共同努力，采取特殊的政策措施，加大工作力度和资金投入，因地制宜，分类指导。同年 8 月，云南省民族事务委员会、云南省财政厅下发的《关于做好民族专项资金扶持人口较少民族发展项目工作的意见》中明确提出：通过 5 年左右的努力，使 7 个人口较少民族聚居的 175 个村委会基础设施得到明显改善，群众生产生活存在的突出问题得到有效解决，基本解决现有贫困人口的温饱问题，经济社会发展基本达到当地中等或以上水平。党和政府开始在符合条件的布朗族地区实施温饱和农业产业化扶贫工程、基础设施建设扶贫工程、科教扶贫工程、民族文化扶贫工程以及人才培养扶贫工程。其工作目标是：到 2010 年，实现 7 个人口较少民族村村通路、通电、

① 资料由双江县政府办公室提供，并根据笔者的实地调查数据修订。

② 资料由双江县文体局提供。

通水、通广播电视并覆盖人口达85%以上，所有农户和群众有房住、有衣穿、有饭吃、有钱用、有书读，基本消除农户和学校的茅草房和危房。布朗族地区又迎来了新的发展机遇。

然而，在调查中我们也发现，为了改变布朗族地区贫穷落后的面貌，虽然各级党委政府已投入了大量的人力、物力和财力，使这些地区的经济社会较之过去有了前所未有的变化，但由于布朗族人口99.5%都居住在偏远山区和半山区，地理位置偏僻，生活环境恶劣，产业结构单一，基础设施脆弱，文化素质偏低，科技应用水平不高，使得整个布朗族社会的发育程度不高，贫困问题依然十分突出。同时，另一个不容忽视的问题是，多年来党和国家对人口较少民族所采取的“救济式”的扶贫不但没有培育起布朗族社会良性的自身“造血”机制和功能，反而使布朗族干部群众不同程度地产生了较为严重的“等、靠、要”思想，并由此形成了在建设社会主义新农村和脱贫致富奔小康进程中主体意识欠缺的现象。这显然已成为制约布朗族经济和社会发展的瓶颈。据统计数字显示，到2005年末，双江县还有布朗族贫困人口2846人，分别占全县少数民族总人数的21%和布朗族总人数的27.4%①。笔者在对邦丙乡的邦丙，大文乡的大梁子、大忙蚌、胖品，沙河乡的邦协，勐库镇的公弄等地的布朗族进行调研时注意到，主体意识欠缺的现象在这些地区不同程度地存在，归纳起来主要有如下一些表现：

首先是对自身脱贫发展之路感到茫然。由于受居住环境和自然条件的限制，大部分布朗族地区的产业结构比较单一，没有形成支柱产业，仍然存在靠天吃饭的情况。当被问及“今后如何改变贫穷落后面貌，寻求自身发展”时，这里的不少干部群众对此感到十分茫然和困惑，甚至缺乏自信。国家的长期扶持政策甚至使一部分人形成了对政府的严重依赖心理和惰性思想，以致滋生出了脱贫与发展完全是政府责任的观念，把自身脱贫的希望寄托在“政府能多给些钱和救济物资”者目前仍然占相当大一部分。

其次是对社会公益事业缺乏积极性。近几年来，除了中央和省里对布朗族地区的政策扶持外，临沧市委、市政府也于2003年开始分批启动了“以生态村为发展基础、文明村为发展动力、小康村为发展目标”的“三

---

① 数据由双江县文体局提供。

村”工程建设，每批对100个建制村的基础设施、农田水利、产业发展、文教卫生、基层建设等方面进行重点扶持，其中市级财政每村补助20万元，县（区）级财政每村补助不低于10万元①。这些措施的实施，对增加农民收入、改善生态环境、发展特色产业、改变村容村貌起到了积极的推动作用。但到现在为止，仍然有不少布朗族干部群众认为，修路、引水、产业调整、脱贫致富是政府的事，是村委会的事，自己只要种好田，不违法乱纪就可以了。这实际上就是主体意识欠缺的显著表现。例如，沙河乡邦协布朗族村于2003年引资修建了村子里唯一的厕所，但长期没人清扫，最后只得每年出600元请寨子里的一位村民负责厕所卫生。

最后是对发展教育问题重视不够。布朗族地区的人口素质和平均受教育年限当前还处于一个较低的水平，不提高整体素质就会影响布朗族社会的发展。为此，国家对布朗族学生给予了免收课本费、杂费和文具费的“三免费”优惠政策，双江县党委政府对大文乡大忙蚌的布朗族中学生还给予免收所有费用的照顾。但即便如此，布朗族学生的辍学率仍然比较高。不少家长认为孩子只要会读书看报、写字算账就可以了。特别是随着近几年茶叶市场价格猛涨，使得茶叶成为布朗族地区的一个主要经济收入来源，在茶叶采摘季节，缺少劳力的人家就会让正在上小学的孩子回家帮忙摘茶。对此，邦协完小的校长李波老师忧心忡忡地告诉笔者，每到茶叶采摘季节，每个班都有缺课的学生，班主任走几里山路到家里去动员学生回来上课，可是大部分家长和学生都不想回学校，严重影响了学校的教学秩序。长此以往，势必会影响到布朗族下一代的整体素质，从而影响到布朗族地区的脱贫致富和经济社会发展。

通过对云南省若干跨境民族的田野调查表明，在社会主义新农村建设过程中并非只有布朗族缺乏主体意识，在云南的很多边疆民族地区，我们都能看到这种缺乏主体意识的现象。而正是由于少数民族干部群众主体意识的缺失，使得我们的新农村建设任务异常艰巨。因此，唤醒并增强少数民族的主体意识，已成为当前新农村建设过程中的重要任务之一，也成为云南边疆民族地区经济社会发展的关键因素。

---

① 摘自《中共临沧市委市人民政府关于以“三村”工程建设为载体加快社会主义新农村建设的决定》，2006年2月。

五　布朗族社会文化多元发展

云南地处西南边陲，山高谷深，江河众多，由于大山阻碍，江河隔绝，交通闭塞，各民族各居一隅，是其最显著的地理特点，这种封闭式的居住格局，使文化交流困难，文化融合功能弱。正因为如此，云南各民族的文化始终保持着自己的特点，按照各民族的生活逻辑发展，少受外来民族文化的冲击、同化。这是云南民族文化多元和谐的重要原因之一①。但是，在现代化大潮的冲击下，在与其他民族频繁交往的过程中，各少数民族的社会文化都不同程度地发生了变迁，并呈现出了多元发展的趋势，布朗族也不例外。

作为临沧境内最古老的土著民族之一，布朗族自古以来就生息繁衍在澜沧江、小黑江沿岸的高山峡谷地带，其所处的自然环境，造就了布朗族独特的山地文化。布朗族在保持自身文化特色的同时，兼收并蓄，借鉴吸收了其他民族文化中的精髓，虽然在一定程度上冲淡了本民族传统文化的特色，但却充实和丰富了布朗族自身传统文化的内容，从而形成了布朗族文化的多元性特征②。

由于布朗族历史上长期受傣族土司的政治统治和经济剥削，所以他们深受傣族文化的影响，并突出地表现在语言服饰、节日活动、生活习俗、命名方式、宗教信仰等方面。另一方面，临沧市境内的布朗族长期与汉族、拉祜、佤族等民族杂居相处，因此汉文化对布朗族社会生活的影响也特别明显，汉族先进的农耕技术和生产方式促进了布朗族社会经济的发展。改革开放以来，特别是近 10 年，随着国家西部大开发战略的实施、现代化进程在边疆少数民族地区的稳步推进以及新农村建设步伐的加快，极大地促进了布朗族地区的经济社会发展，人们的生活水平不断改善，使得布朗族社会实现了历史的进步与民族的繁荣，这是多年来党的民族发展政策的必然结果和体现。而现代化在民族地区产生的另一个必然结果就是民族社会传统文化的变迁，布朗族地区经济社会的快速发展和人们生活水平的不断提高，使得布朗族群众的价值观念和生活方式发生了巨大的变

① 王子华：《试论云南民族文化的多元和谐》，载《云南社会科学》2000 年第 4 期。

② 赵瑛：《布朗族传统文化的多元性》，载《中国民族报》2003 年 10 月 14 日。

化。特别是当电视、VCD、手机、摩托车等现代的传媒、通信和交通工具传入布朗族地区后，长期处于封闭落后状态的布朗族群众认识了外面的世界，他们也向往和追求这样的生活方式，于是布朗族显性的譬如饮食、服饰、民族建筑、生活方式等传统文化逐渐趋于汉化甚至消失，兼收并蓄、多元发展的趋势表现得更加明显。此外，传统的重农轻商的布朗族的生计方式也呈现出多元化的趋势，族际通婚和通婚半径不断扩大，外出打工人员逐渐增多，一些从事茶叶初加工制作以及部分经商人员逐渐从农业生产中分离出来，社会分层在布朗族社会开始显现，农业已经不再是布朗族唯一的谋生手段。

一个社会的变迁（Social change）取决于两种力量的作用，一是内部力量，二是外部力量。内部动力主要包括权力变更，社会结构的变化以及某种重大的发明等；外部力量则是在其他民族文化的作用下（包括互相交流、互相借鉴、技术引进等方式）所引起的变故[①]。考察跨境布朗族传统文化的变迁，主要是由于中华人民共和国成立后，国家多年来对布朗族地区采取的特殊扶持政策以及西部大开发、新农村建设等外力作用的结果，我们可以称之为是国家指导下的变迁。而另一方面，经济全球化和由此引发的文化全球化也是促使布朗族社会文化变迁的一个重要原因。

按照学术界的看法，文化全球化是指“各民族文化通过交流、融合、互渗和互补，不断突破本民族文化的地域和模式的局限性而走向世界，不断超越本民族文化的国界并在人类的评判和取舍中获得文化的认同，不断将本民族文化区域的资源转变为人类共享、共有的资源。”在这里，文化的全球化既是一种过程，包括各民族文化之间的冲突、交流、融合等。同时，它本身也是一种结果，即各民族文化区域的资源可以被全人类所共享、共有[②]。临沧是一个多民族多元文化并存的地区，在长期的历史发展进程中，境内的各民族保持着各自的文化特色，和睦相处，共同发展，为维护边疆稳定和构建和谐社会作出了积极的贡献。然而，当每个民族面对文化全球化和现代文化的传播时，都不可避免地面临着文化多元发展的格局。

---

① 彭兆荣：《“指导性变迁”之我观——瑶族文化研究札记》，载《广西民族研究》1992 年第 4 期。

② 陈刚、李林河：《对文化全球化与本土化关系的辩证思考》，载《江淮论坛》2000 年第 5 期。

可以说，文化多样性是人类社会的一项基本特征，是人类的共同遗产，文化多样性已经成为当今世界的重要特征，就整个世界而言，随着经济全球化的发展，人类的交往和联系日益密切，不同民族、不同文化之间的和谐共处已成为世人必须面对的难题。2001 年 11 月 2 日，联合国教科文组织在巴黎举行的第 31 届会议上发表了《世界文化多样性宣言》，宣言指出："尊重文化多样性、宽容、对话及合作是国际和平与安全的最佳保障之一。"[①] 文化多样性，反映了各具特色的文化共存共荣的现象，各民族的传统文化，又构成了世界文化的多样性。

文化是民族的灵魂，是民族的精神家园，寄托着各个民族对自己身份的认同和心理追寻，是各个民族赖以生存和发展的基础。云南 26 个民族都有个性鲜明的文化，它们都是云南民族文化多元中的一元，它们共同建构绚丽多姿的云南民族文化大厦，在云南社会发展、经济繁荣的进程中都作过重大贡献和占有一席之地。承认他民族文化个性，尊重他民族宗教信仰、生活及风俗习惯，理解他民族的心理特点、民族个性，是维护民族文化多元和谐发展的重要原则[②]。每一个民族都有其独特的文化和传统，每一种文化也都有其存在和发展的平等权利，都对世界文明作出过积极的贡献。通过对跨境布朗族社会文化及其变迁的调查研究，笔者认为，在云南这样一个多民族、多种文化和多种宗教信仰并存的地区，要有效地保护和提倡民族文化多样性，实现各民族共同团结进步和各民族共同繁荣发展，最重要的一点就是要充分尊重各民族的文化个性，倡导民族文化多元，积极加强各民族之间真诚平等的文化对话和交流，唯有如此，才能为建设民族文化强省和构建社会主义和谐社会服务。

---

① 杨洪贵：《多元共存、和谐共处——试论多元文化主义》，载《新疆社会科学》2006 年第 3 期。

② 王子华：《试论云南民族文化的多元和谐》，载《云南社会科学》2000 年第 4 期。

第十章　德宏州跨境民族文化

——以阿昌族与德昂族为例

一　德宏州主要跨境民族概况

德宏傣族景颇族自治州位于中国西南边境地区，地处云南省西部，高黎贡山南麓，属滇西峡谷区。位于东经97°31′—98°43′、北纬23°50′—25°20′之间。其南、西和西北与缅甸接壤，国境线长达503.8公里，有24个乡镇、600多个村寨与缅甸村寨毗邻，主要与缅甸掸邦、克钦邦的勐古、九谷、木姐、南坎、雷基、迈扎央、拉咱相毗邻。德宏州边界线长503.8公里，全州沿边境一线有24个乡、镇，600多个村寨都与缅甸村寨相毗邻，山水相连，沟壑相通，有畹町、瑞丽两个国家级口岸，潞西芒海、陇川章风、盈江3个省级口岸，28个渡口，64条民间商贸通道。2004年，德宏州共有105.89万人。少数民族人口54.65万人，占总人口的51.61%，其中，傣族33.73万人，占总人口的31.85%；景颇族12.89万人，占12.17%；阿昌族2.8万人，占2.64%；傈僳族2.58万人，占2.44%；德昂族1.31万人，占1.24%①。

德宏州境内有傣族、景颇族、阿昌族、德昂族、傈僳族5种少数民族，与缅甸边境的掸族、克钦族、崩龙族、傈僳族、阿昌族是跨境而居的同一族群。这些跨中缅边界而居的民族，语言相通，风俗习惯和宗教信仰相同，由于亲缘、地缘、业缘等关系，跨境民族之间经济、文化交流的历史久远。

傣族。德宏傣族景颇族自治州现有傣族33.73万人，主要分布在坝区

---

① 《德宏年鉴》，德宏民族出版社2005年版，第28页。

和山间河谷地带，有傣德和傣勒之分。傣德，意为下边的傣人，主要居住在瑞丽市和潞西市遮放坝尾一带；傣勒，意为上边的傣人，分布于潞西市、梁河县、盈江县、陇川县及瑞丽市勐卯镇。德宏州傣族全民信仰巴利语系佛教（南传上座部佛教），俗称小乘佛教。德宏傣族在1950年前，土司之间实行严格的等级内婚，盛行一夫多妻制。青年男女婚前社交活动自由，恋爱自由，流行招赘上门的习俗。通行土葬，贵族与贫民的坟地是严格分开的。文身的习俗很普遍，男孩到十一二岁，即请人在胸、背、腹、腰及四肢刺绘各种动物、花卉、几何纹图案或傣文等花纹以为装饰。主要民族节日多与佛教活动有关，主要有泼水节、进洼、出洼、干朵、堆沙塔、烧白柴节等。

景颇族。景颇族跨中国、缅甸等国而居，德宏州有景颇族12.89万人，是中国景颇族的主要聚居区，大多分布在德宏州的山区。语言属汉藏语系藏缅语族景颇语支。景颇族起源于青藏高原北部的氐羌部落，唐代汉文史籍对景颇族开始有较明确的记载，称为“寻传”、“裸形蛮”；元明时期称载瓦支和浪速支为“峨昌”、“莪昌”；明史称“羯些”，“遮些”、“结些”等[①]。景颇族各支系自称景颇、载瓦、喇期、浪峨、波罗。景颇社会的基本单位是一夫一妻制的父系小家庭，财产实行不严格的幼子继承制。实行一种单向的通婚关系，即姑母的儿子必须娶舅父的女儿，而姑家的女儿却不能嫁给舅家的儿子。这种通婚关系景颇族称姑家为姑爷种（达麻Danla），舅家称为丈人种（木育Mayu）。严格遵守同祖同姓、姨表不婚的原则。景颇族的住宅形式基本一致。服饰方面，男子一般身着黑布对襟短衣，裤腿短而宽，喜裹白布包头，以长刀和肩包为饰物；妇女一般身着黑色对襟式左襟短上衣，下着编织艳丽的红毛线围裙，裹毛织裤腿，喜佩戴银饰物。信仰原始宗教，信鬼不信神，一部分群众信仰基督教和天主教。目瑙纵歌节是景颇族的盛大节日，每年正月中旬举行。

阿昌族。阿昌族是古代氐羌部落的一部分成员南迁后形成的一个跨境民族，德宏州有阿昌族2.8万人，主要分布在梁河县、陇川县和潞西市。阿昌族有昌撒和傣撒之别，昌撒主要聚居于梁河的九保、囊宋及潞西的江东一带，傣撒主要居住在陇川的户撒与腊撒。语言属汉藏语系藏缅语族阿昌语支，没有文字，使用汉文与傣文。阿昌族先民属于氐羌，在史籍中汉

① 尤中：《云南民族史》，云南大学出版社2004年版，第179、313、385页。

晋时称“嶲”，唐宋称“峨昌”、“莪昌”、“阿昌”等[①]。阿昌人则自称“蒙撒”、“掸撒”、“汉撒”和“阿昌”。青年男女恋爱自由，结婚由父母决定，如女方父母不同意，则进行“抢婚”。实行一夫一妻制。傣撒多信仰巴利语系佛教，昌撒过去多信鬼神，也供奉祖先。普遍信奉小乘佛教，近年来，户撒阿昌族的奘房中已没有精通佛教玄机的“萨拉朵”，遇到一些重大的宗教活动，都到缅甸去请傣族或德昂族和尚来主持。户撒阿昌族除信奉小乘佛教外，还供奉“色勐”（地方神）、“色芒”（寨神）、“折滴”（又称寨打，意为寨子心），同时也供奉祖先[②]。传统的节日有阿露窝罗节、火把节、浇花水节、泼水节、尝新节，以及带有宗教性的进洼、出洼、烧白柴节和春节等。

傈僳族。傈僳族自称为“傈僳”，傈为傈僳族的基本族名，“僳”意为人或族，直译为傈人或傈族，意译为傈僳族。傈僳族根据服饰和分布地区的不同，又分为黑傈僳族、白傈僳族、花傈僳族三大支系。德宏州有傈僳族2.58万人，主要聚居在盈江县西北的苏典一带，也散居于各县市山区。傈僳族先秦时期属氐羌，汉晋时属“叟”的一部分，“栗粟”一词最早见于唐代樊绰《蛮书》，宋称“施蛮”、“顺蛮”，元明清称“力些”、“栗粟”等[③]。傈僳族基本属于一夫一妻制，在清朝和民国时期也实行一夫多妻制。一些傈僳族地区盛行姑舅表优先婚和妻兄弟媳的转房制，还保存着亚血缘族内婚的残余。有的地区傈僳族却严禁家族和三代以内配婚，但允许与其他民族通婚[④]。德宏傈僳族系“花傈僳”，实行一夫一妻制，青年男女恋爱自由，实行幼子继承制。宗教信仰受周围民族的影响较大，不同地区信仰不同的宗教，如原始宗教、基督教、天主教、藏传佛教、小乘佛教等。傈僳族最重要的节日是“阔时节”，亦称“拉歌”节，意即新年歌舞节。

德昂族。德昂族跨中缅两国边境而居，主要聚居在云南省德宏州潞西市三台山德昂族乡和临沧市镇康县的军弄、南伞等地。德宏州有德昂族1.31万人，约占全国德昂族总人口的66.50%，德昂族分“梁”（花德

---

① 尤中：《云南民族史》，云南大学出版社2004年版，第179、384页。

② 德宏州史志编辑办公室编：《德宏史志资料》第十九集，1984年12月版，第209页。

③ 尤中：《云南民族史》，云南大学出版社2004年版，第176页。

④ 德宏州史志编辑办公室编：《德宏史志资料》第十九集，德宏州民族出版社1984年版，第245页。

昂)、“别列”（红德昂)、“绕买”（黑德昂）三个大的支系，其他还有“绕景”、“雷陇”等。德昂语属南亚语系孟高棉语族的佤崩语支，许多人通傣语、汉语和景颇语。文字主要使用傣文和汉文。其先民古代属百濮族群，汉晋时称“闽濮”、“苞蒲”，唐称“朴子蛮”，元明称“蒲人”，清和民国称“崩龙”[①]。德昂族自称“德昂”，意为居住岩洞的有道德的人。中缅两国的德昂族住房多为竹木结构的干栏式。青年男女恋爱自由，实行一夫一妻制，实行姑舅表婚，同姓不婚，很少与外族联姻。男子有文身习俗。中年以上男女多嚼槟榔。信仰巴利语系佛教（南传上座部佛教)，并同时信奉原始宗教。主要节日是泼水节、关门节、开门节，这些节日都与小乘佛教有关。

二 跨境民族经济文化互动

跨境民族族源的同宗性与文化的一致性，使得有形的边界线无法割断民族的情感归属与族际认同。伴随中国西部大开发的深入实施和中国—东盟自由贸易区的发展，跨境民族的边境贸易和文化互动日益加强。推动了我国与缅甸的政治经济文化发展，有利于边境民族地区的社会发展。

（一）跨境民族边境互市

边境互市的历史基础。德宏地处祖国西南边疆，是古“南方丝绸之路”的重要通道，中缅边境贸易有着悠久的历史和得天独厚的条件。抗日战争时期建成通车的滇缅公路，是当时我国唯一的陆路国际交通要道，为国际反法西斯战争做出了重大贡献，也为今天发展边境贸易提供了良好的基础条件。德宏州瑞丽市畹町经济开发区是著名的滇缅公路中国段的终点，是史迪威公路（中印公路）通向中国、走向南亚的第一站，是320国道的终点，它北抵昆明至上海，南下缅甸腊戍通仰光，西北上可达印度。畹町桥位于畹町市区一侧，是中缅两国交界河上的界桥，也是中缅两国人民通商互市、经贸文化交流的重要通道。该桥于1938年抢修滇缅公路时初建，几十万中国远征军从这里进出境，几百万吨军援物资从桥上通过运往内地，是当时我国对外联系的重要国际交通口岸。近几年为了中缅两国

---

① 尤中:《云南民族史》，云南大学出版社2004年版，第562页。

边贸发展的需要，修成更宽更牢固的钢筋水泥桥。桥的两头分别驻有两国的海关、边防检查站等单位。每天都有成百上千的两国商人、边民在这里进出，一派和平安宁祥和的景象。

边境互市的基础设施。德宏州现有瑞丽、畹町两个国家级口岸和陇川、章凤、盈江平原两个省级口岸，还有民间通道28条。境外交通便利，缅北重九谷、木姐、南坎、八莫、密支那均为重要的贸易集散地。在缅甸境内专门经营中国商品贸易的缅商有数千人之多，他们形成了销售中国商品的庞大运销网络，通过中转能把中国商品运往缅甸及其周边邻国。

边境互市的社会环境。缅甸政府于1987年下半年开始进行改革。在1988年7月，缅甸政府宣布全国调整现行经济政策。同年9月，以苏貌为首的缅甸军政府接管政权后，实行全方位开放政策。经济上，由于中国改革开放后，国内经济发展迅速，商品丰富；而缅甸国内日用品工业生产不足，产量下降，同时国家大量削减工业消费品进口额，通过发展边境贸易，不花外汇就可以进口大量工业品，这无论对缅甸政府还是民众，都是绝对必要的。由于上述历史、政治、经济上的因素，自1987年以来，中缅边境贸易迅速发展。瑞丽、畹町两市每天进出国门的人数超过万人，境内外商号数百。1987年据对缅甸市场调查结果表明，缅甸民间贸易市场销售的商品，有65%是中国生产的。通过德宏边境贸易进入缅甸市场的中国商品种类很多，其中百货、布匹、服装、医药、针织、五金、柴油机、化工、卷烟、自行车、洗衣粉、电池等最受欢迎。德宏州现已开发建设了瑞丽姐告边境贸易经济区、瑞丽市边境经济合作区、畹町市边境经济合作区、章凤口岸经济开发区等，并出台了一系列优惠政策。瑞丽、畹町两市都划出地盘，给来自缅甸的掸族、克钦族、缅族等生意人摆摊设点，办起了“缅人街”、“香港街”，数百个摊点经营百货、餐饮、金银首饰等，昼夜经营，人气兴旺。

边境互市贸易成就。从1985年开始至2002年的18年间，德宏州对缅甸贸易共完成进出口总值309.5亿元，其中出口211亿元，累计向国家地方缴纳各种税费15亿多元。初步形成了以制糖、边贸、旅游、生物资源开发四大支柱产业，以制糖、建材、电冶、制药、食品加工为主的工业经济，基本形成了农工贸一起发展的经济格局。2004年，德宏州完成国内生产总值48.3亿元，完成进出口总值2.9亿美元，比上年增长22.1%，其中进口8850万美元，增42.9%；出口2.05亿美元，增15.1%。全州边民互市额9815万美元，比上年增长2%。城镇居民人均可支配收入和农村居民人均纯收入分别为8085元和1394元，分别比上年增长6.2%和5.4%[①]。2004年，德宏州协助缅甸成功举办了缅中边交会。德宏州各县市（区）和省内外120户企业参展，认购展位160个。送展商品共18大类116个品种。经过5天的展洽，中方交易团贸易成交总额达7000.7万美元。签约项目14个，利用外资项目4项，金额986万美元；内资项目两个，金额855.42万美元；贸易签约项目8个，金额4889.28万美元，现货成交270万美元[②]。德宏州外经贸管理部门重点开展了与缅甸的经济技术合作。在充分利用地缘优势，带领企业开展商品、服务贸易的同时，加强与周边国家的互访和交流，推进了德宏与缅甸等贸易、投资重点和难点问题的解决。加强与中国驻周边国家使领馆及经参处（室）的联系，与缅甸105码边贸管理处经常性沟通、会晤与协调。利用在缅方的窗口公司收集信息，对重大合作项目进行联络、协调。2004年在与缅甸的经济技术合作中，签订境外工程承包合同10份，合同金额903.59万美元。

边境互市的特点。中缅两国的贸易互补性很强，形成了进出口的“五九结构”。即进口以五大类商品为主：农副产品、药材、林产品、矿产品、海产品；出口以九大类商品为主：五金、化工、棉纺化纤织品、日用百货、医药器材、文化用品、农用机械及农产品、建材、家用电器。频繁的物资交流，边民互市、边境地方贸易与小额贸易、易货贸易、一般贸易、过境贸易、转口贸易以及经济技术合作的发展，使德宏州瑞丽和姐告在中缅贸易中成为“中转站”和“集散地”，随着携手共创中国—东盟新世纪合作领域的确定和合作新局面的形成，中缅贸易在这一新形势和大趋势的推动下，将有更大的发展[③]。

跨境民族边民互市。在跨境民族的经济交往中，边民互市人数最多，交易额较大。瑞丽市每年参与边民互市的人数达数百万，互市货物从20世纪80年代初的几十种增加到现在的上千种，买卖双方由过去的外国货占多数，外方边民出售，我方边民购买状况，发展到现在双边货物、买卖人员持平的局面。中缅边境一带，德宏州经济发展较快，少数民族个体工

---

① 参见《德宏州2005年年鉴》。

② 参见《德宏州情概览·外贸》，第48页。

③ 王冲等编：《姐告论坛专家演讲文集》，德宏州政府经济研究所，2002年1月，第34页。

商户一度达到2236户，从业人员2988人[①]。市场经济的发展，使一些跨境民族从传统的农业生产，走向城镇，由农民变成个体工商户。瑞丽市的姐告口岸，20年前只是一个中缅边境上不足千人的傣族村庄，过去是傣式竹楼，如今全部变成砖混楼房，当地人的生活条件有了明显改善。人均纯收入由1987年的286元，上升到2001年的2149元。生活方式已发生了改变，过去的村民全是农村人口，现在已全部成了城镇居民，一部分人参加工作，许多人家进行小额贸易，村里办有公司企业，曾经一度成为德宏州的“首富村”[②]。

中缅边境贸易，促进了边境双方跨境民族社会的繁荣富强，与姐告口岸相连的缅甸木姐，在中国改革开放以前，也是一个普通的村庄，而今已成为缅甸一个重要城市，面积有580.57平方英里，其中城区有5平方公里，是缅甸的一个自由贸易区，木姐镇现居住着掸、克钦、德昂、缅、傈僳、孟、克伦、佤、汉等15种民族，十余万人，其中绝大多数是与中国边境同根同源跨境而居的民族，有共同的族源、宗教信仰、风俗习惯，因地缘、业缘、亲缘等关系将两国的边民紧密地联系在一起，通过中缅边境互市，使中缅两国跨境民族的经济都有了飞速的发展。

（二）跨境民族文化互动

1. 节日互动

跨境民族有历史上沿袭下来的共同的风俗习惯、宗教信仰，文化交往频繁。如在巴利语系佛教文化圈内民族都有三大节日，即泼水节、关门节和开门节。泼水节是傣族、德昂族、阿昌族3个跨境民族一年中最盛大的节日。通过泼水节增加了跨境民族间的经济文化交流，过去这个传统节日活动主要是为纪念佛陀诞生、得道和涅槃，视为佛诞节。如今这个节日除保留传统的佛诞节外，还有新年、祈雨、迎春耕、祝愿六畜兴旺和五谷丰登之意。在泼水节期间，中缅双方的跨境民族欢聚一堂，拜佛朝庙，探亲访友，互相泼水祝福，唱歌跳舞，共度佳节。

“中缅胞波狂欢节”，是中缅双方为增进中缅胞波情谊，弘扬两国民族

① 马太江、韦承二：《中缅边境民族经济与民族关系的崭新发展》，《西南民族学院学报》（哲社版）2001年第6期。

② 黄光成、孙可钦：《从姐告边贸区看边贸的发展》，《东南亚》2003年第1期。

民间文化，促进中缅经济文化交流，推动中缅旅游合作与发展而举办的融国际性、民族性、参与性为一体的在中缅两国间有较大影响的旅游节。节日紧紧围绕“和平、发展、吉祥、共欢”的主题，尊重中缅两国文化、风俗、信仰，重点突出狂欢，展示民族风情，增强节目互动性和观众参与性。自2000年举办第一届以来，已经成功举办了六届。“中缅胞波狂欢节”不仅以其浓郁的民族特色，引人注目的异国情调和热烈狂欢的气息给中外宾客留下深刻的印象，同时，也进一步增进中缅两国人民的友谊，扩大了中缅胞波的交流与合作，加快了中缅边境四城一区旅游等相关产业的发展，推动了中国德宏、缅甸木姐地区的旅游、边贸、文化及社会的繁荣与进步。在2006年的第六届胞波节期间，中缅两国联合举行了中缅竹筏竞赛、瑞丽江“中缅友谊小姐”选美大赛、民族服饰“珠宝小姐”评选赛、牛车彩车评选赛、彩车巡游、目瑙纵歌、泼水狂欢、大象表演、中缅足球友谊赛、旅游淘宝比赛、民间体育竞技表演、珠宝玉石精品展及书法、美术、摄影展等。2007年5月2日至5日，在瑞丽市瑞丽江广场上举行瑞丽中缅胞波狂欢节。

跨境民族的节日文化，不仅增加了跨境民族的文化交往，增强了跨境民族间的文化认同感，和睦邻友好关系，还活跃了中缅双方的市场，边民互相往来，互通有无，使中缅几百公里国境线呈现出一片歌舞升平的景象。

2. 跨国婚姻

在德宏州瑞丽市畹町经济开发区，畹町河对岸是缅甸的九谷镇，两国鸡犬之声相闻，边民自由往来，友好互市，许多边民都有跨国姻亲关系，如混板寨仅有50余户人家，跨国婚姻就有20余户。瑞丽市银井寨是一个傣族村寨，位于中缅边境上，一块界碑竖在寨中街道上，同一个村寨，这一半属于中国，那一半属于缅甸，即是“一寨两国”。这是一个中缅两国跨境民族之间无任何天然屏障相隔的村寨，国界线从该寨中央通过，中缅边境71号界碑位于寨子中央，国界线东北侧为中方银井寨，有286户1214人，西南侧为缅方芒秀寨，计146户745人，这是世界上极其罕见的“一寨两国”地方。寨中的国境线以竹棚、村道、水沟、土埂为界，两国边民在村内自由来往，耕种劳作、通婚互市。据当地村民说，该村的人虽然是跨两个国家而居，分别属于不同的国家，其实都是一个寨子里的邻居，互相往来很多，做买卖、打零工，不少人家还通婚成为亲戚。中缅两国政府给村民发了边民证，严格地说，出国必须要走边检站办理出入境手续，但为了方便边民的生活，只要持证，当地边民也可以从一些习惯性的通道出入境。

3. 宗教往来

德宏州跨境民族中的傣族、德昂族、阿昌族共同信仰小乘佛教，分摆奘、润、朵列和左底四个教派，信奉释迦牟尼，有佛寺、佛塔，有相同的宗教习俗和宗教节日，宗教影响着这些民族文化和社会生活的各个方面，宗教信仰成为跨境民族相互交往的重要纽带。我国珍贵的文物佛教珍宝佛牙舍利曾于1956年、1994年和1996年先后三次赴缅甸巡礼供奉，为两国的文化交流写下了新的篇章。中缅两国各跨境民族如有大型的宗教活动，经常互相参与，德宏州的很多佛寺，有来自缅甸、泰国的僧人来访和住寺，跨境民族间的宗教文化交流十分密切。

4. 跨国禁毒

跨境民族的文化互动性，在促进双方睦邻发展上还体现在禁毒工作中。云南边境一侧的泰国、缅甸、老挝交界部的，是世界最大的毒品产地之一，毒品走私和毒品犯罪活动猖獗。近年来，云南一些地方政府和民间组织，利用中缅两侧为同一跨境民族的有利条件，在缅甸克钦邦和掸邦推广种植经济作物和高产农作物，替代过去单一依靠种植罂粟的毒品经济，这一做法得到了联合国禁毒组织的高度评价①。德宏州政府鼓励和支持企业开展境外毒品替代种植。2004年，有7户企业开展境外毒品替代种植项目，在缅甸克钦邦和掸邦北部种植了橡胶、豆类、香茅草、魔芋、咖啡、玉米、甘蔗等11类作物，种植面积98500亩，投资总额6472.51万元，实现总产量42850吨。境外毒品替代种植，深化了边境地区的禁毒工作，促进了中缅边境地区的和平发展。

跨境民族之间有许多经济、文化上的共性，为互相间的交往和睦邻友好关系，打下了良好的基础。跨境民族居住在国境沿线，是政治上极为敏感的地方，国防第一线，战略地位重要。中国改革开放后，经过十多年的稳定发展，居住在中国边境地区的跨境民族经济发展迅速，生活水平有了明显提高，文化交流增多，对周边国家及其跨境民族的影响较大，特别是东南亚国家之间的关系改善，区域性经济合作加强，为巩固边防和跨境民

① 杨剑波：《云南跨境民族工作的现状与未来》，《中国民族》2001年第9期。

族地区的稳定发展起到了重要作用。

三 跨境民族多元文化和谐共融

户撒乡是德宏州陇川县一个多民族聚居的边境乡，这里有跨境而居的阿昌族、大包头人、傈僳族、景颇族、傣族和回族等少数民族。各族在文化、宗教信仰、民居建筑、歌舞、节日活动、饮食习惯等方面各具特色。阿昌族的"阿露窝罗节"、景颇族的"目脑纵歌节"、傈僳族的"阔时节"等集民族的文化艺术、歌舞和体育竞技为一体，风格各异，饱含各民族的风情韵味。它与缅甸交界，接壤的境外属于缅甸克钦独立军管辖，国境线 4.35 千米，距缅边境集市卖猪街 10 公里。这里生态系统丰富，集热带亚热带森林风光和田园景色为一体，空气清新，满目青翠，森林覆盖面积 48.4%。户撒乡是一个多元民族文化的富集地，多种宗教文化共存，各民族平等和睦相处，又保留了各自独特的文化，是云南省一种独特的宝贵民族文化资源，当地的阿昌族将户撒坝誉为"佛祖的花园"。

（一）民族多样性和文化多元性

1. 阿昌族

2002 年，户撒乡有阿昌族人口 11430 人，占全乡人口的 52%。据 2000 年陇川县人口统计，阿昌族共有 12254 人，其中 94.2% 的阿昌族居住在户撒乡。

服饰文化。古代阿昌族由于生活环境艰苦，服饰俭朴。唐樊卓著《蛮书》记载："寻传蛮阁罗凤所定也。俗无丝棉布帛，披波罗皮。跣足，可以践履榛棘，持弓挟矢，射豪猪，先食其肉，取其牙，双插髻傍为饰，又条猪皮以系腰。每战斗即以笼子笼头如兜鍪。"明景泰《云南图经志书》记载："境内多峨昌蛮，即寻传蛮，似蒲蛮而别种，散居山壑间。男子顶髻戴个兜鍪，以毛熊皮饰上，上以猪牙，雉尾羽为顶饰。其衣无领袖，兵器不离身。"清康熙《大理府志》记载："阿昌俱以喇为姓。另女戴竹笠，饰以熊皮，簪以猪牙、雉尾、麻布为衣，刀弩不去身，以畜牧，耕种为业。"近代户撒阿昌族男子的穿着与附近的傣族、汉族相似，年幼者喜爱白净色或草绿色，年长者喜穿黑色对襟衣，打藏青色包头，衣服上用银制扣子装饰。青年男子穿斜纹布上衣，头戴毡帽或缠白布包头。中年以上的妇女大多穿黑色棉布制对襟短衫，头裹黑色包头，下身着黑筒裙，小腿裹绑腿。年轻妇女一般下身穿裤子，包头窄小，多穿蓝色或黑色对襟短衣，系黑色小围腰，扎绣花彩带。佩戴各种银首饰，如银纽扣、银手镯、银项圈和银链子等。现代的阿昌族多穿着各种流行的现代服饰，男子西装革履或牛仔裤、夹克衫，青年女子身着新潮时装，而中年以上的妇女，平日大多身着传统的本民族服饰。

村寨建筑。大多依山傍水，周围有连片的树林，房屋排列错落有致，房前屋后有竹林和树林，各村寨间有石板铺成的路。村旁多有清澈的溪水流淌，水溪间架有小石桥，无论是晴天还是雨季，人们行走都很方便。处处是一幅幅“小桥流水”的田园风光。现在户撒阿昌族的住宅多有宽敞院落，砖瓦土木石结构的四合院建筑，正屋住人，厢房楼上堆放粮食和其他生活用品，楼下关牲畜，正屋设有佛龛、烛台、长桌和火塘。火塘设在正屋的左边，是全家人亲朋好友集聚休息和聊天的场所。20 世纪 80 年代以来，人民生活水平的提高，每年户撒阿昌族乡都有上百户的人家建新房。新房是钢混或砖木结构的四合院，房顶有阳台，院中设有花台，房中安装太阳能，建有卫生间。正堂中除原有的佛龛、烛台、长桌和火塘外，增加一些现代的家具和电器，如茶几、沙发、组合柜、电视机、VCD 等。

婚姻模式。户撒阿昌族实行族内婚，很少与外族通婚。现代已打破传统的族内婚，与外族通婚，大多与汉族、傣族通婚。男女青年结婚一般要经过相识、“串姑娘”、对歌、定亲、举行婚礼等过程。结婚仪式充满情趣，要经过接姑娘，举行“抬锅盖”仪式，看亲家，接亲，进亲，拜堂，设宴席等。接姑娘有明接和暗接两种方式，明接是接姑娘那天晚上，男方由陪郎、陪娘各一人陪伴，来到新娘家等待姑娘家的老人已睡，新郎便点燃两炷香，插在姑娘家的祖宗牌位旁，表示姑娘已被接走，姑娘由陪郎、陪娘相伴，跟着新郎回家。一路上，凡过桥小伙子便站在桥头供烟丝、槟榔及小银币，这个仪式叫做“上桥岗”，走到寨子门口，由陪郎点燃鞭炮报喜，表示新娘已接到，进寨子后，新娘住到陪娘家，等待接亲。暗接是小伙子与姑娘约定后，直接把姑娘接到村寨，安排在陪娘家住下，新郎要请德高望重的寨老或族长，安排媒人到姑娘家报喜，商议给姑娘家送礼。送礼包括奶母钱和聘礼钱。

“抬锅盖”，即男方的父亲和请来的媒人到姑娘家与女方母亲一同举行的一种仪式。当男方将彩礼交给女方家后，新郎的父亲和媒人及新娘的母亲和陪娘要合抬一个锅盖，锅盖中间放一碗肉和两个破成两半的熟鸡蛋、一碗水、一碗酒。4人用左手对抬着锅盖，右手各拿一双筷子，相互夹鸡蛋和肉吃。亲朋友邻在一旁围观，场面十分热烈。当亲家母夹着鸡蛋喂亲家公时，亲家公也乘亲家母不备，夹起一半鸡蛋迅速喂到亲家母的嘴中，并十分客气地说："亲家母，请吃！"亲家母口含半个带壳的鸡蛋，咽也不是，吐也不成。按规矩，嘴里的鸡蛋不能落地，也不能用手帮助，只能用嘴将鸡蛋壳剥掉，否则连蛋壳吃下去，若是这样，观众会笑话亲家母笨。此时，亲家母也乘亲家公张嘴嬉笑，夹起一大块肥肉迅速塞到亲家公的嘴里，回敬一次，方感快意，同时也逗引得围观者捧腹大笑。"抬锅盖"仪式的含义是表示从此两家结亲家后，两亲家及邻居永远和睦相处，亲如一家。

此仪式结束后，由女方父母带着糯米饭和女儿的衣饰到男家认亲，其父母称"看亲家"。女方父母认识男方父母后，第二天一早，姑娘随父母回家。新郎约上伙伴，挑着酒肉和礼品来女方家向女方父母磕头，请求女方父母答应这门亲事，称为"求亲"。女方父母同意后，才把姑娘从邻居家找回来给新郎接走。新郎把姑娘接回寨后，选定吉日，正式举行结婚典礼，称"进亲"。举行拜堂，设宴席招待亲朋寨邻。婚宴一般要举行三天。

节日。户撒阿昌族传统的节日有阿露节、火把节、浇花水节、泼水节、尝新节，以及带有宗教性的进洼、出洼、烧白柴节和春节等。在这些节日中，阿露节也称为会街，是户撒阿昌族传统的盛大节日。每年农历九月初十举行，这天户坝的阿昌族男女老少身着传统的本民族服装，抬着精工制作的青龙和白象，敲着象脚鼓、铓锣，汇集在乡政府所在地朗光的中心广场，放鞭炮，耍青龙、白象，男女老少伴随着象脚鼓、铓锣的咚咚声，尽情地歌舞。据说在阿露节上耍青龙、白象是为了迎接阿昌族信奉的"个打玛"（释迦牟尼）菩萨的灵魂回到人间。1993年5月，经陇川县户撒阿昌族乡与梁河县两地的阿昌族反复协商，将原户撒乡阿昌族的阿露节与原梁河阿昌族的窝罗节合为"阿露窝节"，法定时间统一在每年3月20日举行。

2. 大包头人

"大包头人"是户撒独有的一种具有特殊服饰和文化习俗的汉族，目前户撒乡大约有七千多人，据户撒的大包头人张益海说现在缅甸侨居的大包头人有三千至四千人。当地阿昌族称"大包头人"为"布冬嘎"，意为大包头汉族。

“大包头人”服饰较为特别，妇女多为“大包头”，即头顶用5米多长、0.5米宽的黑色土布缠绕成奇特的大包头，包头边点缀有银花。大包头人所穿的衣服是妇女自己织的土布，染成青、蓝、黑等不同颜色。衣服上身前襟短、后襟长，无领。白布衬接裤腰，毛边脚，其特点是裤脚不折边。妇女围腰镶边，上面刺绣成色彩丰富的各种图案，脚穿鸡冠状的绣花鞋。衣服佩银纽花扣，腰间佩戴精致的银花、银链、银刀、银烟盒、银铃，双手腕戴纽丝银镯，耳坠是银做的花，脚腕套黑色篾箍。男子穿对襟衫，大裆裤。户撒“大包头”妇女裤脚不折缝边，对此习俗有一个传说，据《户撒简史》记载：佛历1600年（1057年）大包头汉族来求居户撒，阿昌族说：“你们太坏，不许住。”又说，“为避开你们，我们才离开‘勐撒通’国。现在我们来这里开辟‘勐满撒’（户撒原名），你们又要来定居，那不行！”来求居者名叫老周，他说：“为表示我们的诚心，可立一个约，你们看怎么样？”他仰面对天发誓，“今后，我们民族女人裤脚不缝边，让它成为历史的见证。”最终阿昌族同意“大包头”汉族到户撒坝定居。男女青年恋爱时，对唱山歌。他们与阿昌族一起上会街、赶摆。在春节、阿露窝罗节、火把节、泼水节等节日中，大包头人举行唱灯会。几百年来，大包头人与当地的少数民族和睦相处，既保留了自己的传统文化，又吸收了当地少数民族的文化，特别是阿昌族对其文化的影响较大，形成了独具特色的大包头人文化。

3. 傈僳族

2002年，户撒乡有傈僳族1719人，占全乡总人口的7.5%。户撒傈僳族系“花傈僳”，妇女服饰鲜艳美观，衣裙镶数十片五色布块，绣五彩花边，头缠缀满流苏的花巾，耳戴铜环或银环。男服饰为黑布大包头，粗布长衫或短衫，宽裆裤长及膝，小腿另套布筒，喜佩腰刀、弓弩和皮箭袋。住房多为竹木草结构，有木叉房和穿斗房两种。盖房采取互相帮助的办法，数天内将新房落成，进新房歌舞达旦。历史上习惯用自然历法，借助自然景物的变化，将一年划分为花开月、鸟口斗月、烧火山月、饥饿月、采集月、收获月、煮酒月、狩猎月、过年月、盖房月10个季节月。傈僳族是能歌善舞的民族，其谚语云：“盐，不吃不行；歌，不唱不得。”哪里有傈僳人，哪里就有歌声。傈僳族采用唱调子的形式，把本民族的历史和重要的生活经验，一代一代地传下去，成为傈僳族人民精神文化生活的重要部分。每逢重大的节日，他们要举行“下火海”、“上刀山”等活动，表现出傈僳族人民刀山敢上，火海敢闯、英勇不屈、顽强奋进的精神。傈僳族的主要节日是“阔时节”，每年正月初九、十举行。“阔时”是一年中最隆重的节日，直译为新年，活动内容很丰富。除夕之夜，老人以酒、肉、粑粑等食品祭奠天地祖先神灵，在火塘的三脚架、门、柱上各沾一点食物以示敬意。感谢耕牛一年的劳累和家犬的祖先给人类带来种子，请他们先品尝一点年节食品。新年第一天，人们聚在一起欢歌狂舞，弹奏三弦、箧弦、笙、笛等乐器。新年的第二天，举行打靶、打猎活动之后，便可开始一年的劳作。

4. 景颇族

2002年，户撒乡有景颇族336人，占全乡总人口的1.5%，主要聚居在八官和南补两个村寨。户撒景颇族住矮脚楼，多为草顶竹楼，房屋分上下两层，楼上住人，楼下饲养牲畜。主食大米、嗜酸辣。民风直爽，常以竹筒饭、麂肉饭团、各类春筒菜和水酒待客。其酒文化丰富，有见面酒、接窜酒、起床酒、晚安酒、送客酒、和好酒、蒙眼酒、塞耳酒等。男女青年社交自由，通行单向姑舅优先成婚，形成独特的“姑父种”和“丈人种”的婚姻关系。景颇族服饰具有鲜明的民族特色，男子多穿圆领对襟上衣，裤短而宽大，包黑布或白布包头。头巾两端以图案花边和彩色小绒球装饰。妇女上衣是黑色圆领对襟衣，下穿自织筒裙。上衣较短窄，多用银币制作纽扣，喜欢佩戴银手镯、银耳环和银链之类的饰物。

景颇族主要节日是每年正月十五举行的目瑙纵歌节，民间传说，“目瑙”是景颇语，“纵歌”是载瓦语，意为集体歌舞。每逢节日，景颇族男女老少身着鲜艳的民族服装，男子裹上饰有鲜红穗球的白包头，手持闪闪发亮的长刀，姑娘身着黑绿色短衣，胸前佩戴熠熠发光的彩珠和银泡，老年人身背织有特色图案的“筒帕”，聚集在广场，广场中央矗立着由四块数米高木牌和两块横木牌组成的“目瑙示栋”。竖牌顶端绘有太阳和月亮图案，表示“目瑙”的发源地，螺旋形图案表示舞蹈进行的路线图，两把交叉的长刀图案表示景颇人的勇敢精神，根部图案意为五谷丰登、六畜兴旺。横牌上是天地图案。歌舞开始时，在雄浑的锣鼓声中，由头戴兜鍪、顶饰孔雀翎的“脑双”在前领舞，尾随的成百上千人一起载歌载舞，男子边跳边挥长刀，女子抖动着彩帕，身上佩戴的银泡和银链刷刷地响，似彩蝶起舞。“目瑙纵歌”被称为“万人之舞”。由于参与的人数众多，舞步有序，节奏鲜明，声势浩大，表现了景颇族人民的豪壮气势。

此外，户撒现有20多户回族，共168人。1872年以杜文秀为首的农民起义失败后，部分回族迁抵陇川户撒建寨，称为“老马寨”。村内有一座清真寺。主要节日是古尔邦节和开斋节。

（二）多种宗教信仰并存

在户撒乡，阿昌族、傣族信仰南传上座部佛教，大包头人信仰汉传佛教，回族信仰伊斯兰教，而傈僳族和景颇族信仰基督教。户撒坝建有佛塔、奘房、皇阁寺、土主庙、基督教堂和清真寺等多种宗教信仰的场所。

1. 南传上座部佛教

南传上座部佛教（小乘佛教）又名巴利语系佛教，指的是佛教创立后，向南传入斯里兰卡、缅甸、泰国、老挝，又经缅甸、泰国传入我国云南傣、阿昌、德昂、布朗等少数民族地区。南传上座部佛教共分为：摆奘房、耿、润、朵列、左底五个教派。在户撒乡所在的陇川县有摆奘房、润、朵列、左底四种教派。

户撒傣族、阿昌族普遍信仰南传上座部佛教。村寨都建有奘房和佛塔，过去男孩长到七八岁时，要进奘房读经书。称为“戛备”，学成后还俗，有的则逐渐升成“尚”、“召”和“崩几”。崩几是和尚中最有知识的高级人才，过去阿昌族的“崩几”不少，现代各佛寺中的“崩几”大多是到缅甸或泰国接来的。户撒坝曾有47奘，“文革”期间部分被毁，现仅存18奘，7座佛寺，各奘房都藏有大量傣文经书，现有小乘佛教教徒11533人。南传上座部佛教每年都有定期的节日，如“进洼”、“出洼”、“烧白柴”、“泼水节”。信徒定期要斋佛僧礼，供给食物袈裟、钱物等，称赕佛。“进洼”90天后即“出洼”，各信徒要到佛寺拜佛祈祷，向佛忏悔罪过。同时给释迦偶像换上新袈裟。佛爷的静居生活结束，将佛寺正门启开，进出佛寺人员可以从正门出入，佛爷可离开佛寺远游。

2. 汉传佛教

汉传佛教又称大乘佛教，“大乘”意为大的乘载物或广阔的道路，自称能运载无量众生，从生死苦恼的此岸到达觉悟解脱的彼岸，成就佛果。户撒自明洪武年间，西平侯沐英屯兵户撒驻防后，汉族大量涌入落籍，大乘佛教也随之传入户撒，在汉族聚居的村寨建起佛寺，例如腊撒的观音寺，朗光的土主庙等。信徒主要是汉族（大包头人），也有部分阿昌族，现在信徒约有4000至5000人。每逢初一、十五都要烧香供佛。2002年在户撒调查期间，朗光的土主庙的管理员陈必达对笔者说："每年农历5月28日举行土主会，信徒要送猪头、果品到土主庙供奉财神、文昌菩萨、药王菩萨等，信徒主要求福、求财、求子、求学、求官等。"

3. 道教

道教是明代初期传入户撒阿昌族地区，位于户撒坝金凤山的皇阁寺就是其代表。皇阁寺由下皇阁寺、报恩寺和皇阁寺组成。据该寺现存的碑文记载，皇阁寺修建于明洪武年间（1368—1398），报恩寺建于清雍正十一年（1733），由户撒赖土司邀约士崖、盏达土司及族人共同筹款修建。曾于乾隆十二年（1747）、嘉庆十一年（1806）和同治十三年（1887）三次扩修。皇阁寺建筑面积达900余平方米，建有三道天门，各寺均为独立的四合院。玉皇阁系城楼式建筑，大殿内供玉皇大帝塑像，其神态庄重威严，端坐龙墩之上，两则分列手执兵器的凶神恶煞三十六宿泥塑，其中有文武朝臣四人。报恩寺位于皇阁寺西下方，其大殿内供奉站在龙凤托着的莲花宝座上的地母泥塑像。下皇阁寺则早已于民国初年倒毁。皇阁寺长期以来住有道士。新中国成立前夕，皇阁寺有两道士，名闷二、闷三，均为阿昌族。每年正月初九朝拜玉皇大帝，赶皇阁寺摆，信奉小乘佛教的阿昌族信徒也去烧香，朝拜玉帝。

1983年动工修复皇阁寺，于1988年4月竣工。其建筑式样基本恢复原貌。但塑像却是上座部佛教、大乘佛教与道教的大融合。第一殿供释迦牟尼佛；第二殿供观音三姐妹；第三殿供玉皇大帝和王母娘娘金身。

4. 基督教

基督教于1923年传入陇川地区，当时缅甸八莫教会派美籍牧师珊陆进入陇川境内，到景颇族和傈僳族聚居的村寨传教。户撒基督教信徒主要为傈僳族，现有教徒2535人，基督教堂9所，分布在户撒的八官、新寨、城子山、老翁、板懂、公降、田头寨、弄么、丁允新寨。每逢星期日，教徒都到教堂做礼拜，听经、祈祷、唱诗和祝福。

5. 伊斯兰教

伊斯兰教于7世纪中叶传入中国，元代传入云南。户撒回族是1872年以杜文秀为首的农民起义失败后，迁抵陇川户撒建寨为"老马寨"的部分回族，他们信仰伊斯兰教的格底木派，俗称老教。主要聚居老马寨，现有20多户，168人。村内的清真寺于"文化大革命"中被毁，十一届三中全会以后，宗教信仰自由政策得到恢复，在 1980 年至 1994 年期间，老马寨的清真寺恢复重建，1996 年正式依法登记为宗教活动场所，现有信教群众 275 人。老马寨清真寺是德宏州唯一的一所清真寺。

（三）饮食文化特异

过手米线是户撒的一道名小吃。吃的时候，用手抓一撮米线放在手心，再夹一点拌好的馅儿（帽子）一同吃，喝上一口小米酒，那味道可真是色、香、味俱全。户撒过手米线的制作工序：用硬米磨成粉揉成面团，经煮熟通过挤压成线状粉条，把粉条放入沸水煮至有弹性为止，取出就是湿米线，把湿米线晒成干米线，干米线可以保存很长时间，随吃随煮可以用来做早点、晚点。要吃过手米线还得有米线的馅儿（帽子），最好的馅儿（帽子）是怎样制作的呢？必须用新鲜无病的猪肉、粉肠、猪肝、猪脑加一些花油等肉类，作料是大蒜、花生米、小辣椒、芫荽（香菜）、凉豆粉、酸水。这些缺一不可，缺少了一样，它的味道就没有那么正宗了。特别是酸水的选择要注意，选没有怪味要纯还要酸的，以上这些作料购全后，把粉肠、猪脑、花油煮熟，把猪肉、猪肝切成四方块状用火烤熟，把这些肉类切碎后放入钵头里，加上盐巴、味精、凉豆粉、大蒜用筷子把肉和作料搅拌均匀后，再加入酸水搅匀放上芫荽和花生米就可以吃了。

火烧猪是户撒各民族节日不可缺少的肉类食品。其制作方法是：首先把仔猪杀了后，用火退去外毛洗净，把内脏全部掏出，把一些青竹叶和芭蕉叶填满猪的腹腔，缝好口子，再用火烤到全身发黄，用泥状的火灰涂到烧焦的地方上，一边烧一边涂至猪全身有一寸厚时，待火灰成块后即可，把烧好的猪肉用清水洗净切成块就可以上餐桌。吃的时候把肉切成薄片放入蘸水即可食用。蘸水是用酸木瓜水或醋水加盐、味精、芫荽、辣椒、大蒜加工成的，半生半熟吃起来肉又嫩又甜，是男人们下酒的好菜。吃火烧肉习俗，据说与阿昌族祖先在远古时遗留下来的用火烧吃半生半熟的肉习惯有关。在户撒过节时，随处都可见到摆在干净芭蕉叶上卖的火烧猪肉。

黄花饭是户撒阿昌族节庆日喜吃的食物，当地语称“佳喝机”。每逢重大节庆日如春节、清明节、中秋节等，家家户户都要做黄花饭吃。制作时将一种当地人称为“染饭花”的野生植物花朵熬出黄色汁液，将米洗净倒入黄色汁液中煮熟即可食用。黄花饭颜色鲜艳，清香可口，且有清凉、解毒的药效。

小锅米酒是户撒人喜爱的饮品。对此还有一个传说，在很久以前有一个富人要做一个摆，也就是他做东请全地方的客，请的都是高官贵人。但这个富人对母亲一点都不孝敬，做摆那天还把他的母亲赶出家门，这位母亲穿着简陋，只好躲在桥洞里。那些来做客的人们问他母亲去哪里了，那个富人说不出来，最后客人们都生气地全部走光了，主人家已做好的许多饭菜只好倒入已干涸的小河里。当时天气很热，饭菜经过发酵后流出似水一样的清泉，被人发现后，打一点尝尝，味辣暖和美味可口，后来人们就用米饭发酵来酿制米酒。在户撒酿酒的人家很多，特别在老方寨、新寨、老段寨三个寨子里几乎家家户户以酿酒为主，销售给当地各族人民。

（四）民族手工艺精湛

户撒阿昌刀。因产于阿昌族聚居的陇川县户撒坝而得名，它是阿昌族最自豪的手工艺品。阿昌刀不仅深受当地的各民族喜爱，是小伙子们随身佩戴的饰物，也是当地人民生产和生活的日常用品，还远销青海、西藏、印度和缅甸等地。据史料记载，明洪武年间，沐英西征时曾留下一部分军队驻守户撒屯垦，他们将打制刀具的技术传给了阿昌同胞，至今已有600多年的历史。最初生产品种多为兵器、马掌和农具，后为满足各民族生产生活需要，也生产斧头、柴刀、菜刀、背刀和佩刀等；其中的背刀和各式佩刀因钢性好及式样美观大方而深受当地少数民族和东南亚各国人民喜爱。从事刀具生产的以阿昌族为主，如户撒乡的芒东上寨和下寨、新寨、来福寨、芒海寨等阿昌族村寨几乎家家都有打铁炉，户户有打铁能手，制作户撒刀成为村里人的主要经济收入来源。

户撒芒海寨是阿昌族聚居的村寨，共有72户，387人。寨内有20多户从事阿昌刀的生产，从事打刀的人年收入在1000元以上。制作户撒刀共有七个步骤：第一步是下料，也叫落料；第二步，加温后锤打出毛坯；第三步，对着毛坯锤打，并修去多余的部分，定出刀样；第四步，刀样的初加工，用砂轮除去多余的部分；第五步，在刀叶上根据需要拉槽，雕刻做艺术装饰；第六步，淬水，使刀叶的钢性和韧性达到最佳状态；第七步，精加工，用细砂轮打磨抛光。最后，根据刀的品种和型号配上合适的刀把和刀鞘，这样一把合格的阿昌刀就制成了。阿昌刀品种繁多，式样各异，刀上的装饰花纹有“猛虎长啸”、“东山日出”、“飞燕迎春”、“十二属相”等。刀把与刀鞘多用楠木制成，还有的用铜、银、铝等制作。户撒乡目前共有 39 户，46 人从事规模刀具的生产、加工和销售。为打造民族文化精品户撒刀奠定了基础。

"大包头人"的银饰品。周边的阿昌族、景颇族、傣族、傈僳族和"大包头人"等民族穿戴的银饰品，如银花、银纽扣、银链、银刀、银烟盒、银铃、银镯、耳坠等都是户撒"大包头人"所制作的，由于制作精美，具有民族特色，受到各族人民的喜爱。笔者走访了"大包头人"聚居的李芒呆村，是户撒的一个专门制作饰品的银匠村，这里的村民全部姓李，有 90 户人家，其中 70 多户都会制作银饰品。村民李成光，48 岁，是一位制作银饰品的能工巧匠。据李成光说他们家在户撒居住了 200 多年，有九代人，打制银饰品有 100 多年的历史，在 1980 年以前，银饰品主要由男子做，现在家中的媳妇、姑娘都会做银饰品。李成光家制作的银饰品有银花、银项链、银烟盒、银铃、银手镯、耳坠等，现在也制作一些铜饰品。

四　跨境多民族地区发展的机遇选择

户撒乡具有独特的多元民族文化、别具一格的饮食文化、独特的民族手工艺品和优美的生态环境，它是镶嵌在云南省西南边境一颗闪亮的宝石。但居住在这里的阿昌族、景颇族、傈僳族等跨境民族，生活贫困，2002 年，户撒乡经济收入 3074 万元，人均纯收入仅 820 元。国家对西部发展的政策扶持、民俗旅游与生态旅游的兴起，选择建立户撒多民族文化生态旅游乡，推动当地经济和文化发展，可能是户撒乡在新形势下实现经济社会文化和谐发展的机遇选择。

（一）户撒乡生态环境

户撒坝的四周环绕高山，海拔 1380—2138 米，四季分明，气温适宜，降雨量充沛，属于南亚热带季风气候，适于多种生物生存、发展。群山环绕，绿树成荫，碧水荡漾，鸟语花香，阳光和煦，空气爽朗。由于几万年地动的原因造就了这里周围是层层叠叠、壮观奇丽的峰岭和茂密的森林，中间是一块平坦的田园，各民族的宗教寺庙和民居建筑错落有致，形成了独具特色的文化和自然景观。

户撒森林中长满了多种乔木、灌木、蕨类植物、苔藓植物。树上、树下有多种花草，如兰草、吊兰等，使户撒坝呈现生机勃勃的绿色世界，为多种动物创造良好的生存环境。户撒坝中央有一条大河，许多古井水、山泉水清澈见底。当人们走在乡间的小路上，看到四周的村庄炊烟袅袅，好似一条条彩带在飞舞，高大的乔木拔地而起直向苍天，悠闲而去的“倒淌河”，好似一条条银蛇在舞动，长虹卧波的石拱桥，跨越在“倒淌河”的两岸之间，气势非凡。“倒淌河”是居住在当地的阿昌、傈僳、景颇等民族与缅甸人商品贸易之地，文化交流的必经之桥。站在高高的青山上，头顶着蓝天，脚踏着青草，倾听着山上山下牛羊的叫唤，备感亲切，充满了乡间农家生活气息。

沿着岭峰往村寨而行，是石板镶嵌的蜿蜒曲折的古道，直通向村庄。拾级而上，曲折蜿蜒，竹树相掩，各种野花争相斗艳，绚丽多姿。藤条在树枝上错综盘缠，树上的野花终年不绝，别具风采，倘若是阴雨天气，偶尔还可以听到猿猴的啼鸣声。踏过石板往前走，远方不时传来孩子的嬉笑，只见一群农家的孩子纠缠着藤条荡秋千，他们荡得无忧无虑，尽情享受着童年的快乐，编织着童年美好的希望和憧憬。树上的鸟儿亮开嗓子，放声歌唱，婉转低回，清脆高昂，响成一片，娓娓动听，蝉儿也蔽伏在树干上放声歌唱丰收年，还有牛从树林里探出头来，哞哞地呼唤，好似贝多芬的交响乐，真是人间天堂，无与伦比。美丽的户撒坝集热带亚热带森林风光和田园景色于一体，这里生态系统丰富，空气清新，满目青翠，是人们向往的佛祖花园。

清新的自然环境，多元的民族文化，奇异的边境风俗，能满足现代旅游者对自然的亲近、对知识的摄取以及对国外的透视。由于户撒乡建立民族文化生态旅游区具有很大的选择空间，从而有力地促进多民族地区经济社会文化发展。

（二）户撒多民族文化生态旅游建设与社区发展

旅游是人民生活质量提高的重要标志，是现代文明的生活方式之一，是人们追求提高精神享受层次的目标和途径，是现在及未来居民消费的三大热点之一。随着社会的发展和人民物质、文化生活水平的提高，文化生态旅游正逐渐成为世界旅游业的主流，在我国正方兴未艾。文化生态旅游是利用文化和自然资源满足人们旅游消费需要的一种消费方式，即以人文景观和自然景观为基础的消费和经营活动。少数生态环境和生物多样性仍保存较好的地方，成了人们向往的去处。建立户撒多民族文化生态旅游乡，符合时代发展的潮流，可以使人们更贴近大自然，亲身感受和参与各种少数民族文化活动，吸引国内外众多的游客到户撒，以促进当地的经济文化发展。首先，作为最终消费产品，旅游业可以为其他服务行业开辟领域，带来商机。据研究表明，旅游业收入每增加 1 元，可带动相关行业收入增加 4.3 元；其次，旅游业还是吸纳就业的重要部门。旅游业每增加 1 个直接就业人员，就能带动增加其他 5 个就业岗位。通过建立户撒文化生态旅游乡，不仅能促进当地的经济发展，还可促进当地民族文化的复兴。

户撒乡方圆大约 81.2 平方公里的地方，有 5 种以上的少数民族村寨聚居，多种宗教信仰和文化习俗共存，是各民族和睦相处的典范，是人们心中向往的佛祖花园，也是德宏州和云南省一种独特的宝贵民族文化资源。户撒无论是自然景观还是人文景观都具有突出的地域特点和民族特点，是文化和生态旅游资源极为丰富的风景名胜区。建设户撒多民族文化生态旅游，应在保护当地生态环境和人文景观的完整性这一前提下进行，应以促进当地的经济发展和文化保护为目的。旅游者在旅游过程中不仅要欣赏和保护当地的自然风光，同时也是来接受当地的文化教育，应熟悉和尊重当地的风俗习惯。户撒多民族文化生态旅游的建立，有可能使户撒乡成为国家级的少数民族文化生态旅游品牌。

通过户撒多民族文化生态旅游，使地处边境的德宏州文化旅游产业形成一条完整的路线。人们到德宏旅游度假可以沿途游览芒市的著名景点树包塔、菩提寺、风平佛塔、三台乡德昂族民族风情，再到东南亚的物流中心瑞丽采购丰富多样、价廉物美的东南亚各国的商品，然后到户撒多民族文化生态旅游乡，深入阿昌、大包头人、傈僳、回族、景颇等多个少数民族村寨，体验多个少数民族的不同文化、生活习俗和宗教信仰，参观阿昌族的奘房、大包头人的土主庙、傈僳族的基督教堂和回族伊斯兰教的清真寺，以及户撒著名的皇阁寺等，并可参与阿昌、大包头人、傈僳、回族、景颇等少数民族丰富多彩的民族文化活动（阿露窝罗节、阔时节、目脑纵歌节、圣诞节等），品尝不同民族的风味小吃（过手米线、火烧肉、小锅米酒、糯米饭、酸笋子等），购买具有民族特色的阿昌刀、银饰品等。建设户撒多民族文化生态旅游区，吸引国内外众多的旅游者或对少数民族文化感兴趣的学者，不仅可以促进当地多个少数民族的文化发展，增加其经济收入，还可以带动整个德宏州旅游业和相关产业，促进德宏州经济和文化产业的发展。

（三）户撒多民族文化生态旅游的几点建议

第一，户撒乡具有多种民族文化和生态特色，是全国独具一格的多民族文化生态乡，也是德宏州和云南省的一种宝贵的多民族文化生态资源，建议德宏州委州政府、县委县政府重视开发与保护户撒乡的多民族文化生态资源，建立户撒多民族文化生态旅游乡。

第二，各级政府部门应加大对户撒多民族文化生态旅游乡的宣传和投入，使其成为国家级的多民族文化生态旅游乡，带动德宏州民族文化和经济发展，提高边疆各民族的生活水平，使其尽快步入小康社会。

第三，户撒乡政府、村委会和村民小组应积极参与户撒文化生态乡的建设。因地制宜，尽量利用现有的传统民族文化资源，如多民族的村寨、佛塔、土主庙、基督教堂和清真寺等多种宗教信仰等场所，各种文化和宗教节日，以弘扬多元民族文化。同时，尽量应用村民现有的住房，装修后改建成为旅游接待室，这样既能减少政府和村民的经济投入，充分体现民族文化的原始风貌，又可以使当地少数民族有一定的经济收入，提高当地人民的生活水平。

第四，户撒文化生态旅游乡的发展依赖于良好的文化生态环境，规划时要首先确保当地文化生态资源利用的永续性；第二目标是力争促进当地民族的经济、文化与环境协调发展，把开发和建设户撒文化生态旅游乡作为帮助当地各民族致富和发展的一条重要途径。因此在开发中，应首先考虑当地民族的利益，使他们能够在发展中受益。

第五，在户撒开展文化生态旅游，要以保护当地的文化和生态旅游系统的完整为前提，开展文化生态旅游必须坚持“严格保护、合理开发和永续利用相结合”的原则，才能实现文化生态旅游业的可持续发展。创造人与自然和谐的景区环境。在户撒旅游规划和开发中，必须首先考虑文化和生物多样性保护，每一个环节都必须具有严格的科学性，对文化和生物多样性不造成威胁和潜在的威胁。

建立德宏州陇川县户撒多民族文化生态旅游乡是促进当地跨境而居的阿昌族、大包头人、傈僳族、景颇族、傣族和回族等少数民族文化保护和经济发展的重要途径，也是当地各民族的意愿。户撒多民族文化生态旅游乡的建立，对保护当地多元的民族文化和提高人民的生活水平具有重要意义。

五　跨境德昂族文化多元构成与境外互动

德昂族是一个跨中国、缅甸边境而居的跨境民族。在缅甸称为崩龙族，约近25万人，分布在毗邻德宏的密支那、昔董、八莫、抹谷、孟密，瑞丽江左岸的果塘、当拜、西保、腊戌、南登尼等地区。中国德昂族主要聚居在云南省德宏州潞西市三台山德昂族乡和临沧市镇康县的军弄、南伞等地。三台山德昂族乡位于中缅边境山区，有邦外、楚东瓜、允欠、勐丹四个行政村。德昂族3697人，约占全国德昂族总人口的1/4，是中国德昂族人口居住最集中的地区。主要从事农业，种水稻、玉米、薯类、甘蔗等，擅长种茶。全乡现有耕地面积33012亩，其中水田3888亩，占总耕地面积的12%。旱地29124亩，占总耕地面积的88%。2002年，全乡农村经济总收入1205.22万元，净收入426.34万元，农民人均纯收入674元。甘蔗和茶叶是三台山德昂族乡主要经济作物。2000年11月三台乡实施“中国—欧盟”水牛开发项目，经过两年发展，该项目已初见成效。

（一）德昂族多元文化构成

作为跨中、缅边境而居的一个古老的民族，德昂族具有丰富多彩的民族文化，下面拟从有形文化、行为文化、认知文化三个方面来阐述。

1. 有形文化

语言。德昂语属于南亚语系孟高棉语族的佤德昂语支，在中国境内的分为“不列”、“汝竟”、“汝买”三种方言。操“不列”方言的妇女多穿红色条纹筒裙，故又称“红德昂”；操“汝竟”方言的妇女多穿花条纹裙被称为“花德昂”；“汝买”方言，由于妇女多穿黑色条纹裙而被称为“黑德昂”。德昂族没有本民族文字，许多人通晓汉语、傣语和景颇语，使用汉文和傣文。

建筑。三台山乡的德昂族住干栏式的竹木结构楼房，草顶，木柱梁，竹子用作椽子和竹壁。楼上住人，楼下关牲畜。楼上两端各有一道门，正门侧边搭有晒台，用以晾晒衣物和粮食。楼上分为厅堂和卧房，厅堂中间设有火塘，供取暖、煨茶，接待客人之用，卧室则根据各家情况分隔成几小间。竹楼有两道门，分为前门和后门，凡亲朋好友来访或家庭成员出入必须走前门，后门通菜园地，客人不能从后门出入。主楼侧边一般都建有附房，用来堆放粮草，放置生产工具。改革开放以来，随着生活水平提高，德昂族的竹楼普遍有所改进。特别是近年来德宏州潞西市党委和政府对德昂族给予优惠政策，对愿意建造瓦房的人家给予50%的建房补助，从而加快了住房改建的速度。目前，三台山乡勐丹行政村80%以上德昂族人家住上了瓦房，有少部分人家仍保留"干栏"式特点，如竹楼变成了木板楼，草顶换成了瓦顶，竹壁改成木板壁或土坯墙。厨房及畜厩大多另建在竹楼的旁边，一户一院，院旁即为自家菜园。

服饰。德昂族妇女传统服饰独具特色，其服饰与龙的传说有关。据说"很久以前，世界上还没有人类，天空中只有一只大鸟。一天它飞进一个山洞，洞里有一条小青龙，大鸟刚想抓青龙时，青龙却变成了一个美丽的姑娘。瞬间，大鸟也随之变成了一个英俊的小伙子。他们在洞中幽会，并结为夫妻，生下一群儿女。他们的儿女都是人，他们是德昂族的祖先。后来，他们的父亲大鸟恢复了原形，飞出山洞走了，孩子们长大以后问青龙妈妈：'我们的爸爸是谁?'青龙妈妈不知道怎样回答孩子们，就说：'你们出洞外，往天上看，看到什么，什么就是你们的爸爸。'孩子们跑到洞外，往天上看，最先看到的是太阳，于是，他们就认太阳为爸爸。在这群龙子中，老大叫'梁'，住在山上；老二叫'别列'，住在半山腰；老三叫'汝买'，住在山脚下。他们长大以后，青龙妈妈也恢复原形成龙了。她要从山顶的山洞里爬到山脚下，然后爬回到她的老家湖里去。清晨，太阳刚刚升起，青龙从山顶的洞中缓缓爬出，暖烘烘的朝阳照在她的身上，花花红红、鲜鲜亮亮的。老大见着他的青龙妈妈就想：我妈妈原来就是这个样子。于是，妇女的服饰就照着早晨见到青龙妈妈的样子做，这就是'花德昂'的服饰。中午，太阳当顶，青龙刚好爬到山腰，火辣辣的太阳照射在她的身上，一大片火红火红的色彩。老二见着青龙妈妈就想：我妈妈原来就是这个样子。于是，妇女服饰就照着中午所见到的青龙妈妈的样子做，这就是'红德昂'的服饰。傍晚，青龙妈妈爬到了山脚下，太阳的余晖照在她的脊背上，形成一条长长的暗红色的光带。洒在青龙妈妈身上的余晖，泛起一波浅浅的鳞光。老三见着青龙妈妈就想：我妈妈原来就是这个样子。于是，妇女服饰就照着傍晚所见到的青龙妈妈的样子做，这就是'黑德昂'的服饰。'黑德昂'妇女的长裙侧边有一竖条暗红色花带，它象征龙骨，余晖照在青龙脊背上就是这个样子；长裙上一道道细细的彩条纹就像是傍晚余晖照在青龙妈妈身上的一道道鳞光；而上衣背后的中缝饰着的彩线和袖子，中段的一圈彩线则是青龙妈妈身上的龙须。”①

红、花德昂妇女不留发，剃光头，包黑包头，戴大耳坠，多穿蓝、黑色对襟短上衣，衣下摆边沿用红绿色小绒球装饰，佩四对方块银排扣，腰间套着五六圈至二三十圈宽窄不等的藤篾腰箍，染成红、黑、黄、绿、蓝、白等颜色。下身着长筒裙，裙边及踝骨。由于支系的不同，筒裙各有特色。“红德昂”妇女的筒裙，下摆横织着约 5 寸宽的红色线条；“花德昂”筒裙以约 2 寸宽的红、蓝或红、黑色匀称交错的线条织成；“黑德昂”妇女留发，戴黑包头，斜襟上衣，裙较红德昂为短，裙以青色为主，其中间有红色或白色线条。德昂族女性喜随身携带一个小布袋，袋内装食物与烟草盒。男子包黑色或白色包头布，包头两端系有红、绿绒球，戴大耳坠，身着大襟衣，裤短而宽大，多蓝、黑色，裹绑腿，多赤足。现在三台山乡的德昂族，平时仅中、老年妇女还身着本民族的传统服饰，青年妇女已不剃光头，而是留长发或短发，穿汉装。绝大多数男子服饰与汉族相同。

器乐。德昂族乐器有打击乐器和管弦乐器两大类。打击乐器大多与傣族的相似，有象脚鼓、铓锣、钹、磬等。打击乐器一般在宗教节日及结婚喜庆时使用。水鼓是德昂族特有的乐器，一般用长约 70 厘米、直径 30 厘米的圆木挖空，中间挖一孔，两头蒙以牛皮制成。演奏前需从中间孔内灌水湿润鼓皮、鼓心，再将水倒出，因鼓皮、鼓心湿润后，共鸣声好而得名“水鼓”。演奏时挂在胸前，右手持鼓槌敲大头鼓面，左手掌拍打小头鼓面，可边敲边舞。鼓音色深沉、庄重，发出的音响不长，但气氛热烈。弦乐器有葫芦笙、箫、笛、三弦、单弦、口弦等，多在唱歌时伴奏或“串姑娘”时吹奏。舞蹈多在节日喜庆时跳，主要是集体象脚鼓舞，男女分成两圈，男子在外圈，女子在里圈跳，舞步多变，气氛热烈。较独特的是“水鼓舞”，边敲边跳，多用大弓箭步，舞步与鼓点协调一致，动作古朴，具有独特的民族韵味。

2. 行为文化

婚姻家庭。德昂族为一夫一妻制家庭，实行氏族外婚制，同姓不能婚配，很少与外族通婚。子女婚后，即组建个体家庭。男子有财产的分配和

① 周鸣琦：《腰箍套不住的女人》，云南教育出版社 1995 年版，第 125 页。

继承权，女儿无继承权。男子作为家长代表本家庭参加社会活动，妇女操持家务。在劳动上存在性别分工，凡重体力劳动，均由男子承担，妇女多数是做些收割、薅草、播种、栽插等农活。男子多编织竹器、打铁、砍伐等，妇女承担绩麻、纺织、染色和各种家务劳作。德昂族有自己的姓氏，但进入20世纪以后，即采用汉姓。如“钟绕”称李姓；“刀丕”称段姓；“官”称杨姓；“钟牙”称赵姓；“格帅”称王姓；“海”称叶姓；“赖若”称赖姓；“邦工”称田姓；“绕西”称蒋姓；等等。

德昂族青年长到十五六岁时，便开始“串姑娘”（找对象），青年人在婚前是自由恋爱。因有同姓不婚的传统，小伙子在串姑娘时，必须选择不同姓的女子。舅表、姨表均可通婚，但姐姐未出嫁前，不得去串妹妹。红德昂族、花德昂族、黑德昂族各支系间相互通婚，在举行婚礼时，要按女方支系礼节，如红德昂族的男青年娶黑德昂族的女青年，要按黑德昂族的礼节行事。反过来也是一样。德昂族不论男女青年，很少和外族结婚，限制较严格。夫妻婚后即从夫居，行转房制，即若夫死，可转房给兄弟，亦可嫁出，但不能嫁与长辈。妻死，亦可娶其妹。

命名。孩子命名，按十二生肖取之，由氏族长或父母取名，若老人身体不佳，则由亲友取名，认为今后孩子才能健康成长。例如：属猪者，取名曰“翁”。属虎者，取名曰“刚”。属蛇者，取名曰“尼”、“吕”或“娜”。属牛者，取名曰“保”、“薄”或“白”等。凡生男孩，名字前冠以“腊”；女孩冠以“玉”，借以识别男女之称呼。孩子取名后，即用傣文将孩子的出生日期、名字登记在卡片上，藏于屋角中，待人死后，即将卡片随同赕品献给佛爷，请佛爷超度亡魂。送葬时，要将卡片焚烧，后人即不知祖辈名字。

成丁礼。子女满十三岁后，即进入成年，不举行成年礼仪式，而是在服饰上加以区别。如女孩在十二岁前不戴银排扣，不扎包头，满十三岁后，需佩戴银器装饰品和扎包头。男孩则以左耳是否戴银筒来区别。凡男女进入十三岁后，便可以参加社交活动。

丧葬。凡老年人死去后，家庭环境较优裕的即请汉族或本民族木工做棺材，贫苦人家则用竹篾编成长方形的盛尸笼。人死装棺后，请佛爷择吉日埋葬，停尸于家中一般不超过五个月。在停尸期间，早晚要请佛爷念经。葬时要扎三个竹亭，用五色纸装饰，其中一个罩于棺木上，其余两个亦随死者运至坟地烧毁。实行土葬，棺材横放，没有殉葬物，不认坟，在死者被安葬后的第七天请佛爷来诵一天经即完毕，以后不再祭祀。若死者是久病之人或妇女难产而死的，则用火葬，火化后将残骸用清水洗净再放入土罐中埋葬。德昂人认为这些死者身上有恶魔，火葬能把魔鬼烧死。

3. 认知文化

德昂族信仰南传上座部佛教，即小乘佛教，分为“润”、“摆庄”、“多列”、“左底”4个教派。三台山德昂族大多信仰“多列”派。“多列”派教规严格，不准杀生，见杀不吃，闻声不吃，戒酒、戒骂、禁抢劫、禁偷盗等。在三台山乡每一个德昂族村寨都建有奘房，奘房由大殿、小佛房、幡竿等几部分组成。各村的奘房大多选一个在村寨中有一定影响力、懂傣文佛经、热心佛事活动的“先生”来具体负责奘房的管理工作。村寨中各户也须轮流承担如清扫奘房之类的日常工作。

德昂族在信仰南传上座部佛教的同时，还保留着古老的原始宗教信仰，他们认为自然界的演化、五谷的收成、人的生老病死、吉凶祸福等都受灵魂的主宰。为了避邪求吉，必须对神灵进行祭祀。因此，德昂族的祭祀活动很多，主要有祭天、祭地、祭社神、祭家堂神、祭树神、祭龙、祭蛇神、祭谷魂等。德昂族信仰灵魂，认为人死后灵魂仍然存在，灵魂有善恶之分，凶死者属恶灵作祟，对这类死者要进行火葬，而且不能埋入村寨的公共墓地。

（二）德昂族跨境互动

据当地德昂族同胞对笔者讲述，在1958年中国“大跃进”时期，由于当时政治动乱，人民生活困难，三台山乡勐丹行政村下属的马脖子二村全村和勐么寨有一半以上的德昂族村民曾迁到与中国相邻的缅甸勐固山居住，几年后随着中国生活条件好转，政策的稳定，有部分人返回原来的村寨居住。特别是中国改革开放以来，中国德昂族生活水平的提高，大部分迁居到缅甸的德昂族又逐渐返回原来的村寨。1991年以前，从缅甸返回到三台山乡的德昂族，由所属生产队分给田地耕种。1991年后，由于村里的田地已包产到户，无法给再返回的德昂族提供田地，因此已不再接受从缅甸返回来的德昂族同胞。三台山德昂族的生活水平自中国改革开放以来逐渐好转，现基本达到温饱水平。由于三台山乡毗邻缅甸，当地的德昂族与缅甸的崩龙族是同一民族，跨境居住的德昂族之间有亲戚关系的人很多。

从三台山德昂族乡下属的马脖子村到缅甸仅有约50公里的山路，中缅边界山水相连，小路很多，步行约需十多个小时。因此，中缅双方德昂族间交往十分密切。跨境民族间流动、交往等关系受所在国的政治、经济和文化因素的影响较大。

跨中、缅边境而居的德昂族和崩龙族，由于双方是同一个族群，相互间有亲戚关系、地域相邻等因素的存在。因此，中缅双边的德昂族与崩龙族间经济文化交往较密切。据当地村民说，在1998年以前，村里的人经常到相邻的缅甸打工，当时主要是种植大烟。1998年后，缅甸政府开展禁烟运动，中缅边境鸦片种植被大规模地铲除，现村里已无人再到相邻的缅甸打工。近几年来，随着中国境内德昂族生活水平的提高，缅甸的崩龙族或其他缅甸人经常到三台山乡勐丹行政村下属的马脖子村和勐么寨打工，帮助村民种植甘蔗、水稻等农活。工钱大约是每天3—5元，包吃住。随着三台山乡德昂族生活水平的逐渐提高，相邻的缅甸崩龙族姑娘和小伙子都愿意嫁入或入赘到中国的德昂族村民家中。如马脖子村民仅在2003年一年内，已娶了3个缅甸的崩龙族媳妇，至2003年6月，该村共有8个缅甸的崩龙族媳妇，两个缅甸的崩龙族小伙子入赘。

目前，中缅双边的德昂族、崩龙族在传统节日、赶摆或是大型佛事活动时经常互相交往。居住中缅边境的德昂族和崩龙族，双方之间常做一些小买卖，如将缅甸的牛贩卖到中国，而将中国的猪、毛线、衣服等日用品贩卖到缅甸。由于中缅两国山水相连，当地的德昂族边民出入国境大多数走山路，一般不通过边防口岸。

跨中缅边境而居的德昂族具有以下特点：第一，德昂族是在滇西南以及中缅边界居住较久的原住民族，自汉代就居住在此地，是中国境内的一个古老的民族，德昂族先民较大规模地向缅甸迁徙是元、明、清时期；第二，居住在中国的德昂族与缅甸崩龙族是同一族群，有共同的语言、风俗习惯和宗教信仰等文化构成；第三，在中国境内的德昂族大多沿中缅边境分散居住，呈大杂居、小聚居分布，最大的聚居点德宏州三台山德昂族乡有3697人。而缅甸崩龙族人口较多，有较大的聚居区，分布较集中，一般不与其他民族杂居；第四，由于族缘、地缘、血缘等关系，跨境而居的德昂族间经济文化交流较密切，如探亲访友、通婚互市、节日聚会等；第五，跨境德昂族间互动关系受所在国的政治、经济和文化等因素影响较大，跨境族群间人员流动（迁居、婚姻关系、打工等）往往朝向政治稳定、经济条件较好的国家流动。跨中缅边境的德昂族之间人员流动频繁，经济、文化交流日益密切，促进了中缅边境地区的跨境民族间和平、友好和共同发展。

第十一章　怒江州跨境民族文化

——以阿怒人为例

一　怒江州主要跨境民族概况

怒江傈僳族自治州位于云南省西北部，东经98°07′—99°39′和北纬25°33′—28°23′之间，面积14703平方公里。北连西藏察隅县，南至保山市腾冲县，东靠德钦县、维西县、丽江市、剑川县、云龙县，西邻缅甸国。全州国境线长449.467公里，是滇西北重要国防屏障。怒江州是金沙江、澜沧江、怒江"三江并流"腹心地带。"三江并流"以列入世界自然遗产而引起世人广泛瞩目。怒江有独特的地理区位、独特的地质结构和典型的"一山分四季、十里不同天"的气候条件，因而具有生物、矿产多样性的特点。有十分绚丽多彩的生物区系，富含古老、孑遗和国家需要重点保护的物种，是云南"动植物王国"和国家物种基因库的重要组成部分。

怒江州现辖兰坪普米族自治县、贡山独龙族怒族自治县、泸水县、福贡县四个县，29个乡（镇）、77个村办事处、260个村民委员会。2004年人口为48.04万人。有傈僳、怒、普米、独龙等跨境少数民族。少数民族人口为44.29万人，占全州人口的92.2%①。怒江州边境的傈僳、怒、独龙、景颇与缅甸边民，同一地段都为同一民族跨境而居，有共同的语言、风俗习惯、宗教信仰、经济来往和密切的历史、社会关系，彼此频繁往来，不受过节约束。因此，边民出入境具有历史性、群众性和民族性的特点。中华人民共和国成立后，双方边民出入往来虽然受国家关系变化的影

① 《云南年鉴》，2005年。

响，但从未间断。边民出入境往来主要有：经济、宗教、通婚、迁移和探亲访友等①。

傈僳族。远古时代属氐羌部落，公元1—3世纪，傈僳族的先民分布在邛都、台等、定笮、犍为、越嶲等今四川雅砻江和川滇界的金沙江两岸的广大地区，后来逐渐由东向西迁徙。傈僳族与彝族有密切的族源关系。唐代，“栗粟”受勿邓、两林两大强大部落的统治，尚未形成统一的部落组织，还未进入农业社会，处于“居山林，无室屋，无事产业，常带药箭弓弩，猎取禽兽，其妇人则掘取草木之根以给日食；岁输官者，唯皮张尔”的狩猎采集原始生活阶段。元明时期，傈僳族先后受丽江路军民府和丽江土知府木氏的统治。15世纪以后，丽江木土司与西藏统治集团之间，为争夺今滇西北中甸、巨甸、维西、德钦、宁蒗等地的统治权，进行了长期战争。沦为木土司农奴的傈僳族人民，不堪兵丁和劳役之苦，在氏族首领括木必的率领下，于公元1548—1549年离开金沙江进入兰坪，其中一部分落籍于澜沧江两岸，一部分翻越碧罗雪山进入了怒江。19世纪以来，傈僳族又进行了几次由东向西的大迁徙，一次是1803年维西傈僳族恒乍绷起义被清朝镇压后的大迁徙；一次是1821年永北傈僳族起义被镇压后的大迁徙；一次是1894年永北傈僳族丁洪贵、谷老四起义被镇压后的大迁徙。这些起义失败后的大迁徙中，傈僳族继最先迁入怒江的荞氏族之后，又有鼠、虎、猴、熊、雀、蛇、羊、蜂、鸡、鱼、菜、竹、麻、木、犁、霜、火等17个氏族的部分成员，先后进入怒江。

傈僳族在怒江地区内有十几个氏族，即：腊饶息（虎）、阿吃息（羊）、吉饶息（蜂）、鹅饶息（鱼）、汉饶息（鼠）、明饶息（猴）、业饶息（雀）、乌饶息（熊）、麻打息（竹）、括饶息又称木必息（荞）。此外还有一些自称为“怒扒氏”或“勒墨氏”的傈僳人②。2000年，全州傈僳族人口235927人，占总人口的50.9%。泸水县傈僳族88712人，占全县总人口的57.9%。福贡县傈僳族65835人，占全县总人口的73.7%。贡山独龙族怒族自治县傈僳族17970人，占全县总人口的53%。兰坪白族普米

① 主要参考《怒江傈僳族自治州志》上册，民族出版社2006年版。

② 云南省编辑委员会编《民族问题五种丛书》，《傈僳族社会历史调查》，云南人民出版社1981年版，第8页。

族自治县傈僳族63410人，占全县总人口的33.8%[①]。傈僳语属汉藏语系藏缅语族彝语支。州内傈僳族最基本的主食为玉米，住房类型有干栏式竹楼、木楞房、土墙房，信仰有原始宗教、基督教，传统节日主要有一年一度的“阔时节”和秋天的“收获节”。

怒族。怒族是怒江傈僳族自治州境内的土著民族，是中国少数民族人口较少的民族之一。怒族是怒江和澜沧江两岸的古老民族，居住在这里的年代已很久远。原碧江县匹河乡普乐村和九村的怒族老人能分别背诵64代和41代家谱，如果每一代以25年计算，64代共经历了1600年的历史，41代也有1075年的历史。怒族自称“怒苏”（原碧江县）、“阿怒”（福贡县）、“阿龙”（贡山县）、“若柔”（兰坪县）。在我国古代文献中，元代史籍蔑称怒族为“潞蛮”，明代典籍称“怒人”[②]。据2000年统计，全州怒族人口有25973人，占全州总人口的5.6%[③]。主要分布在福贡县的普乐、瓦娃、沙瓦、老母登、知子罗、棉谷、架究、托平、果科、木古甲、鹿马登、丫朵、米俄罗等村；贡山独龙族怒族自治县的闪当、迪麻洛、丙中洛、双拉、青那桶等村；兰坪白族普米族自治县的兔峨、果力、江末等村。泸水县的浪坝寨等村也有怒族分布。怒语属汉藏语系藏缅语族，语支尚未确定。怒族主食以包谷为主，兼食稻谷、荞麦、大麦等，居住的房屋多为干栏式竹楼、木楞房、土墙房和石片顶房，宗教信仰有原始宗教、喇嘛教、天主教、基督教。碧江一带的怒族，只有一个过年的节日，按过节的程序称过年为“吞卷”、“汝为”、“夸白”。贡山一带的怒族，传统节日有“仙女节”。兰坪一带的怒族，除过当地白族的春节、火把节外，还有自己的新米节、贺新房、祭山林等传统节日[④]。

独龙族。独龙族是具有悠久历史的古老民族。据历史学家考察，它发源于怒江，是怒江地区的土著民族（也有发源于祖国内地的传说）。历史上称独龙族为“俅”、“俅扒”、“洛”、“曲洛”等，自称为“独龙”。中华人民共和国成立后，在中央人民政府和周恩来总理的直接关怀下，根据

---

① 怒江傈僳族自治州地方志编纂委员会编《怒江傈僳族自治州志》，民族出版社2006年版，第132页。

② 云南省编辑委员会编《民族问题五种丛书》，《怒族社会历史调查》，云南人民出版社1981年版，第2页。

③ 怒江傈僳族自治州地方志编纂委员会编《怒江傈僳族自治州志》，民族出版社2006年版，第151页。

④ 参阅陶天麟《怒族文化史》，云南民族出版社1997年版。

本民族的意愿，定名为独龙族。独龙族没有统一的自称，往往以居住地区及河流的名称而得名，如居住在独龙江两岸的自称“独龙”，居住在迪麻河两岸的自称“迪麻”。其他还有很多的自称，如拉打阁一带的自称“干象”（氏族名称）。贡山四区以西的自称“妹奴哇”（意为找地方的人）。傈僳族统称他们为“俅扒”，过去汉族也就称之“俅子”或“曲子”[①]。独龙族是我国56个民族中，人口最少的民族之一，据全国第5次人口普查统计，独龙族2000年总人口有5700人。分布在贡山独龙族怒族自治县的就有5460人，占人口总数的95.79%，其余200多人，分布于与贡山接壤的云南省维西县和西藏自治区察隅县等地。独龙族居住的地方，集中在贡山县的独龙江乡，据统计2000年全乡独龙族人口为5300人，占全州独龙族人口总数的97%。[②] 独龙语属汉藏语系藏缅语族，语支尚未确定。独龙族主食除部分稻米外，多以玉米、小米、稗为主；住房有木垒房、竹篾房；宗教信仰有原始宗教、基督教；传统节日有“卡雀哇”，即过年。

景颇族。景颇族是怒江州古老的世居民族之一。有茶山、浪速两个支系。茶山人，自称“峨昌”，他称“茶山”；浪速人，自称“浪峨”，他称“浪速”。全州景颇族2000年末共有196人。茶山人，分布于泸水县片马镇各地，2000年末有133人；浪速人，分布于泸水县鲁掌镇浪速寨等地，2000年末有63人[③]。景颇族内部有5个支系（景颇支、载瓦支、浪峨支、勒期支、波拉支），分别使用5种语言，即景颇语、载瓦语、浪峨语、勒期语、波拉语。其中景颇语属汉藏语系藏缅语族景颇语支，其他4种同属汉藏语系藏缅语族缅语支。景颇族饮食以大米为主食，杂食有玉米、荞麦、小麦等；喜欢饮酒、喝茶；信仰原始宗教、基督教和天主教；有新年节、新米节两个传统节日和贺新房庆祝活动[④]。

怒江地区在地理位置上为滇、藏、缅交界区，与云南内地、西藏自治区以及缅甸交往密切，现已形成一个多民族及多元文化交汇的地带。这一特点以怒江州北部，贡山县的丙中洛（乡）尤为突出，而多元宗教信仰共

① 云南省编辑委员会编《民族问题五种丛书》，《独龙族社会历史调查》（一），云南人民出版社1981年版，第1页。

② 怒江傈僳族自治州地方志编纂委员会编《怒江傈僳族自治州志》，民族出版社2006年版，第171页。

③ 同上书，第209页。

④ 参阅刘刚、石锐、王皎：《景颇族文化史》，云南民族出版社2002年版。

存则是这一地区居民中最为突出的文化特点。在丙中洛的主体族群阿怒人（即贡山怒族）中，同时存在着与其杂居于此的其他民族的所有宗教信仰，包括主要存在于傈僳族中的基督教新教、藏族中的喇嘛教（即传播于该地区的藏传佛教嘎举派）和天主教、独龙族中的民间信仰以及本族群的民间信仰等。因此，阿怒人社会的多宗教信仰共存现象是怒江地区跨境民族文化多元发展的一个最为突出的特点和问题，是我国西部大开发中值得关注并有典型意义的一个实例。

二　怒族支系与阿怒人分布

作为跨境民族之一的怒族现主要分布在云南省怒江傈僳族自治州所辖的四个县（泸水县、兰坪县、福贡县和贡山县），包括四个组成部分，即“诺苏”或“怒苏”（$nu^{35}su^{55}$，碧江县[①]）、“盎侬”（$an^{31}no\eta^{31}$，福贡县）、“若柔”（$zo^{33}zo^{31}$，兰坪县）以及自称“阿怒”（$a^{31}nu\eta^{55}$）的族群，即“贡山怒族”[②]；自称“阿怒”的怒族主要分布在贡山独龙族怒族自治县茨开镇、捧当乡、丙中洛乡、西藏自治区察隅县察瓦龙乡、云南维西县等地。阿怒人现主要散居于云南省贡山独龙族怒族自治县除独龙江乡以外的其他四个乡镇中，2004年人口为6071人，占全县人口34240人的17.7%。[③] 阿怒人使用阿怒语，属汉藏语系藏缅语族景颇语支[④]，与独龙族语属于同一语言的不同方言[⑤]，没有文字。由于与周边的傈僳族、藏族交往频繁，阿怒人几乎都懂傈僳语，部分懂藏语（主要是云南省德钦县等地使用的藏语），越来越多的人精通汉语。阿怒是怒江北部地区的古老居民，怒江（阿怒语：“阿怒日美”，即“阿怒的江”）也因此而得名。

丙中洛乡位于贡山县的最北端，乡政府驻地丙中洛村距县城44公里，

---

① 碧江县于1986年12月撤销县建制，所属5乡分别并入福贡、泸水县。

② 怒族简史编写组《怒族简史》，云南民族出版社1987年版，第1页。笔者注：根据田野调查情况以及与部分地方本民族知识分子达成共识，对部分怒族的自称作了适当修正：将福贡上帕、鹿马登怒族修改为“盎侬”，贡山怒族修改为“阿怒”，其余不变。

③ 据2004年12月10日的统计资料。资料来源：贡山独龙族怒族自治县民族事务委员会。

④ 王叔武：《云南少数民族源流研究》，载于《民族调查研究丛刊·民族研究文集》，云南省民族研究所编，1987年6月。有的学者认为阿怒（包括现在的独龙族）与景颇族有同源关系，因而采用“景颇语支”，也有的学者直接使用“怒语支”，但目前还颇有争议。

⑤ 孙宏开编著《独龙语简志》，民族出版社1982年版，第189页。

是阿怒人最为集中的地方，至2004年末人口3159人，占丙中洛全乡总人口6205人的50.9%。至2004年末，全乡总人口6205人，其中阿怒人3159人，占50.9%，傈僳族2027人，占32.6%；藏族520人，占8.4%；独龙族305人，占4.9%。全乡登记的信教总人口3887人，占总人口的63%，宗教包括藏传佛教、天主教、基督教（新教）等。根据丙中洛乡政府2005年10月的统计数字，全乡共有天主教堂5座、喇嘛教活动场所2个（包括位于丙中洛东风村的喇嘛寺一座，丙中洛日当村喇嘛教活动点1个）、基督教堂6座[①]，全乡人口6205人中，信教人口3808人，占总人口数的61.37%。其中，天主教徒864人，占总信教人数的13%；佛教（此处仅指喇嘛教）徒2136人，占信教总人口数的34.42%；基督教（新教）徒[②]806人，占信教总人口数的12.98%。

独特的地域环境，使阿怒人远离现代文明的冲击；地处边界，使世界主流宗教在跨境民族交流中不断地深入边民的日常生活。阿怒人一方面以其自身的文化心理对天、地、灵魂、神、鬼进行解读，另一方面又在原始宗教的框架中纳入主流宗教的耶稣、上帝、佛祖等，在文化的深层结构中整合自己的价值观。

三　阿怒人的原始宗教信仰

阿怒人以家庭为单位，一切活动都主要围绕获取食物、（外出）安全与健康以及人的最终归属等四个需要进行。从现实世界来看，阿怒人通过有限的种植、饲养、狩猎、采集技术直接与环境的交流获得生存资料，同时面临各种灾害和疾病；从阿怒人的民间信仰来看，是恶鬼“卜郎”通过伤害或吃掉庄稼、牲畜或人的“卜拉”而给人带来灾害：收成减少、人的身体得病或死亡。因此，人一方面通过各种人的组织和制度进行艰苦的劳动，利用环境中所提供的物质资源来克服种种不利因素，获取生存的资料；另一方面通过祭祀神以获得保佑，增强抵御鬼侵扰的“能力”（用阿怒人的话来说，如同“吃补药一样”）；请“南木萨”利用神力来驱杀

① 当地群众称基督教新教教堂为“基督教堂”，因此本章中“基督教堂”仅指基督教（新教）教堂。——笔者注

② 本章中“基督徒”仅指信仰新教的基督徒。——笔者注

“卜郎”保护或挽救“卜拉”；采取对鬼“卜郎”的妥协，如施以酒食，满足“卜郎”的需要最终减少对庄稼、牲畜和人的伤害；恪守一些禁忌，避免“不适当地”影响诸多自然界的灵魂而导致事物向人们所不期望的方向发展；最后，作为最终归属，人死后的亡魂“细”到天上亡魂居住的地方“南木细”生活，“细”也有生魂“卜拉”，原来在世间陪伴人的自然诸物（包括死者生前使用过的东西，如生产生活用具和牲畜等）也要到“南木细”陪伴人的“细”生活，直到最终消亡。这就是阿怒人的生存模式。

（一）灵魂信仰

生魂。人和动植物有两个灵魂，生魂叫做“卜拉”，亡魂叫“细”。“卜拉”由善鬼或天神“南木拉”安排出生，其命运受“南木拉”掌管。“卜拉”的身材、相貌、性情、品德和智愚都与人相同，它与人同在，人做什么它也做什么，穿什么衣服它也穿什么衣服，但当人睡觉时它却不睡，喜欢离开人的身体四处游走，因此人就做梦，人在梦中的行为就是“卜拉”在外活动的结果。“卜拉”胆大而四处游走，因而易上各种“卜郎”（恶鬼）的当而受到攻击或被吃掉，所以“卜拉”就会生病或死亡，“卜拉”病则人病，“卜拉”死则人死，动物的“卜拉”与人的相似。

除了人和动物的“卜拉”以外，其他自然诸物都有灵魂，例如与阿怒人关系密切的庄稼等也有生魂“卜拉”。这些“卜拉”也是由天神“南木拉”安排出生的，它们也容易受到“卜郎”的伤害而长势不好。这些伤害往往表现为病虫害等，需要请“南木拉”给予照看才行。阿怒人一般没有专门针对庄稼病害的巫术，但有每年一次的祭神活动，以及一些小规模的祭神、祭鬼等活动。

阿怒人并不认为他们的收获，包括玉米、甜荞、青稞，饲养的牲畜，采集而来的蜂蜜、野菜、药材、菌类以及猎物单单是付出劳力、组织劳动的结果，更重要的是，它们由天上和地上的诸多善鬼和神（“神”的概念是喇嘛教传入后才发展出来的）掌管着。首先是掌管世间万物的善鬼头目或天神的“南木拉”，其次是各种相关的神，如山神等。同样，人的安全、生命、吃食、运气等除了天神“南木拉”以外由相关的神掌控，如“南木松”掌管安全，“松尼”神管疾病，火塘神“达木噶”管伙食，“司南木”神管食物的数量，等等。总之几乎所有的事务都由相应的神来管理，而

"南木拉"统管所有的事务。同时各种恶鬼的干扰破坏也使收成减少，事务不顺，遭遇厄运，人畜得病或死亡。因此，阿怒人首先要祭祀神，除驱杀恶鬼之外还要以酒食供给和祭祀它们——一种与恶鬼妥协的措施。

阿怒人全寨性或全民族性的祭祀活动主要是感谢南木拉一年来保佑获得丰收，并恳求保佑下一年的收成更好。祭祀由"南木萨"主持。1958年以后，"丰收祭祀"逐渐消失，现在只有各户在开始收割时举行一个简单的仪式。"乃热"在阿怒语中为"朝拜神仙"之意（"乃"为"神仙"；"热"为"朝拜"之意），它是阿怒人唯一一个本土的节日，阿怒人每年农历三月十五都要举行至少三天的祭拜活动。届时阿怒人必沐浴，着新衣，带上酒食，采摘鲜花，到今丙中洛乡的兴炯乃（掌管超度众生的神仙）、帕姆乃（掌管牲畜的神仙）、典确乃（掌管经书和念经的神仙）① 等三个神仙洞朝拜。在喇嘛教传入之前，到这些"乃"洞的朝拜有占卜和企求未来收成好之意。据说，如果朝拜者还未到达洞口就有水来"迎接"，离开时有水相送，则本年一定有好运，否则就是没有大难也会有小灾。每年祭祀的时候，阿怒人在洞里插上鲜花，献上酒、肉，由"南木萨"主持礼祭庄稼种子与祈福，之后吃供品，从钟乳石上接下泉水—仙水带回家，最后全寨人唱着古老的歌谣跳舞。

亡魂。在阿怒语中，"细"是亡魂的意思，亡魂"细"不属于鬼的范畴，它是在人或动物的生魂"卜拉"死亡后才出现的第二个魂。"细"的形状与性情与人生前一模一样，它不会保佑世人，却喜欢作祟人畜，贪酒食，因而要不断地给它东西吃，尤其是在人们操办大事，如婚礼、节日等场合。为了不让"细"滞留人间作乱，阿怒人举行葬礼的主要任务就是将人的亡魂"细"顺利地指引至亡魂世界"南木细"去：明确指出它已经死亡，不再是人；（甚至过量地）满足它的需要，如酒食等，让其不要留恋活人的世界；最后主持阿怒人传统葬礼的人"木迪帕"及死者的亲友邻居要以非常严厉的话语"骂魂"，即对亡魂的威逼利诱以将其"赶"出人世，早日到"南木细"去。

阿怒语中"南木"是"天"的意思，那么"南木细"即是在"天上专供亡魂居住的地方"。这个地方由天神"南木拉"直接掌管。"南木细"

① 此三个"乃"洞的名称和含义现已具有喇嘛教的色彩。据说，要确定一个"乃"洞并接受人的朝拜，首先必须经过喇嘛开光后才具有"神力"（资料来源：施文兴）。

同人间一样，也有世间的东西，只是房屋低矮，很不干净，“细”们最终由天神“南木拉”安排，在那儿过着与人世相似的生活，依靠播种、打猎和采集为生，寿命与其在人世时相同，牲畜在生前属于谁家的，死后它的“细”也属于谁家人的“细”；人们生前是父子的在“南木细”仍然是父子，是夫妻、母女和兄弟姐妹的仍然是“兄弟姐妹”，总之，生前是一家人的死后仍然是“一家人”；此外，一个人生前所到之处及所走之路，其“细”也要重走一遍；人在世间活了多少年，其“细”在“南木细”也活多少年，“细”死后就最终消失了[①]。与亡魂“细”一样，在“南木细”跟随“细”的牲畜、庄稼的都有生魂“卜拉”，他们的寿命也与在人世时相同。与民间信仰中的神鬼世界所不同的是，“南木细”由天神“南木拉”直接安排，没有恶鬼“卜郎”，因此，“南木细”又被称作是“阿怒人的天堂”，虽然人的“细”在这个“天堂”中不是永恒的。

阿怒人认为，人死了，他的生魂“卜拉”和肉体都相继死亡，随之而来的是亡魂“细”的出现。因此，人的死亡就意味着与人的世界，即家庭和社会的决裂，而“细”的最终归属是天上的“南木细”即亡魂的世界，那些未能正常地被送至“南木细”的“细”会在世间游走，四处作乱。阿怒人的传统葬礼就是一个将亡魂“细”送入“南木细”的仪式过程。这是一个特殊的时期，由于刚刚死亡，死者一方面还不知道自己已经死亡，另一方面还在留恋人世，他的存在介于人世与亡魂世界“南木细”之间，是一种混沌状态，因此需要一些人为的仪式来帮助他完成这个过程。在这个从人或灵魂转化成亡魂并准备进入亡魂世界的过程中，人（亲人和其他人）与死者的关系逐渐发生着极其微妙的变化：悲痛—恐惧与尊敬—措辞严厉的咒骂、驱赶—清除死者的影响、恢复正常的生活秩序等。

（二）鬼神信仰

善鬼（神）。阿怒人原和与其同源[②]的独龙族拥有极其相似的民间信仰系统，在其“一共九层”[③] 的空间世界中，有一个极其丰富和复杂的“鬼”的系统，每一层都有不同的“鬼”居住，“鬼”有大小，也有好的

---

① 阿怒人的灵魂观念与独龙族的相同，只在有些名称上存在差异——笔者。参考蔡家麒《论原始宗教》，云南民族出版社 1988 年版，第 48 页。

② 洪俊：《独龙族传说与族源》，载《民族学》1992 年第 2 期。

③ 参考蔡家麒《论原始宗教》，云南民族出版社 1988 年版，第 55 页。

和坏的，或同时是好的又是坏的——缺乏明确的“神”的概念。但自18世纪后半叶喇嘛教传入后，阿怒人的民间信仰系统日渐简化。空间上，阿怒人虽仍然认为天地共有九层，但内容极其模糊，最后逐渐形成了“天”与“地”的概念，天上住着阿怒人最大的掌管万事万物的天神“南木拉”（包括男性天神“南木拉吉布”和女性天神“南木拉尼姆”两位），地上住着人、恶鬼“卜郎”和其他较小的神。如果将阿怒人的民间信仰系统按照“善”与“恶”的二元结构来划分，则基本上可以分为属于“善”的范畴的善鬼或神、属于“恶”的范畴的恶鬼。比较而言，阿怒人的“鬼”要具体和复杂得多，而有关神的系统则要简单得多。诸神中居住在天上的有天神“南木拉”和“南木察”（类似汉语中的雷公和电母二位神），地上的神多为后来才发展起来的，有的甚至是在喇嘛教传入以后才出现的。地上的神有“南木松”（包括男性神“南木松吉布”和女性神“南木松尼姆”），掌管人的出入安全；“松尼彭”（男性）和“松尼南姆”（女性），掌管人的健康和疾病；火塘神“达木噶吉布”（男性）和“达木噶尼姆”（女性）分别住在火塘的北面和火塘的南面，以火塘上三角的北、南两只角为标志，掌管火，可以使人煮熟饭吃了不得病；“司南木吉布”（男性）和“司南木尼姆”（女性）居住在火塘靠怒江的那一面，前者以另一只三角为标志，后者就在靠江一面的墙壁上的茶台（即台柜，阿怒语），可以让人每次煮食物都足够吃；中柱神“雄木吉布”（男性，代表父亲）和“雄木尼姆”（女性，代表母亲），二者合一，共同支撑着阿怒人的房子；人类的始祖，阿怒人《创世记》中结婚的兄妹俩完成了人类的繁衍以后，自己也成为了神，即“南姆亚姆彭”（男性，为父亲神）和“南姆亚姆南”（女性，母亲神），二位神现居住在高黎贡山的一座山峰“卡瓦嘎普”（阿怒语：“甲依给尼其姆”），为怒江与独龙江的分水岭；《创世记》中从地上到天上打铁的夫妇后来也成了神（相当于我们熟悉的“雷公”和“电母”），即“南木察彭”（男性）和“南木察南姆”（女性）。另外，还有风、雨、日、月、星、辰以及山神、树神、猎神、水神、蛇神、庄稼神等数十种，它们各司其职，在阿怒人的崇拜与祈祷中满足人们对食物、安全与健康的需要，人若对神不敬或疏于祭祀就会招致灾祸。例如水神，有水的地方不能得罪（牲畜粪便可以放在水里，但人的粪便不可以），否则会得病，如风湿、关节炎、化脓等，水神要用牛奶祭，一般洒在水井或水沟边上，祭祀水神时，主祭人不得喝酒，吃油；蛇神，它管人们金银收入等，要好好对待才能得到保佑；树神，管人的行动—出入平安；山神，每个山一个神，山大神大，负责保护一个地方……200多年前喇嘛教噶举派传入后，阿怒人关于神的系统得到了大大的丰富，能力也得到加强。

恶鬼。阿怒人的恶鬼系统极其复杂。根据阿怒人《创世记》中的有关“大洪水”的起因的描述，“最早的时候”，天上的善鬼头目和恶鬼头目分别造了人和恶鬼“卜郎”，人与恶鬼在地上混杂居住，恶鬼生性残忍，不断吃人，“南木拉”为拯救他所造之人，于是就出了九个太阳和九个月亮，引发了大洪水，重整人与恶鬼的秩序。从此，恶鬼们只能通过作祟人畜来向人索取酒食，人通过施与酒食来实现与恶鬼的共处，必要时通过“南木萨”进行驱杀①。属于“恶”的范畴的恶鬼“卜郎”包括山鬼“木里卜郎”、水鬼“昂卜郎”、路鬼“木胡卜郎”和树鬼“穷那底布”、掉江鬼“得格拉卜郎”，跌倒死的鬼“噶母索”卜郎、石头鬼、路鬼、崖鬼等数十种。卜郎为恶鬼头目（一个天鬼）所造，经常发生在人身上的所有灾祸和疾病都是这些恶鬼造成的，它们通过伤害或吃掉人的生魂“卜拉”而致人生病或死亡。例如，人在过溜（索）时坠江是因为水鬼“昂卜郎”发出怪叫声而使人受惊的结果；石头鬼会说话，吞噬小孩，故凡怪石都是鬼的化身，孕妇、小孩不能在怪石上休息玩耍，否则会遭石鬼缠身；树鬼会模仿人、鸟的声音，使人的灵魂离开身体而死亡；路鬼常使人迷失方向，坠入深渊……②恶鬼是与人打交道最多也最频繁的，人们对它们又恨又怕。

人与善鬼和恶鬼之媒介的巫师“南木萨”是个十分矛盾的角色。他/她一方面可以帮人驱鬼治病，另一方面却会作法害人，因此，人们对他们的态度十分复杂。此外阿怒人的巫师中现在还有一个被称作“木迪帕”的人，他不具备任何“神力”，由于懂得葬礼、婚礼、祭祀神鬼等传统仪式的操作程序，他的主要职责是主持葬礼、小型的祭祀鬼神的活动等。由于怒江地区受到喇嘛教等宗教的影响，阿怒人的民间信仰中已经明确地有了“神”的概念，“南木萨”除了从事卜卦、驱鬼治病等活动以外，也承担了主持定期的祭祀神灵活动，有的“南木萨”甚至会用藏语念咒语。阿怒人的“南木萨”根据其法力的大小司不同的职责：最基本的可以卜卦，一

① 综合参考了现在流行于丙中洛地区的传说及蔡家麒教授的研究：《论原始宗教》，云南民族出版社1988年版，第52页。

② 参考陶天麟《怒族文化史》，云南民族出版社1997年版，第116页。

般的还可以驱鬼治病，最高级的除此之外还能够主持大型的祭祀活动，如丰收祭祀和“乃热”（朝仙节）的祭祀等。阿怒人“南木萨”的卜卦主要有手卦、猪卦、鸡卦、竹签卦、万卦、酒卦、鸡蛋卦、水卦等十余种，这些都是根据不同情况而采用不同形式来卜卦的，卜卦的结果不同，祭祀的时间地点、祭品也不一样。

（三）祭祀

祭“英独龙”（中柱）、祭火塘等是阿怒人室内祭祀的主要内容，与阿怒人的日常生活息息相关。阿怒人认为，中柱支撑着整个房子，如同父母支撑着整个家庭一样，因此中柱“英独龙”是一个象征着父母同一的神，包括“雄木吉布”（父亲神）和“雄木尼姆”（母亲神）。阿怒人开始收玉米的时候，首先要在一块地里找到几个比较好看的不同一般的大玉米棒，那些在同一个玉米树上有多个的，大得把玉米树都压弯了腰的玉米最好。在玉米收完回家后将这些最好的玉米（一般要六个）插在中柱“英独龙”上，中柱同时也用青松枝装饰一新。有的人家同样会将这样的玉米放在火塘旁边的茶台（台柜）上。阿怒人认为，在中柱上挂上最好的玉米，献给家神，那么下一年的收成会更好。因此，阿怒人在杀猪、打到猎物或收获什么比较稀奇的东西都喜欢往中柱上挂。挂在中柱或放在茶台上的玉米在每次更新后都要放进仓库里，等到一月、二月或春节前头年的玉米用尽时候拿来喂鸡，鸡吃了好，但像猪这样的动物是不能喂的，因为它们名声不好——“蠢猪”不好听。

但凡过年、盖新房、修房子、结婚等喜事的时候，中柱往往用青松枝（吉祥如意之意）装饰一新，紧靠中柱的桌子摆上最好的玉米棒子、水酒和烧酒——献给所有的神“喇咪”。阿怒人认为，没有神的参与和祝福，什么事情都办不好，而且中柱锅庄[①]也是一种祭祀神的行为。于是人们围绕中柱，首先听一位德高望重的老人请神。阿怒人的请神以人物、矿物、鸟雀、地形等为内容，分三个层次依次请不同种类、不同等级的神。其中，人物有“喇咪”（诸神和僧侣）、“宾布”（大小官员）、“巴克”（绅士或老百姓中德高望重之人）；矿物有金、银、玉；鸟雀有凤凰、孔雀、

① 阿怒人的中柱锅庄舞一般有两种，“可鲁”和“意”，前者节奏较缓，适合年长者，而后者节奏较快，适宜年轻人，都属于本土化了的藏族锅庄。

布谷鸟；地形有高山、半山腰、江边。

阿怒中柱锅庄结束时，所有人都要站起来，否则人的灵魂会和“卜郎”一起被踩死。根据施文兴说，跳锅庄对于信仰喇嘛教的人来说，相当于“打鼓念经”的功效。中柱是阿怒人家庭的象征，而火塘是生活的中心，吃饭、睡觉都离不开（老人晚上一般喜欢睡在火塘边的位置）。但凡遇到有大事或要出门，阿怒人必祭祀火塘，在火塘的四个方向，在铁三角的三个角的位置和茶台上洒上水酒、玉米面等，求神（“司南姆”和“达布嘎”）保佑出门平安，有吃的，吃了在火塘上煮的东西不得病。有的人家每日都祭祀，但多数人家只是在家人要出门，有客人来，或其他特别活动时祭火塘。

（四）禁忌

阿怒人认为，人们不适当的言行会导致某些事情的发生。在诸多的禁忌中，关于收割庄稼的禁忌最为重要。由于受互渗律①的支配，人的“不当的语言或行为”一定会导致收成的减少。因此作为一种“消极巫术”，对禁忌的持守在阿怒人的生活中极其重要。阿怒人在收割期间（早上出工至晚上收工前）忌食鸡肉、鸟肉等，因为家禽、飞鸟的羽毛“风一吹就飞走了”，而且鸡、鸟等动物除去羽毛，肉所剩无几，如吃了禽、鸟肉的人去收割就会使粮食像羽毛一样飞走或像禽鸟一样“除去皮毛所剩无几”的；忌食江鱼，忌触摸江水——九月以后江水渐落，触摸水位下降的江水可引起收获粮食的数量像江水一样减少或降低，而此时食用江鱼也可导致同等的结果；忌食鼠肉（鼠肉是阿怒人一项重要的蛋白质来源）——老鼠见人就躲，吃了鼠肉的人去收玉米，玉米也会躲起来（禁忌食用的食物可以在当天收获结束后吃，但必须是所有参加收割的人一起吃）；收割期间忌说有关猴子和熊的话——猴子偷玉米，扳一包丢一包，最后什么也不剩，而一头熊一次可以吃掉一亩玉米，“熊”从口出会“吃掉”正在收获的玉米；打谷子、青稞或小麦的时候，不能吃瓜子、葵花子、板栗——这些东西吃起来极不方便，被称为“穷鬼饭”，吃半天都不会饱，人吃了这些东西以后是不允许帮忙收割粮食的；收割期间，江的下面，日落的地方是不能去的（相反则可以），否则也会导致收获的粮食减少……

---

① ［法］列维—布留尔：《原始思维》，商务印书馆1981年版，第62页。

在阿怒人的传统观念中，存在着一系列的二元结构，是阿怒人所必须恪守的规则，否则将引来厄运。其中，最为突出的就是“上（好）”与“下（坏）”的关系。以此为基础，阿怒人的方位分为“高山”与“江边”、（怒）江的“上部”与“下部”、“日出的地方”与“日落的地方”等。碧绿如翡翠一般的怒江水对于阿怒人来说并不意味着好的事物——水鬼“昂卜拉”令人毛骨悚然，而怒江水由于处于人居住的“下方”而被视为不洁净甚至邪恶的。阿怒人因此绝对不会饮用怒江水或随便到江边玩耍，笔者初次抵达茶腊村时阿怒老乡不止一次地警告不要到江边去。阿怒人朝向江边方向所开的窗子是用来观察鬼的，即通过它随时监控“邪气”的动向，相反，处于自己村落上部位置的地方和水源则是洁净的和吉祥的，甚至是神居住的地方。1950 年以前，阿怒人的交往或通婚一定程度上受此观念的影响，即人们将与（怒）江上部人家的交往或通婚视为好的，而与江下部的交往或通婚则被认为是不好的，收割期间，江东（处于日出地方）的人是不会去江西（处于日落地方）帮忙的，江西的可以到江东帮忙，甚至在此期间江东的人也不会轻易到江西去。即使是现在，阿怒人收割青稞、小麦或玉米都是按照从下到上的方向，即从南向北、从西到东（怒江东岸）、从东到西（怒江西岸）或按照泉水流动的相反方向收割。

另外，埋葬死人的时候要注意，死人的头部一定要朝向高山的一面而不能朝怒江的方向—山可以压制死人，但如果朝向相反会使得死人抬头，活人就要遭殃。据说解放前阿怒人住的地方曾经发生过瘟疫，无奈的阿怒人决定在埋葬死人的时候将其头朝向怒江的下方，让江下边的人“帮忙”承担一些灾难；阿怒人也采取一些较为“积极”的措施以保障粮食收成年年增产，六畜兴旺。其中，在信仰喇嘛教（也含一定传统民间信仰）的家庭中，每年春节和其他重大节日，阿怒人都要用青松枝装饰中柱，在横梁上画上一种形象如草的图案，在室外和室内的墙上以及牲畜圈的门上都用白面撒出一个朝上的爪状的图案，这些图案都被认为可以给家庭带来兴旺。

四　“家庭视野”中的多元宗教

阿怒人的家庭是一个以核心家庭为中心弹性地向外沿亲属延伸的家庭组织，它首先是一个多元统一的结构，即父母统一、两性统一、子女统一和父母与子女统一的家庭整体，然后向外延伸并形成一个更大的统一体，如家族①、村落、婚姻圈等。同时，一套以阿怒人家庭模式为范本的观念系统，即家庭视野，是阿怒人理解、解释世界的基本模式。

（一）家庭视野中的神

阿怒人的家庭视野是他们看待世界的观念和方式，是一种以家庭模式，包括家庭结构及其关系与情态为基础（或模式）的解释世界的观念结构。在阿怒人多元统一的思维结构和观念中，首先是男女两性神统一为一个神的整体；其次是各种神作为独立的个体统一于阿怒人的神灵系统中；最终，存在于阿怒社会的多种宗教信仰是相互独立和平等的，同时统一于一个家庭或社会（如村落等）中。阿怒人的家庭视野使得各种不同的宗教信仰在阿怒人的文化与社会系统中得以整合，其结果是没有导致社会、文化的分离，而是加强了整个社会、文化系统的整合性。阿怒人的家庭视野主要来源于两个方面，除上述阿怒人的家庭本身外，还有阿怒的神话传说、古曲，甚至阿怒人的原始信仰。

阿怒人的原始信仰包括人和万物的生魂、善鬼或神、恶鬼、亡魂与亡魂世界等内容，神的概念主要是在喇嘛教传入丙中洛地区后才出现的，在“神”形成之初，阿怒人即以家庭的模式构建了神灵系统。

阿怒人的神灵中不存在任何的亲缘关系，但有等级大小之分，如同与父母对应的月亮和太阳，与子女对应的大星星以及与子女的子女对应的小星星等。首先，最大的当数已成为天神的掌管世间万物的善鬼头目“南木拉”，也有的人将《创世记》中人的始祖，即“互为婚配”的兄妹俩所变成的神南姆亚姆彭（男性，为父亲神）和南姆亚姆南（女性，母亲神）与“南木拉”等同。其次就是各种掌管不同事务的神灵，如，掌管人出入安全的“南木松”、掌管人的健康和疾病的“松尼”神、火塘神“达木噶”，掌管食物的“司南木”，等等。最后是一些较小的神，如风、雨、日、月、星、辰以及山神、树神、猎神、水神、蛇神、庄稼神等数十种。喇嘛教传入后，阿怒人事实上拥有并行的两个神灵系统。

---

① 家族有广义和狭义之分，前者指以婚姻和血缘关系结成的社会单位，后者指父系大家族。本文中阿怒人的家族仅指以父系血缘为基础分裂而成的多个个体家庭的组织，家族是现在阿怒人实行外婚制的基础以及一个最核心的互助组织。——笔者注

另外，阿怒的神灵大多都有性别，包括男女两性，有男性神和女性神，父亲神和母亲神，他们为同血缘的神，密不可分，是一个二元的统一体：最大的天神“南木拉”是一个二性统一的神，有“南木拉吉布”（男性神）和“南木拉尼姆”二位，他们同时存在，祭祀的时候必须一起喊；“南木松”（包括男性神“南木松吉布”和女性神“南木松尼姆”）；“松尼彭”（男性）和“松尼南姆”（女性）；火塘神“达木噶吉布”（男性）和“达木噶尼姆”（女性）分别住在火塘的北面和火塘的南面，以火塘上的三角的北、南两只角为标志，掌管火塘，使人的饭煮得熟，吃了不得病；“司南木吉布”（男性）和“司南木尼姆”（女性）居住在火塘靠怒江的那一面，前者以另一只三角为标志，后者就在靠江面墙壁上的茶台（台柜），可以让人每次煮食物都足够吃；中柱神“雄木吉布”（男性，代表父亲）和“雄木尼姆”（女性，代表母亲），二者合一，共同支撑着阿怒人的房子；《创世记》中从地上到天上打铁的夫妇后来也成了神（相当于我们熟悉的“雷公”和“电母”），即“南木察彭”（男性）和“南木察南”（女性）。这些分男女二性的神同时又是二性统一的神，他们必须同时出现才有意义，为一个神的两性统一体。另外，其他较小的神没有性别，而喇嘛教的神灵大多没有性别。下面是与茶腊村的一位“长老”的访谈：

笔者：中柱阿怒人语叫什么？

“长老”：英独龙。

笔者：它是神吗？

“长老”：当然是，叫“雄木”。

笔者：一个神吗？

“长老”：不，是两个，他们要在一起，一个叫“雄木吉布”，一个叫“雄木尼姆”。

笔者：他们掌管什么呢？

“长老”：他们管房子，管好运气。

笔者：“雄木吉布”、“雄木尼姆”管理的事情有不同吗？

“长老”：管一样的，两个一起管。

笔者：一个管不行吗？

“长老”：不行，阿爸阿妈只有一个生不出娃娃嘛。喊的时候只喊一个，房子会倒的。

笔者：有房子因为这样的原因倒了吗？

“长老”：没有，没有人只念一个的。

笔者：火塘的神也一样吗？

“长老”：是的。

笔者：如果只有一个会怎样呢？

“长老”：就像烧火没有柴，怎么能烧得着嘛。

……

与同一个家庭的兄弟姐妹一样，阿怒人的神一方面处于独立的地位，他们又是一个统一群体中的成员，都具有“好”的属性，属于人类阵营中的盟友。同时，神也是两性的统一体。

（二）家庭视野中的主流宗教

阿怒人《创世记》和《本曲》中，都将阿怒人与其他邻近的民族看作是同一父母下的兄弟姐妹。对于200多年来逐渐传入阿怒人中的喇嘛教、天主教、基督教（新教），以及远在金沙江那边的汉传佛教，在阿怒人眼中也都是“兄弟姐妹”。

在丙中洛地区流传着一个关于宗教的传说：

“很久以前，各种宗教原是一家人，他们来自印度，先是住在青藏高原的一个地方，好几条江都从那里流出……这家人的父母亲有四个孩子（两个兄弟和两个姐妹），后来由于兄弟姐妹之间不和睦，大儿子自己去了金沙江，成为了汉族的佛教（汉传佛教）；老二留在西藏，成了喇嘛教；两个女儿不听话，一个被母亲装进皮袋投进了澜沧江，后来漂流到了一个叫做法国的地方，而另一个女儿被抛进了怒江，漂流到了一个叫英国的地方。有一天，一个上百人的藏族马帮在澜沧江边歇脚准备做饭时，突然听到江中有人喊救命，于是前往察看，见江中有一女子呼救，便把她救上岸来。女子说她是天主教，名字叫玛利亚，是从法国漂回来的。之后，天主教就在藏族中传播，后来传到了阿怒人的地方；玛利亚的妹妹基督教（新教）漂回了怒江傈僳族的地方，基督教（新教）就在傈僳族的地方传播，后来也传到了阿怒人的地方……”

在阿怒人看来，和人或各民族一样，各种宗教是独立和平等的，同时也是有亲缘关系的，它们之间即使存在差异，但仍然是“兄弟姐妹”。在丙中洛地区，即使喇嘛教、天主教、基督教（新教）之间没有也不存在任何形式的“合作”或交往，但作为一个生存共同体的阿怒人，包括各种不同宗教的信徒之间，交往是亲密无间的。

因此，从阿怒人的神话、传说、古曲构成了阿怒人关于家庭的基本概念，然后以此为基础逐步形成了对不同民族、不同宗教的观念与态度，反映了他们二元统一和多元统一的思维模式。当然，这些观念和思维模式并不是孤立存在的，它们不仅形成了阿怒人的民间信仰系统的模式，而且在宗教系统和以家庭为核心的社会系统的整合中起到了关键作用。

五　主流宗教的传入与宗教整合

（一）主流宗教的传播

200 多年来，宗教变迁的历史是阿怒人社会从宗教冲突、宗教对抗到多种宗教信仰共存的机缘和外部动力。

传播于丙中洛地区的“喇嘛教”主要属于藏传佛教之噶举派（俗称白教）中的噶玛噶举“红帽系”[①]，同时也有少数属宁玛派（俗称红教）等教派的信徒散布于各村寨中。喇嘛杜功建从德格喇嘛寺（今属四川省）取道昌都、维西，翻过碧罗雪山经福贡利沙底，辗转一年，于清乾隆三十八年（1773）到了丙中洛，开始在当地阿怒人中传播喇嘛教。喇嘛教先后经历了与土著居民及地方巫师“南木萨”的冲突，逐步成为丙中洛地区的主体宗教，至 20 世纪除与天主教的冲突，特别是“白汉洛教案”以后的衰败，但喇嘛教至新中国成立前夕仍然是丙中洛地区最具影响力而且信徒人数最多的宗教[②]。

天主教的传入伴随着与地方宗教势力喇嘛教的冲突。自 1898 年天主教司铎任安守首先到达丙中洛传教，便与喇嘛寺的冲突不断，光绪三十一年农历七月二十日（公历 1905 年 8 月 20 日）[③] 爆发的“白汉洛教案”达

---

① 古籍中常把云南藏传佛宁玛派（红教）与噶举派中的“红帽系”相混淆。参见杨学政《藏传佛教》，云南人民出版社 1994 年版，第 79 页。

② 关于喇嘛教在丙中洛地区的传播过程主要参考《怒江文史资料选辑》第一至二十辑（下卷），德宏民族出版社 1994 年版，第 1041—1044 页。

③ 杨学政主编，刘鼎寅、韩军学著《云南天主教史》，云南大学出版社 2005 年版，第 162—163 页。

到了高潮。喇嘛教徒的暴动在被清政府镇压之后，任安守用赔偿银重修了白汉洛教堂，之后又先后在重丁、秋那桶、茶腊、捧当等地修建了教堂。至此，任安守终于在丙中洛站稳了脚跟。

与天主教及基督教在傈僳族中的成功例子相比，基督教在阿怒人中的传播并不成功，丙中洛地区尤其如此。美籍牧师莫尔斯大约在20世纪30年代来到贡山，首先在腊早附近的普格勒村建立教堂，后以此为据点，东连维西，南向福贡扩展，北上传到月谷、丹珠、丹当。后来，莫尔斯派曾到维西受过培训的沙木义到丙中洛的双拉、比毕里一带传教，但收效极微……①至1958年前夕，基督教（新教）在丙中洛地区（捧当以上）的信徒极少。

（二）宗教的重新整合

不同文化系统的相互接触，其形式和后果是多样的。R. L. 比尔斯将其区分为“文化抗拒”、“文化同化”和“文化整合”三种。相对于“文化抗拒”的尖锐对立和“文化同化”的完全消融两种极端倾向，文化整合则注重文化接触的实际运行过程。文化整合是一个文化系统以自身文化价值为核心、以自身内在结构为参照而对其他客位文化特质的选择和建构，而文化又是一个开放的全层次系统，因此，文化整合必然呈现出全层次性和序化定向性。文化的“文化通性”和“文化间性”是文化整合的前提和基础，而文化整合的过程不过是世界文化整体中的不同文化的“互补”过程②。“作为文化系统的宗教”③，阿怒人民间信仰这个象征系统和意义系统对依次传入的宗教进行了多层次的整合。值得注意的是，阿怒人在接受、选择或整合一种外来宗教的过程中，其家庭视野首先确定了对待各种外来宗教的态度以及宗教之间的关系：所有的神，甚至作为各种神的母体的宗教本身与人联合—宗教整合的出发点；各种宗教作为独立的、平等的个体而存在；阿怒人本土的信仰系统，即一个包括神（善鬼）、鬼（恶鬼）、其他灵魂、亡魂世界的结构是整合的核心；在阿怒人的生存模

---

① 参见政协怒江州委员会文史资料委员会编《怒江文史资料选辑》第一至二十辑（下卷），德宏民族出版社1994年版，第1104页。

② 胡启勇：《文化整合论》，载《贵州民族学院学报》（哲学社会科学版），2002年第1期。

③ 克利福德·格尔茨（Geertz C.）：《文化的解释》，韩莉译，译林出版社1999年版，第107页。

式中，阿怒人对食物、安全和健康、人的最终归属的需要成为阿怒人宗教整合的动机和动力（因为不论阿怒人选择哪一种宗教信仰，都必须帮助解决上述四个问题），而其行动方式——人祭祀神，在神的帮助下驱杀恶鬼，获得生活保障，死后得到终极关怀，进入“南木细”这个阿怒人的“天堂”。

因此，阿怒人首先能够平等地对待所有的宗教，将某种外来宗教的特点和内容（不是整个宗教体系）零散地循序渐进地添加于其核心结构之上或取代原有的内容，最终形成一个“本土化”了的外来宗教的构建。即是说，阿怒人整合后的喇嘛教、天主教或基督教（新教）都与源自西藏的藏传佛教、原产于西方的天主教和基督教（新教）有重要差别，是阿怒人经过特定选择后的“土著视野”中的宗教。

1. 喇嘛教的整合

在阿怒人的民间信仰中，存在着可以依靠的善鬼或神以及需要对付的恶鬼，以及需要得到妥善解决的人的最终归属问题。在阿怒人民间信仰系统中，恶鬼的内容非常丰富而且详细，而神则略显单薄，相关巫术的操作者“南木萨”也不甚可靠。因此，阿怒人在喇嘛教传入之初与喇嘛教的冲突中两次被喇嘛杜功建的“法术”慑服之后，开始愿意入喇嘛教。在与喇嘛教的短暂抗拒和冲突后，阿怒人的民间信仰系统一方面以近乎融合的方式整合了喇嘛教，形成了阿怒人“喇嘛教”的主体结构，另一方面民间信仰系统由于吸收了一些藏族民间信仰的内容以及“神”的概念而显得更加完善，二者拥有完全相同的信徒群体并以“喇嘛教”作为这个复合的宗教系统的名称。在仪式操作上阿怒人的民间信仰与喇嘛教仍然保持着一定程度的独立性，前者由“南木萨”、“木迪帕”或懂得操作者实施操作，后者主要由喇嘛师傅（匝巴）依照经书进行操作，但二者并不相互排斥，甚至互为补充。在近200多年的时间里，整合在阿怒人的民间信仰系统中逐渐形成了神及神鬼对立的概念，同时产生了一系列的掌管各种事务的神（参看本章第一部分：善鬼或神与恶鬼）；以喇嘛教强大的神灵阵容、经典和仪式等内容为基础构建了另一个更加优越的用于解释世界、应付诸多如生计、灾祸、疾病以及人死后归属问题的宗教信仰系统；阿怒人有关恶鬼的结构和内容几乎没有发生改变，成为经过改良后民间信仰中的诸多神及喇嘛教的神灵共同对付的“敌人”；亡魂世界“南木细”仍然是人的最终归属或终点，只是添加了来自喇嘛教的有关“投胎转世”和“极乐世界”等概念，但大多数人对所谓“转世”和“极乐世界”并不感兴趣，而对喇嘛师傅帮助亡魂“细”顺利进入“南木细”的法事表现出强烈而浓厚的兴趣。在“喇嘛教”的名称之下，阿怒人一方面以其民间信仰结构作为整个象征系统的“操作系统”，宗教实践上仍然表现为以获取食物，保障安全和健康，解决人生最终归属的问题为动机，以神、鬼、亡魂世界为基本结构的操作；另一方面大部分的神及其相关操作主要来自喇嘛教。在民间信仰和喇嘛教的关系上，一方面他们的神灵系统在形式上仍然是独立的，例如在请神驱鬼的仪式中，喇嘛师傅是绝对不会提到那些“南木萨”才应该请的善鬼或神，而“南木萨”也不会请喇嘛教的神，另一方面来源不同的神拥有共同的“敌人”，因此喇嘛教徒几乎同时保留了其原有的民间信仰，而且喇嘛师傅与民间仪式主持者“木迪帕”可以同时为一个事件（如葬礼等）进行仪式操作；喇嘛教徒认为，其民间信仰作为喇嘛教的一种补充或替代品而存在，例如，在来不及或请不到喇嘛师傅的情况下也请据称懂得“南木萨”巫术操作的人来驱鬼治病。

被引入阿怒人信仰系统的喇嘛教的神有：第一位莲花大师（白脸）、渡吉[illegible]（绿脸）；第二位释迦牟尼，第三位噶玛巴等管理世间万物的神；第四位噶举松玛（包括三位神，中间的为亿显格博，其右边的达木间，左边的哈姆）掌管嘎举派的事情，为可求得平安钱财的神；第五位为千手观音；第六位为嘎瓦嘎博（梅里雪山）神主要为管理整个云南藏区的（地方）神……它们被供奉在丙中洛普化寺中，有匝巴等学习经典教义，举行法会，祈祷平安丰足，必要时在民间操作中请来诸神驱鬼治病。每年的腊月二十九日，普化寺都要举行一年一度的祈福舞蹈。与此同时，阿怒人自己的神也得到了发展，并具有了一些喇嘛教和藏民族的特征。阿怒人《创世记》中人类的始祖也成为了大神：第一位，“南姆亚姆彭”（男性，为父亲神，相当于汉族的“老天爷”）和“南姆亚姆南”（女性，母亲神），二位同住一山；第二位，丙中洛的“卡瓦嘎普”（山神）；第三位，“尼达乌间卑玛”（神仙的主人，管理诸多神仙）；第四位，甲依给尼齐姆”（管怒江，主要是丙中洛的神），都受到阿怒人的民间朝拜，而一些地方的神仙（岩神或洞神）也因得到了喇嘛（活佛）的开光而受到阿怒人的朝拜，有兴炯乃（乃为神仙之意）——管理超度众生的仙人，位置在丙中洛村的背后；帕姆乃管牲畜的神仙，在丙中洛的贡当神山，现保存较好；石门关的典确乃掌管念经和经书的神仙，每年农历三月十五日，“乃热”（朝仙节，现在叫仙女节或鲜花节）时节，祈祷丰收的仪式在上述的一个洞中举行，原来仪式为“南木萨”主持，现由普化寺的喇嘛师傅主持祭祀。其余较小的神紧随其后，如水神、蛇神（掌管钱财收入）、树神（管出入平安）、“双间姆拉热巴”（歌舞之神）等20多位主要在阿怒人民间受到崇拜。与此同时，阿怒人的“恶鬼”未得到添加，而且它们都被记录在了喇嘛教的经书中。

经整合后作为喇嘛教与民间信仰复合体的喇嘛教的神更多、更强大、更系统化，操作者也更有“能力”，因而在阿怒人的生存模式中诸如祈福、驱鬼治病、终极关怀等方面都更加有力量了。用一位阿怒人老乡的话说，“人得什么病，是什么鬼搞的，喇嘛师傅翻开（经）书就知道了。”在平常的占卜、驱鬼治病、主持大型祭祀中，各等级的僧侣几乎完全取代“南木萨”的位置，而在能力上有过之而无不及，他们可以主持或操作更为复杂的仪式，念“有真凭实据”的经书，直接驱赶恶鬼或调来强大的神灵队伍进行驱鬼杀鬼。同时“南木萨”及其巫术退到了补充的地位了。但值得注意的是，不论是祭祀神、驱鬼治病还是葬礼，现行的基本模式和程序并无本质上的变化，许多甚至是完全相同的。笔者的朋友，怒布的父亲说：“我1982年赶马的时候摔了一跤，左手受伤，当时没有到医院接受正规医治，也没有去请喇嘛师傅，最后到江西（怒江西岸的双拉村）请来一个据说是‘南木萨’的人，名字叫样必，我把正在下蛋的母鸡也杀了，酒也用了，‘虾辣’[①] 也做了，搞了一天，手也没有好。样必说他看见伤害我手的‘卜郎’了，但我没有见嘛，他可能骗人，我怀疑他是个‘假货’，他讲话也讲不好。样必自己不多久也死了，听说（他的‘卜拉’）是被‘卜郎’吃掉的——阿怒人认为，力量弱的‘南木萨’的‘卜拉’也会被‘卜郎’吃掉的。我们这里被‘卜郎’吃掉的人多了，有的是被‘南木萨’搞死的，例如寨子头的‘大眼睛’（人的外号）就是被好几个‘南木萨’搞死的，有独龙江的‘南木萨’、（二区三区的）‘蒙丝龙南木萨’、太阳出来地方的‘南木萨’、迪麻洛‘南木萨’、怒江‘南木萨’。还是喇嘛师傅厉害，他们懂文化嘛。”

---

① 笔者注：阿怒人的一种独特的食品，用烧酒和新鲜的肉类烹制，一般在特别的场合或重体力劳动之后食用。

在丙中洛地区至今流传着一个“南木萨”和喇嘛比武的传说。不知是何年代，丙中洛有“南木萨”，也有喇嘛，他们都会飞，但不知谁飞得高，他们于是决定比试一番，一分高下。……最先出场的是“南木萨”，只见他敲起铓锣，慢慢地飞了起来……喇嘛不服气，披上红色的袈裟，也飞了起来，……正当比武难分难解的时候，不知什么原因，“南木萨”手中的铓锣突然掉了下来，“南木萨”连忙伸手去抓，当他快要抓住的时候，一阵风吹来，铓锣被吹走了，于是“南木萨”就再也飞不高了。与此同时，喇嘛披着袈裟正在往上飞呢。比赛结果，喇嘛获胜。从此，喇嘛比“南木萨”厉害。

在喇嘛教家庭中，如果有人久病不愈，阿怒人就会考虑搞一次驱鬼治病的仪式，但现在这些事情不再依靠“南木萨”了，来自丙中洛普化寺或散居于附近村子的喇嘛师傅已成了主角，如果实在请不起，或来不及请喇嘛师傅，随便找一个自称或大家公认的会搞“南木萨”的人来。比较而言，现在用“南木萨”的办法驱鬼治病仪式非常简单，时间短（有时10分钟就结束了），而用喇嘛教的办法驱鬼就复杂得多了，有时要花费数天时间，据说“效果”非常好。喇嘛师傅驱鬼一般先是通过经书占卜，得出诊断——什么鬼害的，然后准备相关的祭品，请神来帮助驱杀恶鬼，同时也给小鬼们一些酒，让他们自己回去，不要再害人了。但有些已经成为阿怒人习俗的仪式操作不是喇嘛师傅可以代替的，必须得“南木萨”或“木迪帕”等有经验者才能承担此职责，他们的操作往往是一场仪式的核心。例如在阿怒人的葬礼中，“木迪帕”负责给死者喂酒，与死者沟通，努力说服、引导甚至驱赶死者的“细”以使他尽快到亡魂世界“南木细”去，不要留在人世间作乱，同时供应给他在“南木细”谋生的生产工具和种子。与此同时，家人也请来喇嘛师傅给死者打鼓念经，给死者指明通往“极乐世界”的道路，或投胎转世的方向。

2. 对天主教的整合

天主教传入后与喇嘛教的复合体在宗教信仰系统上的整合完全是替换式的。天主教的神甫绝对不允许皈依天主教的人们同时继续他们原有的鬼神信仰和实践，因此这种选择是极其痛苦的。但在对原有的信仰彻底失望和在生存的压力下，许多阿怒人选择了天主教。白汉村有个叫若社的人生了六七个孩子都没能够养活，村里的“南木萨”扬言说是他“施了巫术”害死的，若社杀了那个“南木萨”后逃到了德钦茨宗村，后来投靠了任安守，成了虔诚的天主教徒[①]。

但这样的选择和这样的一种“整合”并不能脱离“以自身文化价值为核心、以自身内在结构为参照而对其他客位文化的特质进行选择和建构。”对于一种全新的外来宗教，阿怒人在皈依后首先以自己原有的观念结构来理解或解释，而在阿怒人的生存法则中，不管要选择怎样一种的宗教信仰，都必须解决这样的问题：对于“善”的“神”和“恶”的“鬼”是怎样界定的？怎样从中获得生计、安全并脱离灾祸疾病？人的最终归属何在？这些都在作为一个全新的象征系统或意义结构系统的天主教内得到解决：神只有创造并掌管万物的三位一体（圣父、圣子、圣神）的上帝，“能力大及诸天”，圣母马利亚是由基督而来之诸恩宠的中保；世上并无“鬼”，灾祸疾病首先来源于“原罪”，即人由始祖亚当起因犯罪而丧失了地上乐园，丧失了天主在当初创造人时便赐给人的超自然的恩典，而“死”是最直接的后果。如保禄在罗马书上说：“通过原祖，罪进入了世界，通过罪死亡进入了世界，所有的人都将死去，因为所有的人都有罪”（罗马书五，12）。由于原祖亚当和厄娃（厄娃在新教圣经中称为夏娃）犯的原罪，使人与天主处于对立状态，人在超性生命上是已死的。因此，要恢复超性生命，必须在死中实现。耶稣基督为了救赎人类而死在十字架上，第三日的复活是人们得救的基础。对于人来说，加入教会对于得救是必要的。教会是那些通过洗礼而与基督结合一体的人的社会。教会保有圣事的管理权。成为教会成员的条件有：洗礼、宣认真正的信仰、服从教会的领导，并不排除由于不可克服的原因而对教会无知者被救赎的可能性，只要他明确地有参加教会的愿望。关于人最终的归属，人都要面临末世的审判，因为圣经明确地说过，永恒的审判是根据人们每日行的圣爱来进行的（玛二十五，31 以下）。为此可以说，当下末世论的观点使基督教（新教）徒在每刻都感到一种巨大的压力，以致他们必须把每分每秒都当作决定性的最后时刻来过，即在时时刻刻警醒的等待之中，谨慎自己的一言一行。由此可见，天主教一方面能够在教会内为教徒提供世俗保护；另一方面，其解释系统完善，用以获得丰收、医治疾病、避免灾祸的能力更为强大，而且成本低廉。

---

① 政协怒江州委员会文史资料委员会编《怒江文史资料选辑》第一至二十辑（下卷），德宏民族出版社 1994 年版，第 1058 页。

在丙中洛一带的天主教使用藏语和汉语的《圣经》，茶腊天主教堂做弥撒时只读汉语的《圣经》，神甫不定期到来，他们多用汉语（有的用藏语）讲道，平时的弥撒主要由读经员读汉语经书，用阿怒语进行解释[①]，中间夹杂许多藏语词汇。例如：天主（或上帝）藏语称为“达布”，阿怒语中称为“南木拉”（即阿怒人的天神），有时候也叫“喇咪”（即神或僧侣），如果懂藏语的人多，则主要用藏语的称呼；“天堂”在阿怒语中称为“纳缪”（“纳”为“天”，“缪”为“厅堂”之意），藏语叫“纳木伊”；地狱阿怒语称“南木细”或“细木里”（与独龙语同），意指“死人待的地方”（天主教的“天堂”里没有死人，只有复活的人，因此不同于“南木细”）。由于新中国成立前丙中洛地区的天主教信徒数量不多，而且经历了从1958年至1978年20多年的中断，现在的天主教徒绝大多数是恢复宗教信仰后新增的。因此，大部分信徒对天主教教义的理解都比较勉强。除少数读经员、总管外，普通信徒认为天主教与喇嘛教并无本质的区别，差异仅仅在于名称不同，仪式操作的方式不同，因而在葬礼和治疗疾病的实践上有所区别。在阿怒人原有的“神”、“鬼”二元结构里，“三位一体”的上帝代替了原来阿怒人原始信仰与喇嘛教所有的神，对于“鬼”的内容和功能也有了新的解释，但“人在‘神’的帮助下克服困难”的生存范式并没有改变。至于死后去“天堂”的内容，阿怒人的理解是一个类似“南木细”的地方，因此未表现出太大的兴趣，但对一句天主教传教时经常说的话笃信无疑：“如果都信仰天主教，那么死后全家人又可以在一起了”。

3. 基督教（新教）的整合

基督教（新教）的基本神学信条与天主教、东正教一致。因为其信仰均以《新旧约全书》为基础，体现于《使徒信经》之中。教会是信徒的联合组织。哪里有《圣经》、信徒，哪里便有教会。其组织较民主，制度较灵活，教牧人员无特权。这些都是基督教（新教）与天主教在内容上的不同之处[②]。

阿怒人原宗教系统与基督教（新教）的整合方式与天主教相似，还是

① 由于阿怒语没有文字，也没有阿怒语的“圣经”，读经员在讲解时多以直译来解释，因此阿怒信徒对经文的理解存在一定困难。——笔者注

② 于可：《当代新教》，东方出版社1993年版。

以“恶”的“鬼”与善的“神”为起点，“善”的神只有唯一一位“三位一体”的神，“恶”的是魔鬼撒旦。信仰基督教（新教），就是要修复与神上帝的关系，摆脱魔鬼撒旦的捆绑与欺骗，最后获得赦免，死后灵魂升入天堂。

20世纪80年代在阿怒地区传播的基督教（新教）首先来自傈僳族。他们使用傈僳语的《圣经》（有时也使用汉文《圣经》），在平时的灵修和教堂的礼拜中都使用傈僳语，因而从语言上来说“神”、“鬼”、“天堂”等词汇与阿怒语相对独立。但事实上，由于在丙中洛地区阿怒语、傈僳语等都是通用语言，阿怒人几乎都会讲傈僳话（但只有基督教新教信徒才学习和使用傈僳文），而且阿怒人与傈僳族有着相似的传统信仰（阿怒人对傈僳族的神和恶鬼也十分了解），甚至阿怒人过去有时候也请傈僳族的“尼帕”（巫师）来驱鬼治病的，因此在相关词汇上，阿怒人基督教（新教）徒在参加礼拜、小组聚会和个人灵修时都不会使用阿怒语的称呼，但都能找到傈僳语与阿怒语的对应，以帮助自己理解基督教。

与其他宗教相比，基督教（新教）表现为在戒律的持守方面比较严格，如绝对禁止饮酒、抽烟和吃血等；教会每周活动时间较多，除主日礼拜以外，还有星期三、星期六等小组聚会；组织性较强；婚姻主要在教会内部发生，等等；基督教（新教）徒都有个人灵修。由于基督教（新教）徒不参加有些不符合规定的活动，例如传统歌舞和舞厅跳舞（一边喝酒一边跳舞）、喇嘛跳舞等，基督教（新教）显得相对独立。但在丙中洛地区没有出现以基督教（新教）为标识的利益集团，作为阿怒人或傈僳族，基督教（新教）徒参加所有依照阿怒人社会习俗举行的活动，如婚礼、葬礼、民间互助等，甚至在整个基督教（新教）教会内，他们统一主动协调与其他人的关系。其实，在整个阿怒人社会中，不论信仰何种宗教，宗教信仰首先是个人的事或家庭的事，不论是通过其宗教信仰在其生存模式下获得不同的满足还是像部分基督教（新教）徒一样的更加注重精神世界内容，都是自己的事情。教会只管信仰和教务的事情，从不涉及利益问题。从现象看，宗教生活与平时的现实生活是分开的，人们在教堂或其他宗教场所活动时是信徒，但回归田园生活，就是亲戚、邻居和朋友。根据对三种宗教的领袖以及普通信徒的访谈，发现这些宗教之间没有任何形式的“合作”，即使是宗教象征系统相同的天主教与基督教（新教）之间也没有往来，但不同宗教信徒之间在非宗教信仰的事务上是没有任何界限的，因此他们之间的关系协调非常便利。当然在此问题上，地方政府在宗教管理方面的工作也起了非常重要的作用。

六　多种宗教信仰共存的社会

多种不同宗教信仰在阿怒社会，甚至家庭中的形成、存在和实践并没有引起宗教性质的冲突、文化及社会的分裂，也没有造成社会文化变迁中“社会结构（因果—功能）的整合形式与存在于文化（逻辑—意义）方面的整合形式之间的断裂—社会与文化的冲突”[①]。这意味着在多宗教信仰背景下的阿怒社会在文化系统和社会系统中都得到了整合。一方面，“多元统一”的思维结构和观念模式（即阿怒人的“家庭视野”）将各种不同宗教视为独立、平等并统一于同一个社会或家庭的个体，在以获取食物，保障安全和健康，解决人最终归属作为动机和动力的条件下，将各种外来宗教中“有用的”内容添加于或者替换了阿怒人民间信仰系统（一个以“神”、“鬼”、“亡魂世界”为核心的结构）中原有的内容；另一方面，在丙中洛阿怒地区的整个宗教变迁过程中，阿怒人对宗教的选择、恢复、改变、调适等行为使得各种宗教信仰深深地嵌合于阿怒人家庭及社会组织“多元统一”的结构和关系中。宗教的重新整合，诸多更为“优越”的神灵的加入使得阿怒人在获取食物，保障安全与健康，解决终极归属问题上更加自由。对作为一个祭祀单位的家庭来说，“效果”更好的由喇嘛师傅操作的“打鼓念经”取代了“南木萨”的巫术；天主教能够带来的实惠具有相当大的吸引力，例如1950年以前可以获得一定程度的司法庇护、教堂内的救济等诸多好处，时至今日，信仰成本低等因素仍然起着至关重要的作用；基督教（新教）使信仰更为系统化，其严格的戒律在帮助戒除酒瘾、组织生产等方面具有突出的作用……总之，在阿怒人眼中，喇嘛教、天主教或基督教（新教）事实上并无本质区别，他们仅是在仪式形式和功能等方面存在不同而已，人们可以根据自己的需要选择其中一种宗教信仰，当然改变信仰也无可厚非。所以，一个家庭内，亲属中和邻居间信仰不同的宗教也是极其自然的事情。

---

① 克利福德·格尔茨（Geertz C.）：《文化的解释》，韩莉译，译林出版社1999年版，第199页。

（一）家庭与亲属网络中的宗教信仰

阿怒人对宗教的选择方式首先是家庭宗教传统的恢复，恢复的根据主要是他们1958年宗教信仰被中断前夕的状态；第二阶段的选择主要是天主教和基督教（新教）的再次传播，时间大致为20世纪90年代的10年时间，传播主要是在亲属网络中进行，这一时期天主教和基督教（新教）的信教人数增长迅猛；个人或家庭的主动选择在时间上几乎与第二阶段同步或稍后，人数不多，却是变化最快、持续时间最长的方式，这种完全根据个人或家庭的需要（如戒酒、健康、婚姻、改变“运气”等），主动地做出选择的方式一直是阿怒人在宗教选择上较为突出的特点，此特点往往表现为人们可以“很方便地”改变宗教信仰。

宗教信仰恢复后经过阿怒人对不同宗教的选择，在丙中洛阿怒人地区已形成在同一家庭、同一社会（自然村）多种宗教信仰动态共存的事实，即在一个村落中，有单一宗教信仰的家庭，也有多宗教信仰的家庭，而且由于人们对宗教信仰不断的重新选择或改变，这种多宗教信仰共存的状态是一个动态的过程。如果说在作为一个基本生存单位的核心家庭、主干家庭和（暂时的）扩大家庭中多宗教信仰共存的案例在数量上不足以代表阿怒人社会多宗教信仰共存特点的全貌，那么在阿怒人的亲属网络中，几乎不存在不涉及多种宗教信仰共存的特点。

1. 宗教家庭

以茶腊自然村为例，作为一个基本的祭祀单位的家庭内部信仰一种宗教是极其常见的，他们对于信仰不同宗教的邻居或同村村民，表现出宽容和理解。而家庭成员持不同宗教信仰的家庭都十分和睦。2005年茶腊自然村10起因饮酒过量而引发的家庭内部矛盾或冲突几乎都属于单一宗教信仰家庭。“无宗教”时期的婚姻由于无须考虑家庭宗教信仰背景，但在后来宗教信仰恢复后，这些具有不同宗教背景的夫妻面临着一场宗教选择，除部分选择与对方信仰同一种宗教外，也有一些分别随父母家庭恢复原有的宗教信仰；另外，有的人出于戒酒或个人喜好等原因单个选择信仰某种宗教。这类的家庭数量不多，却极具特点。在多种宗教信仰的家庭中，最大的不方便不是不同信仰本身的原因，而在于宗教信仰实践中的“不方便”。换句话说，不同的宗教信仰本身并不带来矛盾，真正的难点却在于与之相关的事务，如生活习惯、作息安排等。

2. 亲属网络中的多宗教信仰

在阿怒人的神话传说中，人们或出于父母的意愿，或由于兄弟姐妹之间不睦而分家。如果追溯到50年前，阿怒人是很少分家的，他们一般一个大家庭一起耕种一大片土地，由于死亡率奇高而人口增长有限，许多家庭甚至没有分家的必要。20世纪80年代我国实行家庭联产承包责任制使阿怒人的分家进入了一个高峰时期，在茶腊这样的自然村中，家庭数量几乎增加了一倍。在阿怒人的现实生活中，亲属关系（血亲和姻亲）至今仍然是阿怒人社会的主要关系。土地改革以后，阿怒人的土地较以往要集中，因此分家出去的兄弟大多居住在本地，一般在父亲房子的附近建盖自己的房子，形成聚落。在宗教信仰恢复后阿怒人的宗教选择中，不论是出于家庭宗教传统的恢复，还是因为宗教的再传播，或由于婚姻的需要、个人需要或家庭需要等原因，在一个家庭（亲属）网络中的人们或不同的小家庭（核心家庭）持多种不同的宗教信仰，这是阿怒人社会最为普遍的现象。在此亲属网络中，宗教信仰很大程度上表现为个人的，或者是小家庭的选择。

在丙中洛双拉村二组，经常可以看到这样的现象，首先是一户人家门口矗立着洁白的“松塔”，门上贴着喇嘛印符，而相邻的一间主房门上却贴了画着十字架的红纸，木板上用粉笔写了傈僳文字（多为《圣经》字句），再下一间主房又有喇嘛印符……这是余成生兄弟的房子。其中最老的房子为父母所建，大哥余成利1986年结婚以后分家，分家前在父亲房子的北边建盖了自己的房子，同时建有一个较大的白色的“松塔”，二哥余成伟结婚后在现在基督教（新教）堂的南边盖了自己的房子，余成生排行老三，他在现在教堂的下面修了房子分出，妹妹嫁到现在公路边收费站附近的一户人家，四弟余成清分家前也在父母亲房子的南边建盖住房，五弟余成平赡养老人，继承了父母的房子。余成生的兄弟中，大哥信喇嘛教，因“舍不得烟酒”，经二弟三弟多次传教后仍然没有接受基督教（新教），二哥1984年开始信教，余成生本人是1985年开始信教的，五弟2002年也皈依了基督教（新教），妹妹和四弟仍然信仰喇嘛教。对于多次受传但还没有信教的大哥、妹妹和五弟，余成生等信教的兄弟都表示理解，说对他们太难了，慢慢来，“耶稣基督会安排的”。而对于已经皈依基督教（新教）的兄弟，余成利说信教还是好的，兄弟们不抽烟不喝酒很好，自己实在是放不掉烟酒的。2005年春节前夕，余成平新修平房一间，作为看电视和小组聚会的场所，大哥由于会搞木工活从头至尾都在帮别人忙，烟酒自带，其他兄弟们一有空也来帮他的忙。新房落成时，双拉村所有的基督教（新教）徒都来庆贺，唱诗吃糖，大哥和四弟弟也在其中，吃完饭后他们俩搬了个凳子出来，一边抽烟一边看基督教（新教）徒们唱诗……

（二）不同宗教信徒间的交流与调适

在阿怒人的传说中，喇嘛教、天主教、基督教（新教）以及“金沙江那边的”汉传佛教都是“同一父母下的兄弟姐妹”，他们虽然存在矛盾和不和睦的情况，但没有本质上的差异。在现实生活中，阿怒人也不认为共存于他们中间的喇嘛教、天主教和基督教（新教）存在本质的区别，它们之间的差异无外乎是在处理诸如获取食物保障、治病、举行葬礼等事务的方式上有所不同，表现在信徒的行为上就是在生活习惯、宗教活动的时间安排等方面存在一定的差别。虽然天主教和喇嘛教是来自文化背景截然不同的宗教，在内容和实践上可比性都很小，在历史上还曾经发生过两个宗教集团之间的激烈冲突，但在阿怒人眼里，它们更为接近。首先，在喝酒抽烟的问题上喇嘛教徒和天主教徒只有量的不同而没有质的区别，而在实践中甚至没有任何差别。喇嘛教徒抽烟喝酒不受任何限制，完全决定于个人的爱好，天主教徒同样可以抽烟喝酒，但必须遵守一定的戒律，如不许在教堂内饮酒抽烟，不许醉酒等，但事实上对于醉酒之类的问题天主教堂是无法发挥其限制作用的。其次，在与阿怒人民间信仰密切相关的生活习俗，如中柱锅庄、建房风俗和农事禁忌等方面，天主教徒都明确地表示不搞“迷信”，但事实上他们并不排斥这些与天主教信仰完全无关的习俗，甚至经常参加或举办这些活动。以天主教堂盎闰（总管）古拉叶为首的几位天主教徒是茶腊村跳传统中柱锅庄舞的核心人物。天主教徒在教堂做弥撒，唱赞美诗，离开教堂后就可以唱传统歌曲，跳传统舞蹈。因此，在日常的交往中，天主教徒与喇嘛教徒的交流几乎没有障碍。相对于和喇嘛教的“近似”，天主教与同源的基督教（新教）之间的关系似乎更为遥远，首先，两个宗教单位之间没有任何形式的交流与合作（当然天主教与喇嘛教作为两个宗教单位也不存在任何形式的往来和交流），显然是两个截然不同的宗教。1994 年双拉基督教（新教）堂落成以及 2006 年 1 月重建完工，1996 年茶腊天主教堂竣工，双方都没有派人去参加对方的典礼，而不论是出于祝贺还是帮助的意愿，互送礼物都是阿怒人的一个重要传统。其次，既不同于天主教也有异于喇嘛教，基督教（新教）完全禁止抽烟喝酒，马扒李建辉说，只要沾上一点点就是“犯罪”，人无法把握“饮酒”与“醉酒”的度，在阿怒地区尤其如此。而且，基督教（新教）几乎排除了所有与“迷信”有关的装饰和活动，房子中柱上仅有用汉字或傈僳文写的“神爱世人”之类的字句，除了赞美诗歌和宗教舞蹈以外，基督教（新教）徒几乎不唱歌跳舞。阿怒人社会中基督教（新教）徒看似一个相对独立的群体，他们在持守宗教禁忌与戒律方面更为严格，生活上与天主教徒和喇嘛教徒存在一定的差异，但这些都不构成他们与其他宗教信徒之间的交流障碍。事实上，不论同一种宗教信徒之间还是不同宗教的信徒之间，阿怒人之间的交往和交流完全是非宗教的。以血缘和姻亲为纽带加上地域因素所形成的社会关系网络几乎是阿怒人社会组织的全部，阿怒人的所有现实的需要都在此系统中得到实现，因而阿怒人之间的交往与交流首先遵循的是亲缘和地缘两项原则。与此相比，以喇嘛寺、天主教堂、基督教（新教）堂为中心形成的团体更像一些临时性的组织，在这些宗教情景和场合中，他们是虔诚的信徒，一旦离开，他们就是没有区别的阿怒人，只要持守自己宗教于世俗中的禁忌和戒律就可以了，他们各自所持守的信仰受到相互的尊重。因此，在一个家庭成员各自信仰不同宗教的家庭中，不同宗教信仰的亲属中，也会具有不同宗教信仰的整个阿怒人社会（如一个自然村等），不同的宗教信仰不会被明确地看作是差别，他们在世俗中的调适才是最为要紧的。

1. 婚姻的调适

阿怒人的婚姻在宗教问题上一般提倡宗教内婚，但事实上并无严格规定，而传统的婚姻禁忌仍在起作用，如单向姑舅表婚中的“血不倒流”、（氏）族内不婚等已经是不可逾越的传统。在这样一个多种宗教信仰共存的社会里，涉及不同宗教信仰的通婚非常普遍，因此宗教调适显得尤其重要。喇嘛教对此没有限制，喇嘛寺也没有任何如“宗教内婚”的规定，天主教虽然从20世纪初就规定宗教内婚，但在民间主要还是取决于家庭本身的要求。据茶腊天主教堂的盎闰介绍，天主教堂响应国家“婚姻自由”的号召，对天主教徒与其他宗教信徒的婚姻不予干涉，如果对方愿意皈依天主教，并在天主教堂举行婚礼的，教堂愿意为他们提供服务，如在教堂举行天主教教内婚礼等。在此问题上，基督教（新教）教会也表示不干涉任何自由的婚姻，并且愿意为信教的“弟兄姊妹”提供服务，但双方都必须是基督教（新教）徒，或另一方愿意皈依基督教（新教），从订婚前男女间的沟通、交流、订婚以及举行教会婚礼，整个过程几乎都由教会来操办，那些没有经过教会婚姻程序的婚姻自然与基督教（新教）教会无关，教堂不负有任何义务。因此，在多宗教信仰背景下，涉及不同宗教信徒之间的婚姻多通过改变宗教信仰来进行调适。

在阿怒人聚居的茶腊、双拉地区，现在不同宗教信徒间的婚姻多以一方随对方改变信仰而成功缔结，而在距离茶腊、双拉中心区较远的村落，有的由于双方父母的反对而各自保留原有的宗教信仰状态。例如，2003 年丙中洛日当村（一个与藏族杂居的阿怒人村落）派民兵到阿路拉卡（现属捧当乡迪麻洛村）植树，植树队中有一位姓古的小伙子（24 岁，家庭信仰喇嘛教）与本地一个藏族姑娘相爱，植树结束后他们一同返回男方家，女孩不愿放弃天主教，甚至不吃男方父母敬过神仙的饮食，因此使得在男方家的生活极其不便，于是被男方送回阿路拉卡。同时，女方父母也不同意他们的婚事，说除非男方愿意皈依天主教。由于两边家庭僵持不下，最后双方到县城打工。时至 2006 年，姑娘怀孕了，随后被接到男方家生活，姑娘一段时间坚持每周主日到附近的重丁天主教堂做弥撒。2006 年 5 月 24 日笔者接到日当村施文兴先生的电话，说他们已经办理了结婚手续，女孩也不再计较男方家的饮食了，至于他们夫妻是否会改变宗教信仰，现在还看不出来。

阿怒人的婚礼，不论是喇嘛教徒的婚礼，天主教徒或是基督教（新教）徒的婚礼，当事人的亲戚、邻居、朋友不论信仰何种宗教都可参加。喇嘛教徒的婚礼按照传统婚俗举行，主要是男方家准备宴请女方家父母兄弟及所有亲属，时间一般为三天三夜，直到最后让女方家的人满意而归才算结束。作为女方家的亲戚，不论是信仰喇嘛教、天主教或是基督教（新教）的，都按照传统方式参加，只是基督教（新教）不喝酒，而作为男方家的亲戚，则都负责招待女方家来的客人。天主教的婚礼分两个部分，首先是在教堂举行，总管主持婚礼，众教友唱诗歌祝福新人，之后回到家中，一切按照传统的方式举行，时间较喇嘛教婚礼短，一般一天结束，只有少数延续三天三夜。基督教（新教）的婚礼最主要的部分是在教堂举行，参加者主要是信教的众“弟兄姊妹”，双方的父母（包括不信教的父母）以及其他愿意参加的人。教堂的仪式结束后，婚礼就算结束了，有条件的当事人也可能会请所有的人吃饭，但没有传统的仪式，晚上也不跳舞。

2. 互助与共同参与活动中的调适

除部分宗教仪式活动仅由有关宗教信徒参加外，阿怒人的日常生活中不存在宗教界限或活动不以宗教信仰为划分，在共同参加某一活动的过程中，不同宗教信徒除持守必需的戒律或禁忌外，其余与他人无异。

在阿怒人这样一个以亲属网络为核心结构的社会里，互助与集体活动几乎构成了人们全年生活的主要脉络。在茶腊村两位日志记录员从2004年5月至2006年1月的日志中，“帮忙”与“喝酒”是出现频率最高的词汇。因此，当互助与集体活动成为一个社会生活的主线时，信仰不同宗教的人们之间已经不再呈现出宗教界限了。首先，在这样一个谁也离不开谁的社会里，互助的作用无可代替，它超越了不同的宗教信仰；其次，互助不仅仅是将自己闲时的劳动力储存在别人家，等自己需要时支取，而且是一件充满魅力的美事，一方面共同劳动是一种美妙的娱乐，人们边劳动边唱歌边喝酒，另一方面主人家提供的充足的酒、肉以及“虾辣”等特别的食品具有相当大的诱惑力。除“迷信”、宗教仪式等具有宗教性质的活动外，阿怒人的互助与其他集体活动包括农事、建房、婚礼、葬礼、看望病人、娱乐、官方安排的文艺活动等项目，参加范围没有宗教限制，一切按照阿怒人的传统而定。以茶腊村为例，互助以亲属的义务优先，即诸如兄弟姐妹是核心的组织，其次是邻居，再次是属于同一村民小组的家庭。需要人帮忙一般要主动去请，当然，那些自己手头没有活计的村民也会主动地来帮忙。阿怒人请工帮忙不需要现金，一般提供水酒、“虾辣”、肉等较好的饮食即可。当然，少数无劳力而且有现金的人家也开始采用支付报酬的方式请工，但还未被阿怒人认同。2005年春，茶腊一组的赵秀芝家请了本村的邓巴等人修地基，不提供饮食，工钱每天25元。据邓巴本人说，这种方式不是他们最喜欢的，虽然这样他们有一点现金收入，但他们还得用这些报酬去买水酒，买鸡作“虾辣”，买肉来做饭，不如那种提供饮食的请工方式来得直接。

建房中的互助。阿怒人建房对现金的依赖较小，木料都来自于村落附近的森林，铺就屋顶的石板（阿怒语：“垄不拉”）为一种风化页岩，来自于从丙中洛乡的秋那桶到双拉村一带的怒江边，而人力几乎都来自于本村。因此，盖一间房子，阿怒人只要备足粮食、酒（水酒和烧酒）、肉就可以了。建造阿怒人的木楞石板房是一项精细的重活，因而建房需要很多人同时进行，尤其是房子最后成型阶段，一般要40—50人。由于阿怒人男子几乎人人都是工匠，妇女们也很有经验，所有材料准备齐后一般三天就可以完工。帮忙的人除有来自其他村子或更远地方的亲戚外，其他人主要是邻居或整个村民小组的劳动力，本自然村或本社的亲戚还会送来酒、肉、粮食等作为互相帮助的一部分。如果计划修一间房子，准备齐全后，可与本小组的组长或其他人们认可的“领导”商量，确定要请的人员，第二天就可以开工了。

丧葬中的互助。阿怒人的葬礼可以分两部分进行，宗教仪式的部分和事务部分。前者一般由专门的人士来操作，如果死者是喇嘛教徒，葬礼仪式主要由“木迪帕”主持，喇嘛师傅也被请来；如果死者是天主教徒，那么天主教堂的总管将主持在教堂举行的仪式，即众教友唱诗为其送行，之后下葬；如果死者是基督教（新教）徒，则由教会的马扒主持仪式，众信徒唱诗歌。后者作为非宗教仪式的部分可以由有经验有魄力的人来安排，这个职位没有宗教信仰限制，在茶腊自然村，2004年基督教（新教）徒李文志的葬礼由其长子，天主教徒李文辉担任事务总管主持；2005年1月8日喇嘛教徒阿四金的葬礼由茶腊一组的罗荣辉（喇嘛教家庭背景）任总管；2005年10月酱龙组喇嘛教徒丰国华的葬礼由茶腊二组组长，天主教堂总管古拉叶主持；2005年底茶腊二组李秀清（天主教徒）的葬礼也由古拉叶担任天主教葬礼仪式总管和事务总管；到2006年1月茶腊一组小喇嘛怒布的“图布”[①]也是由古拉叶担任事务总管，他不但要安排所有的酒菜，还有管理所有的宗教仪式所需要的物品，特别是在喇嘛教徒的葬礼上。按照阿怒人的习俗，但凡有人去世，全寨子的人不论亲疏、民族、宗教信仰，都要放下家里的活来帮忙，至少每户一人，送来酒、茶叶、粮食和现金等礼物，然后根据自己的特长自然分工，帮忙做饭、做棺材、杀猪或加入丧葬的仪式，或坐在某人群里喝酒聊天。在基督教（新教）徒的葬礼中，所有参加葬礼的基督教（新教）徒都要在临葬前由马扒主持为死者

① 即第二次葬礼。由于死者是普化寺的匝巴，属于“干净”之人而不同于普通人，因此在死后第二天举行的葬礼仅仅是埋葬了尸骨，其亡魂一直被供养于家里，直到一个月后举行二次葬礼。二次葬礼主要由喇嘛师傅（越多越好）操作，功能是：1. 给亡魂指路，不要走偏，好好地到“南木细”去；2. 给亡魂礼物，包括谷物、药材等，好让“他”在“南木细”生活好；3. 评判死者，洗刷他的罪，超度死者的亡魂；4. 驱杀恶鬼，挽回活人的“卜拉”和“运气”（不要跟随死人的“细”走掉）等。

和家属祈祷，唱诗歌送行，与此同时，其他人（包括天主教徒的和喇嘛教徒）则在外面准备饭食，或喝酒聊天；在天主教徒的葬礼中，所有的信徒都要参加仪式；喇嘛教徒的葬礼上，所有的喇嘛教徒都参与仪式，死者生前的好友和家人按照“木迪帕”和喇嘛师傅的安排操作。基督教（新教）徒不喝酒，他们送礼时也不送酒，而是带来了汽水等软饮料。葬礼结束了，参加葬礼的和帮忙的人们一起在用石板和木头铺成的“长桌子”上吃饭。吃饭很快就结束了，大部分人都留下来陪着主人家守夜，此日不能跳舞，喝酒的男人和女人们在屋里屋外边喝边聊，气氛欢快。不喝酒的人也没有离开，他们还要收拾残局。

在这样一个多种宗教信仰共存的社会里，阿怒人频繁地穿梭于各种不同宗教的情境和场合中。从宗教信仰角度看，他们只与自己所属宗教的活动相互发生意义，而从家庭、亲属或社会的角度来看，他们确实参与了各种互助及活动，如葬礼、婚礼、建房等，甚至担任了重要的角色。在这些活动中，阿怒人一方面延续和加强了作为一个统一体的家庭、亲属网络及社会的功能及其实践，另一方面不断地增进了对各种不同宗教的了解，在按照传统思维模式进行理解和解释的基础上，形成而且不断地加强了多种宗教信仰之间共存甚至联合。这是具有阿怒人特点的宗教与社会的调适。如果将阿怒人家庭或社会看作一个拉德克利夫—布朗式的“功能统一体”，那么根据阿怒人的实例，多种不同的宗教信仰在其中是发挥着加强而非分裂这一“统一体”的作用。

阿怒人多种宗教信仰的和谐共存意味着在多种宗教信仰同时同地存在的背景下，不同宗教信徒之间没有发生以不同宗教为标签的冲突，即没有发生使家庭、社会、文化分裂的情况以及社会与文化整合形式之间的断裂。首先，一种来源于阿怒人家庭模式的不同于“人类思维本质”的“多元统一”思维结构和观念模式确定了不同宗教之间的地位和关系：独立、平等、统一；其次，阿怒人对食物、安全和健康、终极归属的需要作为动机和动力使多种不同宗教的内容分别以阿怒人的民间信仰（善鬼或神、恶鬼、亡魂与亡魂世界）结构为参照进行添加或替换；最后，多种独立的宗教信仰嵌入了阿怒人的家庭和以家庭为核心的亲属网络，甚至是整个村落中。这些都可以通过对阿怒人的家庭及家庭网络的研究得出解释。同时，我们面临着一个不能回避的问题：在社会文化变迁中，丙中洛地区多元宗教信仰和谐共存的状态在全球化的冲击下发展趋势将是个值得关注的文化现象。

第十二章 云南跨境民族的文化生态观

文化与生态是一个民族赖以生存和发展之根基。从广义来看，文化包含了物质、精神以及制度等方面的内容，可以说等同于一个民族的生活方式；但就其狭义而言，文化主要是指一个民族的广大社会成员所奉行的一系列行为规范或准则，是人们用以解释经验、指导行为并且为行为所反映的价值观和信仰。生态对人类社会的影响作用已愈来愈大，在经济全球化正对各民族的生存环境产生强烈冲击与重大影响的今天尤其是如此，倡导生态文明已成为当今人们现实生活中不可或缺的“时髦话语”。如果仅从生态学的角度去看生态文明，可以明确这是指人类在改造客观世界的同时，又要主动保护客观世界，处理好经济建设、人口增长同资源开发利用、生态环境保护的关系，积极改善和优化人与自然的关系，实现人与自然的和谐相处，最终实现经济、社会、文化与生态环境的可持续发展。

党的十七大报告将建设生态文明作为中国实现全面建设小康社会奋斗目标的新要求之一，并强调要在全社会牢固树立生态文明观念。生态文明，是人类文明的一种形态。它包括自然生态问题、人的精神生态问题，它以尊重和维护自然为前提，以人与人、人与自然、人与社会和谐共生为宗旨，以建立可持续的生产方式和消费方式为内涵，引导人们走上持续和谐的发展道路为着眼点。生态文明强调人的自觉与自律，强调人与自然环境的相互依存、相互促进、共处共融。生态文明既追求人与生态的和谐，也追求人与人的和谐，而人与人的和谐是人与自然和谐的前提[①]。总之，生态文明建设的提出是党中央站在更高层面上，对文明建设体系的深化，是深入贯彻落实科学发展观，全面建设小康社会，实现社会和谐的必然要求。建设生态文明，是建设中国特色社会主义的客观要求和必然选择，必

---

① 周生贤：《走和谐发展的生态文明之路》，载《环境经济》2008 年第 1 期。

将对我国经济社会全面、协调、可持续发展产生深刻的影响。这就要求我们必须坚持生产发展、生活富裕、生态良好的文明发展道路。只有实现了生态良好，小康社会才有坚实的生态基础；只有人与自然和谐，构建和谐社会的目标才能得以实现。因此，我们必须从全局的高度认识生态文明的意义，并把生态文明建设摆到更加重要的战略地位。对于地处西南边疆的云南各少数民族地区来说，意义尤为重要。

当世界各国的有识之士正在为消除人类所面临的文化与生态诸方面的危机四处奔忙之际，我们对地处中国西南边陲、文化和生物的多样性在整个世界上堪称首屈一指的云南进行研究，试图探寻出一条行之有效的民族文化生态保护、传承和发展之路。

一　金平傣族经济发展与生态环境

金平傣族居住地区山川秀丽，景色迷人，青翠葱郁的竹林、橡胶林、香蕉园，高大挺拔的槟榔树、椰子树以及芒果树等构成了傣乡美丽的风景画。傣族是一个常年濒水而居的酷爱水的民族，其居住地区河流纵横交错，水利资源丰富，现已建成了勐拉、茨通坝、老勐以及南班河等电站，那兰大型电站也正在修建中。这些地区海拔多在800米以下，气候炎热，土地肥沃，尤其适宜种植水稻和各类经济作物，宜于热带作物的生长。勐拉坝等傣族主要聚居区素有“江外河底，平柴白米。水甜土肥，村寨如画”的美称，稻谷可以一年两熟。由于长期以来傣族土司在这一带地区居于统治地位、傣族一直是影响力最大的民族等诸多原因，选取傣族村寨作为民族文化及其生态建设的调查点具有一定的典型意义。

笔者曾于20世纪80年代末率领云南民族大学民族学专业的学生到金平县勐拉乡以及者米乡一带做民族学田野调查，此后又多次陪同美、日、韩等国的学术界同仁前去参观考察，亲眼目睹了金平傣族地区近年来所发生的巨大变化。当地群众因地制宜，为满足市场需求而不断调整产业结构：先由过去占主导地位的单一的水稻种植逐渐向多元化的农业生产发展，大片的农田变成了辣椒、豆角等蔬菜作物的生产基地；然后再由大唐公司等企业采取“公司+农户”的模式经营，又将大片菜地直接栽种上香蕉而变成了香蕉园。香蕉是典型的热带果品之一，春夏秋冬均有熟果上市，故被称为“四季佳品”，成为当地傣族群众致富的主要经济收入之一。

由于自然条件优越，加之有良种资源的保障，金平傣族地区生产的香蕉因具有个大、色美、皮薄、肉软、质甜、味香等品质而备受青睐，连年销往省内外各地，并跻身到一些大超市里参与竞争。但是，这里的民族文化生态建设同样面临着物种结构日趋单一（香蕉与橡胶占绝对优势），水土流失严重，过量使用农药和化肥等一系列问题。

如何更加有效地运用当地民众在长期历史发展进程中积累起来的“地方性知识”（local knowledge）为当今的民族文化生态建设服务？这是目前摆在我们面前的一项重大课题。当务之急便是发掘与整理出各个民族传统文化及其生态观中有价值的东西，加以利用和推广。譬如，金平傣族的生态保护意识较强，有一整套约定俗成、行之有效的保护方法：森林里的大树及村寨周围的龙树均被认为是水土和村寨的保护神，人们不能去随意砍伐，也不能在附近乱扔污物或大小便，否则会因对神灵的不敬而遭遇不测等。这样的思想观念对于生态的保护无疑是十分有益的！

二　金平傣族传统文化生态观

万物有灵、自然崇拜是金平傣族和多数云南少数民族民间信仰及其生态观中一个十分重要的组成部分。人们普遍认为，宇宙间的万事万物都有神灵，山有山神，水有水神，石有石神，其他花草树木也皆有神灵。这种“万物有灵”的观念导致了对大自然的顶礼膜拜，主要包含有生物崇拜和非生物崇拜两大类：

（一）生物崇拜

金平傣族是一个以稻作农耕为主的民族，人们将在水田里终日劳作的水牛视若家庭中的一员，乃至产生一定的崇拜心理便成为自然而然的了。水牛崇拜主要体现在喊牛魂仪式上。每当春耕秋收结束时，人们都要为水牛举行喊牛魂仪式。祭祀活动在各家的牛棚或拴牛处举行，由村中德高望重的长者主持。主人家要杀一只鸡，备好两包糯米饭、两杯酒、两束白棉线放在篾桌上，抬到牛跟前，主持者念诵咒语，一是为牛喊魂，二是表达主人对牛的感激之情，三则为牛祈福，祝它长得壮实，以便更好地为主人效劳。念毕把酒淋在牛头上，白棉线拴在牛角上，饭包和鸡肉喂到牛嘴里，最后还要在牛脖颈上套一个木铃，然后将牛放到森林中去自由觅食，到一定的时间再去把它们找回。此外，如果水牛生了病也要为之举行喊魂仪式。

金平傣族除了对水牛的崇拜外，还有对其他动物的崇拜和相关的禁忌。人们把鼠、牛、虎、兔、龙、蛇、马、羊、猴、鸡、狗、猪12生肖中的动物用来作为属相，以示人生的命运与其属相密切相关。因此，婚礼、下葬日等一般都不能选在其属相日。另外，禁止踩死家中的壁虎，因为壁虎被视为家中的守护神，若对守护神不敬，房子就会倒塌。此外，对河里傣语称为“巴乌”的小鱼也有禁忌，认为这种小鱼有神灵，因此，捕来食用时，不可把鱼肚弄破，只能整只烹食。

金平傣族先民对自然界中千姿百态的植物早就产生了崇拜，不仅崇拜茂密的树林和林中的大树，更崇拜与自己日常生活密不可分的树木以及稻谷等植物，有喊稻谷魂和祭神树等仪式。人们认为稻谷有灵魂，假若其谷魂不在粮仓，而是在稻田里或在运粮的途中丢失，那么粮食就不够吃，人们就会闹饥荒。因此，收割结束时便要到稻田里举行喊谷魂仪式。当把粮食全部运回家中粮仓之后，家家户户都要准备一些米、酒、鸡蛋之类的祭品，由家中的长者背到田里去祭祀，把谷魂喊回粮仓里。仪式结束之后要迅速赶回家中，把盛米的碗置于粮仓中央，然后把粮仓封住，三天之后方能开仓吃新米。

金平傣族对于大树及茂密的森林尤为崇拜，认为有一种叫“批社”的神灵附在大树之上，如人们不献祭就会作祟于人。因此，每年农历三月须在村旁的神树下举行祭祀仪式①，祭仪须由祭司“摩”主持，并要宰杀一头水牛作为牺牲；全村人一起跪拜祈求神树保佑村寨平安，六畜兴旺，然后在神树下烹食牛肉。他们将神树当作村寨的守护神，因此不敢有丝毫怠慢，不但每年要杀牲祭献，平时也有诸如禁止砍伐、禁止在周围大小便或堆放垃圾等诸多禁忌。

此外，金平傣族认为凡绿色植物以及竹编神器“达寮”等均具有避邪的功能，因此，产妇坐月子期间往往要在自家房前的柱子上绑一把绿叶，再插上一个“达寮”以避邪，据说这样就可以保全母子平安。金平素有“草果之乡”的美称，草果的用途十分广泛，除作作料食用外还可入药。草果还被视为可保平安的灵物，人们常在幼儿的背带或帽子上挂一颗草

① 金平傣族村寨的周围往往都有树林，其中最大的一棵树常被视为神树。

果，或把草果穿在线上作为护身符戴在小孩的颈上或手上。

（二）非生物崇拜

金平傣族在与大自然的长期和睦共处中，深深感受到人与自然间密切关系之重要，再加上对自然界中天体、大地、山川、河流、风、雨、雷、电等自然物及其现象不甚了解，于是便产生了畏惧与崇拜，主要表现为以下一些形式：

天体崇拜　天体既能给人们带来温暖和光明，同时也给人们带来黑暗、寒冷、酷热和恐惧，风雨雷电之类气象变化对人们日常的生产和生活往往能够产生直接的影响。于是人们便对天体产生了敬畏与依赖等情绪，进而发展成了对它的崇拜。金平傣族认为宇宙间有一个超自然的神灵在控制着，这就是掌管着天国的天神“召法”（意为“天之主人”）。“召法”神通广大，统管各路神灵；天气的变化、雨水的多寡全然是它的旨意，甚至人死后其灵魂升到天国亦须受制于“召法”。每年农历三月，人们都要杀一头猪、一只羊到村里的天神庙去祭献，以祈求风调雨顺、五谷丰登、六畜兴旺。祭毕，全村老幼便在庙里与“召法”一同分享食物。

稻田崇拜　土地滋养着万物，没有土地庄稼无从生长。金平傣族认为，土地有一个神灵即“召领”（意为“土地之主人”），庄稼的生长，收获的丰歉，都是由它主宰的，于是便产生了祭稻田的仪式“莫纳”。这是一种以家庭为单位的祭祀活动：各家各户在栽种结束后都要杀一只鸭子，煮熟之后由家中的长者携至自家稻田的进水口处举行祭祀仪式。先在田埂上插上三个竹编法器“达寮”以示驱鬼，再搭起一个竹编神台，然后把彩色的红绿布条悬挂于神台的四个角，把煮熟的鸭子置于神台之上，祈求“召领”佑护秧苗茁壮成长，不受虫害，谷穗硕肥，谷粒饱满。祭毕即可将牺牲品带回家，与全家人一同分享。

河流崇拜　水是一切生命之源，没有水庄稼就会枯死，人就会死亡。在金平傣族看来，每一条河流都有一个神灵“召南”（意为“水之主人”），水流的大小急缓等都是由“召南”在掌控。人们诚心供奉时水流就会源源不断，反之水流就会枯竭，于是便产生了祭水沟的仪式。这是一种以村社为单位的祭祀仪式，祭祀时每家派出一名代表，由村寨长老率领到水沟的源头处祭拜。祭司“摩”主持仪式，杀一只狗、一只鸡作为祭品，祈求“召南”保佑水源不断、河堤不垮、五谷丰登。祭毕把狗头埋于祭坛之下，众人就地烹食狗肉和鸡肉。

火塘崇拜 对火以及火塘的崇拜主要表现在“祭灶神”仪式上：每年的农历12月24日，家家户户都要煮汤圆祭祀自家的灶神；祭祀时要把灶台打扫收拾干净，在两旁点上两炷香，献上两碗汤圆，以祈求灶神保佑家人平安，不遭火灾，不被火烧伤，不被开水烫伤等；然后燃放鞭炮以宣告仪式结束。对火塘的崇拜还表现在平时不能用脚踩踏火塘，不能将污水泼洒在火塘中，不能把不洁之物置于火塘边等诸多禁忌上。

石头崇拜 金平傣族认为自然界中的石头、尤其是村旁与河边的巨石也有神灵。这种神灵可以保佑命中相克的人，或可禳解与自己相克的事物。若小孩先长出上牙，则认为他的命很硬，必与其父母相克，只有去拜石头作干爹或干妈才可消灾免难。拜祭仪式一般是先由两位年长妇女到河边或悬崖下去寻找一块巨石，然后由其中一位妇女走到被选定的巨石旁假装成会说话的“石头”，另一位妇女则走到石头跟前与其展开对话：“请问，有人在家吗?”“石头”回答道：“有的，你有什么事吗?请进屋说吧。”经过一阵寒暄之后便说明来意，“石头”表示愿意成为孩子的干爹或干妈。然后便在巨石上点好两炷香，再献上一只煮熟的鸡以及糖果之类的祭品，还有傣族妇女用来染齿的树皮和绿叶等，就算给孩子找好干爹或干妈了。此后，每到逢年过节都要去烧香献祭。

三 民族文化生态协调发展

由上述对金平傣族自然崇拜的简要描述中不难看出，其生态观与云南其他众多民族的生态观一样，也是十分丰富多彩的！我们要深入发掘、认真整理出其中有价值的东西，加以很好的推广和利用。金平县已制定出了继续按照富裕村、文明村、生态村以及社会主义新农村建设的目标扎实推进全县106个综合示范村建设的规划，提出了以实施退耕还林和天然林保护为突破口抓好“绿色产业大县”建设的新思路。应当说这些规划和思路基本上是可行的，但在实施过程中一定要突出重点并注意因地制宜地选用多种途径和方法，千万不能搞“一刀切”、“一个样”。此外，还要考虑充分利用地处边境、有金水河等多个国家级和省级口岸等有利条件，千方百计地利用各方面的优势加快民族文化及其生态方面的建设，迎接青山常在，绿水长流，人与自然真正实现和谐共存的美好明天！

2004年，笔者专门考察了县政府组织实施的麻子河流域34000多亩土地范围内的退耕还林工程，首期投资130.5万元的荒山造林种草果等项目，以及那兰村和金水河村等村寨的民族文化生态村建设情况。深切感受到金平县各乡（镇）、村的领导和各民族群众，均已深刻意识到了民族文化生态建设对于本民族、本地区可持续发展的重大意义，并着手开展了一系列基础性的工作。同时也感觉到：究竟应当怎样去全面地把握好民族文化生态建设中一些带根本性的问题，把各个方面的工作做得更好呢？这确实是一个正困扰着人们的关键性问题！要从根本上解决这个问题无疑需要假以时日，但当务之急恐怕还得先从转变人们的思想观念入手。

首先，我们应当把民族文化生态建设看作是一个统一的整体。众所周知，民族文化生态建设并不单纯是由“民族”、“文化”以及“生态”三个概念简单地相叠加构成的，而是由在特定地区居住的特定民族的生产生活方式、风俗习惯等社会—文化因素构成的统一体，是物质文化、精神文化以及制度文化的有机组合。民族文化生态建设就是要让人们在充分尊重自然界万事万物、尊重别的民族（或族群）的生产生活方式的基础上，达到人与自然和谐相处的终极目的。在当今“全球化”与“现代化”浪潮的强烈冲击下，金平的31.4万各族儿女面临着既要保护和传承各民族优秀的传统文化，又要保护全县范围内的生物多样性并形成生态良性循环发展的双重任务，这样的任务确实是十分艰巨的！仅就前一方面的任务而言，金平人口最少而且至今尚未被识别民族族属的莽人现有111户557人，分布在乌丫坪、南科两个村委会所属的相距较远的四个村寨中。据笔者亲临其地调研，发现莽人的传统文化与生产生活方式正以前所未有的速度发生着变迁，有些值得保留的东西也在迅速消失，若不采取强有力的措施帮助其开展关于自己的民族（或族群）的文化以及生态等方面的建设，究竟能否继续生存下去恐怕是值得打上一个大大的问号的！再就后一方面的任务而言，金平县现在的生态环境已远远不能同20世纪五六十年代拍摄《山间铃响马帮来》、《神秘的旅伴》等影片时的情况相比了。经过“大跃进”、“人民公社化”以及“文化大革命”等运动的不断折腾，昔日莽莽苍苍的原始森林多已荡然无存，飞禽走兽也被迫远走他乡！加之在这个山区面积多达99.7%的县份，迫于人口压力等诸多原因而不断地毁林垦荒，导致泥石流等多种自然灾害频频发生并“跨入”了全省地质灾害防治重点县的行列。

其次，民族文化生态村的建设可能是使包括金平县多数村寨在内的云南边疆少数民族村寨走出困境的一条有效途径。这方面在国外已经有了诸如美国新墨西哥州圣达菲市（Santa Fee）普埃布洛（Pueblo）印第安人居留地等无数成功的例证；在我国台湾地区的许多原住民村寨的民族文化生态建设也可以给我们提供一些借鉴①。就云南民族地区的情况而言，民族文化生态村建设的最早倡导者是省民委副主任和万宝先生，他早在20世纪80年代末90年代初就曾多次上书省委、省政府领导，要求在全省范围内，尤其是各少数民族聚居地区开展民族文化生态村的建设，并在自己的家乡丽江纳西族自治县大来村着手建设全省第一个民族文化生态村②。只可惜刚开始这项新事业不久，这位甘愿放弃在大城市里舒适的离休生活而回到穷乡僻壤的睿智老者就身染沉疴、驾鹤西去了。但是，他所倡导的民族文化生态村建设却在一批批后继者的不懈努力下逐步铺开：美国大自然协会（TNC）同云南省有关方面合作的“滇西北民族文化发展与保护行动计划”全面启动，迪庆、怒江、大理以及丽江四个州市所属的数十个项日村正着手建设；美国福特基金会、哥伦比亚大学美中艺术交流中心同云南省共同推进的“云南民族文化合作计划”已成功运作多年，在民族文化及其生态保护、传承与发展等方面取得了显著成效。

金平县已经把勐拉乡那兰村定为全县的民族文化生态示范村开始建设，从目前的发展势头来看还是差强人意的。关键的问题是怎样尽快把类似的民族文化生态村建设推广普及到全县各个村寨去。这里首先需要解决一个认识问题：民族文化生态村不是一般意义上的民族村或旅游度假村，而是人与自然和谐相处、民族传统文化与现代文明有机结合、保持了可持续发展良好势头的村寨。因此，这样的村寨建设模式就不应当仅仅限于少数几个村寨，而应当逐步推广普及到每个村寨。这就要求我们一定要想方设法调动起广大村民的积极性，让他们主动投身到民族文化生态村的建设中来，把它完完全全看成是自己的事。一定要向他们讲清楚这样的道理：各级政府在这方面的建设中能够投入的资金毕竟是有限的，可以本着谁投入建设就让谁受益的原则，广开门路吸纳各类资金，而真正从事这项建设的主力军则是村民自己。

---

① 参见和少英：《社会—文化人类学初探》第十六章。（云南民族出版社2003年修订版）
② 参见《云南民族大学学报》1990年第2期。

最后，民族文化生态建设不可能一蹴而就，一定要树立起常抓不懈的建设理念，并以不断创新的观点去进行建设。日本国立历史学民俗学博物馆以及东京大学等学术机构的同仁们，已同我们一起将进行合作研究课题的调查点选定在者米乡以及金水河镇的几个村寨，准备先用数年的时间开展深入细致的调研，再用定量分析与定性分析的方法相结合以弄清基本情况的基础上，再提出针对性较强的、行之有效的民族文化生态建设方案。许多外国学者从土地资源合理利用的角度入手对少数民族村寨进行研究，已积累了较丰富的经验并形成了一些创新性理念，确实值得学习和借鉴。譬如，我们已经习惯于从所谓“现代文明”的视角去观察和处理少数民族村寨中的一些问题，专门定指标要求各村寨都有菜地、鱼塘以及较为平整的“大寨田”，并要求施用各类化肥以及农药来保证实现农作物的稳产和高产；我们还把一味地将“刀耕火种”的轮作方式斥之为“愚昧落后”的耕作方式，而把长期固定不变地种植单一农作物的耕作方式当作是“先进”的东西加以推广……殊不知“因地制宜”才是最为合理、有效的生产方式，据此而实施的林地、坡地与台地合理利用，到山坡上、丛林中以及田埂上去寻觅蔬菜，到稻田里去捞鱼摸虾才能更充分地利用土地资源，也才能够更好地维护生物多样性及生态平衡。

在全球化和市场经济浪潮的冲击下，一方面需要充分利用民族传统文化对自然尊重的宇宙观，另一方面也需要根据当代社会可持续发展要求，充分整合个人、企业、社区、政府资源，建立生态储备机制，以更好地促进民族文化生态发展。

四 生态储备与民族地区环境保护

以上分析可以看出，传统民族文化中朴素的生态观，对维持跨境民族地区的生态环境具有非强制性的约束力，人们对自然的敬畏与尊重根植于其价值观与宇宙观中。跨境民族地区可以充分利用人们朴素宇宙观中的生态意识，加强地方生态环境的保护。但是随着西部开发的纵深发展和全球化市场经济的冲击，迫使跨境民族地区的生产方式、生活方式发生改变，人们的行为方式按照市场的原则运作，传统文化中的生态观在经济市场化、全球化的冲击下，非强制性的生态观在生态保护中被充分利用，其主体是政府主导、群众参与的行为模式。面对日益恶化的民族地区生态环境，单靠政府埋单的行为方式，已经部分制约了地方生态环境的建设和发展。西双版纳橡胶林的发展，一方面给西双版纳地方经济发展注入新的活力，改变了人们的生活方式和行为方式，提高了跨境民族人们的生活水平；另一方面，橡胶林的大面积栽种，使原来生物多样性的立体热带雨林变成平面式的橡胶林，物种在不断地消失，自然环境在不断地恶化。人们在享受经济发展带来的愉悦之后，很快发现幸福过后是抹不去的痛苦。

（一）橡胶林与跨境民族地区生态环境

西双版纳以其民族文化的多元性、生物资源的丰富性而成为人们梦想的家园，谁能想到这个美丽的热带雨林却正在爆发日益严峻的水资源危机和生物多样性的消失，究其原因是大片的橡胶林取代了热带雨林。传统民族文化生态观正在被眼前的经济利益吞噬，对万物有灵的崇拜逐渐发展成对物质利益的追求。20 世纪 50 年代，政府调配大批内地青年到西双版纳种植橡胶林，建立专门从事橡胶种植的国营农场。仅 1973 年到西双版纳勐腊县的人口就有 38059 人①。1982 年，勐腊县明确指出："发展民营橡胶要集体、个人一起上，以个人发展为主，个人发展的橡胶林所有权 50 年不变，并允许继承。国家在扶持政策上无论集体或个人都一视同仁；允许企事业单位种橡胶，并划给土地。"② 这些优惠的政策充分调动了民族地区群众的种胶积极性，形成了个人、集体或联营并存的发展格局。西双版纳现有橡胶林 200 多万亩。从 1995 年起，胶乳价格迅速上涨，高额利润掀起了再一次种植橡胶林热潮，能种的地方都种满橡胶林，连不适合橡胶林生长的高海拔地区。也都种满了橡胶苗。边民不仅弃田改胶，同时将自留林全部砍掉，种上橡胶树，收入增加、生活条件改善的同时，边民发现溪枯井干，野生动物减少，地下水系混乱，自然泉涌丧失，自来水因农药的使用无法饮用，其中曼哈乡的一些村民成箱买矿泉水回家。作为云南未识别族群的克木人的生态环境在热带雨林改变成橡胶林的冲击下，也同样面临着严重的生态危机。

克木人是分布在我国西双版纳勐腊县的一个跨境族群，在中国主要分布于沿中国与老挝边境一线的 13 个村寨，即景洪市的曼播新寨、中寨、

① 云南省勐腊县志编纂委员会编《勐腊县志》，云南人民出版社 1994 年版，第 187 页。
② 同上书，第 232 页。

旧寨等，勐腊县的曼暖远、曼岗、回吉、回散、曼迈、曼蚌索、曼种、王士龙、东阳、南西等，人口约3000人，边民的生产方式经历了刀耕火种的游耕、水稻与甘蔗的固定农耕和以橡胶林生产为主的发展模式变迁。传统的刀耕火种生产模式中渗透着克木人的万物有灵宇宙观。

克木人以动植物图腾为姓氏，对超自然力顶礼膜拜，视为家族的祖先，并由此形成姓氏和行为禁忌。而且每一个姓氏都有一个故事，例如：波坎莫老人说："我姓虎，这姓的来源是：有一天，我家老人去打猎，天黑了，不得不睡在坟山上。半夜他听见鬼摆龙门阵，说这个人的女人今晚生了一个男孩，长到20岁时必定会被老虎咬死。于是，等这个男孩长到二十岁时，老人为他盖了一间新房，不准他外出。恰好这天寨子里有一个人打得一只老虎，全寨人都围着看热闹，男孩也想去看，老人心想是只死虎，没什么危险，就让男孩去了。男孩去摸死虎的胡子，并挑逗说：'到底是你死还是我死'？不料那虎并没死，它一口咬伤了男孩的手指，男孩中毒死了。他最终还是死于虎口。从此我们家就姓了虎，而且，不得打虎、摸虎、吃虎"。在刀耕火种的生产过程中随着生产环节的进行，举行不同的仪式，如播种前的"玛我谷种的妈妈"与祭山仪式、收割后的打谷仪式、谷子收完各家要举行"叫谷魂"仪式等。克木人以上的文化表现形式，都是其在长期的热带雨林生存环境中对自然、社会以及人类自身的认识而形成的。尤其最原始的对生命的认识，对自然的解读，对人际关系的调和。

传统的刀耕火种生产方式只能维持克木人简单的日常生活，无从谈起生活质量的问题；水稻与甘蔗的种植，基本上解决了克木人的温饱问题并使生活水平得到不断的改善，而橡胶林的生产使克木人的经济社会文化发生了翻天覆地的变化①。同时也带来了严重的生态环境危机。橡胶种植的宜林地为海拔900米以下的热带地区，这些地区原本是热带雨林，为了种植橡胶，大面积的热带雨林在过去40多年里被毁，改造成今天的橡胶林。橡胶林虽然也计入森林覆盖率，但其生态效果与热带雨林相比相差甚远。雨水对单层胶林的土壤冲刷量比热带雨林高6倍，而水源涵养功能相差3倍，西双版纳大面积的胶林不仅使热带雨林面积缩小了近50%，也引起了气候的干热化：雾气的减少和干季高温的提升是最为明显的例子②。

① 参见刘江《认同与生存的双重困惑——全球化背景下中国克木人现状》（未发表）。
② 参见张乃剑《云南省西双版纳傣族自治州经济和社会发展战略研究报告》。

克木人刀耕火种的生产方式中蕴涵着他们天、地、人三者之间朴素的宇宙观。人们在原始热带雨林中按照其宇宙观指导自身的生产生活，寻求天、地、人的和谐共存。当橡胶林代替原来的热带雨林时，人们逐渐发现橡胶林吸水性强，水库的水位下降、寨子远处的河水变小、寨边的水沟干涸，水田变成雷响田，只有靠天下雨才能耕种。虫鱼野菜减少，建屋材料无处可伐。尽管村民尽力挽留水源林，可是在橡胶林包围中的水源林又能提供多少水资源？人们的生计开始受到严重威胁，生存环境不断恶化。面对这样的情况，怎么办？现在是摆在克木人面前的严峻问题，单靠个人、政府、社区、企业每一个方面的努力能否改变他们的生存环境？

（二）生态储备与生态环境建设

目前，善良而单纯的克木人仍然对橡胶种植抱有很大希望，他们关注的是橡胶林给他们带来收入，虽然也意识到橡胶林给他们的生活环境带来了压力，但受经济利益的驱动和思想认识的局限，人们无法从长远的生存环境来考虑现存的问题，盲目地发展橡胶林的局面也一时难以改变。生活生产方式的改变让人们淡忘了传统文化中人与自然的和谐相处，人们无法在从人与自然系统整体的角度去思考他们赖以生存的环境；企业在效益的刺激下，关注更多的是利益最大化；政府在发展地方经济中政策导向部分忽视了环境的承载力，以及环境恶化治理的人力、物力、财力的储备；社区关注的是整体经济发展水平的提高、生活水平和基础设施改善、人文素质提高。面对渐进性的环境恶化，除了把民族、文化、生态等建设的对象作为一个系统来看待和建设民族文化生态村外，需要做的事情是建立生态储备机制，形成生态环境治理者系统，让个人、企业、社区、政府在环境治理中形成一个有机的体系，在民族地区乃至全国形成一个环境治理联盟，集各层次人力、物力、财力来处理环境问题，最终形成人与自然和谐共处的态势。

生态储备包括人力、财力、物力的储备。对于人力来说，不仅仅是治理环境需要的人力资源，更主要的是人在生产生活中的思维模式和行为模式——尊重自然。云南16个跨境民族大多都是万物有灵的原始宗教信仰者，其原始的宇宙观中充满了对自然的敬畏和尊重，在尊重自然的前提下获取生活资源。随着市场经济观念进入民族地区，生存环境的改变，民族地区的人们在理性和利益最大化的冲击下，部分地隐藏着对自然的崇拜，被“人定胜天”的理念取代。随着生存环境的恶化，人们开始怀念他们过去的山川河流，草木森林。所以作为生态储备的最为重要的部分——宇宙观的理念，跨境民族不是或缺而是在生存环境的改变中淡忘或者暂时的失忆，伴随生态环境的压力的增大，人们会重新恢复对自然的敬畏和尊重。同时也需要企业在选择发展策略时，树立对尊重自然的态度，选择可持续发展道路；政府在规划地方发展时，放弃短暂的追求经济发展的思路，从“天人合一”的角度寻求经济、社会、文化、自然的协调发展。

财力、物力储备是对生态环境恶化治理的物质因素。目前国内环境治理的财力物力主要是政府支出，但往往治理资金巨大，政府无法承受，西双版纳就无法筹集到解决水危机的 2 亿元财力，大家都是环境恶化的制造者，又都是环境恶化的受害者，都有责任，似乎又都没有责任。一般的环境恶化制造者更是无力承担治理环境的巨资。在此情况下，缺少的是生态储备中的财力和物力储备。作为生态环境恶化的缔造者个人、企业、社区、政府在受益的同时，缺少对环境治理的意识，也就忽视了对环境恶化的未雨绸缪。所以无论是个人、企业、社区还是政府，都必须建立治理环境的物力财力储备，形成个人、集体、国家储备体系，改变单一的政府储备模式，才能更好地应对环境变化给人们生活带来的影响。

跨境民族传统文化体系中包含着原始宇宙观，以其朴素的人与自然辩证关系调适自身的生产生活方式，实现人与自然的和谐相处。随着市场经济的侵入，人们对自身、自然、社会进行重新的审视，在进行跨越式发展的同时，以复杂的心情面对日益恶化的生态环境，而又束手无策。于是开始怀念过去的山山水水、鸟语花香。“那时，想到哪里种就到哪里种，哪里好就在哪里住，不好就再搬寨子，反正到处都是大森林，山地种都种不完，只要有劳力，就可以多种地、多打粮食。而且，想吃肉，山上有的是麂子、马鹿、松鼠、竹鼠、鸟儿；想吃鱼，河里沟里有的是，不要说离寨子一公里的南腊河是西双版纳鱼最多的河，就是寨子边的回结河的鱼蟹娃也吃不完”，西双版纳回结村的克木老人在不停地追忆。我们认为，在坚持经济社会文化可持续发展的政策规划下，以对自然尊重的思维方式，建立和完善个人、企业、政府生态储备体系，民族地区生态环境的改善应该是前景光明的。

第十三章　全球化与云南跨境民族文化建设前瞻

当前，全球化与现代化的浪潮正以排山倒海之势席卷世界的每个角落，而西部大开发作为国家发展西部地区的战略部署，为西部边疆民族地区的发展提供了机遇，使得边疆民族地区的经济社会文化发展实现了“跨越式”发展。云南跨境民族地区人民的生活水平有了较大提高，社会环境也得到了明显的改善，但是由于特定的自然环境与历史积淀，这些地区在经济社会实现较快发展的同时，遇到的不仅是经济的区域分化与利益的不均衡化所带来的差距拉大等问题，而且更使人们长期赖以依靠的文化模式、行为习惯等不得不面临着新的抉择与调适。

早在20世纪90年代初期，邓小平就明确提出了兼顾“两个大局”的发展战略：“沿海地区要加快对外开放，使这个拥有两亿人口的广大地带较快地先发展起来，从而带动内地更好地发展，这是一个事关大局的问题。内地要顾全这个大局。反过来，发展到一定的时候，又要求沿海拿出更多力量来帮助内地发展，这也是个大局。那时沿海也要服从这个大局。”① 经过近20年的建设和发展，我国沿海地区的经济社会发展取得了长足的进展，人民的生活不断提高，基础设施不断完善。但是，由于受历史、自然等诸多因素的影响，包括云南在内的西部地区的总体发展水平与沿海地区存在着较大的差距，而且这种差距还有不断扩大的趋势。实施西部大开发战略，加快西部发展，逐步缩小各地区之间的差距，实现区域经济协调发展，最终达到各地区经济普遍繁荣和全体人民共同富裕，既是社会主义本质特征的要求，也是国民经济持续系统发展的内在需要。正是在这样的背景下，党中央和国务院根据我国经济发展的实际，审时度势，把

① 《邓小平文选》第3卷，第277—278页。

加快西部地区的发展作为一项重大的战略任务，摆到更加突出的位置。这是促进各民族共同发展和富裕的重要举措，是保障边疆巩固和国家安全的必要措施，关系全国经济社会发展的大局。

一　西部大开发与云南民族地区经济社会发展

加快西部发展，不断提高人民群众的物质和文化生活水平，既是西部大开发的首要任务，也是贯彻落实科学发展观的本质要求。西部地区的社会稳定直接关系到国家的社会和谐；西部边疆各族人民的大团结直接关系到边疆巩固和国家的长治久安。只有加快直接惠及西部各族人民的发展步伐，才能从根本上增强中华民族的凝聚力，才能更好地实现全面建设小康社会的宏伟目标。因此，在新世纪用科学发展观统领西部大开发，真正缩小东西部发展差距，大力提高西部人民物质文化生活水平，也是我们党肩负的重大历史职责[①]。

云南地处边陲，1949 年以前，与内地联系十分困难；农业生产落后，广种薄收现象极为普遍；工业基础较差，连手工业都很少。20 世纪 50 年代以来，在大力发展农业的同时，随着境内丰富的自然资源的开发利用，以及贵昆、成昆等铁路干线和四通八达的公路网的修建，云南工业发展迅速，同省内外的联系也日益密切。在中国已发现的 150 余种有色矿产中，云南占有 134 种，其中 58 种矿产保有储量居中国前 10 位。水力资源蕴藏量仅次于藏、川，可开发的水能占中国总量的 20.5%，仅次于西藏；可能开发率为 68.7%，居中国首位，且分布集中，金沙江、澜沧江、怒江等干流约集中了全省水能资源的 82.5%。煤的储量在长江以南各省中仅次于贵州，居中国第 8 位；地热资源丰富，温泉数量众多，几乎遍及各县。滇西的中、高温泉开发潜力较大，是滇西缺煤地区宝贵能源库。云南 1949 年工业产值仅占工农业总产值的 16.7%，到 1990 年则已占 62%，初步形成包括冶金、机械、煤炭、电力、化工、食品、纺织等较为齐全的工业体系，基本发挥了本省的食品、有色金属、磷矿石、水能等资源优势。在实施西部大开发的时代背景下，云南边疆民族地区充分利用地域优势、资源优势，努力发展地方经济。2004 年，云南民族自治地方经济发展趋势良

① 陈祥骥：《论用科学发展观统领西部大开发》，载《宁夏党校学报》2008 年第 4 期。

好，各项主要经济指标发展速度不同程度高于全省指标。全年民族自治地方国内生产总值1062亿元，比上年同期增长12.4%，增幅高于全省0.9个百分点。农业总产值489.6亿元，比上年同期增长4.4%，农民人均纯收入1646元，同比增长7.9%，高于全省1.9个百分点；全省边贸进出口总额完成37.48亿美元，比上年增长40.49%①。“十五”期间，全省民族自治地方生产总值、人均生产总值、工业生产总值、地方财政收入年平均增长分别为9.9%、11.6%、13.4%和12%，增幅高于全省平均水平。2004年的生产总值首次突破千亿元大关，农民人均纯收入达到1670元②。

云南全境为“九分山和原，一分坝和水”。全省耕地仅277万多公顷，占土地总面积的7%。耕地利用不尽充分，平均复种指数仅为14.5%。在耕地总面积中，水田约占35.6%，旱地占64.4%。其中，1/3耕地集中于平坦的坝区，以水田为主；2/3散布于起伏的山区，以旱地居多，且多为坡耕地。农业生产深受自然条件的制约和影响，水热条件随海拔不同而异，具有突出的“立体农业”特点，地区差异显著。农业中以种植业占主要地位，兼有农区和林牧区畜牧业特色。随着我国西部大开发战略和云南建设民族文化大省、绿色经济强省和中国链接南亚、东南亚国际大通道战略的纵深推进，云南民族地区经济社会文化得到了全面发展，取得了明显成效。

加大对民族地区基础设施建设的投入力度，云南省在安排交通、能源等重大项目、农业基本建设和生态环境保护项目重点向民族地区倾斜，使民族地区的水利、交通、能源、通信等基础设施和群众生活条件不断改善。全省民族自治地方社会固定资产投资从1999年的182.7亿元增加到2004年的429亿元，“西电东送”、“退耕还林”成效明显，昆石、大保、玉元、元磨高等级公路项目相继完成，实现油路到县、通电到村、广播电视到村。依托丰富的自然、人文资源优势，培育和壮大烟草、生物资源开发创新、旅游、电力和矿产五大支柱产业。

增加财政投入，确保民族地区党政机关和事业单位正常运转，确保提供基本公共服务，确保基础教育经费。云南省级财政计算对民族自治地区

① 《云南年鉴》，2005年，第116、210页。

② 《五年来云南民族工作简要情况》，2005年8月云南省民族工作会议暨第五次民族团结进步表彰大会材料。

一般性财政支出数额时，比其他地区高5个百分点，从1999年到2004年，省财政补助民族地区工资性转移支付就达139.5亿元。开展“向绝对贫困宣战”，对民族贫困县、边境民族乡、民族特困乡和少数民族聚居村给予特殊扶持，使全省75.2万绝对贫困人口解决了温饱问题，巩固了169.5万低收入人口的温饱，24.6万贫困户告别了茅草房、杈杈房，全省重点扶贫县农民人均收入从1100元提高到1315元。

优先发展民族教育，建设民族文化大省，推进民族地区社会事业全面协调发展。2004年底，全省各级各类学校少数民族在校生238万人，少数民族适龄儿童入学率达95.6%，民族自治地区已有64个县实现“普九”目标。“十五”期间，云南大力实施千里边疆文化长廊二期、贫困县“两馆一站”建设和农村电影“2131”工程，广泛开展文化下乡和社区文化活动，基层文化建设得到加强。云南的广播、电视覆盖率分别提高到92%和93.5%。全省形成了艺术创作的良好氛围，艺术精品不断涌现，继《云南映象》上演取得较好的社会效益和经济效益之后，云南又于2005年推出了《小河淌水》、《天地之上》、《花腰新娘》等一大批文艺精品佳作。

大力弘扬少数民族优秀传统文化，少数民族古籍、文物的抢救保护和民族图书出版得到加强，成功举办首届中国民族服饰服装博览会、省第七届少数民族传统体育运动会、少数民族民间歌舞乐展演和少数民族文化展览，参加全国少数民族传统体育运动会和文艺会演并取得优异成绩，以少数民族文化为题材的各类优秀作品在全国频频获奖，成功打造了“香格里拉”、“丽江古城”等民族文化知名品牌。

坚持民族平等原则，宣传党的民族政策和民族法律法规，化解难点、热点，巩固民族团结。坚持各民族无论人口多少，历史长短，发展快慢，都是祖国大家庭中的一员，充分尊重和保障各民族在语言、文化、习俗、宗教信仰等方面的合法权益。用12种少数民族文字翻译出版党和国家的重要文献，充分发挥广播、电视、报刊等宣传媒体的优势，把党的各项方针政策及时传达到各民族干部群众之中。建立民族团结目标责任制，派驻民族工作队驻村帮扶综合治理，把加强民族团结、维护社会稳定的责任落到实处。从1999年到2004年底，全省民族工作部门累计排查、参与排查和调处涉及民族关系的矛盾纠纷和隐患6581起，有力维护了民族团结和边疆稳定。

实施人才强省、科技兴省。我省的少数民族专业技术人才和经营管理人才队伍不断发展，一批少数民族拔尖人才在云南经济、文化、教育等各个领域崭露头角。到2004年底，全省少数民族专业技术和经营管理人才逾20多万人，占全省各类人才总数的24.6%，有130多人享受国务院特殊津贴，120多人获云南省有突出贡献专业技术人员称号①。民族地区建设人才的增加、少数民族干部数量和质量的提高，为民族地区经济社会发展提供了保障。

总之，西部大开发战略的实施，极大地促进了云南边疆民族地区经济社会的迅速发展。2003年，民族自治地方国内生产总值905.4亿元，人均国民生产总值4256元，实现农业总产值425.8亿元，民族自治地方城镇居民人均可支配收入7396元，农民人均纯收入1470元，全省边贸进出口总额完成4.2亿美元，比上年增长13.2%②。“十五”期间，全省民族自治地方生产总值、人均生产总值、工业生产总值、地方财政收入年平均增长分别为9.9%、11.6%、13.4%和12%，增幅高于全省平均水平。2004年的生产总值首次突破千亿元大关，农民人均纯收入达到1670元③。另一方面，云南紧紧抓住西部大开发这一千载难逢的历史机遇，开拓创新，真抓实干，办成了多年来想办而没有办成的大事，有力地促进了云南经济快速发展和社会事业全面进步。

二 西部大开发中云南边疆民族地区发展面临的问题

实施西部大开发战略，加快西部发展，逐步缩小各地区之间的发展差距，实现区域经济协调发展，最终达到各地区经济普遍繁荣和全体人民共同富裕，这既是构建社会主义和谐社会的客观要求，也是促进国民经济持续协调发展的必然选择。尽管自实施西部大开发战略以来云南的基础设施建设、生态环境保护、公共事业发展等方面取得了有目共睹的成就，但是，云南边疆民族地区在发展过程中仍然面临着许多问题，特别是云南边疆民族问题和少数民族传统文化的保护与传承面临着严峻的挑战。

---

① 《民族画报》2005年第8期，第35页。

② 《云南年鉴》，2004年，第126页。

③ 《五年来云南民族工作要情况》，2005年8月云南省民族工作会议暨第五次民族团结进步表彰大会材料。

（一）云南边疆民族问题面临着严峻的挑战

民族问题是由于民族之间差异所产生的民族之间的矛盾问题。世界上许多国家都存在，有的表现为民族之间的冲突甚至仇杀，有的表现为社会生活中的歧视，有的则表现为经济文化发展上的不平衡和社会生活中事实上的不平等。但由于历史的原因，西部少数民族地区经济社会文化发展与东部、中部地区相比有较大差距。自20世纪90年代以来，随着国内改革开放事业的深入发展和西部大开发战略的实施，云南边疆民族问题突出地表现为以下几个方面：

一是区域经济的分化。随着民族地区发展有序进行，社会发展程度比较高、自然资源较为丰富、经济发展基础较好的地区会随着政策环境的好转而吸引到大量的政府投资和外来投资，从而在短时期内经济有一个较好的开头或突飞猛进的发展；而那些原有经济基础较为薄弱、自然资源比较缺乏的地区，经济社会文化发展将会继续保持低速发展，甚至在短期内与其他地区拉开较大的距离，形成新的地区经济社会文化发展的不平衡。而且随着改革的深化和社会主义市场经济体制的建立健全，国家和省里原来在计划经济体制下对民族地区实行的一些优惠政策已实现，民族地区得到的利益因各方面改革措施的出台已难以保留，加上发展基础薄弱，边疆民族地区与东部发达地区的差距不断拉大。

二是经济利益的分化。在民族地区经济社会文化的整体转型时期，经济向商品化、产业化、市场化全面转轨，社会将会分化出一些新的利益阶层。随着各民族之间对外交往的不断扩大，民族地区和少数民族传统的相对封闭的格局将会被打破，各民族以自尊心和自豪感为主要内容的群体意识不但不会消失，反而会随着对经济利益的渴望和追求而有所加强，各民族干部和群众会更加关注本民族的形象和各项合法权益的保障，因此必然会在不同利益主体和利益阶层之间产生利益冲突，影响了民族地区的团结、发展和社会稳定。

三是随着各民族价值观念、思维方式、行为习惯的变化，民族传统文化与现代化的关系问题必将愈益突出。一方面民族之间的交往与接触日益频繁，共同性和一致性不断增多，另一方面民族素质的提高和民族意识的增强，导致了民族的多元性也在不断的发展，由此引发的文化习俗方面的纠纷也随之增多。

四是民族、宗教问题常常交织在一起，处理不当而导致的民族矛盾不时出现。实施西部大开发战略是一场深刻的社会变革，在这一过程中，随着前述经济结构和各种利益关系的调整，必然会动摇民族传统社会结构的稳定性，产生一系列的新情况、新问题。这种情况反映到人们的思想意识上来，必然会引起人们新旧意识规范的冲突和脱节，与此同时，宗教信仰者的宗教意识会有所增强和发展。如果我们不注意对这种观念的分化和冲突进行研究和解决，就会使新的民族和社会问题层出不穷，进而影响到加快民族地区经济社会文化的顺利发展。

五是极少数国内的民族分裂主义分子和境外敌对势力相勾结，危害国家的稳定和民族团结。民族分裂主义一直是我国西部民族地区的一大隐患；同时，国外反华势力一直亡我之心不死，尤其是改革开放以来我国综合国力的不断提升，使他们更是寝食难安，不断地以所谓的“人权”为武器，企图在我国西部民族问题上有所突破，使其阴谋得逞。随着民族地区经济社会的发展，民族分裂主义势力和西方反华势力将会利用这个大开放、大交流以及开发过程中出现的各种人民内部矛盾问题大做文章。因此，防范西方反华势力和国内外民族分裂势力的破坏，确保边疆稳定、政治统一，是民族地区经济社会发展中面临的最大的政治问题。

2005 年 5 月 27—28 日，中共中央、国务院在京召开的中央民族工作会议暨国务院第四次全国民族团结进步表彰会议。指出现阶段民族工作的主要任务是：坚持以邓小平理论和“三个代表”重要思想为指导，以科学发展观统领经济社会发展全局，围绕全面建设小康社会的宏伟目标，牢牢把握各民族共同团结奋斗、共同繁荣发展的主题，全面贯彻执行党和国家的民族政策和民族法律法规，坚持和完善民族区域自治制度，巩固和发展社会主义民族关系，大力培养少数民族干部和各类人才，加快少数民族和民族地区经济社会发展，为我国社会主义物质文明、政治文明、精神文明与和谐社会建设全面发展作出贡献。可见，把握了“共同团结奋斗、共同繁荣发展”这个主题，就把握了当代中国民族问题的本质，就把握了现阶段我国民族工作的核心。想问题，做决策，办事情，都要从民族众多这个基本国情出发，充分考虑民族地区的实际，充分尊重各民族的特点，充分调动各民族的积极性，树立科学发展观，全面建设小康社会。

（二）民族传统文化的保护与传承面临着严峻的挑战

经济发展了，而作为发展经济的主体——云南各民族人民却正在面临着民族文化的消失、缺失、流变、变异；价值观念的转变；生活方式的抉择。文化的深层结构处于一个动荡重组的阵痛阶段。西部大开发对民族地区多元文化资源的影响主要表现在：民族文化商品化、文化展示庸俗化、传统价值取向退化、民族文化资源的消逝以及民族地区生态环境的恶化等方面[①]。作为云南旅游主要线路之一的楚雄—大理—丽江—香格里拉—泸沽湖—玉龙雪山，是彝族、白族、纳西族、藏族、摩梭人等少数民族主要居住点，彝族的火文化、白族的建筑文化与本主文化、纳西的东巴文化已经成为各种现代商品的点缀；摩梭人的阿注婚姻模式一方面成为旅游者猎奇的对象，另一方面又在旅游发展中变异而庸俗化；旅游业和商业的发展，使大理古城成为一个正在逝去的古城，丽江古城成为挂黄牌的世界文化遗产，生态环境和人文环境都在急剧地恶化。另一个主要旅游点——西双版纳的情况也不容乐观，以西双版纳克木人为例，随着西部大开发的深入，克木人原来的生活、生产方式都发生了巨大变化，生产方式由原来的水稻、甘蔗等固定的农耕发展到以橡胶生产为主的经济作物生产，生活环境由原来的热带雨林变成了橡胶林，直接的后果就是水资源危机。西双版纳旅游业的发展，克木人走出丛林，而在景区进行克木人文化的展示，给人的感觉像是在欣赏土著居民的原始生活。旅游公司很少去顾及克木人原来文化里所包含的宇宙观、价值观，使得民族文化庸俗化。

实行西部大开发的目的是实现西部地区经济社会文化综合协调发展，其中经济发展是基础。经济发展与文化多元是相互关联的，西部经济的发展是在一定民族多元文化背景下进行的，如果民族多元文化环境不能跟上经济发展的需求，就会阻碍经济的发展；另一方面，文化作为一种有形或无形的资源，运用得好必将促进西部经济的发展，现在的人文旅游就是很好的例子。但问题是在西部大开发过程中，民族多元文化资源一方面面临着流失、蜕变、商品化、庸俗化的局面，另一方面为满足西

---

① 参见黄绍文《西部大开发过程中民族文化的保护与发展》，载《云南社会主义学院学报》2001年第4期。

部社会发展，过度地挖掘民族多元文化，用之来作为社会发展的资源与动力。随着云南建设民族文化大省、绿色经济强省和中国连接南亚、东南亚国际大通道战略的纵深推进，云南各民族的社会发展、传统文化与现代化、民族文化多元化发展、跨境民族关系等一系列民族问题将会日益凸显。跨境民族文化既是世界多元文化发展的组成部分也是中华民族文化“多元一体”格局的重要组成部分，对其进行研究，具有非常重要的意义。在西部经济发展中，要促进文化多元发展的首要问题是弄清楚民族文化资源，对民族文化资源进行民族志的普查；其次是在发展中保护，民族文化资源的价值是在开发、保护、传播及其与主流文化的交流中体现出来的，在发展中保护，在保护中发展，走文化可持续发展道路。

三　多元民族文化与边疆民族地区和谐社会构建

随着国家西部发展战略的发展，早期西部大开发中优先发展经济遗留的问题也越发突出。为此，需要一种新的发展理念来指导西部地区的发展，科学发展观的提出，为解决西部大开发中出现的问题，提供了一种新的西部发展观念。科学发展观倡导的是和谐发展，强调的是人、社会、自然之间以及三者内部的和谐发展。在边疆民族地区经济发展的基础上，更注重社会的发展与人的自我发展。对于西部发展中存在的问题，主要是人的问题，作为发展的主体，人的行为是受特定的文化模式影响与支配的，所以在构建边疆民族地区和谐社会的战略中，边疆地区的多元民族文化就成为了一种软资源，应该受到足够的重视。

胡锦涛同志在省部级主要领导干部提高构建社会主义和谐社会能力专题研讨班上的讲话中指出：“一个社会能否和谐，一个国家能否长治久安，很大程度上取决于全体社会成员的思想道德素质。没有共同的理想信念，没有良好的道德规范，是无法实现社会和谐的，要切实加强社会主义先进文化建设，不断增强人们的精神力量，不断丰富人们的精神世界。”“讲话”指明了文化建设在构建社会主义和谐社会中的重要地位和作用。因为，社会主义先进文化是指我国各族人民在长期的生产、生活中缔造的人类先进文化的总和，构建和谐社会内在要求也是要保持文化的多元共融。从我国各民族之间关系的历史和现实情况来看：各少数民族不仅和汉族之间形成了不可分割的联系，而且各少数民族兄弟之间同样也存在着这种不可分割的联系。可见，我国多民族并存发展的事实，必然要求以“三个离不开”——汉族离不开少数民族，少数民族也离不开汉族，各少数民族之间也相互离不开——辩证态度来构建和谐社会。

云南有25个少数民族，是我国民族种类最多的省份。各民族在自身社会发展历史过程中，形成了独具特色的民族文化。民族文化体现着民族的心理，具有很强的凝聚力、向心力。多元一体的中华文化是维系中国各民族团结奋进的坚强纽带，各民族文化的共同繁荣，既是构建社会主义和谐社会的内在要求，也是社会主义和谐社会的重要体现。和谐社会内在本质的要求是民族文化的全面、协调发展，而不是文化的同一性。每个民族的文化都有自己的特点和存在的价值，都是社会主义先进文化的组成部分，因此在构建社会主义和谐社会的进程中，必然要正视民族文化的多元性，尊重民族文化。

云南民族文化基本特征是文化的多元性。从族源及语系角度看，云南有三大族群文化体：氐羌族源及其藏缅语族——彝、白、怒、哈尼、纳西、傈僳、拉祜、基诺、景颇、阿昌、独龙等族；百越族源及其侗傣语族——傣、壮等族；百濮族源及其孟高棉语族——佤、布朗、德昂等族。各个民族载负着不同的文化进入云南，使云南民族文化呈现出多元性。在宗教信仰上，云南有原始宗教文化、佛教文化、道教文化、伊斯兰教文化、基督教文化等；从生产方式角度看，有坝区的农耕文化、半山区的耕牧文化、高寒山区的畜牧文化；从民族性角度看，有白族文化、纳西族文化、藏族文化、彝族文化、傣族文化、哈尼族文化、汉族文化等。

云南民族文化的显著特征是多元文化和谐发展。民族节日文化是民族意识、民族精神、民族审美的综合体。云南民族节日众多、内容丰富、形式各异、特点鲜明，且互不干扰，和谐发展。以傣族的泼水节和彝族的火把节为例，傣族的泼水节又称“浴佛节”，从节日的内容——泼水、赛龙舟、堆沙滴水、放高升来看，傣族崇尚水，生产、生活、习俗离不开水，是水的民族。彝族火把节源于对祖先的祭祀，主要内容：家家户户、男男女女燃起松木火把，聚在一起，燃起篝火，彻夜欢歌。从节日的内容和传说看，彝族崇尚火，生产、生活、习俗离不开火，是火的民族。差异如此大的两个民族、两个节日在云南这块土地上却能和谐发展。再以宗教信仰为例，世界三大宗教先后传入云南，并在云南生根、开花、结果，与云南本土宗教和谐共存。佛教大约在唐初开始传入云南，上座部佛教自缅甸传入滇西的德宏地区，由泰国传入滇南的西双版纳地区，这两个地区傣族人口居多，藏传佛教由印度传入滇西北的迪庆藏区，形成迪庆藏族全民信仰喇嘛教的文化现象，汉传佛教由中原传入昆明地区、大理地区及滇东北地区，汉族、白族等民族大多信仰汉传佛教。上座部佛教、藏传佛教、汉传佛教都在云南得到充分发展。元明时期大批回军入滇，伊斯兰教在云南得以发展，伊斯兰文化的兴旺、繁荣在全国居于领先地位。

中华民族有着多民族共同创造的辉煌的“多元一体”文化共同体。大多数少数民族聚居在自然、生活条件较差，开发较少的地区，在经济快速发展的同时，各种文化交流碰撞，民族文化受到了巨大的冲击，这已是不争的事实。而民族文化在构建民族地区和谐社会的实践中有着不可替代的作用。

首先，民族文化的发展有利于增强民族向心力、凝聚力和认同感，促进各民族共同团结奋斗和共同繁荣发展，为构建和谐边疆社会提供条件。文化是一个民族赖以生存和发展的标识，与文化认同、民族认同、国家认同紧密相连。民族地区的分离，很大程度上是由内部的文化离心力造成的。我国作为一个多民族国家必须在尊重“多元”的基础上培养民族地区各民族的“一体”文化向心力，增强民族认同和国家认同，提高社会整合度，促进民族地区和谐社会建设。

其次，民族文化是和谐边疆社会政治建设的重要基础。胡锦涛同志在省部级主要领导干部提高构建社会主义和谐社会能力专题研讨班上强调：我们所要建设的社会主义和谐社会应该是民主法治、公平正义、诚信友爱、充满活力、安定有序、人与自然和谐相处的社会。民族地区政治文明建设的一个重要内容就是促进各民族互相尊重、共同发展，最终实现民族平等。民族文化中蕴涵着丰富的民主文化和民主精神，对其进行保护和发掘，有助于继承和发扬优秀民主传统，促进民族地区政治文明建设。每个民族都有其独特的历史文化，不同民族文化之间的平等交流和相互促进，有利于营造民主和谐的政治环境，促进各民族平等、团结、进步和共同走向繁荣。因此，发掘民族文化中的民主文化传统，有利于促进民族地区民主法制建设，从而进一步提高构建民族地区和谐社会的能力。

最后，民族文化为民族地区和谐社会建设提供精神动力。建设民族地区和谐社会是一项系统工程。大力发展民族文化，可以为构建社会主义和谐社会提供思想和精神资源。江泽民同志在党的十六大报告中指出：要牢牢把握先进文化的前进方向，扶持对重要文化遗产和优秀民间艺术的保护工作，积极发展社会主义文化事业和文化产业。在构建民族地区和谐社会中，民族文化作为大文化的一个重要子系统，其思想教育功能、审美净化功能、促进人的全面和谐发展的功能以及对先进文化发展的助推作用正在日益凸显。因此，保护和发掘民族文化，有利于优秀文化遗产的继承与创新，促进社会主义先进文化建设，从而为构建民族地区和谐社会提供强大的精神支撑。

建设和谐文化，促进社会和谐，既是中国共产党不懈追求的一个远大目标，也是中华民族孜孜以求的社会理想。早在 2006 年 5 月，胡锦涛总书记在云南考察工作时就首次提出了和谐文化的科学概念，并指出“要高度重视和谐文化建设，从树立共同理想、打牢共同思想基础、弘扬民族精神、开展道德建设等方面持之以恒地加强工作，特别是要通过各种生动活泼的方式宣传和树立‘八荣八耻’为主要内容的社会主义荣辱观，为促进社会和谐提供强大的道德力量。”[①] 2006 年 10 月，党的十六届六中全会通过的《中共中央关于构建社会主义和谐社会若干重大问题的决定》又明确提出“建设和谐文化，是构建社会主义和谐社会的重要任务。社会主义核心价值体系是建设和谐文化的根本。”党的十七大报告再次强调要建设社会主义核心价值体系。这里的社会主义核心价值体系，指的是由马克思主义指导思想，中国特色社会主义共同理想，以爱国主义为核心的民族精神和以改革创新为核心的时代精神，社会主义荣辱观四个方面构成的社会主义核心价值体系，它是社会主义意识形态的本质体现。党中央提出文化建设的构想和任务，根本目的是要不断提高综合国力，最终使全国人民都过上丰衣足食、满意度较高的现代生活。

建设和谐文化，是我们党从中国特色社会主义事业全局出发提出的一项重大战略任务。按照李忠杰教授的观点，作为构建社会主义和谐社会的重要任务和思想基础，所谓和谐文化“是指一种以和谐为思想内核和价值取向，以倡导、研究、阐释、传播、实施、奉行和谐理念为主要内容的文化形态、文化现象和文化性状。它包括思想观念、价值体系、行为规范、文化产品、社会风尚、制度体制等多种存在方式。和谐文化最核心的内

---

① 参见新华网云南频道（http：//www. yn. xinhua. org/newscenter/2006—05/17/content _ 7014478. htm)，《胡锦涛总书记对加快云南发展提出四点要求》2006 年 5 月 17 日。

容，是崇尚和谐理念，体现和谐精神，大力倡导社会和谐的理想信念，坚持和实行互助、合作、团结、稳定、有序的社会准则”[①]。和谐文化是与社会主义和谐社会相适应的文化体系，包括人自身的和谐、人际关系和谐、人与社会和谐、人与自然和谐的思想观念、价值体系、行为规范、文化产品、社会风尚、制度体制等要素[②]。我们党提出建设和谐文化，就是要求我们在推进和谐社会建设的过程中，大力研究、倡导和宣传和谐的价值取向，为和谐社会建设提供坚实的思想基础，引导人们正确处理社会生活中的复杂矛盾，鼓励一切有助于促进和谐的思想和行为，不断增加社会生活中的和谐因素，并建立健全保障社会和谐的法律和道德规范体系，努力使我们的社会形成一种既充满活力又团结和谐的局面，促进经济社会又快又好地发展[③]。

民族文化是社会主义文化的重要组成部分，要建设和谐文化，首先必须建设和谐的民族文化。近年来，云南省委、省政府大力加强文化建设，全省各地区也充分利用民族文化资源发展当地的文化产业，取得明显成效。例如，以“云南映象”为典型代表的原生态民族文化歌舞享誉全球；白族的“三月节”、彝族的“火把节”、傣族的“泼水节”、哈尼族的“长街宴”等，已形成了具有浓郁民族特色的文化产业活动；以地方民族风情为标志的民族特色旅游业日趋活跃，展现云南民族文化的西双版纳民族风情园、丽江纳西古城、香格里拉藏文化等吸引着一批又一批的中外游客观光旅游；不少市县都提出了借云南建设民族文化大省的契机，大力开发、培育和发展文化产业，使地方经济社会呈现出良好的发展态势。但是，由于种种原因，我省的社会事业发展依然滞后，特别是边境民族贫困地区群众“五难”问题，即“读书难”、“看病难”、“看电视听广播难”、“文化活动难”、“学科技难”突出，严重制约了边境民族贫困地区群众脱贫致富奔小康的步伐。为此，云南省委、省政府决定从2007年起，率先从边境25个县、3个藏区县开始，用3至5年时间在我省全面实施“解五难”惠民工程，逐步解决与边疆民族贫困地区群众

---

① 李忠杰：《论建设和谐文化》，载《光明日报》2006年10月9日。

② 温宪元：《和谐文化》，载《中外企业文化》2007年第6期。

③ 参见新华网云南频道（http://news.xinhuanet.com/politics/2006—10/09/content_5177850.htm.），《专家访谈：大力促进和谐文化建设——访中国科学社会主义学会常务副会长严书翰》2006年10月9日。

切身利益最密切、最直接、最现实、最紧迫的“五难”问题，加快边境地区和藏区社会事业发展，努力构建和谐边疆①。这是继云南省委、省政府提出建设民族文化大省后的又一战略举措，必将对推动我省边疆民族地区社会事业发展产生重大影响。

实践证明，大力发展少数民族文化产业，加强文化产业建设，是提高少数民族地区经济能力、提升文化竞争力的重要途径。此外，大力发展文化产业，对于调整云南省产业结构、培育新的经济增长点、大力发展现代服务业、提升旅游品位，有效拉动内需、解决就业问题、构建和谐社会都具有重要作用和战略意义。丽江无疑是这方面的成功典范。1997 年 12 月 4 日，丽江古城以“保存浓郁地方民族特色与自然美妙结合的典型具有特殊价值，经历 1996 年大地震，基本格局不变，核心建筑依存，恢复重建如旧，保存了历史的真实性”被联合国教科文组织列入世界文化遗产名录。短短 10 年间，丽江从一个名不见经传的小镇迅速发展成为一座集旅游、商贸集市功能于一体又蕴涵深厚的汉、纳西、藏、白、彝等多元民族文化积淀的商业城市，成为滇西北高原上一颗璀璨的明珠。随着云南丽江知名度的不断提高和社会经济的快速发展，为了加强对这一世界遗产地的人文、历史、民族及自然景观和全国唯一的纳西族东巴文化的有效保护和利用，继承和弘扬优秀的纳西族东巴文化，云南省委、省政府以及丽江市委、市政府在保护和开发民族文化资源的实践中，积极探索法制建设的路子，于 2005 年 12 月 2 日由云南省人大常委会审议通过了首部地方性法规《云南省纳西族东巴文化保护条例》，使民族文化的保护有法可依。2007 年 8 月，世界文化遗产丽江古城遗产保护民居修复项目又荣获“联合国教科文组织亚太地区 2007 年遗产保护优秀奖”。丽江对古城文化遗产的保护经验，被联合国教科文组织亚太地区文化遗产管理第五届年会誉为“丽江模式”，受到世界遗产专家们广泛赞誉。

推动科学发展、促进社会和谐和全面建设小康社会的伟大实践，对文化建设提出了新要求。在新形势下实现民族文化大省向民族文化强省的迈进，这是建设富裕民主文明开放和谐云南的内在需要，是人民群众对文化建设的新期待，是云南文化与时俱进、创新发展的必然趋势。多元和谐共融的民族文化在民族地区和谐社会建设中有着不可或缺的作用。云南 25

---

① 任维东：《云南全面实施解五难惠民工程》，载《光明日报》2007 年 4 月 11 日。

种少数民族丰富多彩的文化，既是建设民族文化大省的重要源泉，也是经济社会发展的重要资源。2005 年文化产业产值达 240 亿元人民币，占全省地区生产总值的 5.5%，成为经济社会发展的亮点。2006 年，云南文化产业产值有望达到 GDP 的 6%，成为继烟草、水电、矿产、旅游和生物制品之后的第六大支柱产业。目前，云南省已初步确定“十一五”期间，文化产业产值要占到全省地区生产总值 8%—10% 的目标。继续搞好 6 个州市、10 个文化产业特色县和 15 个县域文化建设的试点工作，力争把文化产业培育成发展较快的新兴支柱产业。

尊重和保护少数民族文化，支持少数民族优秀文化的传承、发展和创新，加大对少数民族古籍、文物、出版、语言文字、报刊等公益性文化事业的投入。从 2006 年起，我省财政每年从省级文化事业专项资金中按 20% 的比例安排用于少数民族文化抢救保护工作。推进民族文化精品工程，重点培育和扶持 25 个世居少数民族标志性文化项目，规划和建设一批民族文化生态村和民族文化产业项目。加强民族文化对外宣传、交流与合作，大力发展民族文化产业。加快“千里边疆文化长廊”二期工程，广播电视“村村通”工程和“西新工程”建设，不断满足民族地区群众的精神文化需求。民族地区精神文明建设不断加强，各族群众文化生活水平不断丰富，促进了民族地区和谐社会建设的协调发展。站在新的历史起点上，我们要从提高国家软实力的战略高度把文化建设摆在更加重要的位置，进一步解放思想，树立新的文化发展观，更加自觉、更加主动地建设社会主义核心价值体系，推动和谐文化建设，弘扬优秀传统文化，大力发展文化产业，以更好地满足人民群众日益增长的文化需求，努力扩大云南文化的影响力和辐射力。

四　云南跨境民族地区文化建设前瞻

文化是人们在生活、生产中逐渐形成的生活行为与生产模式的综合体，体现了人们对自我、他者与自然的认知，指导人们生产、生活，从而使得在当代的西部边疆跨境民族地区经济社会文化发展中，人们会在传统的文化模式中寻找现行行为的合理性，尤其是在社会发展遇到困境的时候，传统文化关于“天地人”三者相互尊重、相互敬畏的内核，为进一步发展民族地区经济社会文化提供了参考。所以在西部边疆跨境民族地区和谐社会的构建历史进程中，民族地区的文化多元发展成了非常重要的环节。作为“主体”的边疆跨境民族地区各民族在充分的“文化自觉”基础上，才能实现和谐社会的真正构建。

（一）全球化与云南民族文化多元发展的态势

当人类社会步履匆匆地迈入21世纪的门槛之际，“全球化”与“多元化”已日益成为一对风靡世界各个角落的时髦术语，经济全球化的浪潮也正以不可阻遏之势席卷而来，并对人们的生活方式、思维习惯以及价值观念产生了深刻的影响。其直接后果之一便是以美国为代表的西方发达国家的文化产品正占领和垄断着全球的文化市场。这种文化渗透使得各民族原有的传统文化日益从中心挤到边缘，某些民族的文化甚至面临着逐步弱化甚至消失的危险……随着世界经济全球化的进程不断加速，在“现代化”以及“发展”等利益观念的驱动下，全世界许多发展中国家和经济欠发达地区的社会经济发展，似乎正逐步被纳入西方发达国家以及大跨国公司所主宰的那种“世界体系”之中；西方文化亦以一种强势文化的态势冲击着这些国家和地区处于弱势境地的民族文化。在这种局面下，处于弱势文化境地的诸多民族文化的保护、传承以及发展，便成为相当严峻的问题。以作为中华文化组成部分的云南民族文化为例，除了必须面对西方文化的不断渗透和挑战之外，还必须处理好错综复杂的内外关系，譬如：云南各民族文化之间的相互关系，同来自中原地区的汉文化以及邻近省区的藏文化、壮文化等民族文化之间的关系，以及同来自东南亚诸国的丰富多彩的民族文化之间的关系。

对于面临全球化浪潮冲击的我国各民族文化多元发展的路向，一定要有在夹缝中求生存、求发展的清醒意识，这样才便于处理好同种种“强势文化”以及“弱势文化”之间平等共处的关系。笔者认为，从全球化的角度去审视云南民族文化的现状以及未来的发展路向，尚可以对多元化发展持一种较为乐观的态度。如前所述，云南各民族都有着悠久灿烂的历史和丰富多彩的文化，在一种多民族大杂居、单一民族小聚居的分布格局下长期保持着多元和谐的发展态势，形成了各自十分鲜明的民族文化特色。新中国成立以后所开展的大规模民族识别和民族调查活动，改革开放30年来对各民族优秀传统文化所进行的调查、搜集、发掘和整理工作，尤其是近些年来建设民族文化大省以及千里边疆文化长廊等浩大工程，对云南省民族文化的多元发展所起的巨大促进作用应当说是前所未有的。美国福特基金会（The Ford Foundation）与哥伦比亚大学美中艺术交流中心十多年来所推进的“云南民族文化合作项目”，美国大自然保护协会（The Nature Conservancy）和云南省人民政府合作开展的“滇西北民族文化的保护与发展行动计划”等项目，对云南民族文化的多元化发展所产生的深远影响更是不言而喻的。总之，只有坚持自己的特色和多元发展的路向，云南民族文化才能够在“全球化”与“多元化”、“地方化”的夹缝中求得生存和发展。

经济全球化与民族文化的多元发展应当并行不悖，甚至可以构成相辅相成的关系。美国哈佛大学的著名学者萨缪尔·亨廷顿曾因发表了《文明的冲突》而名噪一时，他在接受阿根廷《号角报》记者采访时谈道：“尽管存在着推动世界相互接近的全球化力量，但各国都越来越努力寻求自己文化上的同一性。各国在未来将由于文化上的相近而重新结盟，而不是由于思想上的近似。”亨廷顿所提到的这种趋向已开始在新世纪之初愈益凸显出来，各国都在寻求和强调各自民族文化的独特性，而文化上的相似性正使得越来越多的国家和地区走上合作发展的道路。

云南同邻近的越南、老挝、缅甸、泰国以及柬埔寨等东南亚国家的经济交往和文化交流正日趋频繁，澜沧江—湄公河、怒江—萨尔温江以及红河等闻名遐迩的江河似一条条彩色的纽带将她们紧密地联系在一起。近20个跨境民族或族群，若从整个东南亚地区的视角来看确实是文化丰厚、人口众多、影响深远，并不像仅从国内的视角来看那样“不起眼”。可见，我们不仅要从中国的视角去观察国内和国外的民族文化发展，而且还要学会从整个世界的视角来观察、判断国内和国外的民族文化发展趋势。只有这样，才能真正弄清全球化与民族文化多元发展之间的利弊关系，才有可能选择到较好的发展路径。充分发挥云南历史悠久、民族文化多元以及生物多样性特色明显等优势，探索出一条民族文化、生态环境、社会经济协调发展的道路，是新世纪云南各民族人民的必然选择。在我们自己的民族文化发展进程中注意不断吸纳世界各个国家和地区的优秀文化，学习别人的长处不断充实和丰富自己的文化，这也是我们应对全球化浪潮挑战的一项有力举措。历史经验充分证明：实行自我封闭的民族，其文化是根本没有什么前途的！只有切实做到在动态过程中开放式地吸纳人类文明的优秀成果，并且能够保持和发扬本民族文化的特色而又不致迷失自己，这样的民族和文化才有希望[①]。

（二）云南民族文化保护与传承的模式

一个民族的文化，凝聚着这个民族对世界和自身的历史认知和现实感受，积淀着这个民族最深层的精神追求和行为准则。云南各少数民族丰富多彩的传统文化，为维护世界文化多样性作出了重要的贡献。但是，面对“全球化”和现代化浪潮的冲击、社会的急剧变迁和强势文化的影响，云南各少数民族的语言服饰、民居建筑、宗教信仰、民风民俗等传统文化正逐步消失，一些少数民族的生活方式甚至价值观念也正在悄然发生变迁。如何在现代化进程中保护、传承和发展少数民族文化，这又是全球化浪潮中我们所面临的一大难题。

当前，云南民族传统文化的保护与传承的模式主要有两种：一种是脱离文化原生地的保护与传承模式，譬如各类民办的民族文化与艺术的传习机构，以及公办的博物馆、剧团和文化艺术院校等。由作曲家田丰以个人力量于1995年初筹资创办的云南民族文化传习馆是脱离文化原生地保护与传承民族文化的典范，该馆由各民族中老年艺人带本族青年，以脱产方式半年或一年到馆系统整理、研习、表演传授。该馆以传承、研习原汁原味的民族舞蹈为宗旨，反对商业气息和过重的表演痕迹，反对到酒店宾馆从事商业性餐饮歌舞表演。云南民族文化传习馆的经费几年来一直是靠田丰的名望拉来的赞助。目前已难以为继，但该馆仍恪守原则，不从事任何商业性演出[②]。此外，云南民族大学艺术学院聘请云南民间艺人到学校为学生授课的方式，所实践的也是一种“脱离文化原生地”的传承模式。另一种便是不脱离文化原生地的传承模式，即主要是在村寨或社区层面的传习。20世纪90年代后期，云南省提出建设民族文化大省的目标以及美国大自然协会等组织的“滇西北民族文化保护与发展行动计划”等项目，则倡导“不离原生地”的文化传承模式，并同生态保护等有机结合在一起，正在探索新的出路。丽江宣科等一批纳西族民间音乐家对纳西古乐的传承以及傣族的寺庙教育也可以看作是不脱离文化原生地的传承模式。实践证

---

① 参见和少英《社会文化人类学初探》，云南民族出版社2003年版，第292—297页。

② 黄泽：《云南少数民族文化保护与传承的几种模式——略谈云南建设民族文化大省的基础工程》，载《思想战线》1998年第7期。

明，这种处在本地区本民族文化土壤和背景中的文化保护和传承模式是值得研究和推广的。应当说，这两种模式各有利弊，严格来讲对民族文化的保护与传承都是非常有效的。尤其是当前云南由民族文化大省向民族文化强省转变的过程中，我们应当根据不同民族的实际情况，采取有效的模式对本民族的传统文化进行保护与传承。尤其是在云南这样民族文化多样性特色十分鲜明的省区，这恐怕是当前民族文化大省及民族文化强省建设中所面临的首要任务。

对民族优秀传统文化实行有效的保护与传承，同民族地区旅游业与其他产业的发展之间有着十分密切的联系，处理好它们之间的关系便能互相促进、相得益彰。从这个意义上来讲，我们的民族文化大省建设应当同旅游大省建设很好地结合起来。经过多年的实践，在云南旅游业的发展中必须凸显民族文化的丰富内涵，这一点似乎已经达成了较普遍的共识，但究竟怎样去具体运作则仍然是众说纷纭。目前云南省已构建了一批诸如“民族村”、“民族风情园”之类的微缩景观，尽管对发展旅游也起了一定的作用，但从较长远的观点看，此类仿真景点不应再继续发展，而是要尽量让国内外游客看到云南原汁原味的民族文化。并且应当真正做到使旅游业的发展与民族文化的保护传承二者相得益彰，优势互补，共同发展。

（三）以“本体论”与“文化自觉”理念指导民族文化建设

民族文化是各民族群众在长期的社会历史发展进程中创造出来的宝贵财富，是一个民族赖以生存和发展的动力。尽管改革开放30年来，我国各少数民族地区的经济社会确实取得了相当大的发展，但在当前全球化与现代化进程中，一些不可再生的民族传统文化资源正面临着日益减少乃至逐渐消亡的危局。因此，究竟应当如何对处于“弱势文化”境地的诸多少数民族文化进行有效的保护与传承，遂成为摆在我们面前的一个不容忽视的时代课题。近些年来，各少数民族地区也纷纷掀起了保护与传承民族文化的热潮，并取得了一定的成绩。但无论是这些地区的地方政府还是普通民众，对于民族文化保护与传承的根本目的何在这一重大问题，至今仍存在着这样一个认识上的误区：即民族文化保护与传承在很大程度上只不过是为了展示给其他人看的。于是，“文化搭台，经济唱戏”之类说法便冠冕堂皇地写进了党委文件以及政府工作报告中，作为指导全局性工作的“定海神针”却难见奇效；尽心竭力地通过“招商引资”大搞旅游开发，好不容易才建盖起的一个又一个"民族村"、"民俗村"或"××文化村"之类意在招徕游客的新型"人造景观"，却往往都会在仅仅经历过昙花一现般短暂的繁华热闹后，随即便陷入难以收回开发成本的乏人问津之尴尬境地……

其实，要在当前全球化与现代化进程中真正做好民族文化的保护与传承的工作，首先必须要解决好的一个关键性环节依然是认识问题，即必须牢固树立民族文化的保护与传承本身就是根本的目的这样一种"本体论"的观念。"本体论"一词在西方哲学界主要指关于存在及其本质和规律的学说，较早见于17世纪高克兰纽斯编写的哲学词典中，意为关于存在的学说；18世纪时的沃尔夫也在这个意义上使用"本体论"一词，并将本位论列为"形而上学"即哲学的一个部分或分支①。我国哲学界则习惯于将探究天地万物产生、存在、发展变化根本原因以及根本依据的学说，统称之为"本根论"或"本体论"。可见，"本体论"一词在哲学领域中是较为通行的。直到20世纪80年代以后，"本体论"这一术语才逐渐被包括民族学/人类学在内的多个学科领域广泛借用。

要认真扎实地开展好云南民族文化的保护与传承工作，首先必须弄清云南各民族的文化究竟有哪些特色？当前的保护与传承工作又面临着什么样的困难和问题？因为文化特色是使一个民族的文化能够跻身于世界民族文化之林的"立身之本"，没有自身鲜明特色的文化恐怕是难以很好地保护与传承的！从世界文化的角度看，云南少数民族文化是世界文化多元化的重要组成部分；从中国文化的角度看，云南少数民族文化是中国民族传统文化中的重要组成部分。作为世界文化多元化以及中华民族传统文化的重要组成部分，云南丰富多彩的民族传统文化长期保持着多元文化和谐共存的格局，为维护世界文化多样性作出了重要贡献。

毋庸置疑，近些年来云南省在民族文化的保护与传承方面积累了丰富的经验，取得了十分可喜的成绩，但由于种种原因，云南的民族传统文化的保护与传承工作仍然面临着许多困难和严峻挑战。主要体现在：

一是全球化和经济发展对民族文化保护与传承的冲击。全球化和经济的发展如同一把"双刃剑"，它在使我们吸收不同国家的优秀文化，不断

① 参见王金福《实践本体论还是辩证唯物主义的物质一元论——与实践本体论者讨论》，载《哲学研究》1989年第12期。

提高人们物质生活水平，促进社会进步的同时，也给民族文化的多元化以及民族文化的保护与传承提出了严峻的挑战。纵观民族文化的现状，全球化和经济的发展必然会伴随着民族文化的消失。全球化和经济发展不但使云南许多人口较少、文化底蕴不足的民族面临着民族文化特征消失的危险，也使白族、纳西族等文化底蕴较为厚重的各少数民族文化受到了强烈的冲击。

在云南不少经济欠发达的边疆民族地区，在经济社会迅速发展，人民生活水平不断提高的同时，少数民族传统文化正经历着前所未有的冲击：各少数民族具有特色的歌舞艺术以及民俗活动逐步消失，人们的生活方式和价值观念正发生变迁，传统的民族服饰渐渐淡出人们的生活视野，钢筋水泥结构的楼房在许多少数民族村寨拔地而起，越来越多的少数民族青年对自己的母语逐渐生疏，宗教信仰世俗化的倾向越来越明显，非物质文化遗产的传承后继无人，许多优秀的民族传统文化正迅速从人们的生活中消失……因此，如何在现代化进程中对民族传统文化有效保护与传承，成为摆在我们面前的一项重大课题。

二是旅游开发对民族文化保护与传承的影响。当前，全国各地迅猛发展的旅游业在给少数民族地区提供就业机会、推动地方经济社会发展、提高地方政府和广大群众对传统文化的保护意识的同时，也加速了民族文化的变迁进程，使得当地居民的思想意识、价值观念发生了巨大变迁，甚至导致某些文化特色被大量涌入的外来文化所同化或消失。

三是当地政府官员、外来的“文化商人”以及部分“地方精英”不断在建构一些子虚乌有的“伪民俗”和“伪文化”。近些年来，全国各地正兴起一股民俗文化旅游的热潮，以此拉动地方经济发展。然而，在这种民俗、民间文化的背后却隐藏着一股受商业利益驱动的、趣味低俗的、粗制滥造的“伪民俗”的暗流。俞吾金先生等一些学者曾对此提出了尖锐的批评，他认为这种“伪民俗”注重的只是外表，大多只在感性的器物的层面上下工夫，缺乏对民俗、民间文化的真正兴趣。如对民间舞蹈、庆典进行演绎的当代人，对这些民俗既缺乏心灵上的认同，也缺乏情感上的共鸣①。在云南的许多边疆民族地区，随处可以看到被人们不断传承或建构出来的各种民俗村落和民族节庆活动，其中固然有不少承载民族精神风貌、体现

① 俞吾金：《我们不需要“伪民俗”》，载《人民日报》2006年9月12日。

民族传统文化的精品，例如傣族的泼水节、纳西族的三朵节、白族的绕三灵、景颇族的目瑙纵歌、傈僳族的刀杆节、彝族的火把节、苗族的斗牛会和普米族的转山会，等等。这些民族节日既是少数民族团结和睦的联欢盛会，也成为外地游客了解云南少数民族风俗习惯的一个窗口。但是，也有一些地方政府官员为了通过挖掘民族文化资源推动地方经济发展，便借助一些外来的“文化商人”和部分“地方精英”故弄玄虚地去建构一些“伪民俗”和“伪文化”。这些无一例外地以赚钱盈利为主要目的、并以虚假与肤浅为其特征的“伪民俗”和“伪文化”，不仅极大地糟践和破坏了当地自然淳厚的民风，而且还往往引起了外地游客的误解乃至不满，对于民族传统文化的保护和传承是十分不利的。因此，我们要意识到当今民族学/人类学者所担负的重要使命之一，便是要不断对这些“伪民俗”和“伪文化”进行必要的解构，力求还民族文化以本来面目。

改革开放30年来，为充分发掘民族历史文化资源，积极做好少数民族传统文化的保护与传承工作，中共云南省委、省人民政府从云南民族文化资源丰富多样的实际出发，于1996年12月提出了建设民族文化大省的战略构想，并在2000年12月制定颁布的《云南民族文化大省建设纲要》中提出了全面建设文化大省的目标任务；同年，全国第一个民族民间传统文化保护的地方性法规《云南省民族民间传统文化保护条例》也首次把云南民族民间传统文化保护工作纳入法制管理。由于始终坚持了“先保护、后开发”以及“在保护与传承中开发”等原则，在民族文化的保护与传承的探索和实践方面取得了显著成绩。

云南民族传统文化是各民族智慧的结晶，也是全人类文化宝库中十分重要的瑰宝。保护和传承好民族传统文化，既是维护世界文化多样性和促进人类共同发展的前提，同时也是贯彻落实科学发展观和构建社会主义和谐社会的必然要求。为此，特对当今全球化以及现代化大潮冲击下的云南民族文化的保护和传承工作，提出以下几点不甚成熟的意见和建议：

首先，必须更加重视实践层面的探究以及学习借鉴国外的经验，积极开展学术交流以及与国际学术界的对话。在当今全球化和现代化浪潮的冲击下，任何民族的文化都不可能封闭式地进行保护与传承，而要有国际眼光，重视学术研究和学术交流与国际学术界的交流和对话。以丽江文化崛起为例，除了丽江具有得天独厚的民族文化资源外，两个人的两部著作起到了至关重要的作用。一个是美籍奥裔学者约瑟夫·洛克（Joseph F.

Rock）撰写的关于丽江纳西族历史和地理的代表作《中国西南的古纳西王国》。作者在书中全面论述了滇川地区纳西族的历史、地理和生态环境，在国内外产生了重要的影响。另一个是俄国学者顾彼得撰写的关于20世纪40年代丽江的民族、宗教、节日以及文化艺术等方面的专著《被遗忘的王国》，该书被认为是反映丽江各民族风俗习惯的较早作品，对丽江纳西族文化在国际上的影响同样起到了积极的作用。同样的例子是大理白族文化在海外的声名鹊起，这与美籍华裔著名人类学家许烺光（Francis L. K. Hsu）先生于1948年发表的成名作《祖荫下：中国乡村的亲属，人格与社会流动》（*Under the ancestors' shadow: kinship, personality, and social Mobility in village china*）相关；此后，许先生的田野点大理喜洲镇迅速成为国内外民族学/人类学研究的重要田野点，并相继产生了一大批较有影响力的关于白族文化的研究成果。

其次，应当大力加强经济社会与文化建设协调发展。文化在当今之世已愈来愈成为民族凝聚力和创造力的重要源泉，越来越成为综合国力竞争的重要因素。因此，在建设社会主义市场经济、民主政治以及和谐社会的同时，要大力加强文化建设。但是，当前不少民族地区仍存在着重视经济的发展而忽视文化等方面的建设，或主张先发展经济、后发展文化等似是而非的倾向；在民族文化的保护与传承工作中，也不同程度地存在着重开发、轻保护和传承等现象，这显然是不利于民族文化的保护与传承的。经济建设、政治建设、文化建设和社会建设是一个有机的整体，是相互影响和相互促进的，经济社会与文化建设不仅要全面发展，而且要协调发展。我们必须深刻认识文化对经济发展的推动作用，自觉促进文化与经济的融合，为经济发展提供持续不断的动力。也只有经济社会发展了，人们的生活水平提高了，才能更好地为民族文化的保护与传承提供坚实的物质基础，从而促进社会的全面协调进步。

其三，民族文化事业与民族文化产业发展应齐头并进、不可偏废。文化产业被称作21世纪的“朝阳产业”，近几年来，随着“发展文化产业、繁荣民族文化、建设民族文化大省”战略目标的不断推进，使得全省的民族文化事业及文化产业呈现出蓬勃发展的趋势，并逐渐成为云南又一个新兴支柱产业和国民经济新的增长点。例如，享誉海内外的《云南映象》、《丽水金沙》以及《蝴蝶之梦》等大型民族原生态歌舞自上演后便历久不衰；以地方民族风情为标志的民族文化旅游业日趋活跃；全省的民族文化遗产保护与开发也呈现出良好的发展态势等等。我们必须承认，文化产业的发展对带动云南地方经济的发展起到了不可替代的积极作用。但是，我们也要清醒地认识到，文化产业化也给民族文化的保护与传承带来了消极的影响。正如上文所述，由于旅游业的过度开发，丽江古城的许多民居建筑虽然在现代化进程中得到了有效的保护，但随着纳西族居民的大量外迁，使得丽江古城原有的纳西文化已经较少留存，纳西族的民族文化遭到了严重破坏。

因此，在进行民族文化的保护与传承中，应当清醒地认识到文化产业只能是有限的、部分的发展，切不可盲目地实行大量的以盈利为唯一目的的产业化，否则将势必对民族文化的保护与传承产生不利的影响。在民族文化的保护与传承工作中，我们一方面要正确处理好文化事业和文化产业两者之间的关系，形成文化事业和文化产业共同发展、相互支持、相得益彰的良好局面。另一方面，还要坚持市场化需求与旅游业相结合的原则，开发打造以民族文化资源为基础的特色文化产业和文化品牌，丰富旅游业的文化内涵，活跃文化市场。仅以大理州为例：以民间传统手工技艺为主的鹤庆新华村白族铜银工艺品、苍山脚下精美的大理石工艺品、周城一带的扎染布、剑川白族木雕制品以及巍山彝族的手工刺绣等，早已声名鹊起并广泛流传到海内外，完全可以说在这方面已做出了积极的尝试和探索。

此外，必须大力培育各民族广大民众的“文化自觉”意识。著名民族学/人类学家费孝通先生早在20年前就提出了“各美其美，美人之美，美美与共，和而不同”的“文化自觉”主张，并以此作为中华民族文化“多元一体”发展的总方向。这就要求各民族民众不仅要对本民族的文化充满自信心，而且还要尊重和欣赏其他民族的文化，相互借鉴，共同发展，从而采取切实有效的措施保护和传承民族文化。尤其是在云南这样民族文化多样性特色十分鲜明的省区，这恐怕是当前民族文化大省的建设向民族文化强省建设的转变进程中，所面临的重要任务之一。由于我们每个人在现行民族政策的体制下均具有双重民族身份，即既是作为“国家民族”的中华民族的一员，同时又属于国家正式识别认定的56个民族中某个民族的一分子，因而在民族文化的保护与传承中，除了要培育中华民族的“国家民族”意识以及社会主义的核心价值观以外，还要大力培育各民族自身民族意识与价值观。唤起广大群众对本民族文化的认识与肯定，增强广大群众的文化自觉性，逐渐在全社会形成良好的氛围，为民族文化的保护与传承打下牢固的基础并提供可靠的保证。

当前，一些民族地区的政府官员、外来的“文化商人”以及部分“地方精英”在民族文化的保护与传承过程中，确实是以一种“做给别人看”的心态来“打造”民族文化的。这样做的结果不仅难以达到原定的目标，而且往往还会给外来游客以及当地少数民族群众造成不同程度的误导乃至巨大的负面影响，显然不利于民族文化的保护与传承。笔者认为，从科学发展观的视角来看，大力保护、传承和弘扬各民族的优秀文化，对于满足各族群众日益增长的精神文化需求，构建社会主义和谐社会具有重大而深远的意义。民族文化保护与传承的根本目的就在于能够使各民族的文化得到健康有序的发展，在于使民族文化得以世代延续与传承下去，当地少数民族群众能够从中真正体验到生活的乐趣，而不是简单地对民族传统文化进行粗制滥造的“复制”或“创制”，甚至本末倒置地以供外来游客观赏或为经济发展充当“搭台”之类角色为主要目的。因此，我们一定要从文化“本体论”的角度对民族文化保护与传承工作进行认真的总结和反思，真正认识到在民族地区开展这项工作、建设众多的民族文化保护村及民俗文化旅游景点的目的，一方面固然是为了吸引外地游客和改善当地百姓的生活，另一方面则更是为了保护与传承民族文化。只有我们把这样一种“本体论”的观点作为民族文化保护与传承的核心理念，并使之贯穿于各项相关工作的始终，才能让愈来愈多的文化持有者，即各个民族的干部群众对本民族的文化充满自信心，最终也才有可能实现真正意义上的民族文化保护与传承的目标。

毋庸讳言，在以往世界许多民族的现代化进程中，经济发展与社会转型大都是以牺牲本民族的传统文化为代价的。怎样更好地防范或削减全球化和现代化对各民族优秀的传统文化所带来的冲击？这是当前云南民族地区乃至全国许多民族地区所面临的一个十分严峻的问题。只有当一个民族中的大多数文化持有者已牢固树立了保护与传承本身就是根本目的这样一种文化“本体论”的观念，大都具有“文化自觉”意识，认识到民族文化的消亡便意味着整个民族的消亡，实现现代化绝不能以牺牲民族传统文化为代价，并以保护与传承民族文化为己任，才有望真正探索到民族文化保护与传承的有效途径。

民族文化建设不仅是促进经济社会发展的重要手段，而且是现代化建设的重要目标和重要内容。任何一个国家和民族文化的发展，都是在既有文化传统基础上进行的文化传承、变革与创新。如果离开传统、割断血脉，就会迷失方向、丧失根本[①]。因此，我们认为应该用动态的观点来看待和建设民族文化，即在保护中传承和发展，在发展中保护和创新民族文化。这就要求我们对民族文化资源要坚持开发与保护并重的方针，有计划地保护好一些具有代表性的村寨、建筑、服饰、手工艺品、文献古籍、民间艺术以及传统仪式等，以达到各民族传统文化可持续发展之目的。当然，只有在开发和发展中实行保护才是最有效的，因而各民族要在传统文化自身发展中创造由传统走向未来的民族新文化。这就要求云南各少数民族不仅要向其他民族学习，还要向海外各民族学习，而且还要把云南民族文化多元发展的情况展示给世人。

在当今飞速发展的现代社会中，一味想要对民族传统文化进行封闭式的静态保护是不切实际的，近些年来许多国家和地区一些不甚成功的尝试亦证明了这一点。对称之为“传统”的东西，依据现代社会的需求进行适当的变革或创新似不失为一明智之举。如云南各民族的传统服饰、饮食、民居建筑、节日歌舞乃至宗教仪式等，现在同改革开放之初相比已经发生了相当大的变化。因此，我们要以现代人的目光去重新看待传统与现代化两者之间的关系，以面向世界、面向未来的勇气去进行民族文化的建设与创新。唯有如此，民族文化也才能在现代化或“后现代”社会中保持一种多元发展的态势。

从科学发展观的视角来看，文化保护的意义在于让少数民族文化能够健康地、可持续地发展，同时也能够促进少数民族地区经济的发展。不过，保护传统文化，并不是原封不动地予以继承和保留，关键是要创新。在创新中求发展，是民族传统文化赖以生存和发展的基本规律，一个民族的传统文化如果不加以创新和变革，就没有生命力，也就无法与当代社会相适应。因此，加强文化建设，就是要在继承中华民族优秀文化传统的基础上，充分发掘和利用传统文化中有价值的东西为文化建设服务，创造出具有民族特色又与当代社会相适应，与现代文明相协调的文化，以此凝聚民族力量，弘扬民族精神，而实现的最根本途径之一就是文化自觉。

由于云南民族文化强省建设是一个庞大的系统工程，需要学习和借鉴

---

① 参见新华网（http://news.xinhuanet.com/newscenter/2007—10/29/content_6967525.htm），刘云山：《更加自觉、更加主动地推动社会主义文化大发展大繁荣》。

的东西是相当多的。而承认全球化和国际化的多维度，在当今对于理解文化的进程和讨论民族文化多元的发展都是十分重要的。当代的经济、政治和社会生活的全球化，已经导致了各民族文化的进一步渗透和重叠，这种趋向在同与云南省相邻的一些国家的边境地区的交往中尤为明显。从这个意义上来说，这些国家的民族文化政策及其多元发展的实践经验似乎更值得重视。从海外许多国家和地区的情况来看，各种各样的“传习馆”或“文化艺术中心”已经在民族文化的多元发展、保护和传承方面起着日益重要的作用。在我们的民族文化强省建设过程中，应当考虑参照海外行之有效的“传习馆”或“文化艺术中心”模式，让遍布全省各县、乡的文化馆与文化站等机构真正担负起民族文化的保护和传承之责。

党的十七大报告在强调开发和利用、发掘和保护好我国各类文化遗产的同时，主张加强对外交流，吸收各国优秀文明成果，增强中华文化的国际影响力。在当下的社会转型时期，每个民族不但要面对现代化与全球化的冲击和影响，更多地表现为不同文化之间的接触与频繁交流。因此，只有以“本体论”与“文化自觉”理念指导民族文化建设，以海纳百川的胸襟去理解、接纳、吸收不同的文化，才有可能不断创新发展自己的民族文化，从而在世界多元民族文化格局中确立自己的位置。也只有如此，才有可能在经过自主的适应后，与其他文化互相取长补短，共建一个有共同认可的基本秩序和一套各种文化能和平共处、各抒所长、联手发展的共处守则，最后达到费孝通先生提出的“各美其美，美人之美，美美与共，天下大同”的理想境界，并将云南跨境民族地区真正建设成为“民主法制、公平正义、诚信友爱、充满活力、安定有序、人与自然和谐相处”的和谐社会。

参考书目

中文著作

1. 陈其南：《文化的轨迹》（上下册），台北允晨文化股份有限公司1991年版。

2. 陈庆德：《人类学的理论预设与建构》，社会科学文献出版社2006年版。

3. 方国瑜：《中国西南历史地理考释》，中华书局1987年版。

4. 费孝通：《论人类学与文化自觉》，华夏出版社2003年版。

5. 高丙中：《现代化与民族生活方式变迁》，天津人民出版社1997年版。

6. 格桑顿珠主编《云南民族文化大观丛书》，云南民族出版社。

7. 和少英：《社会文化人类学初探》，云南大学出版社2007年第三版。

8. 和少英主编《云南特有族群社会文化调查》，云南大学出版社2006年版。

9. 贺圣光、李晨阳：《列国志·缅甸》，社会科学文献出版社2009年版。

10. 黄淑娉、龚佩华：《文化人类学理论与方法研究》，广东高等教育出版社1996年版。

11. 黄筱娜：《文化转型与民族文化建设》，中央文献出版社2003年版。

12. 李亦园：《人类学与现代社会》，台北允晨文化股份有限公司1984年版。

13. 李亦园：《文化图像》（上下册），台北允晨文化股份有限公司1992年版。

14. 刘娅：《解体与重构：现代化进程中的“国家—乡村社会”》，中国社会科学出版社 2004 年版。

15. 马戎：《民族社会学：社会学的族群关系研究》，北京大学出版社 2004 年版。

16. 麻国庆：《走进他者的世界》，学苑出版社 2001 年版。

17. 马权洪、方芸：《列国志·老挝》，社会科学文献出版社 2004 年版。

18. 彭兆荣：《边际族群：远离帝国庇佑的客人》，黄山书社 2006 年版。

19. 彭兆荣：《人类学仪式的理论与实践》，民族出版社 2007 年版。

20. 石奕龙：《应用人类学》，厦门大学出版社 1996 年版。

21. 王铭铭：《社会人类学与中国研究》，广西师范大学出版社 2005 年版。

22. 王明珂：《华夏边缘：历史记忆与族群认同》，台北允晨文化实业股份有限公司 1997 年版。

23. 王嵩山：《文化传译：博物馆与人类学想象》，稻乡出版社 1990 年版。

24. 许纪霖主编《现代性的多元反思》，江苏人民出版社 2008 年版。

25. 徐绍丽、利国、张训常：《列国志·越南》，社会科学文献出版社 2009 年版。

26. 尤中：《中国西南边疆变迁史》，云南教育出版社 1987 年版。

27. 尤中：《云南民族史》，云南大学出版社 2004 年版。

28. 杨学政主编《云南宗教史》，云南人民出版社 1999 年版。

29. 《云南省志·民族志》，云南人民出版社 2002 年版。

30. 周建新：《中越中老跨国民族及民族关系》，民族出版社 2006 年版。

31. 赵嘉文、岳坚、左玉堂、和少英等主编《云南民族文化史丛书》（25 本），云南民族出版社。

32. 郑晓云：《文化认同与文化变迁》，中国社会科学出版社 1992 年版。

33. 庄英章等：《文化人类学》（上、下），台北国立空中大学出版社 1992 年版。

译　著

34. ［英］H. R. 戴维斯：《云南：联结印度和扬子江的链环》，李安泰、和少英等译，云南教育出版社 2001 年版。

35. ［法］皮埃尔·布尔迪厄：《实践与反思——反思社会学引论》，李猛等译，中央编译出版社 1998 年版。

36. ［美］威廉·A. 哈维兰：《当代文化人类学》（第十版），瞿铁鹏等译，上海社会科学院出版社 2006 年版。

37. ［美］斯科特：《弱者的武器》，郑广怀等译，译林出版社 2007 年版。

38. ［法］列维－斯特劳斯：《忧郁的热带》，王志明译，三联书店 2000 年版。

39. ［美］鲁思本尼迪克特：《文化模式》，张燕等译，浙江人民出版社 1987 年版。

40. ［美］克利福德·吉尔兹：《地方性知识——阐释人类学论文集》，王海龙、张家瑄译，中央编译出版社 2000 年版。

41. ［美］萨林斯：《文化与实践理性》，赵丙祥译，上海人民出版社 2002 年版。

42. ［英］泰勒（E. B. Tylor）：《原始文化》，连树声译，上海文艺出版社 1992 年版。

43. ［英］马凌诺斯基：《文化论》，费孝通译，华夏出版社 2002 年版。

44. ［美］史徒华：《文化变迁的理论》，张恭启译，台北允晨文化实业股份有限公司 1984 年版。

45. ［美］伍兹：《文化变迁》，何瑞福译，河北人民出版社 1987 年版。

46. ［英］埃德蒙·利奇：《文化与交流》，林宗锦、彭守义、卢德平译，华夏出版社 1991 年版。

47. ［法］爱弥儿·涂尔干：《宗教生活的初级形式》，中央民族大学出版社 1999 年版。

48. ［英］维克多·特纳：《象征之林》，赵玉燕等译，商务印书馆

2006 年版。

49. ［美］埃里克·沃尔夫：《乡民社会》，张恭启译，台北巨流图书公司 1984 年版。

50. ［美］埃里克·沃尔夫：《欧洲与没有历史的人民》，赵丙祥等译，上海世纪出版集团 2005 年版。

51. ［英］霍布斯鲍姆、兰格：《传统的发明》，顾杭、庞冠群译，译林出版社 2004 年版。

52. ［英］雷蒙·威廉斯：《关键词——文化与社会的词汇》，刘建基译，生活·读书·新知三联书店 2005 年版。

53. ［美］流心：《自我的他性：当代中国的自我系谱》，常姝译，上海人民出版社 2004 年版。

54. ［美］康纳顿、保罗：《社会如何记忆》，纳日碧力戈译，上海人民出版社 2000 年版。

55. ［法］莫里斯·哈布瓦赫：《论集体记忆》，毕然、郭金华译，上海人民出版社 2002 年版。

56. ［德］哈拉尔德·韦尔策：《社会记忆：历史、回忆、传承》，季斌、王立君、白锡堃译，北京大学出版社 2007 年版。

57. ［加］威尔弗雷德·坎特韦尔·史密斯：《宗教的意义与终结》，董江阳译，中国人民大学出版社 2005 年版。

58. ［美］麦克·彼得森、威廉·哈斯克等：《理性与宗教信息》，孙毅、游斌译，中国人民大学出版社 2005 年版。

59. ［英］菲奥纳·鲍伊：《宗教人类学导论》，金泽、何其敏译，中国人民大学出版社 2004 年版。

60. ［英］安东尼·史密斯：《民族主义——理论、意识形态、历史》，上海世纪出版集团 2006 年版。

61. ［美］本尼迪克特·安德森：《想象的共同体：民族主义的起源与散布》，吴睿人译，上海世纪出版集团 2005 年版。

62. ［美］杜赞奇：《文化、权力与国家：1900—1942 年的华北农村》，江苏人民出版社 2006 年版。

63. ［英］安东尼·吉登斯：《现代性的后果》，田禾译，译林出版社 2000 年版。

64. ［英］安东尼·吉登斯：《失控的世界》，周红云译，江西人民出版社 2006 年版。

65. [德] 普查夫:《现代化与社会转型》，陆宏成等译，社会科学文献出版社 1998 年版。

66. [美] 史蒂文·瓦格:《社会变迁》(第五版影印本)，北京大学出版社 2005 年版。

67. [美] 安德烈·贡德·弗兰克:《白银资本：重视经济全球化中的东方》，刘北成译，中央编译出版社 2001 年版。

68. [美] 伊曼努尔·沃勒斯坦:《现代世界体系》(1—3 卷)，尤来寅等译，高等教育出版社 1998 年版。

69. [英] 戴维·赫尔德等著:《全球大变革：全球化时代的政治、经济与文化》，杨雪冬等译，社会科学文献出版社 2001 年版。

70. [英] 齐格蒙特·鲍曼:《全球化—人类的后果》，郭国良、徐建华译，商务印书馆 2001 年版。

71. [美] 丹尼尔·贝尔:《资本主义文化矛盾》，严蓓文译，江苏人民出版社 2007 年版。

英文著作

1. Barth, F., *Ethnic Groups and Boundaries*, Boston: Little, Brown and Company. 1969.

2. Bernard, H. Russell: *Research Methods in Anthropology: Qualitative and Quantitative Approaches*, Walnut Creek, CA: AltaMira Press, 2006.

3. Bohannan, Paul and Fred Plog (eds.): *Beyond the Frontier; Social Process and Cultural Change.* Garden City, N. Y., Published for the American Museum of Natural History [by] the Natural History Press. 1967.

4. Bowie, Fiona: *The Anthropology of Religion*, Oxford: Blackwell Publishers Ltd. 2000.

5. Braidwood, Robert J.: *Time and the Other: How Anthropology Makes Its Object*, New York: Columbia University Press. 1983.

6. Brooker, Peter: *A Concise Glossary of Cultural Theory*, London: Arnold; New York: Co-published in the United States of America by Oxford University Press. 1999.

7. Eriksen, T. H. : *Small Places, Large Issues*, London and Chicago: Pluto Press. 1995.

8. Feld, Steven & Keith H. Basso (eds.): *Senses of Place.* Santa Fe, N. M. : School of American Research Press. 1995.

9. Geertz, Clifford: Peddlers and Princes; *Social Change and Economic Modernization in two Indonesian Towns.* Chicago, University of Chicago Press. 1963.

10. Harris, Marvin: *Culture, People, Nature: An Introduction to General Anthropology.* New York: Crowell. 1975.

11. Kluckhohn, Clyde: *Culture and Behavior*, New York: Free Press. 1963

12. Leach, Edmund: *Political Systems of Highland Burma: A Study of Kachin Social Structure*, Cambridge, Harvard University Press. 1954.

13. McGee, R. Jon and Richard L. Warms: *Anthropological Theory: an Introductory History.* New York: McGraw-Hill book Company. 2006.

14. Redfield, Robert: *The Little Community, Peasant Society and Culture.* Chicago: The University of Chicago Press. 1963.

15. Steward, J. : *Cultural Ecology. In International Encyclopedia of Social Science.* New York: The Macmillan Co. & The Pree Oress. 1968.

16. Miller Daniel: *Matieral Culture and Mass Comsumption.* Oxford; New York: Basil Blackwell. 1987.

17. Hufford, M. (ed.): *Conserving Culture: A New Discourse on Heritage.* Urbana and Chicago: University of Illinois Press, 1994.

18. Graburn, N. H. : "Tourism, Modernity and Nostalgia". In Akbar S. Ahmed and Cris N. Shore (ed.): *The Future of Anthropology.* London & Atlantic Highlands, NJ: Athlone. 1995.

19. Friedman, J. : "Being in the World: Globalization and Localization". In Featherstone, M. (ed.): *Global Culture: Nationalism, Globalization and Modernity.* London: sage, 1990.

20. Mondale, C. : "Conserving a Problematic Past. In Hufford", M. (ed.): *Conserving Culture: A New Discourse on Heritage.* Urbana and Chicago: University of Illinois Press, 1994.

21. Clifford, J. : *Routes: Travel and Translation in the Late Twentieth Century.* Massachusetts: Harvard University Press, 1997.

22. Peter Bachrach and Morton S. Baratz: *Power and Poverty: Theory and Practice.* New York: Oxford University Press, 1970.

23. Mary Hufford: *Conserving Culture: A New Discource on Heritage.* Urbana and Chicago: University of Illinois Press. 1994.

24. Peter Howard: *Heritage Management, Interpretation, Identity.* London/New York: Continuum International Publishing Group. 2003.

25. Steward, J: *The Theory of Culture Change*, Urbana: University of Illinois Press, 1955.

26. Robinson, M. : *Tourism Encounters: Inter and Intracultural Conflicts and the World' s Largest Industry, Traditional Dwellings and Settlement Review*, X (1) .

27. Kirshenblatt-Gimblett, Barbara. (ed.) : *Destination Culture: Tourism, Museums, and Heritage.* Berkeley. University of California Press, 1998.

28. Edited by James G. Carrier: *A handbook of Economic Anthropology*, Edward Elgar publishing house, 2005.

29. Jacob J, Climo and Maria G, Cattll: *Social Memory and History—Anthropological Perspectives*, Altamira Press, New York, 2002.

30. James Fentress and Chris Wickham: *Social Memory—New Perspectives on the past*, Blackwell Publishers, Oxford, 1992.

31. Arnold van Gennep: *The Rites of Passage*, The University of Chicago Press, 1960.

32. Marry Douglas: *Natural Symbol: Explorations in Cosmology*, London, Routledg, 1996.

33. Edited by Steven Feld and Keith H. Basso: *Sense of Place*, School of American Research Press, 1996.

34. Mueggler, Erik: *The Age of Wild Ghosts: Memory, Violence, and Place in Southwest China.* Berkeley: University of California Press, 2001.

35. Sangren, P. Steven. *History and Magical Power in a Chinese Community.* Stanford: Stanford University Press, 1987.

36. Wolf, Arthur, ed. *Religion and Ritual in Chinese Society*. Stanford: Stanford University Press, 1974.

37. Jing, Jun. *The Temple of Memories: History, Power, and Morality in a Chinese Village*. Stanford: Stanford University Press, 1996.

后　记

本书主要是根据由我主持的国家哲学社会科学基金课题“西部大开发与文化多元化研究——西部大开发与云南跨境民族文化多元发展研究”（项目编号：02BMZ006）的报告改写而成的。本课题的主要参加者是吴兴帜、黄彩文、方铁、刀洁、刘江、何林、张实以及王正华诸位来自厦门大学、云南大学以及本人所供职的云南民族大学等高校的教师。在较为漫长的调查与研究过程中，有幸得到了国家哲学社会科学规划办公室与云南省哲学社会科学规划办公室、云南省许多省级相关部门以及沿边各州市县各民族同胞的鼎力支持，在此特致谢忱！

由于本人所担负的行政事务既多且杂，而课题的各位参与者平日里也都忙于自己的事务，不便多加叨扰，于是只好越俎代庖，在整理成书的过程中对吴兴帜博士与黄彩文博士两位我昔日的学生多加依赖。我们的基本原则便是在结构上按照书的体例来编排，并在顺序上根据全省各州市县从东到西的方位排列，但具体内容上则尽量保持诸位作者原作的风格和原貌。这样便有了这本远未达满意程度的小书奉献在大家面前。

主持国家哲学社会科学基金课题可以说确实是一件“知易行难”的事：课题组成员多是些“低头不见抬头见”的熟人、同事与朋友，别的事一忙就会将完成课题这项“软任务”暂置一旁，个别人拖它个经年累月也并不罕见；若是催得急了就来个马虎应付了事。这完全不同于我所主持过的洛克菲勒基金以及美国大自然协会基金等大型涉外项目，五六个国家的学者在一起工作，布置了任务后谁都不敢马虎，而且还出现了争先恐后从事田野调查与撰写报告的良性竞争状态！各国文化的交流与碰撞也使参与者感觉到获益良多…… 因此，尽管本课题完成后获得了良好评价，国家哲学社会科学基金办公室还要求我们专门写了份“成果要报”上报，但我自己对此还是颇有几分“自知之明”的。尽管大家也都尽了些力，搜集整理了大量弥足珍贵的第一手资料，但限于时间与水平，仍留下了不少缺憾。这个责任主要应由我来负。——毕竟，这样较为全面系统地探讨跨境民族的社会文化发展与变迁，对我们来说还是第一次，其中的甘苦与成败，正所谓“如鱼饮水，冷暖自知”啊！

最后，尤其要感谢中国社会科学出版社的编辑同志，还有云南民族大学博士点建设办公室的同志，没有他们默默的无私奉献，本书的问世不可能如此顺利。

恳请各位不吝赐教！

云南民族大学副校长、教授

云南大学博士生导师

和少英

2009 年冬谨识于昆明莲花池畔